Harry Wu  *in Zusammenarbeit mit George Vecsey*

Wer schweigt, macht sich schuldig

Harry Wu

in Zusammenarbeit mit George Vecsey

# Wer schweigt, macht sich schuldig

### In Chinas Arbeitslagern leiden acht Millionen Menschen

Aus dem Amerikanischen von
Bernd Rullkötter und Ulrike Seeberger

Gustav Lübbe Verlag

Copyright © 1996 by Harry Wu with George Vecsey
Titel der amerikanischen Originalausgabe: Troublemaker.
One Man's Crusade Against China's Cruelty
Originalverlag: Times Books, a division of Random House,
Inc., New York, NY 10022

© 1996 für die deutschsprachige Ausgabe bei
Gustav Lübbe Verlag GmbH, Bergisch Gladbach
Aus dem Amerikanischen von Bernd Rullkötter
und Ulrike Seeberger
Redaktionelle Bearbeitung: Heike Rosbach, Nürnberg
Umschlaggestaltung: DYADEsign Atelier für Werbung,
Düsseldorf, unter Verwendung eines Fotos von Jeffrey Scales,
New York, NY 10026
Satz: Dörlemann Satz, Lemförde
Gesetzt aus der Baskerville Book von Berthold
Druck und Einband: Friedrich Pustet, Regensburg

Printed in Germany
ISBN 3-7857-0862-9

5  4  3  2  1

Den chinesischen Menschen,
die gelitten, ausgeharrt und das Land verlassen haben:
Möge dem Laogai bald ein Ende gesetzt werden.

# Inhalt

# Vorwort

»Chen Ming! Chen Ming, ich bin wieder da!«
Ich sah Chen Ming sterben. Er verschlang das üppige Maisbrötchen auf seinem Totenbett, doch es war zu spät. Auf der Qinghe-Farm –
in dem Bereich, der Abteilung 586 genannt wird – hob ich ein namen-
loses Grab für ihn aus.

»Großmaul Xing, wo bist du?«

Ich kann diese Worte nicht laut aussprechen. Und ich sollte nicht vor
diesem Arbeitslager stehen, mit einer versteckten Videokamera in meiner Schultertasche. Eigentlich sollte ich überhaupt nicht hier sein.

Ich sah Großmaul Xing sterben. Er hatte mir beigebracht, mit Zähnen und Klauen ums Überleben zu kämpfen, aber dann gab er auf.
»Verdammte Scheiße! Verdammte Scheiße!« – das war sein letzter Fluch
auf eine gleichgültige Welt.

Ich denke an Lu Haoqin, der in einer Welt ohne Frauen verrückt
wurde. Ich denke an Ao Naisong, der ohne seine Leute nicht leben
konnte.

»Wo seid ihr, Jungs? Kommt, ich bringe euch zu euren Müttern.
Ihr wart zu lange fort. Ihr müßt jetzt alle heimkehren.«

Die Schilfrohre, die sich raschelnd im Wind biegen, sind manns-
hoch. Alles ist in Zeit und Raum vergraben.

»Ich habe Maisbrötchen!« flüstere ich ihnen in meinem tiefsten Innern zu. »Ich habe Essen für euch. Jeden Tag esse ich Reis und Fleisch.
Wir brauchen nicht mehr zu hungern.«

Weinend rufe ich, doch ich erhalte keine Antwort.

# 1 Die Grenze

Der amerikanische Paß war in meiner Gürteltasche verstaut. Hin und wieder griff ich danach wie ein Cowboy im Western, der die Hand nach seinem sechsschüssigen Revolver ausstreckt – nur um sicher zu sein, daß er noch da ist. Einen Beschützer braucht jeder.

Es war Juni 1995. Ich fuhr mit dem Taxi durch einen fernen Winkel von Kasachstan, von wo ich mich nach China einschleichen wollte. Ein Schaudern – halb Liebe, halb Entsetzen – erfaßte mich. Mein amerikanischer Paß würde mir nicht helfen, wenn man mich in meiner Heimat erwischte. China hat eine Liste der am dringendsten gesuchten Verbrecher, und mein Name stand darauf.

Meine wirkliche Beschützerin war die rothaarige Frau aus North Carolina neben mir. Sie war meine Helferin – meine Augen und Ohren, meine Rückversicherung. Da mich eine gebürtige Amerikanerin begleitete, würden die chinesischen Behörden wahrscheinlich nicht anordnen, mich mit einem Schuß in den Rücken zu erledigen und irgendwo in der Wüste liegen zu lassen. Das jedenfalls hoffte ich.

Ich hatte eine Videokamera in meiner schwarzen Schultertasche versteckt, um nachweisen zu können, daß Tausende von Häftlingen auf den Feldern und in den Fabriken schufteten – Häftlinge genau wie ich vor etlichen Jahren. Nur noch ein paar Videobänder mehr, dann würde ich vielleicht aufhören, mein Leben zu riskieren.

Das chinesische Regime haßt mich, weil ich mich immer wieder ins Land einschleiche und die Tatsache dokumentiere, daß es Arbeitslager unterhält. Ich zeige in *60 Minutes*, daß es in Gefängnissen hergestellte Waren an reiche Länder verkauft, und in der BBC, daß es hingerichteten Häftlingen die Nieren herausreißt. Die Regierung weiß solche Publicity nicht zu schätzen.

Ich dachte über meine neunzehn Jahre in den Lagern nach, meine gesamten Zwanziger und Dreißiger, in denen ich hätte heiraten, Kinder
haben, als Geologe arbeiten und mein eigenes Leben führen können.
Man hat meinen Körper zerbrochen, nicht aber meinen Geist. Ich sagte
mir: »Diese Schufte haben mir die Jugend gestohlen. Sie stehlen Millionen von Leben. Nun werde ich sie vor den Augen der Welt entlarven.«

Ich setzte nicht nur mein eigenes Leben, sondern auch das eines
anderen Menschen aufs Spiel. Ching Lee, meine schöne Ehefrau, die
ich zu meinem großen Glück mit fast dreiundfünfzig Jahren kennengelernt hatte, sollte sich mir auf der letzten Etappe dieser Reise anschlie-
ßen. Aber zuerst brauchte ich eine Reisegefährtin, die mich zehn Tage
lang unterstützen und dann die Videobänder aus dem Land bringen
konnte.

Zwar mag ich wie ein einsamer Wolf wirken, der durch die Welt
streift und die chinesischen Behörden herausfordert, aber in Wirklichkeit bin ich Direktor einer Forschungseinrichtung und habe Kollegen in
Kalifornien, Washington, Sydney, Paris, London und Toronto. Ich habe
Kontaktpersonen in China, die sofort in den Arbeitslagern verschwinden würden, wenn man sie erwischte. Außerdem habe ich Helfer, die im
selben Flugzeug mit mir nach China reisen, sich in denselben Hotels aufhalten, aber kein Wort und keinen Blick mit mir wechseln. Und ich habe
Reisegefährtinnen. Ching Lee hat mich zweimal und eine Frau von der
BBC einmal nach China begleitet. Nun benötigte ich eine neue Helferin,
die mir Rückendeckung geben, für Ablenkungsmanöver sorgen, mich
bei der Arbeit entlasten, Hinweise und Nachrichten aufschnappen, Hotelzimmer, Autos und Mahlzeiten mit mir teilen sollte.

Meiner neuen Komplizin war ich eines Abends drei Monate zuvor
begegnet, als ich an der Duke University in North Carolina einen Vortrag hielt. Danach begrüßte mich eine hochgewachsene, schlanke Frau.
Sie war mittleren Alters, konzentriert, ernst.

»Ich habe Ihr Interview in der *Charlie Rose Show* gesehen«, sagte sie,
»und mir dann Ihr Buch gekauft.« Sie hatte *Nur der Wind ist frei* gelesen –
das Buch, das ich 1994 zusammen mit Carolyn Wakeman über mein
Leben in den Arbeitslagern geschrieben hatte. »Ich habe morgen zwei

Prüfungen an der juristischen Fakultät«, erklärte sie, »aber ich wollte Sie unbedingt hören.«

Sue Howell – so hieß sie – hatte im vorherigen Sommer in Shanghai, der schwülfeuchten Stadt meiner Kindheit, studiert und sogar das städtische Modellgefängnis besichtigt. Das interessierte mich, denn ich hatte gehört, daß dort ein Westler inhaftiert war.

»Was hielten Sie davon?«

»Man zeigte uns Gemälde und Essays von glücklichen Häftlingen«, sagte Sue. »Einige Häftlinge mußten uns sogar vorsingen und vortanzen. Das hat uns sehr verstört.«

Eines ist sicher: In meinen neunzehn Jahren in den Lagern sangen und tanzten wir nie; auch malten wir keine Bilder und schrieben keine Essays. Es muß sich um ein Vorzeigegefängnis gehandelt haben, in das man Vertreter der Weltbank, Kongreßabgeordnete und sonstige Besucher führt, die dem chinesischen System gewogen sind. Aber Sue Howell ließ sich nicht täuschen.

Viele Zuhörer meines Vortrags wollten noch mit mir sprechen, deshalb dankte ich Sue und gab ihr die Telefonnummer unserer Stiftung für den Fall, daß sie weitere Informationen wünschte. Einen Monat später rief sie mich in Kalifornien an.

»Ich mache gerade Pläne für meine Sommerferien. Da ich Ihre Arbeit sehr bewundere, würde ich Ihnen gern helfen. Ich kann mit dem Computer umgehen und habe Zugang zu allen möglichen Daten. Können Sie mich irgendwie einsetzen?«

»Wie wär's, wenn Sie mich nach China begleiteten?«

»Haben Sie keine Angst, geschnappt zu werden?« fragte sie verblüfft.

»Darüber mache ich mir keine Gedanken. Ich muß einfach nach China.«

Sue war bereit, sich ein paar Wochen später in Washington mit Ching Lee und mir zu treffen. Wenn ein Mann zehn Tage lang mit einer Frau durch China reist, ist es ratsam, daß auch seine Ehefrau mit seiner Begleiterin Bekanntschaft macht.

Sue kam am 1. Mai aus Chapel Hill, und wir trafen uns in einem Hotel in der Nähe des Thomas Circle. Sie bezeichnete sich als Kind der sechziger Jahre; sie habe gelernt, jedes System in Frage zu stellen, sei als

Lehrerin ausgebildet und habe für Behindertenorganisationen sowie für IBM gearbeitet. Aber nun suche sie eine neue Aufgabe und studiere an der North Carolina Central Law School Jura.

Ich nahm sie recht gründlich ins Verhör, denn einen Menschen, der oberflächlich war oder agitatorische Neigungen hatte oder sich selbst als Opfer sah, konnte ich nicht brauchen. Vielmehr brauchte ich jemanden, der sich nahtlos einfügen würde. Sue Howell war nie durch Opposition gegenüber der chinesischen Regierung, durch wissenschaftliche Artikel oder Proteste hervorgetreten. Ihr lag einzig und allein daran, das elende Leben von Millionen chinesischen Häftlingen zu verbessern.

Während des Gesprächs blickte ich immer wieder unwillkürlich zu Ching Lee hinüber. Als chinesischer Mann – verheiratet mit einer Frau, die in Taiwan stets für männliche Chefs gearbeitet hatte – bin ich es gewohnt, die Entscheidungen zu treffen. Aber in vier kurzen Jahren war es mir in Fleisch und Blut übergegangen, viel mehr, als ich jemals gedacht hätte, auf Ching Lees Reaktionen zu achten. Was hielt Ching Lee von dieser unabhängigen Amerikanerin, die mein Hotelzimmer und mein Schicksal mit mir teilen würde?

»Warum haben Sie es so eilig?« fragte Sue.

»Die Chinesen sind im Moment verärgert über Amerika, weil man den Präsidenten von Taiwan zu seiner College-Wiedersehensfeier ins Land gelassen hat. Vielleicht wäre es besser, bis zum Herbst zu warten. Dann würde ich mir ein Semester frei nehmen.«

Ich erwiderte, daß ich reisen müsse, solange mein Visum gültig sei. Dann bemerkte ich, wie Ching Lee zu Sue Howell hinüber lächelte, als wolle sie sagen: Hier in Amerika halten die Frauen eben nicht mit ihrer Meinung zurück. Ching Lee nickte mir kaum merklich zu.

»Okay«, sagte ich, »also los.«

Gewiß, ich brachte jemandem, den ich kaum kannte, viel Vertrauen entgegen, aber schließlich erging es Sue Howell mir gegenüber genauso. Ich versuchte, sie einzuschüchtern: Es gebe die Möglichkeit, irgendwo im gottverlassenen Niemandsland der Provinz Xinjiang gefangengesetzt zu werden – fern von den höflicheren diplomatischen Umgangsformen in Beijing. Ich wollte in die Schlacht ziehen, und Sue Howell würde ihr Leben für eine gerechte Sache riskieren. Wenn ein Soldat im Krieg fällt,

kann man es nicht dem General zur Last legen. Sie mußte die Verantwortung und das Risiko auf sich nehmen.

Ich teilte ihr die Regeln mit, an die ich mich auf drei erfolgreichen
Reisen nach China gehalten hatte.

Erste Regel: Wir stellen uns diesem Abenteuer gemeinsam und teilen uns das Hotelzimmer. Auf diese Weise konnte keiner von uns beiden
ohne Wissen des anderen mitten in der Nacht verschwinden oder ent-
führt werden.

Zweite Regel: Ich war der General. Sie hatte mir zu gehorchen – als
wären wir Soldaten oder Polizisten oder Feuerwehrleute. Wenn der
Chef sagt: »Spring!«, dann gibt es keine Widerrede. Ich mußte sicher
sein, daß sie meine Befehle befolgen würde.

Dritte Regel: Ich würde ihr nur wenig Informationen geben, ihr
nicht alle Einzelheiten oder Hintergründe erklären. Das geht Amerikanern gegen den Strich, aber es war nötig, falls wir den Chinesen in die
Hände fielen.

»Das geschieht zu Ihrem Schutz«, fuhr ich fort. »Wenn Sie ein Geständnis ablegen müssen, sollten Sie unbedingt die Wahrheit sagen. Ich
möchte nicht, daß Sie zuviel wissen. Diese Kerle werden Ihnen anmerken, wenn Sie lügen. Sie sind einfach meine Assistentin. Ich bitte Sie um
den Film, und Sie geben mir den Film. Ich fordere Sie auf, mit dem
Chauffeur zu sprechen, und Sie sprechen mit dem Chauffeur. Sie fragen
mich, wohin wir morgen fahren, und ich bleibe Ihnen die Antwort
schuldig. Das brauchen Sie nicht zu wissen. Das ist kein Mißtrauen, sondern damit will ich Sie schützen.«

Sie nickte.

Wir verabredeten, uns Mitte Juni in Europa zu treffen und dann vom
Süden der ehemaligen Sowjetunion aus nach China vorzudringen. Ich
reise nie über Beijing ein, wo das Sicherheitsnetz äußerst engmaschig ist,
und ich hoffte, daß an den Provinzübergängen noch die alten rückständigen Verhältnisse herrschen würden: Schreibmaschinen, überholte
Fahndungslisten, schlechte Telefonverbindungen. Die Beamten an einer
solchen Grenzstation würden vielleicht nicht wissen, daß ich meinen
amerikanischen Namen aus dem berüchtigten Wu Hongda/Harry Wu

legal in den anonymen Peter H. Wu umgeändert hatte. Allerdings kann man sein Geburtsdatum nicht abwandeln – das war die Gefahr.

Meine erste Reiseetappe war die Provinz Xinjiang im fernen Nordwesten Chinas, wohin Millionen von Menschen geschickt werden: unsere Nichtangepaßten, unsere Geächteten, unsere Dissidenten, unsere Klassenfeinde, unsere Denker, unsere Zweifler, unsere Träumer, unsere Gelehrten, unsere Optimisten und unsere Pessimisten – jeder, der Gedanken oder Gefühle hat. Ich war 1994 in der riesigen Provinz Xinjiang gewesen. Es ist ein Land der Regenfälle und des Schlamms, der Atomtests und der Häftlinge, die bis zur Hüfte in Chemikalienkübeln arbeiten.

Nun wollte ich nach Xinjiang zurückkehren, weil mir allmählich klar geworden war, daß China Riesenkredite von der Weltbank in dieser Region einsetzt. Die meisten Regierungen der Welt sind der Ansicht, daß Häftlinge, ob politische oder sonstige, nicht als kostenlose Arbeitskräfte ausgebeutet werden sollten. Ich wollte der Weltbank zeigen, in welchem Maße das chinesische Regime von Sklavenarbeit abhängt, und dafür sorgen, daß die Bank nicht mehr ihre eigenen Prinzipien verletzt.

Die chinesischen Behörden versuchen eine Provinz zu unterjochen, in der Mandarin nicht einmal die Hauptsprache ist. Die Bevölkerungsmehrheit in Xinjiang besteht aus den muslimischen Uiguren, die eine eigene Sprache haben. Ich kenne nur ein einziges uigurisches Wort: den Namen der gewaltigen, mineralreichen, heute von Häftlingen besiedelten Wüste »Takla Makan«. Sie ist unser Sibirien, unser Wilder Westen, unser Australien. Der Name bedeutet: »Der Vogel kann hereinfliegen, aber niemals wieder hinaus.«

Ich hoffte, daß diese Worte nicht prophetisch sein würden.

Anfang Juni machte ich mich nach Europa auf, das ein großer Absatzmarkt für die Produkte chinesischer Arbeitslager ist. Ich erklärte den Deutschen: »Sie wollen doch bestimmt keine Geräte kaufen, an denen Blut klebt.« Ich erklärte den Franzosen: »Sie wollen doch bestimmt keine Kleidung kaufen, die von Häftlingstränen durchtränkt ist.« In Paris sprach ich mit Madame Mitterrand. Pressekonferenzen, Publicity, Fernsehsendungen. Seit Jahren hatte ich in Europa Kontakte angeknüpft, doch ich wußte nicht, ob sie mir irgendeinen Nutzen bringen würden.

Am 15. Juni traf ich in Frankfurt Sue Howell, und wir reisten weiter nach Köln, wo ich ein Fernsehinterview geben sollte. Während der Zugfahrt versuchte ich erneut, ihr Angst einzujagen: »Angenommen, wir werden erwischt. Was passiert, wenn ich behaupte, nichts Unrechtes getan zu haben?«

»Darauf wäre ich gefaßt«, entgegnete Sue. »Die Chinesen werden wissen, daß ich amerikanische Staatsbürgerin bin. Ich bin eine Frau. Sie werden nichts mit mir anfangen können. Mir wird nichts geschehen.«

Sie wirkte so engagiert wie eh und je. In Köln teilten wir uns ein Hotelzimmer, damit sie sich an meine Anwesenheit gewöhnte. Am nächsten Morgen kehrten wir nach Frankfurt zurück und nahmen den Nachtflug nach Alma-Ata (seit 1991: Almaty), der Hauptstadt von Kasachstan. Wir kamen im Morgengrauen dort an und fuhren mit dem Taxi nach Süden in Richtung Kirgisistan. Dieses nun überwiegend muslimische Land hatte sich von der früheren Sowjetunion abgespalten.

Dort erfuhren wir, daß die Grenze wegen eines Erdrutsches geschlossen sei. Doch es gebe eine andere Route nach China: über den Horgas-Paß, einen Teil der alten Seidenstraße zwischen Ost und West, die Marco Polo schon vor fast einem Jahrtausend benutzt hatte. Diese Straße war zwischen 1971 und 1983 abgeriegelt gewesen, als Moskau und Beijing einander mit kommunistischem Bruderkrieg drohten, aber nun hatte man die Grenze wieder geöffnet.

Wir fuhren zurück nach Alma-Ata, wo wir um neun Uhr abends eintrafen. Mittlerweile waren wir seit fast zwei Tagen ohne Schlaf unterwegs, erschöpft und schmuddelig vom Straßenstaub und von der Fahrt in Autos ohne Klimaanlage. Meine Kontaktperson empfahl uns, den Nachtbus von Alma-Ata nach Panfilow zu nehmen. Wir mußten weiter in Bewegung bleiben, damit man nicht auf uns aufmerksam wurde.

Ich erwog nicht einmal, illegal über die Grenze zu gehen. Auf all meinen Reisen halte ich mich stets an das Prinzip, so legal wie möglich zu handeln. Auf keinen Fall möchte ich mit gestohlenen oder gefälschten Papieren ertappt werden. Wenn ich erst einmal eingereist war, würde ich geschmeidig, schlüpfrig und schnell sein wie ein Fisch im Wasser. Sie würden mich nie entdecken. Ich verstehe mich darauf zu reisen, mit Menschen zu reden, eine Unterkunft oder ein Transportmittel zu finden. Schließlich bin ich in meinem Land, unter meinem Volk. Aber in Kasachstan konnte ein Amerikaner chinesischer Herkunft schon sehr nervös werden. An einem Kontrollpunkt zelebrierten die Kasachen ihren neuen Nationalismus und Kapitalismus. Die Chinesen und Russen ließ man in Ruhe, weil sie kein Geld hatten. Doch Sue Howell und ich waren die einzigen im Bus, die amerikanische Pässe besaßen.

Ein kasachischer Soldat mit Irokesenschnitt brüllte mich auf Russisch an. Ich brauchte keinen Dolmetscher, um ihn zu verstehen. Ich hielt zwanzig Dollar hoch, und er streckte mir meinen Paß hin, den er zur Überprüfung an sich genommen hatte. Er packte das Geld, ich griff nach meinem Paß, schob ihn zur Seite und stieg in den Bus.

Im Morgengrauen erreichten wir Panfilow. Vielleicht machte mich der Schlafmangel unruhig. Ich konnte mir gut vorstellen, daß man mir die Kehle aufschlitzen und mich irgendwo in der Wildnis zurücklassen würde. Aber daran durfte ich nicht denken, ich mußte weiter nach China. Wir fuhren mit einem Taxi in Richtung Grenze. Sue Howell fiel auf, wie breit und eben die Straßen waren.

»Die Russen haben alle Straßen in Kasachstan ausgebaut, damit Lastwagen und Panzer auf ihnen nach China rollen konnten«, erläuterte ich. »Sehen Sie mal, wie weit die Strommasten von der Fahrbahn entfernt sind. Diese Straße ist so breit, daß Truppentransporter darauf landen könnten.«

Das Taxi näherte sich der Grenzstation. Es war acht Uhr an einem Sonntagmorgen, und man hatte die Grenze geschlossen. Der Taxifahrer riet uns, in einem Hotel zu übernachten. Da ich vermutete, daß die Chinesen auf dieser Seite Spitzel hatten, fühlte ich mich sehr unwohl bei dem Gedanken, einen ganzen Tag überbrücken zu müssen.

Wir schauten uns in Horgas um, das sich zu einem prosperierenden Städtchen mit einem »Markt für beide Seiten der Grenze« entwickelte. An sechs Tagen der Woche verkaufte man Zigaretten, Uhren, Alkohol, Zucker, Devisen – was auch immer –, aber heute war sogar am Horgas-Paß zwischen dem muslimischen Kasachstan und dem muslimischen Xinjiang ein Ruhetag.

Jemand deutete auf ein stattliches altes Gebäude, das ein Gasthaus sein sollte. Wir klopften an die Tür, doch niemand antwortete. Nachdem wir eine Zeitlang weitergepocht hatten, öffnete sich die Tür und Dutzende von Schwalben flogen heraus. Anscheinend nisteten sie im Dachgesims und waren es gewohnt, frühmorgens hinausgelassen zu werden. Die Schwalben wußten nicht, daß Sonntag war und daß die Menschen sich ausschliefen.

Das Hotel war chaotisch: kein Strom, kaum etwas zu essen und keine Toiletten. Wir aßen ein paar Tafeln Schokolade, die wir mitgebracht hatten, und fanden einen Laden, in dem wir Kondensmilch und ein paar Dosen Sardinen kaufen konnten. Ich machte einen Spaziergang, und Sue nahm ein Bad. Es blieb uns nichts anderes übrig, als abzuwarten.

Ich versuchte, nicht an die andere Seite der Grenze zu denken: an mein Leben in den Arbeitslagern, die Schläge, die Kälte, die harte Arbeit, das Scharren nach einer verkümmerten Karotte im gefrorenen Boden – an all die Jahre, in denen ich träumte: »Wenn ich nur dieses Gefängnis, dieses Land der Gefängnisse, verlassen könnte.«

Nun war ich tausend Meter von meiner Heimat entfernt und verdrängte die Sorgen über das, was man mir antun konnte, wenn ich erwischt wurde.

Am Montagmorgen luden die Kasachen alle für die kurze Fahrt zur Grenze in Sonderbusse. Wir ließen die Paßschlange an der kasachischen Seite rasch hinter uns. Dann erreichten wir den chinesischen Grenzposten. Es war 11.40 Uhr. Wir reichten unsere Pässe einer Grenzbeamtin mit zwei Sternen auf den Schulterklappen. Ich sah Gesichter, die uns durch eine Glaswand beäugten.

Plötzlich entdeckte ich, daß die Beamtin unsere Namen in einen Computer tippte. Verdammt noch mal. Seit wann hatten diese Leute Computer?

Ich versuchte, locker zu bleiben. Da ich den Bildschirm nicht sehen konnte, beobachtete ich die Augen der Beamtin. Tapp-tapp-tapp. Mein Name. Tapp-tapp-tapp. Mein Geburtsdatum. Dann riß sie die Augen auf. »Du bist ein sehr wichtiger Mann«, schienen ihre Augen zu sagen. »Du bist der Mann, den wir suchen.«

## 2  Rückkehr

Harry Wu, ist das nicht der Verrückte, der im Sommer 1995 in China inhaftiert wurde? Und den man dann freiließ, damit Hillary Clinton an der Weltfrauenkonferenz der Vereinten Nationen in Beijing teilnehmen konnte?

Ich im Austausch gegen Mrs. Clinton? Der Weltmeinung zufolge hatte ich diesen Austausch geplant: die Frau des Präsidenten der Vereinigten Staaten gegen einen Agitator, der sich in chinesische Arbeitslager einschleicht. So klug bin ich leider doch nicht. Vielleicht verderbe ich eine gute Story dadurch, daß ich der Wahrheit die Ehre gebe, aber es war folgendermaßen: Von dem Moment, als ich meine Mission plante, bis zum Moment meiner Heimkehr hatte ich nichts von der Weltfrauenkonferenz in Beijing oder von Mrs. Clintons vorgesehener Teilnahme daran gehört, rein gar nichts.

Man fragt mich oft, weshalb ich mein Leben für die Rückkehr nach China riskiert hätte. Viele, die mich nicht kennen, halten mich vielleicht für einen Wahnsinnigen oder zumindest für einen Spinner und einen Quälgeist. Sie wissen, daß ich 1995 einen internationalen Zwischenfall auslöste, als ich an der Grenze verhaftet und zwei Monate lang gefangengehalten wurde, während mein Name im Fernsehen, im Rundfunk und auf den Titelseiten der Zeitungen erschien. Sechzig Tage lang rätselte die Welt, was China wohl mit mir anstellen würde. Würde man mich zurück in die Arbeitslager schicken? Würde man zulassen, daß sich mein Gesundheitszustand verschlechterte? Das fragte ich mich auch.

Ich bin keineswegs so edel wie ein buddhistischer Mönch, der sich selbst auf einem öffentlichen Platz anzündet, um gegen eine Ungerechtigkeit zu protestieren. Ich bin ein weltlicher Mann, habe eine Frau, versuche, verlorene Zeit nachzuholen, und bin durchaus kein Märtyrer. Gefängnismauern sind mir verhaßt. Ich habe nicht den Mut von Wei Jingsheng, der heftige Kritik an Deng Xiaoping äußerte und wieder in die Lager zurückgesandt wurde. Und zu der Vermutung, ich sei nichts als ein weltreisender Eiferer, der die Frau des Präsidenten in die Klemme gebracht habe – nun, ich wünschte, ich hätte von der Konferenz gewußt. Dann hätte ich in den langen Nächten meiner Gefangenschaft vielleicht besser geschlafen. Aber ich glaubte damals, ein einsamer Unruhestifter, fern der Heimat, zu sein.

Wenn das alles war – ich im Austausch gegen Mrs. Clinton –, dann dürfte es sich um ein schlechtes Geschäft gehandelt haben. Ich war in China als Fürsprecher von Millionen Menschen, die in den Arbeitslagern gelebt haben und gestorben sind. Und ich kehrte um all meiner Freunde willen zurück, die starben, während ich überlebte. Ich kehrte zurück, um die Arbeitslager zu sehen, in denen ich fast zwei Jahrzehnte lang als Häftling geschuftet hatte. Andere, die Großmaul Xing, Chen Ming, allen meinen Freunden und mir selbst glichen, stapften durch die Felder. Damals wußte niemand von uns. Niemand setzte sich für uns ein. Ich hatte Glück, denn mir war es gelungen, aus dem Land der lebenden Toten zurückzukehren.

In meinen Büchern und Reden versuche ich in meinem unzureichenden Englisch, als Zeuge für Millionen anderer Menschen aufzutreten. Es ist frustrierend für mich, die subtilsten Gedanken nicht in meine Muttersprache, dem Mandarin, ausdrücken zu können, aber ich habe bewußt die Entscheidung getroffen, mich so gut wie möglich auf Englisch zu äußern. Ich möchte nicht, daß sich meine Bücher lesen wie die jedes anderen Autors, sondern wie die eines Einwanderers, der sich im Fernsehen oder vor dem Kongreß oder vor der Legislative in Kalifornien oder in europäischen Ländern verständlich machen will. Schließlich bin ich ja ein Neuankömmling, und ich möchte von den Lagern in China berichten.

Neunzehn Jahre lang war ich einer jener Häftlinge, die wegen obskurer Verbrechen am Vaterland gefangengehalten werden. Meine Häscher behaupteten, mich umerziehen zu wollen, aber in Wirklichkeit waren sie nur daran interessiert, daß ich arbeitete, bis ich umfiel. Ich war in den

Lagern verschollen, die strategisch über ganz China verstreut sind und in denen Millionen von Häftlingen Güter für die chinesische Industrie herstellen. Die Behörden haben unterschiedliche Bezeichnungen für die Stadien ihrer Lager. Ich habe drei Stadien durchgemacht: Besserung durch Arbeit *(laogai)*, Umerziehung durch Arbeit *(laojiao)*, Zwangsarbeit *(jüye)*. Im Rahmen dieses Buches werde ich das gesamte System »Laogai« nennen.

Laogai. Der Begriff brennt mir auf der Seele, treibt mich zum Wahnsinn, löst in mir den Wunsch aus, Amerikaner, Europäer, Australier und Japaner am Aufschlag zu packen und zu schreien: »Wißt ihr denn nicht, was dort drüben vor sich geht?« Ich möchte, daß das Wort »Laogai« überall auf der Welt bekannt wird – genau wie das Wort »Gulag« zum Synonym für die Greuel des Stalinschen Gefängnissystems geworden ist.

Ich kehrte nach China zurück, um der Welt zu zeigen, was sich im Land des modernen Wirtschaftswunders abspielt. China erlebt einen gewaltigen Aufschwung mit zweistelligen jährlichen Wachstumsraten. Die Yuppies haben jetzt Mobiltelefone und verhökern ihre Waren per E-Mail. Von meinem Haus in Kalifornien aus korrespondiere ich per Fax mit ihren Firmen. Westlichen Geschäftsleuten läuft das Wasser im Mund zusammen, wenn sie an die möglichen Profite in China denken.

Ich kehrte nach China zurück, um Informationen zu sammeln und um die entwickelten Nationen warnen zu können: Kapitalismus darf niemals mit Demokratie gleichgesetzt werden. Es ist ein sehr amerikanischer Glaube, daß Geld Freiheit, Gerechtigkeit und Gleichheit hervorbringe. Das gilt für China nicht. Meine Heimat hat sich noch nicht aus der vieltausendjährigen Unterjochung durch einen Tyrannen nach dem anderen gelöst – gleichgültig, ob man ihn als Kaiser oder Vorsitzenden bezeichnet. Darüber sollten auch Elektronik oder Klimaanlagen nicht hinwegtäuschen.

In meiner Heimat ändert man die Namen der Gefängnisse, damit sie an Fabriknamen erinnern. Die Gefängnisfabriken und -farmen haben doppelte Adressen und doppelte Namen, aber Westler besuchen sie weiterhin und stellen nie eine einzige Frage nach den Jammergestalten, die sich in ihren blauen Kitteln über die Fließbänder beugen. Viele von ihnen sind keine gewöhnlichen Arbeiter, sondern Männer und Frauen, die praktisch ein Sklavendasein führen. Die Arbeit chinesischer Häftlinge ist wertvoller als je zuvor. China verkauft Tee nach England, Weintrauben nach Japan, Werkzeuge nach Frankreich, Dieselmotoren in die Vereinigten Staaten.

Wie groß ist der Anteil der Häftlingsarbeit am chinesischen Fortschritt? Die einzige offizielle Schätzung aus Beijing – in einem speziellen Weißbuch von 1992 über die Arbeitslager – besagt, daß 0,08 Prozent der chinesischen Gesamtproduktion aus Gefängnissen stammt. Das klingt unerheblich, aber wir wissen natürlich nicht, inwieweit die Angabe zutrifft. Ein Blick auf die Zahl der Lagerinsassen ist da vielleicht aufschlußreicher.

Die chinesische Regierung hat eingeräumt, daß seit der Machtübernahme der Kommunisten im Jahre 1949 zehn Millionen Menschen in die Lager geschickt worden sind. 1995 sprach sie von 1,2 Millionen Arbeitern in 685 Lagern. Das ist eine lächerlich niedrige Ziffer. Ich schätze, daß man seit 1949 mehr als fünfzig Millionen Menschen ins Laogai-System gesandt hat. Zur Zeit haben wir Unterlagen über 1155 Lager mit sechs bis acht Millionen Häftlingen. Ich glaube, daß es sich vielleicht bei zehn Prozent um politische Gefangene handelt – also um Menschen, die zur falschen Zeit ein falsches Wort gesagt haben.

Die Welt sieht nur die Spitze des Eisbergs. Sie weiß wahrscheinlich, daß ein paar Menschen bei der Demonstration auf dem Tiananmen-Platz (Platz des Himmlischen Friedens) oder kurz danach getötet wurden. Meiner Ansicht nach war der Vorfall auf dem Tiananmen-Platz eher eine Bagatelle. Millionen Menschen sind im Laogai verschollen. Jedes dieser Leben war wertvoll. Das chinesische Volk hat eine Redensart: »Wir suchen nicht nach dem Baum, sondern nach dem Wald.« Die chinesische Fixierung auf die Mehrheit hat dem Mißbrauch durch Diktatoren wie Mao Zedong Tür und Tor geöffnet. Der einzelne darf sich nicht auflehnen. Der Wald ist zu wichtig.

Ich spreche für die Bäume. Jeder hatte einen Namen, ein Gesicht, eine Seele, eine Familie. Manche von ihnen waren meine Freunde. Wie könnte ich sie, da ich nun selbst in Freiheit lebe, einfach vergessen?

Das ist meine Aufgabe. Das ist meine Mission. Für viele Menschen sind die schlimmen alten Tage noch nicht vorbei, sondern in mancher Beziehung sogar noch schlimmer geworden. Im Zeichen der modernen Wissenschaft sind viele Häftlinge nun zu wertvoll, um am Leben erhalten zu werden. China verkauft Nieren und Augenhornhaut an reiche Länder. Die Behörden bringen Häftlinge heutzutage auf sehr raffinierte Weise um, während die Ärzte, die eigentlich zur Rettung von Leben ausgebildet sind, am Rand des Schafotts auf die Hinrichtung der Gefangenen warten. Rechtsprechung nach dem Prinzip von Angebot und Nachfrage und in Zusammenarbeit mit der modernen Wissenschaft.

Unser Körper ist ebenfalls, solange wir am Leben sind, ein wertvolles Wirtschaftsgut. Das Geschäft läuft so gut, daß China seine Unruhestifter zu neuen Missetaten anspornen muß.

* * *

Ich möchte von einem mutigen Mann namens Sun erzählen, einem typischen Häftling im chinesischen Zwangsarbeitssystem. Nach unseren ersten Informationen wurde er tagsüber in einem Steinbruch geschunden und fertigte abends Kunstblumen für amerikanische Kaufhäuser an.

Wie viele Chinesen engagierte sich Sun, der als Lehrer arbeitete, 1989 in der Demokratiebewegung, die von dem Massaker auf dem Tiananmen-Platz erstickt wurde. Ich wünschte, ich hätte die Demonstranten warnen können, daß die Soldaten den Befehlen ihrer bejahrten Führer gehorchen und auf Zivilisten schießen würden, doch die jungen Leute konnten sich nicht in die Psyche der Soldaten versetzen. Die Chancen für die Menschen auf dem Platz standen von Anfang an schlecht, denn der Protest kam zu früh, war zu unverhohlen und zu öffentlich. Aber das konnten sie nicht wissen.

Sun war zum Zeitpunkt der Morde weit von Beijing entfernt, aber er wurde später wegen »konterrevolutionärer Hetze« festgenommen. Man warf ihm vor, auf dem Campus seiner Universität Wandzeitungen angebracht zu haben. Darauf stand unter anderem: »Infolge ihrer Mißachtung der Studentenbewegung hat die Partei jegliche Glaubwürdigkeit und jegliches Prestige als herrschende Kraft verloren ... Nach reiflichen Überlegungen haben wir beschlossen, in vollem Ernst bekanntzugeben, daß wir aus der Kommunistischen Partei und dem Kommunistischen Jugendbund austreten ... Eine herrschende Partei wie diese ist bei den Menschen der ganzen Welt verhaßt und eine Schande für das chinesische Volk.«

Sun war einer von Tausenden, die für ihre Teilnahme an der Demokratiebewegung verurteilt wurden. Er leistete drei Haftjahre ab und entkam nach Hongkong, doch die dortige Führung betrachtete ihre teuren Digitalkalender und sah unaufhaltsam das Jahr 1997 heraufziehen, in dem die Stadt von China übernommen werden wird. Deshalb schickte sie Sun nach China zurück. Er wurde in ein Umerziehungslager, gleich neben einem Steinbruch, in einer fernen Provinz gebracht. Unter hohem Risiko schmuggelte er einen Brief, in dem er gegen seine Verhaftung protestierte, nach draußen.

Ich habe Verständnis für solche Aktionen, denn ein paar Kameraden und ich wagten einmal einen ähnlichen Versuch. Wir nahmen die Gefahr auf uns, nach Beijing zu schreiben und uns zu erkundigen, weshalb wir über unsere ursprüngliche Haftzeit von drei Jahren hinaus im Lager festgehalten würden. Aber als wir unseren langen Arbeitstag auf den Feldern beendet hatten, war der Brief bereits wieder im Lager angelangt. Die Aufseher warfen mich in Einzelhaft und schlugen mich, bis ich so geschwächt und entmutigt war, daß ich nichts mehr essen wollte. Daraufhin wurde ich mit einem Schlauch durch die Nase zwangsernährt. Am elften Tag gestand ich meine Sünden und wurde aus der Einzelhaft entlassen. Meine Mitgefangenen fingen einen Frosch, verkochten ihn zu Eintopf und päppelten mich damit wieder halbwegs auf.

Mithin wußte ich den Mut zu schätzen, den Sun aufgebracht hatte, als er einen Brief in den Westen schickte. Der Brief erreichte schließlich die Laogai Research Foundation, die ich von meinem Wohnsitz in Kalifornien aus – mit einem Büro in Washington, D.C. – betreibe. »Ich muß in dieser Hölle schmachten, weil die Behörden mich geistig und körperlich zerbrechen wollen«, schrieb Sun. »Es handelt sich um politische Rache und Verfolgung. In dieser kritischen Situation habe ich keine andere Wahl, als mich an Sie zu wenden. Ich fordere die fortschrittlichen Kräfte dieser Welt inständig auf, der Menschenrechtssituation in China größere Aufmerksamkeit zu widmen und dem chinesischen Volk, das in abgrundtiefem Elend lebt, zu helfen. Ich appelliere mit aller Kraft an die fortschrittlichen internationalen Organisationen, auf die Behörden einzuwirken, damit diese aufhören, mich politisch zu verfolgen.«

Sun fuhr fort, daß die Lagerinsassen »über vierzehn Stunden pro Tag« Steine zum Kai und auf Schiffe beförderten. »Viele Insassen, deren blutende und eitrige Hände und Füße – wie meine – von großen Steinen verletzt worden sind, müssen trotzdem weiterarbeiten. Infolgedessen sind etliche auf Lebenszeit verkrüppelt.«

Bei jedem Zeichen von Aufsässigkeit werden die Betreffenden geprügelt, »bis sie am ganzen Körper bluten, zusammenbrechen oder das Bewußtsein verlieren«. Er setzte hinzu: »Die Lebensbedingungen hier sind bestenfalls kümmerlich. Die Mahlzeiten bestehen aus grobem Reis und verfaulten Gemüseblättern.«

Damit nicht genug, abends müssen die Häftlinge im Umerziehungslager Kunstblumen herstellen. Sun entlarvte die Funktionsweise des Laogai-Systems Mitte der neunziger Jahre und seine Verbindung mit den westlichen Märkten: »Die Kunstblumen, die wir anfertigen, sind für den Export bestimmt. Die Warenzeichen werden in englischer Sprache und die Preise in US-Dollar angegeben. Sogar der Kompanieführer und der Steinbruchdirektor sagten, die Blumen würden in Kooperation mit einer Exportfirma in Hongkong hergestellt.«

Ein derartiger Einsatz von Häftlingen ist ein Bruch des internationalen Rechts – und sogar der chinesischen Gesetze. Die chinesische Regierung beteuert jedoch, daß Produkte von unbezahlten Gefangenen auf den internationalen Märkten nicht verkauft würden. Solche Behauptungen überraschen nicht, aber ich finde es deprimierend, daß allzu viele amerikanische Politiker und die anderer Länder ihnen Glauben schenken.

Sun legte Aufkleber bei, die an die Firma Universal Sun Ray in Springfield, Missouri, adressiert waren. Wie meine Stiftung herausfand, importiert diese Firma Kunstblumen für die Ben Franklin Stores Inc. Am 8. Juli und am 24. August 1995 kauften meine Mitarbeiter Artikel mit genau diesen Etiketten in Filialen der Ben Franklin Stores in Pleasanton, Kalifornien, und in Reno, Nevada.

Wir schickten jemanden zum Ausstellungsraum von Universal Sun

Ray in Springfield, und er fand Dutzende von Kunstblumen, von denen etliche mit »Made in China« ausgezeichnet waren. Viele der aus Hongkong importierten Blumen dürften in Wirklichkeit in China hergestellt worden sein. Zwar konnten wir nicht beweisen, daß Universal Sun Ray über die Herkunft dieser Blumen aus Arbeitslagern unterrichtet war, doch wir ermittelten, daß ein Firmenvertreter regelmäßig Geschäftsreisen nach Asien unternimmt.

Sun teilte mit, daß er nicht einem Lager zur »Besserung durch Arbeit« *(laogai)*, sondern einem zur »Umerziehung durch Arbeit« *(laojiao)* zugeordnet sei. Formell gesehen war er also kein verurteilter Verbrecher, sondern nur ein armer irregeleiteter Jugendlicher, dessen politische Einstellung ein wenig zu wünschen übrigließ. Er schrieb: »[Theoretisch] erhalten die Insassen Lohn, Sozialleistungen und Urlaub, haben das Recht auf Korrespondenz und Freizeit, kulturelle und sportliche Betätigung, brauchen nicht mehr als acht Stunden täglich zu arbeiten, dürfen ihre Familien im Urlaub besuchen, können für medizinische Behandlung von der Arbeit freigestellt werden« usw.

Aber »in Wirklichkeit ist das Laogai die Hölle«. Er fügte hinzu: »Ich weiß, daß man mich noch brutaler behandeln könnte, wenn mein Brief veröffentlicht wird. Vielleicht bringt man mich sogar um. Aber ich habe keine Wahl!«

Sun war der erste chinesische Häftling, der nachwies, daß Produkte aus Arbeitslagern nach Amerika gelangen. Seit sein Brief im Westen eintraf, hat man ihn in ein anderes Lager verlegt und vor kurzem entlassen. Er gehört zu den wenigen Glücklichen.

\* \* \*

Ich kehrte zurück, um Häftlingen wie Sun Publizität zu verschaffen. Nachdem ich China 1985 verlassen hatte, wäre es vielleicht klug gewesen, wenn ich mich in Kalifornien, am sicheren Ende des Pazifiks, vergraben hätte. Doch ich erfuhr von immer neuen Mißbräuchen im Laogai. Selbst auf die Gefahr hin, den Rest meiner Tage im Gefängnis zu verbringen, mußte ich zurückkehren.

Obwohl zornige Politiker und ihre Anhänger davon sprechen, jegliche Einwanderung zu unterbinden, obwohl viele Amerikaner meinen, daß es an der Zeit sei, der übrigen Welt den Rücken zu kehren, bin ich überzeugt, daß Amerika in Wirklichkeit ein großzügiges und grundanständiges Land ist. Dies läßt sich an der Art und Weise ablesen, wie es Einwanderer aufgenommen und sich um die Belange anderer gekümmert hat. Amerika ist das Licht der Welt. Wollen die Amerikaner wirklich Obst essen, Kunstblumen kaufen und Werkzeuge benutzen, die von Gefangenen produziert worden sind? Von Sklaven?

Ich bin der festen Überzeugung, daß es sich im Grunde nicht um ein Problem der USA oder des liberalen Gewissens der Ersten Welt handelt, sondern – auf lange Sicht – um ein chinesisches Dilemma. Als nunmehr amerikanischer Bürger, der im kalifornischen Silicon Valley lebt, ringe ich heftig um meine Identität. Ich glaube, es ist eine Eigenart des chinesischen Charakters, daß wir mühelos von Kaisern zu Vorsitzenden übergehen und unsere eigenen Bürger wie Sklaven behandeln können.

Wenn die chinesische Regierung ihre Güter auf dem Weltmarkt verkaufen will, muß sie die anderen Länder und ihr eigenes Volk respektieren. Sie daran zu erinnern, ist meine Aufgabe. Ich habe mich ihr verschrieben, denn ich lebe heute in einem anderen Land, aber ich kann die Vergangenheit nicht vergessen.

# 3 Sackgasse

An den Blicken der Beamten ließ sich ablesen, daß sie mich erkannt hatten, aber ich versuchte, nicht in Panik zu geraten. Mit einer Bewegung bedeutete ich Sue, ruhig zu bleiben, obwohl man unsere Pässe immer noch zurückhielt.

»Würden Sie bitte ein paar Minuten warten?« fragte einer der Grenzbeamten.

»Was ist los?«

»Oh, wir müssen ein paar Sachen überprüfen.«

Das war der Moment, den ich stets hatte vermeiden wollen – der Moment, in dem ich keine Kontrolle mehr über mein Schicksal hatte. Es gab verschiedene Möglichkeiten: Man konnte mich in ein Hinterzimmer drängen und mich für ein Jahrzehnt – oder für immer – verschwinden lassen. Oder man konnte uns über die Grenze eskortieren und uns befehlen, nach Amerika zurückzukehren. Man konnte mir mein Leben schenken, oder ich konnte es verlieren. Ich war bereit gewesen, mein Leben aufs Spiel zu setzen, aber nun wurde mir hinter meiner Fassade der Tapferkeit doch sehr mulmig zumute. Diese Leute hatten mir schon genug von meinem Leben geraubt, doch nun war es zu spät, etwas zu unternehmen. Ich wußte, daß meine Frau und meine Freunde in Washington Alarm schlagen würden, sobald ich als vermißt gemeldet wurde, aber das half mir wenig, wenn ich unter der Erde war und den uralten Boden meiner Heimat düngte.

Wir warteten. Man stellte uns ein paar Fragen: Wie heißen Sie? Was ist Ihr Beruf? Reine Routine. Wir alle wußten, daß sie nur die Zeit totschlagen wollten. Ich beschloß, die Initiative zu ergreifen.

»Ich bin ein freier Bürger«, erklärte ich den Grenzbeamten. »Ich bin Amerikaner. Geben Sie mir meinen Paß zurück. Ich möchte gehen.«

»Es tut uns leid, wir müssen noch einige Dinge überprüfen.«

Nachdem man uns rund eine Stunde hatte warten lassen, kam ein junger Mann in Zivil herein und tat so, als filme er den gesamten Raum mit einer Videokamera. Er richtete das Objektiv immer wieder auf uns. Mir war langweilig, und ich brauchte etwas Abwechslung. Deshalb ging ich auf ihn zu. »Ich mache mir Sorgen um Sie. Sie sollten hier keine Aufnahmen machen. Sie könnten Schwierigkeiten mit dem Gesetz bekommen.«

Er schaute mich an, als wäre ich verrückt. »Ist schon in Ordnung.«

Ich machte mit zwei Fingern das Friedenszeichen wie die Hippies in den sechziger Jahren und schritt an ihm vorbei, so daß er sich umdrehen und mir mit der Kamera folgen mußte. Eigentlich wollte ich mit dem Spielchen nur herausfinden, was ich mir erlauben konnte. Ich ging nach draußen und kaufte ein paar Getränke, doch ich bemerkte, daß die Tore abgeschlossen waren. Wir befanden uns in einem Käfig. Ich kehrte in den Raum zurück.

Um 13.30 Uhr erschien eine Grenzbeamtin mit zwei Sternen auf den Schulterklappen. Weiß der Leser, wie es ist, wenn sich zwei Frauen auf den ersten Blick hassen? So war es mit Sue und dieser Frau. Erzfeinde, von der ersten Sekunde an.

»Ich möchte nur mein Englisch üben«, sagte die Beamtin fast ohne Akzent. Sie stellte uns – sogar nach chinesischen Maßstäben – sehr unhöfliche Fragen. Wohin wir unterwegs seien? Was wir vorhätten? Sie wollte Einzelheiten erfahren. Es war kein Gespräch, sondern ein Verhör. Wir sagten, wir seien Wissenschaftler und wollten die Seidenstraße erforschen. Sue funkelte sie nur an.

Dann erkundigte man sich, wieso Sues Paß anders aussah als die meisten amerikanischen Pässe. Sie versuchte zu erklären, daß er auf einer früheren Reise in Italien ausgestellt worden sei, nachdem sie bestohlen worden war, aber niemand schien ihr Glauben zu schenken. Außerdem wollte man nicht glauben, daß sie fünfundvierzig Jahre alt war. Unter anderen Umständen hätte sich Sue vielleicht geschmeichelt gefühlt, aber wir hatten dringendere Probleme.

Um vierzehn Uhr brachten unsere Aufpasser uns Kekse und Mineralwasser. Sie änderten ihre Taktik und wechselten das Personal, doch die Zeit verging, und wir merkten, daß keine anderen Touristen oder Zivilisten mehr zu sehen waren.

Um 15.45 Uhr fragte ich: »Darf ich das Telefon benutzen?«

Man habe kein Telefon zur Verfügung.

»Darf ich ein Fax an meine Botschaft schicken?«

»Nein.«

»Ich habe es mir anders überlegt und möchte nicht mehr nach China einreisen. Könnten Sie uns bitte nach Alma-Ata zurückfahren lassen?«

»Nein.«

Eine halbe Stunde später bat ich erneut, Kontakt mit unserer Botschaft aufnehmen zu dürfen. Ich bestand darauf zu erfahren, weshalb wir »festgenommen« seien. Es war das erste Mal, daß ich dieses Wort benutzte, und niemand widersprach mir.

Um 18.10 Uhr teilte uns ein gewisser Inspektor Ho – er hatte drei Sterne auf den Schulterklappen – mit, er werde unser Problem innerhalb einer Stunde lösen.

Um 18.20 Uhr kam eine nette junge Frau vom Zoll auf uns zu und sagte, sie wolle sich auf Englisch unterhalten. Sie schien es ehrlich zu meinen, aber sie hatte die Situation nicht durchschaut. Ganz plötzlich führte ein Polizeibeamter sie ins Hinterzimmer und schrie auf sie ein, bis sie zu weinen begann. Danach wagte sie nicht einmal mehr, uns anzusehen.

Um 18.45 Uhr kam Inspektor Ho zurück und versicherte, er habe uns nicht vergessen.

Um neunzehn Uhr fragte er mich, wie oft ich seit meiner Ausreise aus China dorthin zurückgekehrt sei. »Dreimal«, erwiderte ich wahrheitsgemäß. Er entfernte sich, um zu telefonieren.

Um 19.10 Uhr machten sämtliche Zollbeamten Feierabend und verschwanden. Türen schlossen sich, Tore rasselten zu, Schlösser klickten.

Um 19.50 Uhr erschien Inspektor Ho wieder. Seine Haltung verriet, daß es Schwierigkeiten geben würde.

»Es tut mir leid, wir schließen jetzt. Sie müssen verzeihen, daß wir Ihre Pässe heute nicht überprüfen konnten. Sie müssen bis morgen warten. Wir bitten Sie, die Nacht in unserem Hotel zu verbringen.«

»Wir gehen erst ins Hotel, wenn wir mit unserer Botschaft gesprochen haben«, erklärte ich.

»Morgen«, sagte Inspektor Ho. Draußen hockten Sue und ich uns zu einem kleinen Sitzstreik auf dem schmutzigen Bürgersteig auf Pappkartons. Ich hatte das Gefühl, daß Sue in den sechziger Jahren ein- oder zweimal an ähnlichen Aktionen teilgenommen hatte.

Um 19.55 Uhr versprach Inspektor Ho uns, am nächsten Tag ganz bestimmt mit der amerikanischen Botschaft Kontakt aufzunehmen. Er flehte uns an, ins Hotel zu fahren. Ich wußte, daß sich weitere Verzögerungen nicht lohnten, und deutete auf das Auto, damit Sue einstieg.

Vor allem machte mir die Tatsache zu schaffen, daß die Beamten amerikanische Mobiltelefone benutzten. Anscheinend verkaufen die USA den Chinesen moderne Telefone, damit amerikanische Bürger an der Grenze festgehalten werden können. Man drehte uns nicht die Arme auf den Rücken, um uns zum Einsteigen zu zwingen. Inspektor Ho paßte schon auf, daß während seiner Schicht niemand verletzt wurde.

Im Hotel Karamai, ein paar hundert Meter hinter der Grenze, wurden wir an der Anmeldung vorbei zu einem Lift geführt. In der sechsten Etage seien zwei Zimmer für uns bereit.

»Wir brauchen nur ein Zimmer«, verlangte ich. »Wenn man uns trennen will, können wir nichts machen«, flüsterte ich Sue Howell zu. »Aber wir wollen so lange wie möglich zusammenbleiben.«

Man begleitete uns zu Zimmer 611, und die Polizei belegte zwei Räume direkt gegenüber. Unser Fenster ging auf die Grenzstation und die eigentliche Grenze dahinter: Ich bemerkte ein verschlossenes Tor quer über die Straße, doch zu meiner Verblüffung reichte der Maschendrahtzaun nur ein paar hundert Meter in beide Richtungen. Dann folgten freie Flächen. Vielleicht konnten wir mitten in der Nacht entkommen. Außerdem entdeckte ich zweihundert Meter vom Hotel entfernt ein Postamt mit einer Telefonzelle. Ich würde sie so bald wie möglich in Augenschein nehmen müssen.

Zimmer 611 war klein, anspruchslos, mit Einzelbetten an zwei gegenüberliegenden Wänden, zwei Stühlen, einem kleinen Tisch, einer Frisierkommode und einem Bad ohne heißes Wasser. Sue versuchte, kalt zu baden, hatte aber gleich beim Aufdrehen den Griff des Wasserhahns in der Hand, und ich hörte sie leise vor sich hin schimpfen. Manchmal gab es überhaupt kein Wasser. Das Hotel schien erst ein paar Jahre alt zu sein, aber es war bereits baufällig.

Unsere Bewacher luden uns zum Essen in den ersten Stock ein. Inspektor Ho und ein jüngerer Beamter erklärten, daß sie die Mahlzeit bezahlen würden. Sue und ich beharrten darauf, unsere Botschaft anrufen zu müssen, doch Ho verschanzte sich weiter hinter Ausflüchten. »Setzen Sie sich bitte. Machen Sie keine Schwierigkeiten. Es ist nicht meine Schuld. Da kommt die Kellnerin. Wir wollen essen.«

Ho war kein schlechter Kerl. Er wußte genau, daß er es mit Harry Wu zu tun hatte, einem der neunundvierzig meistgesuchten Menschen in China, aber er führte ein ganz normales Gespräch mit mir. Ich erzählte ihm vom Tod meiner Eltern und von meinen Leiden im Laogai. Seine Miene drückte Mitgefühl aus. Jeder in China hat gelitten oder kennt ein Opfer des Systems. Das ist das Absurde. Als die Roten Garden Mitte der sechziger Jahre im Land wüteten, war es keine Frage des »Wir gegen die anderen«, sondern des »Wir gegen uns selbst«. Man konnte es als Klassenkampf bezeichnen, aber es war viel schlimmer, denn hier zerfleischten sich die Chinesen gegenseitig. Niemand blieb verschont. Die Männer am Tisch hätten ihre eigenen Geschichten erzählen können, aber sie wagten es nicht.

Immerhin berichteten sie von einer Episode, die deutlich machte, wie heikel das Verhältnis zu den Kasachen jenseits der Grenze war. Während des Frühlingsfestes ein paar Monate zuvor hatten die Chinesen Feuerwerkskörper angezündet, wie sie es überall auf der Welt tun. Die kasachischen Soldaten hielten den Lärm zunächst für Maschinengewehrfeuer und eilten mit der Waffe im Anschlag zur Grenze.

»Warum schießt ihr mit Maschinengewehren?« erkundigten sich die Kasachen telefonisch.

»Warum marschiert ihr an der Grenze auf?« fragten die Chinesen.

Die Kasachen ließen sich erst überzeugen, als die Chinesen sie über die Grenze führten und ihnen kleine Kinder zeigten, die zur Feier des Frühjahrsbeginns Knallkörper in die Luft warfen. Ich bin sicher, so wird der nächste Weltkrieg beginnen.

Um dreiundzwanzig Uhr kam Ho in unser Zimmer und sagte, wir müßten zum Verhör in das viele Stunden entfernte Yining fahren. Und zwar sofort.

»Unter gar keinen Umständen«, entgegnete ich. »Wir sind amerikanische Staatsbürger. Wenn jemand mit uns reden will, soll er an die Grenze kommen.«

Während Ho mit mir verhandelte, versuchte Sue, an den Bewachern vorbei in den Flur zu schlüpfen. Wir hatten es nicht geplant, aber wie in den amerikanischen Fernsehserien spielte sie die Rolle des bösen und ich die des guten Polizisten. Sue wußte, daß der Zorn einer rothaarigen weißen Amerikanerin die chinesischen Beamten völlig aus der Fassung brachte, was sie weidlich ausnutzte.

»Ich will sofort die amerikanische Botschaft anrufen«, schrie Sue. »Ich schreibe einen Brief. Sie müssen ihn unverzüglich zustellen ...« Dann blinzelte sie mir zu und flüsterte: »Ich bin ein ganz schönes Ekel.«

Nun war der gute Polizist wieder an der Reihe. Ich wollte einiges von diesen Männern erfahren und mußte sie auf meine Seite ziehen. Sie fragten mich, wer Sue Howell sei, und ich antwortete: »Meine Assistentin.« Ich ließ keinen Zweifel daran, daß sich unsere Beziehung damit erschöpfte.

Die Männer fragten mich auf Chinesisch: »Was hat diese Frau denn bloß?«

Ich zuckte die Achseln und seufzte: »Amerikanische Frauen sind eben schwer zu bändigen.«

Wieder in unserem Zimmer, sahen wir uns nach versteckten Kameras um. Da wir keine entdecken konnten, wagte ich es, meine Schultertasche zu leeren. Ich vernichtete ein paar Zettel mit wichtigen, verschlüsselten Telefonnummern und schnitt die Plastikklappe an meiner Schultertasche ab, damit man mir nicht vorwerfen konnte, heimlich Aufnahmen zu machen. Nachdem ich die Grenze fotografiert hatte, knipste ich Sue und ließ mich dann von ihr aufnehmen. Auf dem Bett sitzend sah ich mit meinen Stiefeln, meiner Freizeithose, meinem weißen Hemd und meinem breitkrempigen Indiana-Jones-Hut beinahe elegant aus. Wenn ich nie wieder in den Westen gelangte, würde es vielleicht wenigstens mein Foto schaffen.

Nun waren wir allein, und mir wurde unsere Lage bewußt. Den ganzen Tag über hatte ich mich bemüht, diese Leute an der Nase herumzuführen, doch jetzt mußte ich zugeben, daß ich ihnen ausgeliefert war. Seit unserem Aufenthalt in Alma-Ata, über eine Woche zuvor, hatte ich nicht mehr zu Hause angerufen. Ich sollte mich alle zwei oder drei Tage melden, sonst würde Jeff Fiedler, der in Washington mit mir zusammenarbeitet, Rettungsmaßnahmen einleiten.

Vor allem aber machte ich mir Sorgen um Ching Lee, die liebenswürdige und tüchtige Frau, die ich erst ein paar Jahre vorher in Taipeh kennengelernt hatte. Wie hatte sich ihr Leben verändert! Sie war von einem Büro in Taiwan in ein Haus in Kalifornien übergesiedelt und hatte in China ebenfalls einiges riskiert. Ich wußte um ihre Kraft, aber ich fühlte mich schuldig, weil ich sie in diese Lage gebracht hatte. Und ich sehnte mich schrecklich nach ihr. Ich vermißte das vertraute Zusammenleben mit einer Frau, die ich liebte. Nach zwei gescheiterten Ehen hätte ich nie gedacht, jemanden so sehr lieben zu können wie Ching Lee. Es war mir unerträglich, von ihr getrennt zu sein. Dann merkte ich, daß ich wie damals in den Lagern reagierte: Meine Emotionen schalteten sich ab. Wenn ich an Ching Lee dachte, würde ich abgelenkt und schwach werden. Der Wille zu leben würde dazu führen, daß ich mich bei meinen Peinigern entschuldigte, Geständnisse ablegte, mich vor ihnen demütigte. Aber ich durfte meine Prinzipien nicht gegen mein Leben eintauschen.

Ich zwang mich, jeden Gedanken an Ching Lee zu unterdrücken. Darin bestand meine einzige Rettung.

Am nächsten Morgen baten wir, einen kleinen Spaziergang außerhalb des Hotels machen zu dürfen. An der Ecke entdeckten wir einen Laden, und man gestattete uns hineinzugehen, um Schals und andere Geschenke zu kaufen. Ich wollte in Bewegung bleiben, mich umsehen, mit allen möglichen Leuten plaudern und nichts unversucht lassen. Wer weiß, was ich herausfinden würde.

Auf einem Schild im Laden stand »Internationaler Telefondienst«. Ich nahm das Angebot wörtlich und fragte, ob ich meine Botschaft anrufen könne.

»Bitte, Sie müssen meine Situation verstehen«, sagte der Beamte. »Ich habe meine Befehle und darf so etwas nicht zulassen.«

Wir gingen nach oben zum Essen, und Sue erinnerte die Bewacher an das versprochene Telefonat mit unserer Botschaft. Als sie wieder nur eine Ausflucht hörte, flüsterte sie mir zu: »Ich werde versuchen zu fliehen.«

Sie lief davon und rannte eine Treppe hinunter. Die Bewacher draußen hatten nicht damit gerechnet, daß eine rothaarige Amerikanerin durch die Tür sprinten würde. Sie ließ das Tor hinter sich und legte die halbe Strecke bis zur Telefonzelle zurück, bevor sie von einem jungen Beamten in Zivil gepackt wurde.

»Hilfe! Helft mir! Ich werde angegriffen!« schrie Sue, als chinesische Passanten sich umdrehten und sie anstarrten.

Der verlegen wirkende Beamte versuchte, sie zurück zum Hotel zu steuern, doch Sue griff in ihre Handtasche und holte eine Halbliterflasche Mineralwasser hervor. Sie packte die Flasche am Hals und drosch auf den armen Kerl ein.

Ich beschloß, die Situation auszunutzen, lief zur Polizei hinüber und rief: »Was macht er denn? Der Kerl ist ein Rowdy!« Man versuchte, mir zu erklären, daß der Mann ebenfalls Polizist sei, aber ich entgegnete: »Er hat keine Uniform an! Und er hat seinen Ausweis nicht gezeigt.«

Ich wollte feststellen, wie weit wir gehen konnten. Wenn ich ein gewöhnlicher, von der Polizei gesuchter Chinese gewesen wäre, hätte man mich schon ins Hinterzimmer gezerrt, mir die Gliedmaßen verrenkt und mir Stromschläge verpaßt. Ich weiß, wozu diese Leute fähig sind. Unsere amerikanischen Pässe verhinderten, daß wir geschlagen wurden – jedenfalls vorläufig.

Schließlich ließ Sue von dem jungen Beamten ab und erlaubte ihm, sie – und mich – zurück zum Hotel zu führen.

»Ich habe einen Fehler gemacht«, sagte sie. »Er ist noch ein Junge. An seinen Augen erkennt man, wie verwirrt er ist.«

Um fünfzehn Uhr holte man uns zu einem Gespräch mit General Luo Yue, dem höchsten Sicherheitsoffizier der Region, der gerade aus Urumqi eingetroffen war. Luo gab sich verbindlich, doch Sue ließ sich nicht beeindrucken.

»Ich möchte mit meiner Botschaft reden«, erklärte sie Luo. »Sie haben kein Recht, mich hier festzuhalten. Ich bin amerikanische Staatsbürgerin. Man hat mich mit Gewalt daran gehindert, ein Telefongespräch zu führen. Laut Völkerrecht müssen Sie uns freilassen.«

Luo versuchte, sie zu beschwichtigen, aber Sue blickte ihn wütend an, schlug die Beine übereinander und richtete die Spitze ihres schwarzen Stiefels direkt auf den General.

»Was sind das für Manieren?« zischte Sues Erzfeindin, die Dolmetscherin. Sie sagte, daß es in China eine schwere Beleidigung sei, mit dem Schuh auf jemanden zu zeigen, besonders auf eine hochrangige Person.

»Ich bin keine Chinesin, aber ich wäre vielleicht höflicher, wenn ich mir nicht dauernd Lügen anhören müßte«, antwortete Sue und richtete ihren Stiefel weiterhin auf Luo, dem die Botschaft nicht entging.

Luo versuchte zur Sache zu kommen. »Ich habe eine Mitteilung aus Beijing erhalten, in der Ihnen vorgeworfen wird, sich mehrere Male unter falschem Namen nach China eingeschlichen zu haben.«

»Ich habe nie einen falschen Namen oder gefälschte Dokumente benutzt«, sagte ich. »Ich bin naturalisierter Amerikaner, und mein legaler Name ist Peter Wu. Wenn ich falsche Dokumente hätte benutzen wollen, wäre es mir nicht schwergefallen. Außerdem trägt mein Paß ein Einreisevisum vom letzten Jahr. Ich hätte meinen Paß ändern können, aber darauf habe ich verzichtet. Ihr Konsulat in Houston hat mir ebenfalls ein Visum ausgestellt. Deshalb glaubte ich, willkommen zu sein.«

»Haben Sie von der Liste der 49 gehört?« fragte Luo.

»Ja, aber Ihre Regierung hat nie zugegeben, daß diese schwarze Liste existiert.«

»Jedenfalls stehen Sie drauf«, versicherte er. »Warum sind Sie zurückgekommen?«

»Ich höre immer wieder, daß China sich geändert hat. Mag sein, daß Sie mich vor zwei oder drei Jahren auf eine schwarze Liste gesetzt haben, aber nun hat man mir ein Visum ausgestellt, und ich dachte, niemand hätte etwas gegen meine Einreise. Warum haben Sie mir ein Visum gegeben, wenn Sie es nicht ernst meinten? Ich stütze mich einfach auf meine eigene Erfahrung. 1957 bin ich als konterrevolutionärer Rechtsabweichler bestraft worden, aber zweiundzwanzig Jahre später hat Ihre

Regierung sich bei mir entschuldigt und mich rehabilitiert. Also nahm ich an, daß sich die Lage geändert hat.«

Offenbar machte ich ihm Kopfschmerzen.

»Schon gut, ich will mich nicht mit Ihnen streiten. Bitte haben Sie Verständnis für meine Situation. Ich befolge nur Befehle aus Beijing. Ich kann Sie nicht gehen lassen. Um ehrlich zu sein, Sie sind zur falschen Zeit hierher gekommen …«

»Wovon reden Sie?«

»Haben Sie nicht gehört, daß unser Botschafter aus Washington ausgewiesen worden ist?«

»Tut mir leid. Ich war in Kasachstan und bin nicht informiert.«

Ich wußte, daß China verärgert über die Vereinigten Staaten war, weil Lee Teng-Hui, der Präsident von Taiwan, an einer Wiedersehensfeier der Cornell University hatte teilnehmen dürfen. Aber ich hatte nicht geahnt, in welchem Maß der Groll eskaliert war. Nun hatten die Chinesen das Glück gehabt, einen der neunundvierzig wichtigsten Unruhestifter zu fangen. Das war immerhin etwas.

Plötzlich wirkte Luo nervös. »Wenn Sie später wieder zu Hause sind und ein Buch schreiben, erwähnen Sie meinen Namen bitte nicht. Das hier muß unter uns bleiben.«

»Ich weiß nicht, wann ich zurückkehre, aber ich werde Sie nicht erwähnen«, versprach ich. Diesen Leuten muß man jede Menge Versprechungen machen – so sind nun einmal die Spielregeln.

In unserem Zimmer hatten Sue und ich eine Auseinandersetzung über ihre Taktik. Das Verfahren mit dem guten und dem bösen Polizisten leuchtete mir zwar ein, doch meiner Meinung nach sollte sie einen größeren Spielraum für Verhandlungen lassen. Es mag für Westler wie ein Klischee klingen, doch für Chinesen ist es wichtig, das Gesicht zu wahren.

Sue erwiderte, das sei vielleicht für mich angebracht, aber sie selbst wolle einen Hungerstreik beginnen. »Das ist die einzige Möglichkeit, ihre Aufmerksamkeit zu erregen. Sie selbst brauchen Kraft, müssen aktiv bleiben, aber ich kann die Beamten durch einen Hungerstreik ablenken.« Sue ließ das Mittagessen aus, während ich den Unschuldigen spielte und ein Gespräch mit meiner Botschaft verlangte. Man vertröstete mich.

Am Abend blieben Sue und ich lange auf. Wir hatten keine Wahl. In Westchina ist es noch zu später Stunde hell, weil der Vorsitzende Mao darauf beharrt hatte, das ganze Land müsse dieselbe Zeit wie Beijing, das Zentrum des Universums, haben. Der große Schiedsrichter, der einzige Chinese, der eigene Gedanken haben durfte, hatte gewollt, daß sich das Land an seine eigene Zeit hielt. Dabei hatte er selbst keinen festen Tagesplan: Er stand auf, wann er wollte, legte sich schlafen, wann er wollte, aß, hurte, dozierte, reiste und gab Hinrichtungsbefehle, wann er wollte. Unser Vorsitzender war nun seit achtzehn Jahren tot, aber seine einheitliche Zeitzone bestand weiterhin. An einem der längsten Tage des Jahres sahen wir zu, wie die Sonne gegen Mitternacht unterging, und sprachen über unsere mißliche Lage.

Wir waren uns einig, daß sie irgendwann die Geduld verlieren würden. Ich hatte dem Tod etliche Male ins Gesicht gesehen, als ich in den Lagern damit rechnete, daß man mir eine Kugel in den Kopf jagen würde, und die meisten meiner Freunde waren in jungen Jahren gestorben. Mit Achtundfünfzig war ich gewappnet. »Der Tod ist nicht das Schlimmste, was einem zustoßen kann.«

»Ach, eine Kugel in den Kopf ist eine herrliche Methode, sich von der Welt zu verabschieden«, sagte Sue. »Ich habe gesehen, wie Verwandte von mir langsam und qualvoll an Krebs gestorben sind. Eine Kugel ist mir lieber.«

Mit dieser makabren Note endete unser zweiter Tag in Gefangenschaft.

Der zweite Tag von Sues Hungerstreik war angebrochen. Sie ist ohnehin sehr schlank und ißt normalerweise sehr wenig. Ich wußte, daß sie lange überleben konnte, auch wenn sie nur Wasser trank. Sie lag still auf dem Bett und sah viel angegriffener aus, als sie war.

Unterdessen plauderte ich mit unseren Wärtern, machte mit ihnen Spaziergänge auf den Fluren und vor dem Haus. Ich wollte wissen, wie die Leute im heutigen China dachten, um unsere Chancen abschätzen zu können.

Während eines Gesprächs erkundigte sich Inspektor Ho nach meinen Erwartungen. Ich antwortete, man werde mich festhalten und Sue freilassen. Dann fragte ich ihn, wieviel eine Taxifahrt von Horgas nach Alma-Ata koste. Ungefähr hundert Dollar, meinte Ho. Ich nahm mir vor, Sue am Abend weitere hundert Dollar zuzustecken, die sie in ihrem Ausweisgürtel verstecken sollte.

Ein Beamter überbrachte Sue eine persönliche Einladung zum Essen, doch sie lehnte ab.

Nach der Mahlzeit bat ich, etwas frische Luft schnappen zu dürfen. Zuerst entfernte ich mich von der Grenze, doch dann näherte ich mich, mit Beamten an beiden Seiten, wie zufällig dem Zaun. Ich hatte mich nicht getäuscht: Der Zaun war höchstens vierhundert Meter breit, und dahinter waren nur Geröll und offene Flächen – Niemandsland – zu sehen. Man konnte die Absperrung mühelos innerhalb weniger Minuten umrunden und sich nach Kasachstan aufmachen – vorausgesetzt natürlich, es schoß einem niemand in den Rücken.

Nach dem Spaziergang eröffnete ich Sue, daß ich in der Nacht fliehen wolle.

»Sind Sie sicher?«

»Die wollen nur mich, nicht Sie«, sagte ich. »Man wird Sie freilassen. Kümmern Sie sich um mein Gepäck. Nichts ist es wert, gerettet zu werden. Ich werde etwas Geld mitnehmen. Auch die Kamera können Sie wegwerfen, wenn nötig. Das wichtigste ist, daß Sie nach Alma-Ata zurückkehren und Ching Lee anrufen.«

Ich konnte es nicht ertragen, von diesen Leuten eingesperrt zu werden. Sie hatten mir schon zuviel von meinem Leben geraubt. Ich wartete, bis Sue eingeschlafen war, griff nach unserer Thermosflasche und öffnete die Tür, als wolle ich nur den Flur hinunter zur Teemaschine gehen.

Im Flur herrschte Stille. Die Tür zum Zimmer der beiden Polizistinnen war geschlossen. Drei Beamte sollten abwechselnd von einem Stuhl neben meiner Tür aus den Flur beobachten, aber der Aufpasser schlief tief und fest. Ich schwenkte die Thermosflasche vor seinem Gesicht hin und her, um sicherzugehen. Nichts, keine Reaktion.

Nun näherte ich mich dem Lift, wo tagsüber die Flur-Bewacherin saß. Keine Seele. Ich wagte nicht, den Lift zu benutzen, und stieg die sechs Treppen hinunter, ohne einen Laut zu hören. Dann erreichte ich den Parkplatz hinter dem Haus. Nichts rührte sich. Das Tor war so niedrig, daß ich darüberklettern konnte. Sollte es wirklich so einfach sein?

Zehn oder fünfzehn Minuten lang stand ich in der Dunkelheit und dachte nach. Ich brauchte nur die paar hundert Meter um den Zaun herumzulaufen. Das einzige Risiko war, daß es keine Bäume und keine Deckung gab. Ein alternder Unruhestifter würde um sein Leben rennen. Wollte man mich etwa in eine Falle locken und auf der Flucht erschießen? Das wäre die bestmögliche Lösung für die chinesischen Behörden, und diese Genugtuung wollte ich ihnen nicht geben.

Dann erinnerte ich mich an meine Verantwortung für Sue Howell, die oben schlief, und all meine Predigten darüber, daß ich der General und sie die Untergebene sei. Sollte ich sie der Volksbefreiungsarmee auf Gedeih und Verderb ausliefern?

Ich konnte es nicht tun. Mir fiel eine Regel aus der katholischen Schule ein: Der Kapitän verläßt als letzter das sinkende Schiff. Ich hob meine Thermosflasche auf und stieg die Treppen zu meinem Zimmer empor. Der Wachmann schlummerte immer noch auf seinem Stuhl.

Als Sue aufwachte, zitterte sie vor Hunger. Ich erklärte unseren Aufpassern, daß ich mir zunehmend Sorgen um Sues Gesundheit machte. Man schickte nach einem chinesischen Arzt, der sich sehr höflich bemühte, sie zu untersuchen.

»Rühren Sie mich nicht an!« rief Sue. »Er will mich umbringen!«

Der arme Kerl sah verstört aus, aber wenigstens hatte sie noch genug Energie, ihn anzubrüllen. Man befahl ihm, im Zimmer gegenüber zu warten, bis das Problem gelöst werden könne.

Am Nachmittag war ich so nervös, daß ich gestikulierend und vor mich hin redend im Zimmer auf und ab ging. Sue machte das Koffein dafür verantwortlich. »Harry, Sie sollten sich draußen bei einem Spaziergang ein bißchen abreagieren.«

Die Bewacher brachten mich hinaus, wo ich eine Weile hin und her rannte, bis ich vor dem Haus einen nagelneuen schwarzen Cherokee-Jeep bemerkte. Irgend etwas lag in der Luft, wenn man ein derartiges

Fahrzeug einsetzte. Ich schlenderte hinüber und sah mehrere Polizisten im Wagen sitzen; sie blätterten die Betriebsanleitung durch, die in englischer Sprache abgefaßt war und ihnen deshalb überhaupt nichts nützte. Ich bot meine Hilfe an, und zu meinem Erstaunen ließen sie mich auf den Fahrersitz rutschen. Nachdem ich mir die Betriebsanleitung angeschaut hatte, zeigte ich ihnen, wie alles, was in einem chinesischen Auto nicht zu finden ist – zum Beispiel der Vierradantrieb und das ABS-System –, zu bedienen war. Erleichtert stellte ich fest, daß die Spät-Juni-Hitze durch eine kraftvolle Klimaanlage gemildert werden konnte. Es lag auf der Hand, daß es zu meinem eigenen Vorteil war, ihnen die Bedienung des Wagens zu erklären. Mir stand eine längere Landpartie bevor.

Ich hatte mich ein wenig beruhigt, als ich in unser Zimmer zurückkehrte. Sue musterte mich. »Das ist besser.«

»Irgend etwas ist im Busch«, sagte ich. »Jetzt wird man uns trennen.«

»Aber ich möchte bei Ihnen bleiben. Ich bin für Ihre Sicherheit verantwortlich. Wenn man Sie nicht freiläßt, bleibe ich hier und protestiere. Wir sind Partner. Ich kann Sie doch nicht im Stich lassen.«

»Sue, begreifen Sie doch, das wichtigste ist, daß Sie von hier verschwinden und das Außenministerium und meine Familie anrufen. Teilen Sie ihnen mit, daß ich verhaftet worden bin.«

Ich wollte sie nicht daran erinnern, daß sie genau aus diesem Grund hier war – zu meinem Schutz. Man würde eine gebürtige Amerikanerin nicht umbringen, sondern sie ausweisen. Und so würde auch die Nachricht von meiner Gefangenschaft nach draußen dringen.

Dann setzte ich mich hin und schrieb einen Brief an Ching Lee, in dem ich sie wissen ließ, wie sehr ich sie liebte. Wenn ich in China sterben müsse, dann sei ich wenigstens in meiner Heimat, in der man auch meinen Vater, meine Mutter und meine Stiefmutter begraben habe. Ich würde stolz darauf sein, in China zu sterben, aber ich wolle mein Leben noch nicht beenden.

Außerdem fügte ich einige Anweisungen für Ching Lee und Jeff sowie ein paar Kontaktnamen und -nummern hinzu, was allerdings riskant war. Zuerst hatte Sue Bedenken, den Brief mitzunehmen, aber ich gab nicht nach.

»Versprechen Sie mir, den Brief zu überbringen«, sagte ich und machte sie mit den letzten Einzelheiten vertraut: »Morgen wird man Sie nach Kasachstan schicken und Sie vielleicht zwingen, an der Grenze ein paar Kilometer zu Fuß zu gehen. Man wird Sie durchsuchen, wofür es keine legale Handhabe gibt. Bestehen Sie auf Ihren Rechten. Sie haben einen langen Tag vor sich. Deshalb müssen Sie etwas essen. Hier sind Sardinen und Kekse. Niemand weiß etwas davon. Täuschen Sie unsere Bewacher, kommen Sie wieder zu Kräften.«

Während Sue die Büchse leer aß, raffte ich sämtliche Shampoopäckchen, Aschenbecher, Teebeutel und Plastikkämme zusammen, die den Namen und die Telefonnummer des Hotels trugen. Außerdem gab ich ihr die Filmrolle, auf der Fotos von General Luo, den Grenzanlagen und von mir waren. Ich empfahl Sue, die Hotelsouvenirs und den Film in meinem Koffer unter ihrer Unterwäsche zu verstauen; vielleicht würde man sich genieren, dort zu suchen.

Ich schlief ein. Es ist eine sehr nützliche Fähigkeit, überall und jederzeit schlafen zu können. In all den Jahren in den Arbeitslagern, wo man von einem Gewehrkolben getroffen werden konnte, wenn man während des langen Arbeitstages auch nur kurz döste, träumte ich immer von dem Luxus, ein Nickerchen zu machen. Deshalb kann ich nun innerhalb von fünfzehn Sekunden einschlafen. Ich hole nach, was mir entgangen ist, aber dabei bin ich stets wach und höre, was geschieht.

In jener Nacht dröhnten Autohupen unten auf dem Parkplatz, und Tore wurden krachend geöffnet und geschlossen. Man bereitete eine Fahrt ins Landesinnere vor.

Ich sprang aus dem Bett, trat ans Fenster und sah Autos. Wenig später ging ich auf Zehenspitzen an Sues Bett.

»Die machen sich bereit«, flüsterte ich.

Kurz vor dem Frühstück wurde ich zu Luo gerufen.

»In ein paar Minuten bin ich zurück«, versprach ich Sue.

Sobald ich das Zimmer verlassen hatte, hörte Sue ein Pochen, und vier Bewacher traten ein. Sie schrien, fuchtelten mit den Armen und waren aggressiver als zuvor. Sue machte ihre Erzfeindin, die Dolmetscherin, dafür verantwortlich, denn diese führte die Aufsicht. Man zwang sie, alles im Zimmer in zwei Stapel – meinen und ihren – zu teilen. Man ließ sie sogar jede Kleinigkeit aus ihrer Handtasche und ihrem Koffer hervorholen. Sue wedelte demonstrativ mit jedem Stück Unterwäsche, da sie hoffte, die Beamten in Verlegenheit zu bringen, aber man war gründlich und fand fast alle Hotelsouvenirs. Sue weigerte sich, das Zimmer ohne ihre Sachen zu verlassen, und sie ließ nicht zu, daß man den Beutel mit ihren Wertsachen, den sie sich um den Hals gehängt hatte, oder die Dokumente in ihrem Gürtel anrührte. Deshalb wurden die hundert Dollar in ihrem Gürtel nicht gefunden. Sue verstand es, diesen Leuten Paroli zu bieten, aber sie konnte ihren Wunsch, sich von mir zu verabschieden, nicht durchsetzen. Sie wollte Inspektor Ho das übriggebliebene chinesische Geld geben, damit er ein Geschenk für sein Kind kaufen konnte, doch Ho war nicht zu finden. Sue meinte, man habe ihn wahrscheinlich abgelöst, weil er zu nett sei.

Eine Stunde später begleitete man sie zur Grenze, wo sie selbst ihre Taxifahrt nach Alma-Ata organisieren mußte. Es war nicht gerade freundlich, eine Amerikanerin den wüsten kasachischen Taxifahrern auszuliefern, aber sie fand einen Gentleman, der sie sicher nach Alma-Ata beförderte.

Sue wollte die Nachricht meiner Festnahme so rasch wie möglich weitergeben, aber wie sie entdeckte, hatte man dem Außenministerium bereits mitgeteilt, daß ich ins Landesinnere gebracht werden würde. Ihre Frustration verwandelte sich in Wut, als das wunderbare Lufthansa-Personal ihr nicht gestatten wollte, ihr Ticket für einen früheren Rückflug nach Frankfurt zu benutzen. Sie versuchte zu erklären, daß sie aus China ausgewiesen worden sei. Das sei höhere Gewalt. Alle Fluggesellschaften machen in Notfällen Ausnahmen, doch die Lufthansa knöpfte ihr für die Ausreise aus Alma-Ata zweitausendzweihundert Dollar ab.

»Es war eine der schmerzlichsten Erfahrungen meines Lebens«, sagte Sue Monate später. »Ich wollte Informationen einholen und dem chinesischen Volk helfen. Aber als ich die Grenze erreichte, kam ich mir überflüssig vor. Ich wollte nicht als Versagerin dastehen.«

Ich kann, zumal auf englisch, Mitgefühl und feine Empfindungsnuancen nicht sehr gut ausdrücken, aber ich hoffe, Sue Howell weiß, wieviel sie Ching Lee und mir bedeutet. In jenen Tagen an der Grenze tat Sue, was sie konnte. Ich weiß, daß sie mir auf einer längeren Reise durch China eine große Hilfe gewesen wäre. Doch nun war ich auf mich allein gestellt.

Fünf Tage lang hatte ich gehofft, daß sie mich wie eine Comicfigur am Hosenboden packen, über die Grenze schleudern, meinen Koffer hinter mir her werfen, sich zufrieden die Hände reiben und sagen würden: »Komm bloß nie wieder.« Aber das sollte nicht sein. Man hatte anderes mit mir vor.

# 4  Wie man Dissident wird

Vielleicht hatte ich schon immer etwas von einem Unruhestifter an mir. In der Grundschule in Shanghai stellte ich meine Lehrer gern auf die Probe. Eines Tages schickte ein Lehrer uns nach draußen; alle sollten eine Pflanze finden, und er würde uns über jede etwas Einzigartiges mitteilen. Er war ein sehr kundiger Lehrer, aber ich verspürte das dringende Bedürfnis, ihn zu ärgern. Alle anderen taten wie ihnen geheißen, doch ich steckte den kleinen Stengel einer Pflanze sorgfältig in die Mitte eines anderen Strauches.

Der Lehrer beschrieb sämtliche Pflanzen, bis er zu meiner kam. »Hmm«, machte er. »Die muß ich mir genauer ansehen.« Später fragte er die Klasse: »Wer hat diesen Zweig abgegeben?«

Ich hob die Hand. Er rief mich nach vorn und erklärte der Klasse, daß es stets von Übel sei, in der Wissenschaft zu mogeln. Er bekräftigte seine Worte dadurch, daß er mir mit einem Lineal zwölf Schläge auf die linke Handfläche versetzte.

Zu Hause spitzten sich die Dinge weiter zu. Mein Vater war Geschäftsmann und von typisch chinesischer Strenge. Wenn er nicht zum Essen erschien, machten alle Kinder und meine Stiefmutter Witze und zappelten herum, aber wenn er zu Hause war, saßen wir auf unseren Plätzen und aßen schweigend, wobei unsere Hände stets auf dem Tisch lagen. In China entspricht es guten Manieren, daß man die Hand beim Essen nicht auf dem Schoß ruhen läßt. Aber da ich mit meiner linken Hand nach den Schlägen in der Schule nichts anfassen konnte, ließ ich sie unter dem Tisch.

»Warum versteckst du deine Hand?« fragte Vater. »Laß mal sehen.«

Ich hielt ihm die Linke mit den roten Striemen auf der Handfläche hin. Nachdem ich ihm den Grund erklärt hatte, schlug er mir zum Ausgleich noch ein dutzendmal auf die rechte Handfläche. So hatte ich am selben Tag eine Lektion in Naturwissenschaften und eine in guten Manieren erhalten.

In China gibt es keine Gleichberechtigung. Während in Amerika ein Sohn seinen Vater »Dad« nennen oder vielleicht sogar dessen Vor- oder Spitznamen benutzen kann, geht man in China viel formeller miteinander um. Jeder kennt seine Rolle, deren Rahmen er nicht sprengen darf. Diese Mentalität ist vor mehr als tausend Jahren entstanden, und sie hat auch unsere politische Kultur beeinflußt.

Mein Vater, Wu Pao-Yi, sprach mit seinen Kindern nicht über sich selbst, und er erwartete seinerseits keine Vertraulichkeiten von ihnen. Wir wußten, daß er eine leitende Stellung in einer Bank hatte und eine Strickgarnfabrik betrieb, aber wir hatten keine Ahnung, was er sonst noch besaß, wie seine Arbeit aussah oder über wieviel Geld wir verfügten. Ich wußte, daß er aus einer kleinen Grundeigentümerfamilie in Wuxi stammte und in Shanghai auf eine christliche Mittelschule geschickt worden war. Er ließ keinen Zweifel an der Aufgabe seiner Söhne: »Ihr habt gute Schüler zu sein. Werdet Intellektuelle. Vor allem haltet euch von der Politik fern.«

Die Hauptlektion meines Vaters besagte, daß jeder auf eigenen Füßen zu stehen habe. Einmal wurde ich in eine Prügelei mit zwei anderen Jungen verwickelt und kam weinend nach Hause. Mein Vater schaute mich an und sagte: »Weine nie. Und gib nie auf.« Wie alle Kinder wünschte ich, daß mein Vater mir Aufmerksamkeit schenkte. Also schwor ich mir, nie zu weinen und nie aufzugeben.

Ein alter chinesischer Fluch lautet: »Mögest du in interessanten Zeiten leben.« Ich wurde zu Beginn interessanter Zeiten geboren, nämlich am 8. Februar 1937, kurz bevor die Japaner in Nordchina einmarschierten und eine Marionettenregierung in der Mandschurei einsetzten. In meinen ersten Lebensmonaten, noch vor Ankunft der Japaner in der Stadt, verließen Tausende von vermögenden Menschen Shanghai.

Meine Mutter, Ku Zhong Ying, starb 1942. Ich erinnere mich nicht sehr gut an sie, und ihr Tod bleibt ein Rätsel für mich. Wir hatten keine Großeltern mehr und überhaupt nur noch wenige Verwandte, aber von einem meiner Cousins erfuhr ich, daß sich mein Vater und meine Mutter einmal gestritten hätten und sie danach vielleicht Selbstmord begangen habe. Ich konnte meinen Vater nie danach fragen, denn er war zu streng und distanziert.

Die chinesische Tradition verlangt, daß Tote in ihrer Heimatprovinz begraben werden, doch wegen des Dreifrontenkrieges zwischen den Japanern, den Kommunisten und der Guomindang, der damaligen chinesischen Regierung, konnte meine Mutter nicht in ihre Heimat gebracht werden. Vater ließ sie in einem eleganten Holzsarg beisetzen und bezahlte eine hohe Summe für die Aufbewahrung des Sarges, bis dieser nach Wuxi überführt werden konnte.

Noch vor Ablauf eines Jahres verkündete unser Vater, daß er wieder heiraten wolle. Wir mußten zur Hochzeit erscheinen und erwarteten das Schlimmste von seiner neuen Frau, doch Chen Ren Tai lächelte, umarmte uns und machte unser stereotypes Bild von der bösen Stiefmutter schnell zunichte.

Am 5. April, an dem alle Chinesen ihrer verstorbenen Angehörigen gedenken, erfuhren wir mehr über unsere neue Mutter. Mein Vater hatte sich zwar den westlichen Sitten angepaßt, befolgte jedoch auch weiterhin die buddhistischen und konfuzianistischen Riten. Schüsseln mit verschiedenen Gerichten wurden auf einem langen Tisch aufgestellt, Kerzen flakkerten, Weihrauch brannte, und mein Vater goß Wein ein. Er tat es dreimal, und dreimal machten wir alle der Reihe nach einen tiefen Kotau: zuerst mein Vater, danach mein älterer Bruder, dann ich, meine älteste Schwester und zuletzt die jüngeren. Alle waren sehr still und ernst.

Niemand hätte es meiner Stiefmutter übelgenommen, wenn sie sich im Haus zu schaffen gemacht hätte und der Zeremonie für ihre Vorgängerin ferngeblieben wäre; aber auch sie verbeugte sich vor der Statue. Sie ehrte sogar den Sarg meiner Mutter. Alljährlich sollten die Männer der Familie die Särge der Dahingeschiedenen bemalen. Mein Vater war stets von seiner Arbeit in Anspruch genommen, und wir wagten nicht, ihn um Hilfe zu bitten. Statt dessen mietete meine Stiefmutter eine Rikscha und fuhr mit uns beiden Jungen zum Friedhof. Noch heute sehe ich das Bild vor mir: Meine Stiefmutter trägt den Farbeimer und die Pinsel in einer Hand und hält meine mit der anderen fest, während Hong Yi, mein älterer Bruder, neben uns hergeht und sich an ihr Kleid klammert.

Am Sarg öffnete Chen Ren Tai den Farbeimer, drückte meinem Bruder den Pinselstiel ins Händchen und führte es, während er die Farbe säuberlich verteilte. Dann beendete ich das Ritual – unterstützt von den eleganten Händen einer Frau der Oberschicht, meiner Stiefmutter, die den Sarg ihrer Vorgängerin bemalte.

1945 konnten die Japaner mit Hilfe der Westmächte gestoppt werden, und obwohl der Bürgerkrieg weitertobte, wurde die alte Ordnung zum Teil wiederhergestellt. Wir brachten den Sarg meiner Mutter nach Wuxi und begruben ihn dort.

Meine Stiefmutter lehrte mich, andere Menschen zu lieben und zu respektieren. Mit ihr kehrte das Glück wieder in unser Haus ein, und bald waren wir vier Jungen und vier Mädchen. Wenn ich ihr nur den Schmerz und das Entsetzen hätte ersparen können, die der Familie durch mein Leben beschert wurden!

1948, als ich elf Jahre alt war, schickte mein Vater mich auf die St. Francis School, deren Lehrer zumeist italienische Priester waren. Mein Lieblingslehrer war Pater Capolito, der Naturwissenschaften unterrichtete und an manchen Wochenenden bei Picknickausflügen meine Kenntnisse vertiefte. Der italienische Priester wurde zu einem zweiten Vater für mich. Ich werde nie vergessen, wie er mir bei den Spaziergängen im Garten seine breite, warme Hand auf den Kopf legte. Mit seinen wulstigen Lippen, dem kahlen Schädel, um den sich ein silberner Haarkranz zog, den großen, runden Augen und der großen Nase sah er sehr westlich aus.

Die Augen alter chinesischer Schreckensmasken sind immer groß und rund – wie bei den Menschen aus dem Westen –, doch Pater Capolito und die anderen Priester verkörperten die besten menschlichen Eigenschaften. Sie waren stark, gütig, stolz, individualistisch und treu. Dieser westlich-christliche Einfluß sorgte dafür, daß ich mich von meinen chinesischen Mitbürgern später erheblich unterschied – und das zu einem Zeitpunkt, als jegliche Abweichung höchst ungesund war. Wir lernten, für unsere Überzeugungen einzustehen, aber auch, Fragen zu stellen, gewitzt, hartnäckig und logisch zu sein.

Bald wurde ich katholisch getauft, sang die Kirchenlieder, besuchte

die Messe und sprach in der Schule vor den Mahlzeiten ein Tischgebet.
Zu Hause allerdings waren nie christliche Gebete zu hören, weil mein
Vater Buddhist blieb. Viele Jahre später wagte ich, ihn zu fragen, wieso
er nie Christ geworden sei, obwohl er eine christliche Hochschule absol-
viert hatte. Er antwortete: »Ich mußte einen Weg finden, deiner Mutter
zu gedenken, und der Buddhismus ist dieser Weg.«

Von meinem Vater lernte ich, nach Westen zu blicken, ohne den Stil,
die Feiern, die Tradition und die respektvolle Haltung des Buddhismus
aufzugeben. Der Buddhismus ist eine Philosophie, die keinen totalen
Gehorsam verlangt und durchaus neben anderen Lehren existieren
kann. Aber in einem Teil meines Herzens wurde ich Christ. Das Christentum ist geprägt von seinen Märtyrern – von Männern und Frauen,
die ans Kreuz genagelt, von Pfeilen durchbohrt und deren Zungen abgeschnitten wurden, weil sie ihrem Glauben nicht entsagen wollten.
Auch Jesus Christus mit seiner Dornenkrone war ein Märtyrer.

Als ich 1995 in China festgehalten wurde, sagte James R. Lilley, der
frühere amerikanische Botschafter in Beijing, in der Sendung *Nightline*:
»Die Vereinigten Staaten müssen den Fall Harry Wu lösen« – als wäre
ich kein Mensch, sondern ein Aktenordner. Lilley fuhr fort: »Er hat
einen Märtyrerkomplex in bester chinesischer Tradition.«

Lilley hatte gut reden. Achtete ich christliche Märtyrer deshalb, weil
sie ihre Prinzipien nicht aufgegeben hatten? Natürlich. Wollte ich selbst
ein Märtyrer werden? Auf keinen Fall. Mein ganzer Instinkt zielt aufs
Überleben. Meine Lehrer, jene stolzen italienischen Priester, waren mir
ein Beispiel dafür, daß der Überlebenswille der menschlichen Natur entspricht. Genauso wie das Verlangen, zu lieben und geliebt zu werden.
Diese Instinkte gehen über jegliche Religion hinaus. Menschen sind
keine Tiere. Sie müssen mit Respekt behandelt werden. Das habe ich bereits in meiner Jugend gelernt.

Als ich mich an der Universität im Fach Geologie immatrikulierte,
studierte ich Darwin, die Evolution, die Entstehung der Erde, Fossilien
und Knochen, Dinosaurier, die Entwicklung der Tiere sowie die Abstammung des Menschen. Ich glaube, daß die Welt nicht von Gott in
sechs kurzen Tagen, wie es in der Bibel heißt, sondern vielmehr durch
die Evolution erschaffen wurde. Meine wissenschaftlichen Überzeugun-

gen sind mit der Religion, von der ich mich nicht lösen kann, nicht in Einklang zu bringen.

Für mich hatte das Christentum also vielleicht weniger mit Dogmen zu tun als mit moralischen und philosophischen Prinzipien. Das Empfinden, daß die Menschen mit einem Gott verbunden sind, daß wir einander als Kinder Gottes behandeln sollten, half mir über die kommenden schrecklichen Jahre hinweg.

Wir wohnten im selben Gebäudekomplex wie zahlreiche Italiener, Franzosen, Spanier und andere Ausländer, und bei privilegierten Chinesen wie uns wurde es Mode, einen westlichen Namen anzunehmen. Ich hieß Wu Hongda, wurde aber auch Harry genannt, und mein Bruder hörte auf den Namen Henry. Chinesen haben Mühe, das westliche »R« auszusprechen, weshalb es oft vorkam, daß Harry und Henry verwechselt wurden. Meine älteste Schwester, Han Lian, traf eine Entscheidung: »Einer von euch muß seinen Namen ändern.« Sie hielt sich die Hände auf den Rücken und ließ uns raten, in welcher sie ein Stück Papier hatte. Ich gewann, und sie sagte: »Also gut, ab jetzt heißt du Peter.« Ich benutzte den Namen kaum, doch es war eine weitere Identität – der »Fels« der Kirche Jesu Christi.

Da mein Vater eine geisteswissenschaftliche Ausbildung an der St. John's University in Shanghai genossen hatte, war ich von westlichen Klassikern umgeben. Zu meiner frühesten Lektüre gehörte Victor Hugos *Die Elenden*, die ich zuerst auf chinesisch und später auf englisch las. Obwohl ich selbst im Wohlstand lebte, konnte ich mich in Jean Valjean hineinversetzen, der verfolgt wird, weil er einen Laib Brot gestohlen hat. Gleichgültig, wie hoch er aufstieg und welche guten Taten er vollbrachte, Valjean wußte immer, daß er nach der starren französischen Gesetzgebung ein Verbrecher war und daß man ihn aufspüren würde. Als Kind konnte ich natürlich nicht ahnen, daß mir wegen meiner Liebe zu diesem Buch während der Kulturrevolution der Arm gebrochen werden würde.

Mit siebzehn Jahren las ich eine englische Taschenbuchausgabe von Melvilles *Moby Dick* und später eine chinesische Übersetzung. Die meisten halten Ahab für wahnsinnig, ich allerdings war begeistert von ihm. Ich höre Kapitän Ahab rufen: »Seht ihr ihn? Seht ihr den weißen Wal?« Viele wenden ein: »Ahab stirbt doch«, und ich erwidere: »Ja, aber der Wal auch.« Ich bin kein Ahab, obwohl ich seine Taten bewundere. Ahab jagte den weißen Wal, und ich jage nun den weißen Wal des Kommunismus.

Ein drittes Buch, an das ich mich entsinne, ist Hemingways *Der alte Mann und das Meer*. Ich kann immer wieder lesen, wie der alte Mann den riesigen Fisch nicht losläßt, obwohl es ihn fast das Leben kostet. Meine beiden Lieblingssätze in dem Buch sind: »Der Mensch ist nicht für die Niederlage gemacht« und »Ein Mensch kann vernichtet, aber nicht besiegt werden«.

Diese Erfahrungen konnte ich nur in Shanghai sammeln, der am stärksten verwestlichten Stadt Chinas: weltlich, vermögend, gefährlich, korrupt, schön, rätselhaft. Das Shanghai der dreißiger Jahre war eine Stadt, die man aufsuchte, um Geschäfte zu machen, um das kulturelle Angebot zu genießen oder um dem Vergnügen zu frönen: Es gab berühmte Köche, Juweliere, Schneider, Spielhöllen, Opium, Frauen. Die Briten hatten prächtige Wohnviertel neben schäbigen Slums gebaut und Sikhs – wild aussehende Burschen mit Bärten und Turbanen – als Verkehrspolizisten aus Indien geholt. Westler fuhren Taxis, unterrichteten in den Schulen und tanzten in den Nachtclubs. Es war eine weltoffene Stadt.

Shanghai war auch das Zentrum eines exotischen neuen Sports namens Baseball. Amerikanische Soldaten hatten das Spiel in Shanghai und Guangzhou bekannt gemacht, während die Japaner es in der Mandschurei und in Beijing einführten. Ich begann mit elf Jahren in der katholischen Schule, Baseball zu spielen. Die älteren Jungen steckten den kleinen Kerl mit der Brille immer ins rechte Feld – es war stets die letzte Position, die besetzt wurde. Aber allmählich überzeugte ich mit meinen sportlichen Fähigkeiten und rückte ins Infield vor, also in den Mittelpunkt des Geschehens. Ich liebte Baseball, weil man geschickt und flexibel sein und vorausdenken mußte. All die englischen Begriffe gefielen mir: *double play, home run, base on balls*.

Als die Kommunisten 1949 die Macht übernahmen, ließen sie den Baseballsport vorläufig in Ruhe. Statt für eine Privatschule spielte man nun für den Staat, aber das war in Ordnung. Je stärker sie das Leben reglementierten, desto mehr wußte ich Baseball zu schätzen. Auf dem Feld konnte einem niemand dreinreden. Die Regeln waren immer die gleichen: drei Schläge, vier Bälle. 1954 wurde ich Kapitän der Schulmannschaft. Das Prinzip des Baseballs ist, sich stets selbst zu opfern. Ich lernte die für alle Sportarten gültige Lektion: Gib nie auf, akzeptiere kein Scheitern, versuch es immer wieder. Man konnte fünf Runs im Rückstand liegen und das Spiel trotzdem noch gewinnen. Ich haßte es, wenn es im Team zu Streitigkeiten kam. Damals war ich ein Mannschaftsspieler.

An der Universität erschien mein Bild sogar einmal in einer Zeitschrift. Ich war stolz auf meinen Körper und meine Ausdauer und kämpfte mit aller Kraft für den Sieg.

1949, als ich zwölf Jahre alt war, floh die Guomindang nach Taiwan, und die Kommunisten, unterstützt von der Mehrheit des Volkes, ergriffen in China die Macht. Es war ein weiteres Stadium unserer Geschichte, in der Chinesen einander im Namen des Vaterlandes umbrachten. Die Guomindang tötete Kommunisten, die Grundbesitzer töteten Bauern, die Revolutionäre töteten Grundbesitzer, die Kommunisten töteten Katholiken, Tibeter und alle, die nicht ihrer Meinung waren. Chinesen töteten Chinesen.

Bis heute bin ich der Ansicht, daß Amerika China nach dem Krieg stärker hätte helfen können – so, wie es Europa mit dem Marshallplan half. Im Grunde überließen die Amerikaner das Land den Kommunisten, obwohl Mao den USA keine Zugeständnisse machte. Seitdem findet in Amerika eine große Debatte zum Thema »Wer hat China verloren?« statt. Berühmte Gelehrte wie John K. Fairbank und Politiker wie Henry A. Kissinger vertreten herablassend die Meinung, der Kommunismus sei in den meisten Ländern von Übel, doch in China vielleicht nicht so sehr.

Wir waren diejenigen, die mit dem Kommunismus leben mußten. Pater Capolito und die anderen Priester kehrten nach Europa zurück, und viele unserer vermögenden Nachbarn wanderten mit ihrem Geld und ihren Familien nach Hongkong, Asien, Europa, Süd- und Nordamerika aus. Doch davon wollte mein Vater nichts hören. Er sei Chinese und werde sich jedem System anpassen.

1952 kam Vater einen ganzen Monat lang nicht nach Hause, aber wir stellten keine Fragen. Eines Abends kehrte er zurück und erzählte meiner Stiefmutter, daß die Kommunisten ihn in seinem Büro vernommen hätten. Er sei jedoch nicht zu Falschaussagen gegen seine Mitarbeiter bereit gewesen. Danach wurde er in eine kleinere Bank versetzt und erhielt nur noch den Lohn eines Arbeiters. Zwei Jahre später zog er sich aus dem Bankwesen zurück und arbeitete ohne großes Aufsehen als Englischlehrer in einer nahegelegenen Schule.

Er versuchte, ein loyaler chinesischer Bürger und ein idealer Kommunist zu sein, doch dazu war er nicht imstande. Wir konnten die Erwartungen nicht erfüllen, denn es gelang uns nicht, gute Miene zum bösen Spiel zu machen. Mein Vater war stolz darauf, daß ich in Beijing Geologie studieren würde. Er warnte mich, nicht zu halsstarrig zu sein und mich von der Politik fernzuhalten. Als hätte man damals die Wahl gehabt!

# 5   Das große Land

W ir fahren ab«, sagte General Luo. »Wir haben den Befehl, Sie fort-
zubringen.«

»Wohin?«

Er verweigerte die Auskunft.

»Und die Frau?«

»Wir befördern sie zurück nach Kasachstan.«

Ich machte mir Sorgen um Sues Sicherheit, aber nun konnte ich
nichts mehr ich für sie tun. Man führte mich zu dem Cherokee-Jeep auf
dem Parkplatz, wir ließen die Grenzstation hinter uns und fuhren in
Richtung Osten. Die Chinesen beherrschten dieses Spiel. Sie hatten
Übung darin, ihre Dissidenten zu verstecken.

Dreimal hatte ich mich mit Kamera und Notizblock nach China eingeschlichen, dreimal hatte ich am Rand von Arbeitslagern gelauert und
die Greuel dort aufgezeichnet. Mehr als tausend Lager sind über ganz
China verstreut. Man konnte mich überallhin schicken: zurück in mein
Bergwerk, zurück auf die Farmen. Wahrscheinlich wartete meine alte
blaue Uniform schon auf mich.

»Unsere Arbeitslager faszinieren Sie?« konnte man fragen. »Gut, wir
werden eine Besichtigungsreise für Sie organisieren. Ein Lager pro Monat. Das dürfte Ihre Neugier für die nächsten achtzig Jahre stillen.«

Man konnte mich in der Nacht in einen Eisenbahnwaggon sperren
und Hunderte von Kilometern weit transportieren, weil die Kartoffeln
in der nächsten Provinz geerntet werden mußten. Dichter und Bauern,
Lehrer und Lastwagenfahrer – chinesische Sklaven in chinesischen Lagern. Ich hatte nicht beabsichtigt, je wieder zu ihnen zu gehören.

Diesmal steuerten wir immer weiter ins Innere – durch dieses große
Land, das hier im Nordwesten so trocken und unfruchtbar, fast vegeta-

tionslos ist. Umgeben von Beamten und Aufpassern, überließ ich mich der grandiosen Phantasie, kein elender Häftling zu sein, der seinem Schicksal entgegenrollte, sondern vielmehr ein Tourist, der in einem modernen klimatisierten Jeep durch seine Heimat fuhr.

Ich war kein Gefangener, sondern der Vorsitzende Mao, der Horgas aus einer Augenblickslaune heraus verließ. Laßt uns eine Autofahrt machen. Mao konnte eines Morgens in Beijing aufwachen und beschließen, Qingdao oder Guangzhou zu besuchen, und zwar am selben Tag. Gleichgültig, was gerade geplant war, wenn Mao den Wunsch hatte, einen Damm zu inspizieren oder im Yangtze zu schwimmen oder einen politischen Rivalen zu beseitigen, mußte sein Personal reisebereit sein. Seine Berater, Köche und medizinischen Betreuer hatten keine Zeit, Koffer zu packen oder sich von ihren Familien zu verabschieden. Außerdem mußten für Maos spontane Ausflüge stets zusätzliche Mitarbeiter, auch seine hübschen jungen »Pflegerinnen«, in Bereitschaft gehalten werden. Aber auf dieser Expedition gab es nur ein paar wortkarge Beamte, die einen einsamen Unruhestifter durch das riesige Land eskortierten.

Ich wurde in das rund sechs Stunden von Horgas entfernte Yining gebracht und in einem Regierungsgästehaus für hochrangige Funktionäre einquartiert. General Luo und ein jüngerer Offizier namens Chu teilten meine Suite, und ich sah es als meine Aufgabe an, sie zu piesacken.

»Wo sind die Papiere?« schrie ich Chu an. »Wo ist mein Haftbefehl?«

»Lassen Sie mich in Ruhe«, sagte Chu. »Ich bin nur ein kleiner Offizier, und Sie sind ein ganz besonderer Fall.«

»Ich möchte nichts Besonderes sein!« erwiderte ich. »Sie brauchen mir keinen Gefallen zu tun. Wissen Sie noch, wie Liu Shaoqi während der Kulturrevolution von den Roten Garden verhaftet wurde? Liu nahm ein Exemplar der Verfassung und verkündete: ›Ich bin nicht nur chinesischer Bürger, sondern Vorsitzender des Landes. Die Verfassung schützt mich.‹ Erinnern Sie sich? Die Roten Garden stießen ihn trotzdem herum und sagten: ›Bilde dir bloß nichts ein. Du bist ein Sonderfall, denn du bist der Feind der Partei, des Vorsitzenden Mao und des Landes. Wir können mit dir tun, was wir wollen.‹ Liu wurde geschlagen und abgesetzt, und schließlich ließ man ihn an Tuberkulose sterben. Das weiß doch jeder. 1980 wurde er von Deng rehabilitiert, aber es war zu spät. Ich möchte nichts Besonderes sein. Es bedeutet nur, daß die Verfassung ungültig wird. Dieses Land ist gesetzlos.«

Chu schaute mich unbewegt an. »Es steht mir nicht zu, solche Dinge mit Ihnen zu diskutieren. Ich weiß nur, daß Sie etwas Besonderes sind, und ich gebe mir alle Mühe, Sie gut zu behandeln.«

Ich musterte sein Gesicht. Er wirkte wie ein Mensch, der in der Klemme saß.

»Vielen Dank«, meinte ich. »Das weiß ich zu schätzen. Hier ist ein Geschenk.« Da man meine Habseligkeiten nicht beschlagnahmt hatte, griff ich in meine Schultertasche und gab ihm ein Schweizer Militärmesser. Zum Ausgleich bedachte er mich mit einem Schlüsselring. Ein anständiger Bursche.

Am Morgen des 24. Juni wurde ich ohne Erklärung zu einem kleinen, aus Rußland stammenden Propellerflugzeug gebracht, in dem bereits fünfundzwanzig Zivilisten saßen. Wir landeten in Urumqi, der Hauptstadt der Provinz Xinjiang. Diese alte Wüstenstadt ist durch die Geschäfte mit dem Öl und den Arbeitslagern mächtig gewachsen. Ein Jahr zuvor hatte ich sie zusammen mit der BBC-Korrespondentin Sue Lloyd-Roberts besucht. Wir beobachteten den nervösen Tanz zwischen den einheimischen Uiguren und den Außenseitern, den Siedlern, den Behörden, den Han-Chinesen. Xinjiang war eine Kolonie Chinas, fast wie Tibet. Die Chinesen formten sie nach ihrem eigenen Bilde um.

Diesmal bekam ich das Stadtzentrum nicht zu Gesicht. Wir fuhren vom Flugplatz an den Stadtrand zum Freundschaftshotel, das völlig leer war – nur meinetwegen. Man legte mir keine Handschellen an und durchsuchte meine Schultertasche nicht, sondern behandelte mich wie einen gefangengenommenen Würdenträger. Um meine Privilegien auszuloten, schrieb ich einen weiteren Brief an Ching Lee und forderte General Luo auf, ihn nach Kalifornien zu schicken. »Schließlich haben Sie mich nicht verhaftet«, sagte ich. »Meine Frau muß von mir hören.« Der Brief kam nie an.

Vor meinem Zimmer rauchten, tranken und lachten die Bewacher.

Sie spielten Karten und versuchten, mir chinesisches Poker beizubrin-
gen. Aber ich stellte mich dabei nicht besonders geschickt an und beschloß, ein Buch zu lesen. Keiner der Männer stellte mir politische Fragen oder bedrängte mich. Sie schienen nicht zu ahnen, wohin ich
unterwegs war, und dienten nur als »Babysitter«. Am Montag morgen
verabschiedete sich Chu von mir, und ich sah ihn nie wieder.

Als nächstes brachte man mich zum Bahnhof von Urumqi, den ich von
meiner Reise mit der BBC-Korrespondentin bereits kannte. 1994 war ich
anonym hier gewesen, doch nun hielt man mich unter Verschluß. General Luo führte mich in ein Privatabteil mit drei neuen Bewachern, während er sich mit zwei weiteren Beamten ein anderes Coupé teilte. Später
stand ich auf, um aus dem Fenster zu schauen und einen Blick auf die
beiden Abteile zu werfen. Einer der Aufpasser öffnete einen Koffer mit
Handschellen und Schrotflinten für den Fall, daß der Ehrengast Schwierigkeiten machte; ein weiterer Koffer enthielt mein Geld und meine
Papiere. Alle Männer trugen Zivil, und die anderen Passagiere schienen
nicht zu bemerken, daß sie einen ganz besonderen Gast begleiteten.
    Warum nahmen wir den Zug? Und wohin fuhren wir? Zuerst
dachte ich, daß ich nach Beijing befördert werden sollte, aber niemand
war bereit oder imstande, meine Vermutung zu bestätigen. Ich überlegte, ob man mich irgendwo in der Einöde von einer Brücke stoßen
würde. Aber wenn ich umgebracht werden sollte, hätte man es bereits
an der Grenze getan.
    Der Zug war schmutzig, schäbig und abgenutzt. Zunächst sah ich zu,
wie Nordchina am Fenster vorbeiglitt, doch nach ein paar Stunden lang-
weilten mich die Berge im Hintergrund und das eintönige trockene,
staubige Land, das nur aus Felsen und Geröll zu bestehen schien und
kaum Menschen und Tiere beherbergte. Ich ermahnte mich: Laß dir
nichts anmerken, sie sollen glauben, daß du dir keine Sorgen machst.
    Auf meinen drei erfolgreichen Reisen war ich in die weiten Einöden
Chinas vorgedrungen, wo die verlorenen Seelen verborgen sind, doch
nun war ich ein Ehrengast mit einem privaten Zugabteil. Ich hatte die
höchste Stufe des chinesischen Lebens erreicht: Man behandelte mich
wie den Vorsitzenden Mao.

Unser weiser und fürsorglicher Vorsitzender machte fast nie Flugreisen, sondern bediente sich mehrerer Eisenbahnzüge. In seinem Verfolgungswahn befürchtete Mao, daß ein einziger Zug zu leicht sabotiert werden könne; deshalb ließ er drei identische Züge, von denen er persönlich in letzter Minute einen auswählte, bereit halten. Ich habe mich immer gefragt: Wenn der Vorsitzende Mao vom ganzen Volk geliebt wurde, weshalb rechnete er dann stets damit, daß Verschwörer seinen Zug in die Luft jagen würden?

Wenn Mao auf Reisen war, wurden natürlich Bahnhöfe abgesperrt, Fahrpläne umgeworfen und Tausende von Menschen aus ihrem Lebensrhythmus gebracht. Da der Vorsitzende nie zu kalkulierbaren Zeiten schlief oder der Liebe frönte, ließ er den Zug, sobald er sich vom Rattern der Räder erholen wollte, auf einem Abstellgleis halten, wodurch eine gesamte Provinz ohne Erklärung ins Chaos gestürzt wurde. Ich hatte Schuldgefühle, weil ich vergleichbare Kosten verursachte, doch die Regierung war an derartige Exzesse gewöhnt.

Nach einer Weile blickte ich nicht mehr aus dem Fenster, sondern las in ein paar Zeitschriften und Büchern und besiegte all meine Aufpasser im Schachspiel. Mir fehlte die Übung, doch im Arbeitslager konnte ich gleichzeitig zwei Partien ohne Brett spielen.

Die Bewacher – alle Ende Dreißig und im Rang von Obersten – durften nicht über meine Situation sprechen. Einige wurden jedoch etwas lockerer und unterhielten sich mit mir über amerikanische Autos. Sie waren fasziniert von der Vorstellung, daß ich zwei besaß. Einer der Männer hatte 1979 am Grenzkrieg mit Vietnam teilgenommen, und auch darüber konnten wir sprechen.

Schließlich änderte sich die Landschaft. Irgendwann nach Jiuquan wurde der gelbe Boden von üppigen grünen Weizenfeldern verdrängt. Hier konnten Menschen wenigstens überleben. Der Zug polterte durch Xian, die Stätte von siebentausendfünfhundert lebensgroßen Keramikfiguren des ersten Qin-Kaisers, die 1974 freigelegt wurden. Ich dachte bei mir, vielleicht wird man mich in eine Statue verwandeln und stehend begraben. Aber wir rollten weiter nach Süden, durch dichtbevölkerte Städte und überfüllte Bahnhöfe.

Nach zweiundsiebzig Stunden näherten wir uns Zhengzhou, wo ich einen der entsetzlichsten Tage meines Lebens verbracht hatte. Nach meiner Entlassung aus dem Lager reiste ich als Geologe nach Zhengzhou und wurde dort Zeuge einer Massenhinrichtung von fünfundvierzig Gefangenen. Mir fielen die auf einer offenen Fläche ausgebreiteten Leichen ein, und ich begann, um mein Leben zu fürchten, doch ich wußte seit langem, daß solche Phantasien nur Energie kosten.

»Ganz ruhig«, sagte ich mir, »denk nicht daran.«

Wir trafen mit vier Stunden Verspätung in Zhengzhou ein, wo die Polizei den Bahnhof abgesperrt hatte. Durch das Fenster sah ich zwei schnittige schwarze Autos, einen Audi 100 und einen glänzenden Honda, sowie etwa zwanzig Polizisten auf dem Bahnsteig. Die beiden ersten Ziffernpaare auf den Nummernschildern – 41 und 42 – zeigten an, daß die Autos aus den Provinzen Henan und Hubei stammten. Also würde man mich von Zhengzhou nach Wuhan überführen, wo ich 1985, kurz vor meiner Ausreise aus China, gearbeitet hatte.

Wuhan liegt im Innern des Landes, weit von den internationalen Städten Beijing und Shanghai entfernt. Dort kann man einen Amerikaner über einen langen Zeitraum verstecken, denn es gibt nur wenige Ausländer, ob Journalisten oder Diplomaten, die Nachforschungen anstellen könnten. Anscheinend würde man mich als einen ehemaligen Bewohner von Wuhan behandeln, als Einheimischen, nicht als Ausländer. Dem Gesetz zufolge wird ein Häftling gewöhnlich in die Stadt zurückgeschickt, wo er angemeldet ist, damit die örtlichen Polizei- und Gerichtsbehörden seinen Fall bearbeiten.

Man begleitete mich aus dem Zug zu einem der zehn Meter entfernten Autos. Zahlreiche Polizisten sperrten den Bahnhof ab. Er war so leer, wie er es beim Eintreffen des Vorsitzenden Mao gewesen wäre.

Die Menge wurde von Polizeireihen zurückgedrängt und sah zu, wie die Wagenkolonne – zwei schwarze Autos mit aufgeblendeten Scheinwerfern, aber ohne Polizeischilder, zwei Lieferwagen, drei weitere Autos und eine Motorradeskorte – den Bahnhof mit quietschenden Reifen verließ. Die Menschen von Zhengzhou würden wahrscheinlich nie erfahren, wer der Gast war. Während die beiden Begleitfahrzeuge bereits starteten, brachten mich elf Beamte in einen der Lieferwagen.

Wir rasten auf eine neue, zweispurige Autobahn zu, deren Bau noch nicht ganz abgeschlossen war. Nur Beijing, Shanghai und Guangzhou hatten Autobahnen nach amerikanischem Vorbild, doch nun gab es auch eine zwischen Zhengzhou und Wuhan. Wegen der Bauarbeiten fuhren wir im Schrittempo. Man hatte zwar ein Getränk und Kekse für mich mitgenommen, doch die entspannte Atmosphäre des Zuges war verflogen. Ich versuchte, eine chinesische Zeitung vom Boden des Lieferwagens aufzuheben, aber ein Polizist rief mich knurrend zur Ordnung.

»Ich möchte bloß die Zeitung lesen«, sagte ich, aber er betrachtete mich nur mit der mürrischen Miene der Autorität, die auszudrücken scheint: »Ich könnte dir einen glühenden Feuerhaken in die Rippen jagen, und niemand würde mich daran hindern.« Jeder Chinese kennt diese Miene.

General Luo beruhigte den Mann. Luo blieb verbindlich. Plötzlich sah ich ein, daß es besser war, von den hohen Offizieren als Sonderfall behandelt zu werden.

Alle anderen Fahrer mußten die Straße für uns räumen, und wir rollten auf die Grenze zur Provinz Hubei zu. Nach chinesischen Vorschriften muß jeder angesehene Besucher von einem hohen Vertreter der jeweiligen Provinz bis zur Grenze der nächsten begleitet werden.

In Guangshan, einem Ort an der Grenze zwischen Henan und Hubei, stiegen alle aus und schüttelten einander die Hände. Die Polizei von Henan verabschiedete sich sehr höflich, und dann fuhr der Lieferwagen mit Luo, den Polizisten von Hubei und mir in südliche Richtung weiter nach Wuhan.

Am Morgen des 29. Juni erblickte ich den Fluß und die Innenstadt. Ich begriff, daß wir auf die Außenbezirke von Wuhan zusteuerten. Die Erinnerungen überwältigten mich: an eine zerbrochene Ehe, an die Romanze mit einer jungen Studentin, an die Hoffnungen auf ein neues Leben in Amerika. Ich hatte nie gedacht, daß ich jemals – schon gar nicht als Häftling – nach Wuhan zurückkehren würde.

Das Fahrzeug stoppte an einem großen Gebäudekomplex, der von einer hohen Mauer umgeben war und von Polizisten bewacht wurde, die mit weißen Handschuhen Maschinenpistolen umklammerten.

Diese Burschen meinten es ernst. Sie forderten die Sicherheitsbeamten in Zivil auf, ihre Ausweise zu zeigen.

»Ich habe keinen Ausweis«, sagte ich. »Das bedeutet wohl, daß ich nicht rein darf.«

Sie lachten und beteuerten, daß sie in meinem Fall eine Ausnahme machen würden.

# 6   Wie der Vorsitzende Mao mich umerzog

Ich habe nie die bewußte Entscheidung getroffen, ein Unruhestifter zu werden – ein Mann, der gegen sein eigenes Land Krieg führt. In meiner Jugend glaubte ich, zur neuen Generation zu gehören, eines der Kinder des Vorsitzenden Mao zu sein, die unabhängig vom politischen System an der Spitze ihres Heimatlandes stehen würden. Mit allem, was wir taten, dienten wir unserem Vater, unserem Vorsitzenden Mao mit seinem gütigen Lächeln. Dem liebenswürdigen Mao. Dem klugen Mao. Dem uns beschützenden Mao.

Einmal bekam ich ihn zu Gesicht. Am 1. Oktober 1956, an unserem Nationalfeiertag, war ich einer von Tausenden Ehrengardisten bei den Festlichkeiten auf dem Tiananmen-Platz. Aus einer Entfernung von vielleicht fünfhundert Metern sah ich ihn winken – ohne Energie, ohne Emotion, ein stolzer und distanzierter Papa, der all seine artigen kleinen Jungen und Mädchen grüßt.

Es war eine große Ehre, die Feier mit ihm zu begehen, denn Mao erschien nur selten in der Öffentlichkeit. Viele Jahre später sollten wir erfahren, daß der Vorsitzende Mao, nur mit einem Pyjama bekleidet, einen großen Teil seiner Zeit mit jungen »Assistentinnen« in seiner Villa verbrachte. Damals gab es noch keine Klatschzeitschriften und Fernseh-Talkshows, die uns solche Einblicke vermittelt hätten. In jenen Tagen war Mao ein Gott, ein Symbol, der Vater unseres Landes, und wir respektierten ihn. Er winkte uns von seinem fernen Balkon zu, und ich war stolz, dabeizusein.

Mein Vater, der seine Bücher und seine Möbel verkaufen mußte, um den Lebensunterhalt finanzieren zu können, warnte mich: »Laß dich nicht auf Politik ein.« Deshalb wollte ich meinem Land als Geologe dienen und ein normales Leben führen. Ich war Kapitän des Baseballteams

meiner Schule, ich verliebte mich in ein Mädchen namens Meihua aus
der Nachbarschaft, das ich zu heiraten beabsichtigte, und ich wurde am
Geologie-Institut in Beijing angenommen. Aber während ich studierte,
wurde das Land von einem eitlen, arroganten Führer beherrscht, der
alles besser wußte als die ausgebildeten Ingenieure, Lehrer oder Ärzte.

Weshalb sollte man ein wissenschaftliches Fach studieren, wenn in
Beijing ein Mann im Pyjama nach einer Orgie verfügen konnte, daß die
Menschen in ihren Hinterhöfen Stahlgießereien zu bauen hatten? Zur
Befriedigung dieser Laune und zum Befeuern der Öfen begann man
Bäume zu fällen, so daß die Flußüberschwemmungen immer gefähr-
licher wurden. Um den Rohstoff zu gewinnen, schmolz man die eigenen
Kochutensilien ein. Und was wurde in den Stahlgießereien hergestellt?
Kochutensilien.

Zhou Enlai ließ auf Maos Befehl hin zwei Millionen Häftlinge aus
Shanghai und aus den Provinzen Jiangsu und Zhejiang zur Arbeit an
einem Damm über den Fluß Hui abordnen. Sie mußten ohne geeignete
Kleidung, Ausrüstung, medizinische Versorgung und fachliche Ausbildung dort schuften. Anderthalb Jahre später war die Hälfte von ihnen
tot.

1955 begann ich mein Studium in Beijing und war sofort als Außenseiter, als Mitglied der Bourgeoisie, abgestempelt. Ich war ein besserer
Student als die meisten Parteimitglieder, aber darauf kam es nicht an.
Wir sollten eine »praktische« Wissenschaft erlernen, doch wir verbrachten die meiste Zeit in politischen Versammlungen. Man forderte mich
auf, der Partei beizutreten, aber dann hätte ich meinen Vater als Kapita-
listen kritisieren müssen, und dazu war ich nicht bereit.

Maos zufällige Randbemerkungen wurden unsere Dogmen, seine
spitzen Kommentare nahmen wir als Vorwand, uns gegenseitig zu kritisieren. Lange hieß es, wir dürften die Regierungspolitik nicht in Frage
stellen. 1956 hörten wir dann, daß Mao unterschiedliche Meinungen
begrüße. Leider nahm ich ihn beim Wort.

Im Herbst 1956 schickte die Sowjetunion Truppen zur Niederschla-
gung des Volksaufstandes nach Ungarn. Unser Regierungsorgan, die
*Volkszeitung*, brachte zwei ausführliche Artikel unter der Überschrift
»Kommentare zur Erfahrung mit der Diktatur des Proletariats«, in de-

nen erklärt wurde, weshalb die Sowjets den Aufstand in Ungarn hätten eindämmen müssen. Wir wurden zu Studiengruppen zusammengerufen, in denen wir die Artikel diskutierten. Ich hielt mit meiner Meinung nicht hinter dem Berg und sagte, die Invasion sei ein Bruch des Völkerrechts.

Die Sekretärin der Parteizelle behauptete, ich hätte mein eigenes Land und die Partei kritisiert, was ich jedoch bestritt. Allerdings wußten wir nicht, daß Maos Handlanger Zhou Enlai nach Moskau geeilt war und Nikita Chruschtschow zugeredet hatte, Panzer und Truppen nach Budapest zu entsenden.

Es war das erste Mal, daß ich mich als politischer Unruhestifter unbeliebt gemacht hatte. Die meisten meiner Kommilitonen waren pragmatischer als ich und wiederholten einfach nur, was die Kommunisten hören wollten. Nachdem die Parteiführer genug »Meinungen« gesammelt hatten, beendeten sie das Treffen und verfaßten einen Bericht, in dem ich eine Hauptrolle spielte.

Zwei Tage nach der Versammlung organisierten die Parteikader einen Solidaritätsmarsch zur Unterstützung der sowjetischen Invasion. Gleichzeitig drängten sie mich, Selbstkritik zu üben. Ich war ein neunzehnjähriger Junge, der studieren, Baseball spielen und Briefe an seine Freundin schreiben wollte. Deshalb entschuldigte ich mich bei der Sowjetunion und hoffte, die Sache sei ausgestanden.

Ironischerweise war damals gerade Maos berühmtester Ausspruch zu hören: »Laßt hundert Blumen blühen und hundert Gedankenschulen miteinander wetteifern.« Im Februar 1957 waren diese Worte zu einem Teil unseres Lehrplans geworden. Ich kann nur vermuten, daß Mao sie nicht ernst meinte, sondern Millionen Menschen wie mir, die »konterrevolutionäre« Gedanken äußern könnten, eine Falle stellen wollte. Im Mai 1957 ermahnte mich Genossin Ma, eine der Parteiführerinnen meines Studienjahrgangs, statt am Baseballtraining an politischen Versammlungen teilzunehmen. Daraufhin berichtete ich auf einem Treffen von meinem älteren Bruder, den man an seiner Universität monatelang in Gewahrsam gehalten hatte. Was war aus den hundert Blumen geworden?

Mittlerweile war ich gebrandmarkt. Ende Mai kündigte mir Meihua

in einem Brief unsere Freundschaft auf. Ich war entgeistert und ließ mir
fünf Tage Urlaub geben, um sie zu besuchen. Sie nannte keine Gründe
für ihr Verhalten, und mein Institut schickte mir Telegramme, in denen
es hieß, daß mein Urlaub abgelaufen sei. Mein Vater riet mir, so bald
wie möglich nach Beijing zurückzukehren.

Meine Freundin begleitete mich zum Bahnhof und gab mir das sil-
berne Kruzifix zurück, das ich ihr geschenkt hatte. Sie verzog keine
Miene, blieb mir jegliche Erklärung schuldig und schien nur zu hoffen, daß der Zug rechtzeitig abfahren würde, damit das unerträgliche
Schweigen zwischen uns zu Ende ging. Hatten die Kommunisten sie
und ihre Familie bedroht und ihr befohlen, sich von mir zu trennen? Ich
weiß es bis heute nicht.

Meine Rettung waren die Sommerferien 1957, denn wir machten
uns zu zweimonatigen Feldforschungen außerhalb Beijings auf. Für zwei
Monate waren wir nicht Parteiaktivisten, sondern Geologen. Sogar Genossin Ma schien Gefallen daran zu finden, sich auf Gesteinsproben
statt auf Parolen zu konzentrieren. Aber mir war klar, daß ich mich
Ende August der Kritik stellen mußte. Ich kehrte nach Shanghai zurück,
um mich von meiner Familie zu verabschieden. Meine Stiefmutter hatte
eine Herz- und Lungenkrankheit und lag im Bett. Ihr sensibles Gesicht
ließ Trauer erkennen, als sie mich küßte – eine sehr demonstrative Geste einem zwanzigjährigen Stiefsohn gegenüber. Ich wußte, daß sie mir
wahrscheinlich zum letztenmal Lebewohl sagte. »Mach dir keine Sorgen
um mich«, flüsterte sie. »Paß auf dich auf.« Nach einem letzten Blick auf
ihr Gesicht fuhr ich nach Beijing zurück.

Am 20. Oktober 1957 rächten sich meine Bemerkungen über Ungarn. Vor der Mensa prangte ein großes Plakat mit zwölf Anklagepunk-
ten: »Harry Wu ist ein konterrevolutionärer Rechtsabweichler. Er hat
sich gegen die Außenpolitik unserer Partei und der Sowjetunion ausgesprochen.«

Man warf mir vor, illoyal der Partei gegenüber zu sein, die meine
Ausbildung und meine Bücher bezahlt habe. Ich entgegnete: »Die Partei
hat kein Geld. Sie produziert nichts. Das Volk ernährt die Partei, nicht
umgekehrt.« Aber ich fand kein Gehör. Das ist chinesische Tradition.
Du mußt dein Vaterland lieben, das heißt Mao und die Partei. Du darfst

nichts in Frage stellen. Man sprach davon, daß eine neue Ordnung eingekehrt sei, aber für mich war das Ganze nichts weiter als die Fortführung der letzten dreitausend Jahre – mit Mao als ungekröntem Kaiser. Chinesische Führer haben stets erklärt: »Ich bin der Sohn des Drachens. Wenn ich sterbe, wird mein Sohn seine Autorität von den Göttern bekommen. Niemand kann mich ersetzen. Wer sich gegen mich wendet, wendet sich gegen die Götter.«

Meine Familie zerbrach, und genau das hatte Mao beabsichtigt. Er sah die Familie als den Feind der chinesischen Gesellschaft, weil sie der Loyalität dem großen weltlichen Kaiser gegenüber im Weg stand. Bis heute kann ich das berühmte Liedchen singen, das wir auf Geheiß Maos in der Schule lernen mußten:

»Die Erde ist so weit, der Himmel ist so groß,
die Liebe der Partei ist größer als sie.
Die Liebe des Vaters und der Mutter ist gut,
aber die Liebe Maos ist besser.
Alles ist gut, aber am besten ist der Sozialismus.
Der Maoismus ist der Schatz des Revolutionärs.
Jeder, der sich ihm widersetzt, ist unser Feind.«

Deshalb bin ich so pessimistisch, was die Zukunft betrifft: Das chinesische Volk kann nicht zwischen Regierung und Vaterland unterscheiden. Amerikaner mögen über ihr Land sagen: »Liebt es oder verlaßt es«, aber das ist – jedenfalls bis jetzt – nicht wörtlich zu nehmen. In China dagegen sind politische Verbrechen traditionsgemäß die allerschlimmsten. Lange Zeit war es in China so: Wenn den Führern deine Worte, Schriften oder Taten nicht gefielen, waren sie in der Lage, deine ganze Familie, deinen Bruder, deine Frau, deine Kinder, deinen Vater sowie die Angehörigen deiner Frau umbringen zu lassen. Heutzutage sind sie ein wenig milder, aber sie finden immer noch Mittel und Wege, dich zu bestrafen, wenn du das Vaterland kritisierst.

Die Kommunisten kennen den Begriff Liebe nicht, es sei denn die Liebe zu Mao. Die Gesellschaft besteht aus Menschen, aber wenn Menschen keinen Wert haben, dann ist auch die Gesellschaft ohne Wert.

Im Westen mußten selbst Könige die christliche Religion anerken-
nen und sie als separaten Machtfaktor behandeln. Dort gab es ein gewisses Gleichgewicht. In China dagegen ist der Kaiser Gesetzgeber,
Wissenschaftler, Gatte, Vater und sogar der Inbegriff der menschlichen
Natur. Selbst unsere einzige christliche Revolution, der Taiping-Auf-
stand Mitte des neunzehnten Jahrhunderts, vollzog sich auf chinesische
Weise. Ein Mann namens Hong hielt sich für Gott, rief die Bauern auf,
ihm zu folgen, und wurde von der Qing-Dynastie bekämpft. Millionen
von Menschen fanden den Tod. Mitte des zwanzigsten Jahrhunderts
kam es zu einem weiteren, diesmal kommunistischen Aufstand gegen
die Religion, aber das Ziel war stets, andere zu unterdrücken und zu
ermorden.

Wohin wir uns auch wandten, überall sahen wir große Plakate des
Vorsitzenden Mao – des Schwimmers, des Dichters, des Denkers, des
Familienvaters. Aber wenn es nicht Mao gewesen wäre, hätte sicher jemand anders seinen Platz eingenommen. Die Mentalität gab es bereits,
und Mao nutzte sie gründlich aus.

Manchmal fällt es leicht, ein Geständnis abzulegen. Im Sommer 1958
unternahmen wir eine weitere Exkursion, diesmal in die Provinz Shandong. Jetzt lernte ich die wahren Lebensverhältnisse der bäuerlichen Bevölkerungsmehrheit kennen: kein fließendes Wasser, kein Strom, wenig
Nahrungsmittel, kaum eine Verbindung zum Leben in Beijing oder
Shanghai. Ich begriff, daß ich als Sohn einer Familie der oberen Mittel-
schicht mit einem Klavier und Teppichen und Kühlschränken ein privi-
legiertes Leben geführt hatte. Die Bauern dagegen besaßen nichts. Nun
hatte ich etwas mehr Verständnis für das erklärte Ziel des Kommunismus, für Gleichheit zu sorgen und das Leben der Massen zu verbessern.
Als ich zurückkehrte, war ich in der Lage, eine ehrliche Selbstkritik zu
schreiben.

Man veranstaltete Wettbewerbe unter Konterrevolutionären, die zur
Selbstkritik aufgefordert wurden. Wer sich dabei hervortat, konnte Lob
ernten, aber solche Geständnisse waren nur eine Methode zu überleben – ein Spiel, damit niemand aus der Reihe tanzte. Trotz meiner Geständnisse wurde mir nicht vergeben. Wenn ein Christ sich selbst oder
einem Priester seine Sünden beichtet, spürt er die Vergebung. Doch

nach meinen Geständnissen auf den Parteiversammlungen sagte niemand: »Alles in Ordnung, Mao liebt dich.« Die Kommunisten hatten die Vergebung auf ihre Fahnen geschrieben, handelten jedoch so, daß man sich nur schuldig fühlen konnte. Damals wurde mir klar, daß ich das Land verlassen mußte.

Zusammen mit drei anderen Studenten, die ebenfalls als Rechtsabweichler gebrandmarkt worden waren, brütete ich einen Fluchtplan aus. Wang verschaffte sich dreihundert Yuan, die ihm als Vorschuß für eine Reise gezahlt worden waren, mußte dann jedoch seine Pläne ändern. Bald entdeckte ich, daß er meine Unterschrift gefälscht hatte, um fünfzig Yuan von einem Bankkonto abheben zu können. Um unsere Lage nicht zu verschlimmern, konnte ich ihn nicht verraten und nahm die Schuld auf mich.

Am 27. April 1960 wurden mir mehrere Verbrechen zur Last gelegt, darunter die Unterschlagung von fünfzig Yuan. Plötzlich erschien ein Offizier der Sicherheitsbehörde im Unterrichtsraum, und ich wurde zu »Umerziehung durch Arbeit« verurteilt. Ich verlangte, die Anklageschrift sehen zu dürfen, aber er entgegnete nur, ich solle schleunigst ein paar Kleidungsstücke zusammenpacken. Ich eilte ins Wohnheim, wo ich rasch einige Papiere vernichtete, die meine drei Freunde wegen des Fluchtversuchs hätten belasten können. Unter den Blicken der anderen Studenten wurde ich in einen Jeep gesteckt und vom Campus fortgebracht.

So begannen neunzehn Jahre im Laogai, neunzehn Jahre der sogenannten Umerziehung, neunzehn Jahre schwerer Arbeit ohne Bezahlung, neunzehn Jahre ohne Erklärung und Hoffnung. Ich habe vieles von meinem Leben in den Lagern in meinem früheren Buch *Nur der Wind ist frei* geschildert, das ich zusammen mit Carolyn Wakeman schrieb. Der Leser braucht meine Erfahrungen nur mit einer Million oder mit fünfzig Millionen zu multiplizieren. Denn das gleiche spielt sich noch heute ab, finanziell unterstützt von Großunternehmen, von der Weltbank, von allen Regierungen, die den Handel mit China fördern.

Deshalb setze ich meinen Kampf fort und schleiche zurück nach China, um die vergessenen Menschen zu fotografieren, die hinter dem

Stacheldraht und den Mauern der Lager schuften. Aus diesem Grunde wurde ich im Sommer 1995 festgenommen und zum Verhör nach Wuhan geschickt. Das System hatte sich nicht geändert. Immer wenn ich Häftlinge erblickte, sagte ich mir: »Das war ich. Das bin ich immer noch.«

Nachdem ich im Institut verhaftet worden war, wurde ich nach Norden gebracht, wo die Hälfte des Jahres strenge Kälte herrscht. Die Wärter versuchten sofort, mich einzuschüchtern, indem sie mir ein paar Leichen zeigten, die wie Schlachtvieh an Haken in einem Hinterzimmer hingen. Sei gehorsam, das war die Botschaft, oder es wird dir genauso ergehen.

Zuerst konnte ich die wäßrige Suppe und die Maisbrötchen, die wie Sägemehl schmeckten, nicht essen, aber ein Bauer namens Großmaul Xing stahl eines meiner Brötchen und warnte mich: »Hier hilft dir niemand. Du mußt dir selbst helfen.« Großmaul Xing brachte mir bei, um mein Leben zu kämpfen.

Als ich in der Winterkälte hungerte, lernte ich, die Ratte zu bewundern, die ihre Nahrung säuberlich – Bohnen zu Bohnen, Samen zu Samen – in geschickt angelegten, vor Überflutung sicheren Tunnels verstaut. Während unserer Arbeitszeit hielten wir nach Rattenlöchern Ausschau, um darin unverdorbene Nahrung finden.

Xing brachte mir auch bei, meine Vorurteile zu überwinden. Er zeigte mir, wie ich meinen Eiweißbedarf mit gehäuteten und gekochten Ratten und Schlangen decken konnte, die uns am Leben hielten, wenn unsere Gebieter sich nicht um uns kümmerten.

Wir hatten Unterricht, in dem wir unsere Sünden beichten sollten. Ich wurde sofort als Städter und Intellektueller eingestuft und genoß besondere Aufmerksamkeit.

Einmal besuchte mich mein älterer Bruder und brachte mir ein Paar Schuhe mit. Ich hatte ihn fünf Jahre lang nicht gesehen und wußte, daß er viel durchgemacht hatte. Er schien ein anderer Mensch geworden zu sein: zornig, mißtrauisch, selbstgerecht. Er verurteilte mich vor den Aufsehern, was offenbar der neuen Verhaltensweise entsprach. Ich wollte etwas über unsere Eltern erfahren, aber er gab mir keine Antwort, und schließlich brüllten wir einander wütend an.

Erst fast neunzehn Jahre später sollte ich die schreckliche Wahrheit herausfinden: Mein Bruder war damals gerade von der Beerdigung meiner Stiefmutter zurückgekehrt. Sie hatte am 19. Mai – nach dem Eintreffen meines Briefes aus dem Lager – Selbstmord begangen. Ich werde mich stets schuldig am Tod dieser gütigen Frau fühlen.

Ende Oktober 1960 schaffte ich es, in eine Eisenhütte unweit von Beijing verlegt zu werden, wo es mehr zu essen gab und wo geordnetere Verhältnisse herrschten. Dort wurde ich zum erstenmal einem Menschen gegenüber gewalttätig: Ich schlug einen Bandenführer mit einem Stein nieder, damit er mich nicht mehr drangsaliere. Am 27. Januar 1961 wurde ich in eine Eisenerzgrube verlegt, wo ich zu rauchen begann und bald Probleme mit der Lunge bekam.

Wir hörten davon, daß Menschen auf dem Lande verhungerten, da Maos wahnsinnige, mit dem »Großen Sprung nach vorn« verbundene Projekte zu Lebensmittelknappheit führten. John K. Fairbank, der bekannte Asienexperte, schätzt, daß zwischen 1958 und 1960 zwanzig bis dreißig Millionen Menschen Hungers starben. Maos »roter Terror« hatte zur Folge, daß während der Hungersnot zwanzig Millionen Häftlinge in den Lagern saßen – mehr als doppelt so viele wie heute. Millionen wurden in hastig ausgehobenen Massengräbern beigesetzt, an denen nachts wilde Hunde vorbeistrichen. Die Hunde sahen gesünder aus als die überlebenden Gefangenen.

Im April 1961 wurde ich mit dem Zug zur Qinghe-Farm gebracht, wo ich Großmaul Xing wiedersah. Ich hatte ihn häufig gewarnt, keine ungewaschenen Gräser und Kräuter zu essen, aber er kümmerte sich nicht um das Risiko, bekam Durchfall und wurde immer schwächer. Er stahl Lebensmittel und wurde mit sieben Tagen Einzelhaft bestraft. Dort starb er, die Welt verfluchend.

Ich wußte, daß es schlecht um mich stand, als man mich in Abteilung 585 der Qinghe-Farm verlegte, in der sich schwerkranke und unterernährte Häftlinge befanden. Der Friedhof 586 mit den namenlosen Gräbern lag nebenan, so daß man uns nach dem Tod nicht sehr weit zu transportieren brauchte. Wenn die Gefangenen in 585 zu schwach wurden, um auf den Feldern zu arbeiten, blieben sie mit einer Schüssel für das Essen und einer für die Ausscheidungen neben sich auf dem Boden liegen. Der Koch kam mit einem großen Eimer vorbei, der eine Art Suppe enthielt, und schenkte sie mit einem Schöpflöffel aus, wobei er darauf achtete, keinen Tropfen zu verschütten, um nicht von den Häftlingen beschimpft zu werden. Wir zählten ganz genau nach, wie viele Löffel er uns verabreichte. Sechsundzwanzig, in Ordnung. Fünfundzwanzigeinhalb, du verdammter Gauner.

Mein Freund Chen Ming wurde immer dünner, konnte sich kaum noch bewegen und fiel schließlich ins Koma. Das medizinische Personal erklärte ihn für tot, und man schleppte seinen Körper mit fünf anderen zur Seite. Am nächsten Tag sollten sie auf den Friedhof gefahren werden.

Gegen Mitternacht bemerkte man, daß sich Chen Mings Hand rührte und daß er die Augen öffnete. Daraufhin legte man ihn wieder auf die Pritsche neben mich. Als ich aufwachte, hielt ich ihn zunächst für ein Gespenst, doch dann wurde mir klar, daß ich um die Rettung meines Freundes kämpfen mußte. Ich rief trotz der späten Stunde nach Lao Wang, dem Koch.

»Mein Freund hat eine Mahlzeit verpaßt«, sagte ich. »Gib ihm jetzt etwas zu essen.«

Der Koch entgegnete, daß Chen Ming bis zum Morgen warten müsse.

»Aber das ist doch eine Ausnahme«, schrie ich. »Er ist aus der Hölle zurückgekehrt. Tu etwas für ihn.«

Die Bewacher nickten Lao Wang zu, der zur Küche ging und vierzig Minuten später mit einer himmlischen Mahlzeit zurückkehrte: mit zwei heißen, frischen, gelben, sechzig Gramm schweren Maisbrötchen von der Art, wie wir sie als Kinder zu essen bekommen hatten.

Ich werde nie vergessen, wie verblüfft Chen Ming war, als er das Paradies auf Erden zu riechen schien. Mit dem Eifer eines gesunden Mannes verschlang er die beiden Maisbrötchen – und starb.

Mir war klar, daß ich Chen Ming umgebracht hatte – vielleicht in bester Absicht, aber an meiner Schuld bestand kein Zweifel. Zum erstenmal in dieser kalten Hölle sprach ich mit meinem Schöpfer, wenn auch anders, als ich es in der katholischen Schule gelernt hatte. Zuerst betete ich für Chen Ming, doch dann wetterte ich gegen Gott und verlangte, daß er sein Gesicht in diesem öden Winkel der Qinghe-Farm zeige.

»Wo bist du?« rief ich. »Wenn du allgegenwärtig bist, warum läßt du dich dann hier nicht blicken? Möchtest du, daß ich sterbe?«

Gott erschien nicht, aber irgend jemand hielt seine Hand schützend über mich. Ich weiß nicht, ob es Gottes Stimme oder die meines Vaters war, doch jemand flüsterte mir zu: »Du mußt überleben. Eines Tages wirst du der Welt alles erzählen.«

Am nächsten Morgen rang ich – voller Reue darüber, Chen Ming getötet zu haben – den Wärtern die Genehmigung ab, ihn zu Abteilung 586 zu begleiten. Ich rechnete damit, dort ebenfalls bald begraben zu werden, doch zur Überraschung aller kehrte ich aus dem Land der Skelette zurück. Ich war kein Held, ich würde noch häufig zum Tier werden müssen, um zu überleben. Denn das war nur möglich, wenn ich mich prügelte und log und Geständnisse ablegte.

Der Diplomat James Lilley, der mir einen »Märtyrerkomplex« zuschrieb, hat überhaupt nichts begriffen. Es waren die wichtigtuerischen Worte eines privilegierten Westlers. Wenn ich ein Märtyrer hätte werden wollen, boten sich auf der Qinghe-Farm genug Chancen dazu. Aber ich wollte leben.

Im April 1962 verlegte man mich auf die Tuanhe-Farm südlich von Beijing. Ich saß auf der Pritsche und hörte zu, wie Lu Haoqin sein erstes und einziges sexuelles Abenteuer mit einem Mädchen beschrieb – ein Thema, das noch aufreizender war als unsere Essensphantasien. Lu konnte seine Begierde nicht zügeln. Er bat mich und andere Männer, mit ihm zu schlafen. Später wurde er im Gefängnis vergewaltigt und kam um.

Ein anderer Freund namens Ao Naisong sprach immer von der schönen Musik, die er auf seiner Laute gespielt hatte. Ao war der tapferste Mann, dem ich in den Lagern begegnet bin. Er hatte den Mut, einen maoistischen Mob abzulenken, der einen nicht »umerziehungswilligen« Häftling in Stücke reißen wollte, und später brachte Ao die Kraft auf, in die Felder hinauszugehen und sich umzubringen.

Ich aber beschloß zu leben. Ich wartete auf den 24. Mai 1964, den Tag, an dem meine dreijährige »Umerziehungsstrafe« ablaufen sollte.

Doch das Datum verstrich, und nichts geschah. Es war nicht die Zeit für
Milde: Die Kulturrevolution zeichnete sich ab, in der junge Leute, die
sich Rote Garden nannten, das Gesetz in die eigenen Hände nehmen
und die Vergangenheit vernichten sollten.

Im Laufe der Kulturrevolution von 1966 ließen die Polizisten uns
Exemplare der *Volkszeitung* zukommen, in denen der Wandel in China
beschrieben wurde. Andernfalls hätten die Roten Garden fragen können: »Wollt ihr etwa nicht, daß die Häftlinge von uns erfahren?« Am
17. September 1966 stürmten einige Rote Garden durch das Lagertor.
Sie brüllten Parolen wie »Es ist richtig, daß wir rebellieren!« und »Lösche
den Revisionismus aus!« Dann erkundigten sie sich, wer der widerspen-
stigste Häftling sei, und man lieferte ihnen einen Mann namens Xiu aus,
den sie vor unseren Augen übel zusammenschlugen.

Die Roten Garden durchstöberten die Vorratsräume, wo die kümmerlichen Habseligkeiten der Gefangenen aufbewahrt wurden. Meine
wenigen letzten Bücher von Shakespeare und Tolstoi, meinen Hugo und
meinen Twain hatte ich auf einem Feld vergraben. Ein Jahr später wurden die Bücher entdeckt, und man entlarvte mich als den Besitzer. Die
Bewacher und Kalfakter warfen mich zu Boden und tanzten wie Wilde
um mich herum. Das war der Kern von Maos Revolution: außer Rand
und Band geratene Menschen mit Knüppeln in den Händen.

Einer von ihnen ließ einen Schaufelstiel auf meinen linken Arm nie-
dersausen und brach ihn so, daß meine Hand schlaff am Gelenk bau-
melte. Ich mußte mich hinknien und zusehen, wie sie meine Bücher
anzündeten. Mit diesem Freudenfeuer huldigten sie Mao.

Andere Länder schickten Raketen in den Weltraum, während in
China Straßenrowdys Bücher verbrannten und Menschen folterten.
Lehrer wurden aufs Land geschickt, um von den Bauern zu »lernen«,
während Mao die Schulen schließen ließ. Das war vielleicht sein größtes
Verbrechen: der Mord am chinesischen Bildungswesen.

Der Gefängnisarzt schiente meinen Arm, aber eine Narbe und ein
Knick im Knochen sind zurückgeblieben, und der Arm schmerzt von
Zeit zu Zeit. Ebenso schmerzlich ist die Erinnerung an den Moment, als
meine Bücher in Flammen aufgingen.

Im Dezember 1969 teilte man hundertfünfzig von uns mit, daß unsere Umerziehung abgeschlossen sei. Doch die Sache hatte einen Haken: Das Land machte mobil für einen Krieg gegen die Sowjetunion, und man siedelte uns in das Kohlenbergwerk Wangzhuang in der Provinz Shanxi um.

Unter Tage Kohle abzubauen ist selbst unter besten Bedingungen eine gefährliche Sache. Ausgebildete Bergleute und Ingenieure beaufsichtigten die Konstruktion der Gruben und den Abbau der Kohle, während wir übrigen entbehrliche Arbeitstiere waren.

Eines Tages kam es im Hof des Bergwerks zu einer Exekution. Ein Straßenräuber namens Yang Baoying, der zu weiterer »Umerziehung« dabehalten worden war, überzog seinen kurzen Heimaturlaub bei der Familie. In der darauf folgenden Einzelhaft hatte Yang angeblich »Nieder mit dem Vorsitzenden Mao« auf eine Zigarettenschachtel geschrieben. Man fesselte und knebelte ihn, und über Lautsprecher wurde verkündet, daß er ein Volksfeind sei.

Ich hatte häufig genug gesehen, wie Menschen gefoltert und getötet wurden. Deshalb hielt ich mich im Hintergrund. Meine Freunde jedoch, die weiter vorn standen, erzählten mir später, daß Yangs Schädeldecke abgetrennt wurde, als der Scharfrichter ihn aus nächster Nähe erschoß. Dann habe er das Gehirn herausgenommen und es Hauptmann Li gegeben. Dieser habe es sofort seinem alten Vater überbracht, der es aufaß, um seine schwindende Geisteskraft zu stärken. Es war die altbekannte Botschaft, mit der die Mächtigen immer wieder die Ohnmächtigen einschüchtern: Das hättest du sein können.

Einen Unterschied gab es zwischen dem Umerziehungs- und dem Arbeitslager: In letzterem befanden sich weibliche Gefangene, die zumeist aus strafrechtlichen, nicht aus politischen Gründen verurteilt worden waren. Einige dienten den Aufsehern und den Bergleuten als Prostituierte, andere durften heiraten. Ein Arbeiter namens Wang lud mich eines Sonntags zu sich nach Hause ein, wo seine Frau mir echte Knödel servierte und mich mit der Gefangenen Shen Jiarui bekannt machte. Wangs Frau sagte, daß auch ich einen eigenen Haushalt haben könnte, wenn ich Shen heiratete.

Shen Jiarui war eine komplizierte Frau, die Verbindung zu »gefähr-

lichen« Menschen – Außenseitern, Dissidenten, Ausländern, Unruhe-
stiftern – gehabt hatte. Sie war sieben Jahre älter als ich und hatte drei erwachsene Söhne, die ebenfalls bereits mit der Regierung in Konflikt
geraten waren, sowie eine Tochter. Wir heirateten am 22. Januar 1970
und wohnten in einer umgebauten Höhle.

Nachrichten von außen verbreiteten sich langsam in den Arbeitslagern.
Wir hörten immer erst Monate später von bedeutenden Ereignissen.

   Eines Tages im Spätherbst 1971 wurden wir im Hof zusammengerufen. Man befahl uns, unsere Exemplare der *Zitate des Vorsitzenden Mao*
hervorzuholen. Wir hatten den strikten Befehl, dieses Buch stets bei uns
zu tragen, sogar während wir auf den Feldern schwitzten – schließlich
konnte es sein, daß wir zusätzliche Erleuchtung benötigten. Nur eine
einzige Person durfte die Weisheiten des Vorsitzenden interpretieren
oder erklären, nämlich Verteidigungsminister Lin Biao, der das Vorwort
zu Maos Kleinem Roten Buch geschrieben hatte.

   An diesem Morgen forderte der Politkommissar uns auf, Lins Vorwort herauszureißen. Zunächst rührte sich niemand. Wir hatten erlebt,
daß Menschen, die Mao verspottet hatten, getötet wurden, und nun
teilte man uns mit, daß wir ein Verbrechen begingen, wenn wir Lins
Seite nicht entfernten.

   Dann war ein lautes Ratschen auf dem gesamten Hof zu hören, wir
hielten die Seite mit der linken Hand hoch, gaben sie den Wärtern und
kehrten an die Arbeit zurück. Wir wagten nicht, untereinander über diesen Vorfall zu sprechen, weil wir unsere Freunde nicht dem Vorwurf
aussetzen wollten, wir hätten Verrat am Vorsitzenden begangen.

   Im Januar 1972 brachte man schließlich den Mut auf, uns zu erklären, daß Lin und Mitglieder seiner Familie ein Flugzeug gekapert hätten,
um nach Rußland zu fliehen. Der Maschine sei jedoch der Treibstoff
ausgegangen, und Lin habe beim Absturz in der Mongolei den Tod gefunden. Dies sei am 13. September 1971 geschehen – vier Monate zuvor.

1974 versuchte die Regierung vorzutäuschen, daß wir im Grunde keine
Häftlinge seien. Deshalb erhielt ich einen kurzen Urlaub, um meine Familie zu besuchen. Zuerst mußte ich natürlich dem örtlichen Spitzel und

Parteifunktionär meine Laogai-Papiere präsentieren, was die Nachbarn erneut daran erinnerte, daß die Familie Wu in Ungnade gefallen war. Mein Vater war sehr gealtert und erholte sich von einem Schlaganfall, meine Brüder und Schwestern, vom System niedergedrückt, waren über das Land verstreut. Ich trauerte um meine Stiefmutter, doch niemand wollte mir die Umstände ihres Todes schildern.

Ich verdrängte den Schmerz über meine Zurückweisung und besuchte Meihua, die inzwischen verheiratet war und drei Töchter hatte. Wir hatten einander seit siebzehn Jahren nicht gesehen, und sie war schockiert über die Auskunft, daß ich seit 1960 im Lager gewesen sei, doch sie wollte mir nicht erklären, weshalb sie mich zurückgewiesen hatte. Eine schreckliche Furcht – der Schatten Maos, das Mißtrauen und die Bedrohungen – stand zwischen uns, und sie wagte kaum, mich anzusehen. Wir sprachen ein paar Minuten miteinander, und ich verließ ihre Wohnung. Ich hatte fast den Eindruck, das Lager sei nun meine Heimat.

Eines Tages im September 1975 hörte ich das entsetzliche Kreischen und Donnern von drei Loren, die sich abgekoppelt hatten, bevor ich von Geröll begraben wurde. Ich war drei Stunden lang bewußtlos, während man sich durch den Schutt zu mir vorarbeitete. Ein Polizist namens Liu wollte verhindern, daß die anderen Gefangenen durch den Anblick meines verstümmelten Körpers erschreckt wurden, deshalb schickte er einen Sarg direkt in die Grube. Doch als man mich ausgegraben hatte, konnte ich meinen Freunden zunicken. »Bitte, nur nicht mein Gehirn«, murmelte ich vor mich hin. Ich hatte nicht das Gefühl, daß Gott mir über die Schulter blickte, doch dieses Gebet wurde erhört. Die Röntgenaufnahmen zeigten sieben Brüche im Rücken, in einem Bein und in der linken Schulter, und meine Frau pflegte mich während der langen Wochen der Heilung in der Klinik. Die medizinische Versorgung war gerade so gut, daß man seine zahlreichen Brüche auskurieren und an die Arbeit zurückkehren konnte. Ich hatte immer noch einen gewissen Wert für das System.

1976 konnte man zu Recht sagen, daß die Welt erschüttert wurde. Am 8. Januar starb Zhou Enlai, im Juli Zhu De, Oberbefehlshaber der Roten Armee in den dreißiger Jahren und seit 1956 Mitglied des Politbüros. In der Nacht vom 27. auf den 28. Juli kam es in Tangshan, östlich von Beijing, zu einem Erdbeben mit einer Stärke von 7,8 Punkten auf der Richterskala. Wir waren zu weit entfernt, um es zu spüren, aber die Behörden behaupteten, daß dem Erdbeben fast eine Viertelmillion Menschen zum Opfer gefallen sei.

Dann, am 9. September 1976, starb Mao Zedong. Wir hörten Gerüchte im Bergwerk, aber wir wagten nicht nachzufragen, damit unsere Neugier nicht als Freude interpretiert wurde. Erst später hörte ich von den politischen Kämpfen, in deren Mittelpunkt Maos Frau Jiang Qing und drei andere standen. Jemand benutzte den Begriff »Viererbande«, aber ich wußte nicht, was darunter zu verstehen war.

Nun erst, nach Maos Tod, konnte China Atem schöpfen und mit einem Anflug von Vernunft handeln. Mein Freund Wang schickte mir aus der Provinz Xinjiang einen Brief, in dem er zugab, daß er die fünfzig Yuan achtzehn Jahre zuvor gestohlen hatte. Er hoffte, daß sein Brief mich entlasten würde.

Ich zeigte Hauptmann Li das Schreiben, doch er meinte, daß mein Fall durch den Brief nur noch komplizierter würde. Li hatte den Auftrag, einigen Häftlingen die Rückkehr ins Zivilleben zu ermöglichen, und er versprach, mir einen Posten als Lehrer zu verschaffen. Li und ich waren zunächst wie argwöhnische Gegner miteinander umgegangen. Bald bat er mich jedoch, seine beiden Töchter zu unterrichten, damit sie bessere Schulen in der Stadt besuchen konnten. Seine Frau und er zeigten mir Shen Jiaruis Personalakte, aus der hervorging, daß sie als labil und gefährlich galt und im Zivilleben eine Belastung für mich sein würde. Das erinnerte mich an die alten maoistischen Rufmordkampagnen. Also dankte ich Hauptmann Li und seiner Frau für ihren Rat, bestand aber darauf, daß meine Frau mich begleitete.

Am 16. Februar 1979 brachte uns ein Lastwagen nach Shanxi, wo unser Leben neu beginnen sollte. Ich war zweiundvierzig Jahre alt. Zum erstenmal seit meiner Jugend war ich ein freier Mann.

# 7 Der Neuanfang

Im Zivilleben erfuhr ich als erstes, daß die Kulturrevolution offenbar ohne Beteiligung der Roten Garden stattgefunden und nur Opfer gefordert hatte. Niemand sagte: »Ich habe Menschen gefoltert. Das waren die guten alten Zeiten.« Alle erklärten nur, wie sehr sie gelitten hätten.

In diesem Umfeld fühlte ich mich verängstigt, isoliert und allein. In den Lagern wurde einem das Maisbrötchen gestohlen, wenn man nur eine Sekunde lang den Kopf abwandte, aber hier draußen waren die Dinge komplizierter. Jeder verstand sich darauf, andere irrezuführen und sich als unschuldig auszugeben. Jeder wußte, wie er die Gemeinschaft ausnutzen konnte. Es war ein Land der Überlebenskünstler.

Man versuchte, mich abermals einer Gehirnwäsche zu unterziehen. Mao war erst seit drei Jahren tot, und manche behaupteten immer noch, an seine Ideen zu glauben. Da ich auf Bewährung freigelassen worden war, mußte ich mich regelmäßig bei der Polizei melden. Man wollte von mir wissen, warum meine Umerziehung nicht erfolgreich war. Dazu führte man mir stets Beispiele von konterrevolutionären Rechtsabweichlern vor Augen, die gelitten, sich dann aber gebessert und aus ihren schrecklichen Erfahrungen Lehren für ein neues Leben gezogen hätten. Warum sei ich anders als diese Vorbilder kommunistischer Tugend?

»Es tut mir leid«, antwortete ich den Polizisten. »Ich habe die Umerziehung akzeptiert, habe schwer gearbeitet und mich zweimal mit Maos Gedanken, ebenso wie mit denen von Marx und Stalin, auseinandergesetzt. Vielleicht bin ich verstockt, aber ich gebe mir Mühe.«

Im neuen China nach Mao legten die Menschen einen Finger an die Lippen und sagten: »Psst, reden wir lieber nicht davon. Die Dinge sind besser geworden. Wir werden's schon überstehen.«

Kurz nach der Entlassung aus dem Lager besuchte ich meinen Vater, der nun alt und gebrechlich und nicht mehr der stolze, reservierte Geschäftsmann wie in meiner Jugend war. Andere in meiner Familie fürchteten mich, weil ich durch die Lager mit einem Makel behaftet war. Sie machten es mir zum Vorwurf, daß ihr Leben meinetwegen nie frei von Argwohn sein konnte. Mein Vater hatte mehr gelitten als sie; er war in einer öffentlichen Kampfversammlung gezwungen worden niederzuknien, während seine eigene Tochter ihn beschimpfte. Die Roten Garden, jene Blüte der chinesischen Gesellschaft, hatten seine Wohnung heimgesucht, ihn bestohlen, alles mögliche zerstört und ihn mit Riemen gepeitscht – eine körperliche und geistige Demütigung, von der er sich nie erholte. Ich war froh, daß mein Vater noch am Leben war und wir uns nun, da ich erwachsen war, etwas besser kennenlernten.

Ich fragte ihn, ob er bedauere, China nicht verlassen zu haben, als sich ihm noch die Möglichkeit dazu bot. Er gab zu, daß es ein Fehler gewesen sei. Die Existenz unserer ganzen Familie und all unserer im Land gebliebenen Freunde sei zerstört worden. Er habe nun wieder Kontakt mit vielen alten Freunden, die ausgereist waren und deren Leben wesentlich besser verlaufen sei. Er wollte nicht, daß ich das gleiche durchmachte wie er.

»Es gibt sehr viele Möglichkeiten, im Leben Erfolg zu haben«, sagte er. »Zum Beispiel durch Diebstahl, Lüge und Betrug. Und das, was immer funktioniert, ist Kriecherei. In jeder Gesellschaft und zu jeder Zeit. Jeder hört gern Gutes über sich selbst. Aber du bist mein Sohn, ich kenne dich. Dir fehlt diese Gabe. Du wirst nie ein Kriecher sein. Dieses Land ist nichts für dich. Du mußt es verlassen.«

»Wie denn?«

»Ich werde dir helfen.«

Han Lian, meine älteste Schwester, war 1950, als ich dreizehn Jahre alt war, nach Hongkong übergesiedelt und hatte in eine vermögende Familie eingeheiratet. Wir hatten einander seit dreißig Jahren nicht gesehen. In meiner Erinnerung war sie ein hübsches Mädchen, das von meinem Vater verwöhnt wurde, weil sie die Älteste war; er schenkte ihr ein Fahrrad, Kleider und ein Klavier. 1969 emigrierte sie nach San Francisco, wo ihr Mann und sie rasch gute Arbeitsplätze fanden. Mein Vater teilte ihr in einem Brief mit, er habe nur noch einen einzigen Wunsch in seinem Leben: daß sie mir helfe, in die Vereinigten Staaten zu gelangen. Meine Schwester antwortete, daß sie den Wunsch meines Vaters erfüllen werde.

Zu diesem Zeitpunkt schien er noch das starke Oberhaupt unserer Familie zu sein, doch bald machte sich bemerkbar, wie es wirklich um ihn stand. Er erhielt einen Brief von seinem alten Freund Sir John Keswick von Jardine Matheson Holdings Ltd., dem mächtigen Handelshaus, das James Clavell in seinen Romanen kaum verschleiert beschreibt. Sir John, der mehrere chinesische Sprachen beherrschte, war mit meinem Vater befreundet gewesen, bevor er das Land 1949 nach der kommunistischen Machtübernahme verlassen mußte, und seine Firma hatte einen großen Teil ihrer Besitzungen verloren. Nun wollte Sir John zu Besuch kommen, und meinem Vater war sehr unbehaglich zumute. »Meine Wohnung ist häßlich, meine Möbel sind schäbig, mein Vermögen ist dahin, ich bin kein achtbarer Mann mehr«, sagte mein Vater.

Ich erwiderte: »Sir John ist Brite, er wird Verständnis für dich haben. Vor dreißig Jahren war er dein Freund, er respektiert dich, er möchte dich sehen.« Und ich versprach meinem Vater, mich zusammen mit ihm um Sir John zu kümmern.

Mein älterer Bruder wurde nervös, als er von Sir John hörte, aber ich erklärte ihm, daß er unserem Gast Respekt erweisen müsse.

Im September gelang es meinem Vater, die Begegnung mit seinem alten Freund zu vermeiden: Er starb schnell und friedlich und entzog sich somit weiteren Demütigungen.

Mein ältester Bruder und ich stritten uns vor der Trauerfeier, denn ich wollte in meiner Rede darauf hinweisen, daß mein Vater zu Unrecht angeklagt worden war. Mein Bruder meinte, ich solle die Realität akzeptieren. Ich versprach, mich bei der Trauerfeier zusammenzureißen. Beim Anblick der Gesichter meiner Familienangehörigen und Freunde fielen mir die Worte meines Vaters ein, ich könne niemals ein Kriecher sein. Also stand ich spontan auf und hielt eine Lobrede auf meinen Vater, in der ich ihn als unbescholtenen Mann bezeichnete. Daraufhin distanzierten sich meine verängstigten Familienangehörigen von mir.

Als ich den verbliebenen kargen Besitz meines Vaters ordnete, entdeckte ich, daß die Roten Garden in ihrer Dummheit zwei Schätze meines Vaters übersehen hatten: ein schönes, in Seide gebundenes Buch und einen herrlichen Stein, verziert mit dicken, schwarzen Tuschestrichen. Ich wickelte die beiden Gegenstände ein und schenkte sie einen Monat später Sir John Keswick, der betrübt darüber war, daß er seinen alten Freund um ein paar Wochen verpaßt hatte.

Als letztes wollte ich meinen Vater, meine Mutter und meine Stiefmutter wieder zusammenbringen. Die Roten Garden hatten verkündet, daß »Asche typisch für die Bourgeoisie ist«, aber jemand vom Friedhof hatte meiner Familie diskret mitgeteilt, daß die Asche meiner Stiefmutter abgeholt werden könne. Mein Vater versteckte sie während der schrecklichen Jahre in einer Urne. Die Asche meiner Mutter konnten wir nicht ausfindig machen, da die Barbaren sämtliche Grabsteine umgestürzt hatten. Doch wir fanden eine Elfenbeinstele mit ihrem Namen darauf.

Ich kaufte eine Grabstelle in Wuxi am Tai-See und setzte meinen Vater dort bei; die Stele meiner Mutter steht zu seiner Rechten, und die Asche meiner Stiefmutter ruht zu seiner Linken.

Bald gesellte sich mein jüngster Bruder zu ihnen. Er war in einem bedenklichen Zustand gewesen, seit er 1968 gegen die Roten Garden protestiert hatte und zusammengeschlagen worden war. Es handelte sich um eine der traurigen Geschichten jener Zeit: Er hatte versucht, sich von seiner konterrevolutionären Familie zu distanzieren, indem er sich der armen Landbevölkerung anschloß. Er war in ein fernes Dorf gezogen, um sich von der Partei »umerziehen« zu lassen und mit den Bauern zu arbeiten; er war sogar den Roten Garden beigetreten. Aber ein Porträt, das er von dem Vorsitzenden Mao angefertigt hatte, stieß auf wenig Gegenliebe, und die Partei bezichtigte ihn, »unseren Großen Revolutionsführer beleidigt zu haben«. Das brachte ihm eine Strafe ein. Nun war er nach Beijing gekommen, um sich um Arbeit zu bemühen. Bei einer der Säuberungsaktionen vor dem Nationalfeiertag mußte er wohl der städtischen Polizei in die Hände gefallen sein. In der Leichenhalle stellte ich jedenfalls fest, daß er Prellungen am ganzen Körper hatte. Ich setzte auch seine Asche in Wuxi bei und betete, daß mein Bruder neben seinen Eltern Frieden finden möge.

In den ersten Monaten nach der Lagerhaft hegte ich immer noch die Hoffnung, ein normales Leben mit Shen, meiner Frau aus dem Kohlenbergwerk, führen zu können. Sie war im Rahmen der Maßnahmen gegen das Bevölkerungswachstum sterilisiert worden, weshalb wir keine Kinder hatten. Aber einen Monat nach unserer Ankunft in Shanxi zog Hauptmann Lis Tochter zu uns, um ihre Ausbildung mit meiner Hilfe fortzusetzen. Zhen-Zhen war damals etwa dreizehn Jahre alt. Es machte mir Spaß, sie an meinem Wissen über Musik, Lebensmittel, die englische Sprache, Kapitän Ahab und Jean Valjean teilhaben zu lassen. Gemeinsam mit ihr durchstreifte ich die Antiquariate nach Ersatz für meine westlichen Bücher, die von den Roten Garden verbrannt worden waren. In den wenigen Monaten, die sie bei uns war, wurde Zhen-Zhen wie eine Tochter für mich.

Im Sommer 1980 reiste ich mit meiner Frau von Shanxi nach Wuhan, wo ich eine Dozentur an der Universität für Geowissenschaft erhalten hatte. Nachdem Deng Xiaoping Ende 1978 die Macht übernommen hatte, zog er sämtliche Personen mit Talent und Erfahrung zur Ankurbelung der Wirtschaft heran. In dieser kurzen Periode der Hoffnung wurden Tausende von Unberührbaren wie ich zu nützlichen Staatsdienern. Laut einem Bericht, den die Parteikomitees des Ministeriums für Öffentliche Sicherheit, der Obersten Staatsanwaltschaft des Volkes und des Obersten Volksgerichtshofes am 25. Dezember 1982 herausgaben, hatte das Regime die Urteile in »mehr als 27 800 konterrevolutionären Fällen« aufgehoben und die Betreffenden rehabilitiert. Da die »Fälle« oft mehr als eine Person betrafen, wird die tatsächliche Zahl der rehabilitierten Opfer von Human Rights Watch/Asia auf über fünfzigtausend geschätzt. An der Universität begegnete ich Parteifunktionären, die mich zwanzig Jahre zuvor in die Verbannung geschickt hatten. Sie entschuldigten sich nie bei mir, verloren nicht einmal ein Wort über die Angelegenheit. Ihre Haltung war: »Tut uns leid, alter Knabe, es waren schwere Zeiten. Nun haben wir ja alles hinter uns.«

In meiner Bitterkeit schaffte ich es nicht, die Ereignisse zu vergessen. Aber immerhin konnte ich nun auch andere Gefühle zulassen. Meine Nichte Xiao Niu (ein Kosename, der »Öchschen« bedeutet), die Tochter meines nächstjüngeren Bruders, der im Exil in der Provinz Xinjiang als

Lehrer arbeitete, zog zu uns, um wie Zhen-Zhen hier in der Stadt zur Schule zu gehen. Eines Tages ohrfeigte Shen Jiarui meine Nichte und nannte sie eine Lügnerin, aber ich war sicher, daß Xiao Niu nichts Unrechtes getan hatte. Ich mußte sie zu anderen Verwandten schicken und mich mit dem Gedanken abfinden, daß es um meine Ehe nicht zum besten stand.

Manchmal dachte ich an Meihua, meine erste Freundin, an die unschuldigen Küsse unserer Kindheit und an ihr ängstliches Gesicht, als wir uns 1957 und 1974 kurz begegneten. Ich wollte Meihua nicht schaden und zwang mich, auf jeden Kontakt mit ihr zu verzichten.

Meine Frau hatte noch immer enge Bindungen zu dreien ihrer vier Kinder, was ich verstehen konnte. Als ich jedoch von einem Neubeginn in Amerika zu reden begann, erklärte sie der Parteiführung, sie sei gegen meine Pläne. Zornig hielt ich ihr vor, daß ich 1979 gegen den Rat von Hauptmann Li bei ihr geblieben sei, und nun schlage sie sich auf die Seite der Kommunisten. Das Maß war voll, als ihr jüngster Sohn, den ich adoptiert hatte, drei Gemälde aus dem Nachlaß meines Vaters verkaufte. Danach ließ ich mich von Shen scheiden.

Von der kultivierten Welt meiner Familie war fast nichts übriggeblieben. Immerhin hatte ich noch einen wunderschönen Druck des berühmten Zhang Shan Zi, der unser Haus in meiner Kindheit besucht hatte und der in den dreißiger Jahren von Präsident Roosevelt ins Weiße Haus eingeladen worden war. Zhang arbeitete mit Spezialtusche auf sehr zartem Papier. Häufig illustrierte er das alte Sprichwort über den Tiger am unteren Hang, der hungrig und wild am Abend auftauchte, während der Tiger am oberen Hang gefressen hat und sich zufrieden den Hügel hinauf zurückzieht.

Dieser Druck zeigte zwei Tiger am unteren Hang, die beide nach ihrer Abendmahlzeit Ausschau hielten. Er war fünfundsiebzig mal hundertzwanzig Zentimeter groß und konnte von seiner Seidenunterlage abgetrennt werden. Das Bild trug sogar Zhangs persönliches rotes Siegel – den individuellen Stempel, den jeder gebildete Chinese benutzt, um seine Dokumente, Bücher und Kunstwerke kenntlich zu machen. Da dieser Druck als nationaler Kunstschatz eingestuft war, konnte man ihn nicht verkaufen oder ins Ausland mitnehmen, obwohl er mein Privatbesitz war.

Außerdem konnte ich ein Gemälde retten, das nach dem Tod meiner Mutter von ihr angefertigt worden war. Der Künstler hatte ein Foto von ihr mit einem hellroten Schal über den Schultern in sein Gemälde eingearbeitet und darüber einige kalligraphische Zeichen gesetzt. Die brutalen Dummköpfe von den Roten Garden hatten einen Teil der Schriftzeichen beschädigt, aber es gelang mir, die Reste wieder zusammenzukleben. Da ich nur vage, traurige Erinnerungen an meine Mutter habe, wollte ich dieses Porträt, auf dem sie jung und hoffnungsvoll erscheint, unbedingt behalten.

Als es an der Zeit war, China zu verlassen, faltete ich die Kunstwerke. Das bedeutete, daß sie für immer Knicke aufweisen würden, aber das war mir lieber, als sie einer Gesellschaft zu überlassen, die keinen Respekt vor ihrer eigenen Geschichte hat.

Ich begann mich mit einer jungen Frau zu treffen, die an einem anderen Institut meiner Universität studierte. Obwohl meine Ehe beendet war, brachen wir durch unsere Beziehung die Vorschriften. Lu Qing und ich machten mit unseren Fahrrädern Ausflüge in die Parks und versuchten, uns unter die Menge zu mischen – wie so viele in diesem volkreichen Land, in dem man stets beobachtet wird. Ich war ledig, hatte meine frühen Mannesjahre als Junggeselle verbracht und hatte nicht vor, meine mittleren Jahre genauso zu verleben. Dennoch war mir der Altersunterschied bewußt, besonders als wir von Heirat zu sprechen begannen. »Ich bin sechsundzwanzig Jahre älter als du«, warnte ich sie. »Wie wirst du dich fühlen, wenn jemand sagt: ›Wie schön, der Mann geht mit seiner Tochter spazieren.‹« Lu Qing zeigte sich unbeeindruckt, und ich wußte, daß sie sich nicht verstellte. Dies war die intensive Liebe, die ein Mann vielleicht als Teenager erfahren sollte, doch für mich war sie völlig neu.

Wir mußten annehmen, daß die Partei von unserer Beziehung wußte, denn sie hatte überall Spitzel – im Häuserblock, auf der Etage, im Büro. Lu Qings Politkommissar ermahnte sie: »Du mußt vorsichtig sein und dich auf das Studium konzentrieren. Du solltest dich nicht dem Einfluß dieses Mannes aussetzen.« Als sie entgegnete, daß wir planten, nach ihrem Studienabschluß zu heiraten, rief der Parteifunktionär ihre Eltern an und machte ihnen Vorwürfe.

Ihre Eltern waren gegen die Heirat, doch Lu Qing war gerade einundzwanzig Jahre alt geworden und konnte eigene Entscheidungen treffen. Sie stahl sogar ihre Geburtsurkunde, um der Partei zu beweisen,
daß sie alt genug sei.

Man berief ein Treffen in der Parteizentrale ein, um darüber zu beraten, ob zwei Erwachsene heiraten dürften. Ich fürchtete, ihre Eltern
würden wegen meines Alters, meiner Lagerstrafe und meiner Position
an der Universität Schwierigkeiten machen. Doch Lu Qings Vater blieb
stumm, und ihre Mutter, die mich heftig abgelehnt hatte, schien sich
über den Parteifunktionär noch mehr zu ärgern. »Meine Tochter ist erwachsen«, sagte sie, »und wir respektieren ihre Entscheidung.«

Nach der überraschenden Kehrtwendung ihrer Mutter heirateten Lu
Qing und ich Weihnachten 1984. Wir konnten nicht zusammenleben,
da sie ihr Studium abgeschlossen hatte und in Shanghai arbeitete. Also
pendelten wir an den Wochenenden, an Feiertagen und im Urlaub hin
und her.

Im Sommer 1985 gelang es mir, mich von meiner Universität zu Forschungsarbeiten nach Shanghai schicken zu lassen. So konnten wir zwei
Monate als Ehepaar miteinander verbringen. Seit zwei Jahren suchte ich
allerdings auch nach einer Möglichkeit, China zu verlassen.

Den Ausschlag gab eine Exkursion, die ich am 23. September 1983 mit
zwei Graduierten nach Zhengzhou unternahm. Wir hielten uns an jenem Morgen in unserem Wohnheim auf, als meine Studenten draußen
eine »Parade« hörten. Hupen, Lautsprecher, Rufe, das Gepolter von un-
zähligen Schritten – Erwachsene und Kinder strömten durch die Straße,
als eilten sie zu einer Sportveranstaltung oder in den Zirkus. Wir erfuhren, daß dies ein Hinrichtungstag sei; die Hälfte der zweimillionenköp-
figen Stadtbevölkerung sei zu dem großen Ereignis erschienen. Ich hatte
in meinem Leben genug Hinrichtungen gesehen, aber meine Studenten
waren jung und bedrängten mich: »Lehrer, Lehrer, können wir nicht
hingehen?« Also machten wir uns auf.

Zuerst knatterten Polizeimotorräder heran, dann rumpelten fünfundvierzig Lastwagen herbei. Auf jedem stand ein elendes, mit Tauen
gefesseltes Menschenwesen, das ein Schild mit der Aufschrift »Dieb«

oder »Mörder« oder »Vergewaltiger« trug. Vielleicht hatten sie diese Verbrechen wirklich begangen, aber wie konnte ich der Regierung Glauben schenken?

Im Lager hätte ich die Verurteilten oder ihre Geschichte gekannt. Hatte dieser etwas Albernes über Mao an die Wand gekritzelt? Wurde jener umgebracht, um uns übrige einzuschüchtern? Im Lager wußte ich, daß es niemand verdient hatte, auf diese Weise zu sterben. Doch auf der lärmenden, festlichen Straße in Zhengzhou kam mir der Gedanke: Manche der Männer mögen ihre Strafe verdient haben. Aber alle fünfundvierzig?

Die Häftlinge sahen weder trotzig noch reumütig, sondern nur jämmerlich aus. Sie hoben nicht die Fäuste, um sich zu einer edlen Sache zu bekennen oder um ihre Unschuld zu beteuern. Denn sie begriffen, daß sie schuldig waren – ihre Schuld war, in der falschen Zeit zu leben, oder vielleicht hat es in China nie eine gute Zeit gegeben. Die Regierung inszenierte dieses Schreckensspektakel, um die Bevölkerung zu beeindrucken. Wie die alte Redensart lautet: »Töte das Huhn, um dem Affen angst zu machen.«

Die Parade zog sich etliche Kilometer jenseits der Stadt zu einem Maisfeld hin, wo ein Kordon von Polizeibeamten die Menge zurückhielt. Andere Polizisten sprangen aus mehreren Dutzend schwarzen Autos und zerrten die Häftlinge von den Lastwagen zur Richtstätte. Ein Funktionär feuerte als Signal eine Leuchtpistole ab, dann hielten zwei Polizisten jeden Häftling an den Armen fest, während ein dritter ein Gewehr aus nächster Nähe auf den Kopf des Delinquenten richtete und abdrückte. Fünfundvierzig Schüsse ertönten gleichzeitig. Die Körper fielen schlaff zu Boden, und mehrere Kontrolleure schritten die Reihe ab. Wenn ein Körper zuckte, wurde ihm ein Pistolenschuß in die Schläfe versetzt.

Ich konnte alles aus der Nähe verfolgen. Was mich verblüffte, war die perfekte Organisation. Diese Regierung konnte ihr Volk nicht ernähren, aber sie war in der Lage, fünfundvierzig Menschen gleichzeitig zur Unterhaltung und Warnung von Millionen umzubringen. Ein altes chinesisches Sprichwort besagt, daß jemand, der etwas Besonderes zu Gesicht bekommt, »glückliche Augen« habe. Viele der Zuschauer reagierten, als hätten sie ein großartiges Tor in einem Fußballspiel oder eine denkwürdige Theateraufführung erlebt. Sie wirkten glücklich. Als die meisten Polizisten in ihren schwarzen Autos davongefahren waren, schoben sich Tausende von Menschen vor, um sich die Toten genauer anzusehen. Ich wurde immer dichter an die traurigen, schlaffen Körper auf dem Boden gedrängt. Kinder und schwächere Erwachsene wurden niedergetrampelt. Ich konnte mich auf den Beinen halten, aber die Menge schob mich unmittelbar zu den Leichen hin. Zu meinem Abscheu merkte ich, daß ich Menschenblut an den Schuhen hatte. Ich schlängelte mich durch das Gewühl und beobachtete die wogende Menge, die nun von der Polizei mit Knüppeln oder Gewehrkolben zurückgetrieben wurde.

Ein Beamter nahm einen langen Stock und tauchte ihn in die Schädelhöhle eines Toten. Dann schwenkte er den blutigen Stock, als wolle er die Menge mit Gehirnresten beschmieren. Die Menschen wichen zurück, um nicht vom Tod angerührt zu werden. Aber wir waren alle schon längst vom Tod angerührt. Mir fiel auf, daß die Zuschauer, die im Hintergrund geblieben waren, nüchterner wirkten. Sie lachten und jubelten nicht, und ihre Mienen zeigten, daß sie die grausame Tragödie ihres Landes durchschauten.

Am nächsten Tag ließ die Regierung die gräßlichen Fotos der Leichen veröffentlichen. Man beschrieb die angeblichen Verbrechen, ging jedoch nicht im einzelnen auf die Verhandlungen und Urteile oder Berufungen ein. Ich war fremd in dieser Stadt und wollte nicht durch Neugier auffallen, aber schon den allgemeinen Gesprächen war zu entnehmen, daß manche der Hingerichteten sich wenig mehr hatten zuschulden kommen lassen, als Kritik an der Regierung zu äußern oder die Befolgung alltäglicher Befehle zu verweigern. Sie hatten sich dem System widersetzt, und das System hatte ihnen eine Kugel in den Kopf jagen lassen.

An diesem Tag in Zhengzhou begann ich mit meinen Ermittlungen, wie das Rechtswesen in meiner Heimat funktioniert. In aller Stille sammelte ich weitere Informationen über Massenhinrichtungen. Ich entdeckte zum Beispiel, daß die Regierung die Angehörigen des Todeskandidaten nicht immer benachrichtigt, daß die Familie jedoch die Kugel und die Einäscherung bezahlen muß, bevor die Asche freigegeben wird.

In Zhengzhou hörte ich, daß solche Hinrichtungen einmal pro Monat stattfänden. In Shanghai wurden ungefähr zur selben Zeit neunundsechzig Häftlinge getötet, in Wuhan hundertundeins und in Beijing neunundsiebzig. China hat zweitausend Verwaltungsbezirke und dreihundert mittlere bis große Städte. Wenn man zweitausenddreihundert Kommunen mit zwanzig Hinrichtungen pro Monat multipliziert, kann man sich ausmalen, wie viele Menschen im Jahre exekutiert werden. Deng Xiaoping und seine Helfer wußten genau Bescheid. Da ihnen das internationale Aufsehen mißfiel, stellten sie die öffentlichen Hinrichtungen 1984 ein. Doch 1989, nach den Ereignissen auf dem Tiananmen-Platz, begannen die Exekutionen von neuem. Dem Affen mußte wieder angst gemacht werden.

Auch in anderen Ländern sterben Menschen durch Krieg, Revolution, Hungersnot, Rassenhaß oder Grenzstreitigkeiten. Aber man zeige mir ein anderes Land der Welt, das öffentliche Hinrichtungen dieses Maßstabs – Monat um Monat, in einer Provinz nach der anderen – zuläßt. So etwas mag vor hundert oder zweihundert Jahren vorgekommen sein, doch nicht mehr im Zeitalter von Fernsehen und Computer. China war immer noch ein Land, in dem Bürger ihre Mitbürger töteten.

Nun entschloß ich mich endgültig, nach Amerika zu emigrieren. Meine Ehefrau war jung und zu einem Neuanfang bereit. Meine Schwester hatte in einem Brief versichert, daß sie die Kosten für einen vorübergehenden Besuch übernehmen werde, doch mein Antrag auf ein Visum wurde vom amerikanischen Konsulat in Shanghai abgelehnt. Wütend erkundigte ich mich nach dem Grund. Man teilte mir mit, ich müsse beweisen, daß ich nach meinem Besuch zurückkehren würde. Daraufhin ließ ich meinen Parteivertreter an der Universität versichern, daß ich ein guter Lehrer sei, ein beachtliches Einkommen hätte und daß geplant sei, meine Stelle bis zu meiner Rückkehr für mich offenzuhalten.

Nach der dreimonatigen Wartezeit wollte ich meinen zweiten – und letzten – Antrag in Beijing stellen. Ich hoffte, daß ich in Beijing mehr Glück haben würde, doch der Angestellte im amerikanischen Konsulat schaute nicht einmal auf. Abgelehnt.

»Was machen Sie denn?« rief ich. »Sie haben den Antrag nicht einmal angesehen! Was ist die Begründung?«

»Tut mir leid, ich kann Ihnen den Grund nicht nennen.« Dadurch bewies er mir, daß China nicht das einzige Land mit unerträglichen Bürokraten war.

»Sie sind verrückt!« brüllte ich und erregte so viel Aufsehen, daß ein
amerikanischer Behördenvertreter herankam.

»Was ist denn los?« fragte er.

»Ich vermisse meine Schwester«, antwortete ich. »Ich habe sie seit
dreißig Jahren nicht gesehen, und es war der letzte Wunsch meines
Vaters, daß ich sie besuche.«

Der Beamte gab zurück: »Ich habe Verständnis für Ihre Situation,
aber zu viele stellen derartige Anträge und kommen dann nicht mehr
zurück. Wir räumen Personen, die ihre Eltern oder Kinder oder ihren
Ehepartner besuchen wollen, Priorität ein. Da es sich bei Ihnen nur um
Ihre Schwester handelt, ist die Angelegenheit nicht vorrangig.«

»Ich möchte einfach zum erstenmal nach Amerika reisen«, sagte ich.
»Und ich werde zurückkehren.«

Er betrachtete meine Akte. »Sie haben gute Qualifikationen und
könnten von einer Universität gesponsert werden. Ich darf meine Quote
nicht überschreiten, aber Sie könnten sich von einer amerikanischen
Universität als Gastdozent einladen lassen.«

Dann kam der Glücksfall, der mein Leben ändern sollte. Ich hatte
einen Artikel über ein sehr modernes französisches Modell für einen
Bohrer geschrieben, der Informationen an einen Computer weiterleiten
sollte, so daß man auf Laboruntersuchungen von Gesteinsproben verzichten konnte. Mein Artikel erschien in einer chinesischen Zeitschrift
und wurde dann in Paris nachgedruckt. Daraufhin lud mich ein Wissenschaftler der University of California ein, in Berkeley Vorlesungen zu
halten und dort weiterzuforschen. Der Brief traf völlig aus heiterem
Himmel bei mir ein. Er schrieb außerdem, daß er zunächst ein Stipendium für mich beantragen müsse, doch ich antwortete: »Ich bin in der
Lage, die Kosten zu decken. Bitte schicken Sie mir die offizielle Einladung so bald wie möglich.«

Nach amerikanischen Vorschriften galt die Bürgschaftserklärung meiner Schwester nur für ein Jahr – von November 1983 bis November 1984. Die Einladung aus Berkeley traf im September ein, und ich bat meine Schwester, die Bürgschaft zu erneuern.

»Jetzt reicht es«, erwiderte sie. »Beim letztenmal hat es nicht geklappt, und nun habe ich keine Lust mehr.«

Da unser Vater tot war, fühlte sie sich mir anscheinend nicht mehr verpflichtet.

Sofort reiste ich nach Beijing, um einen neuen Antrag zu stellen. Die Bürgschaftsfrist würde in etwas über einem Monat ablaufen, und ich durfte nicht zögern. Auf dem amerikanischen Konsulat geriet ich rein zufällig an denselben Beamten, der bei meinem letzten Besuch so zuvorkommend gewesen war. Er erkundigte sich nach meinem Befinden, und ich antwortete: »Mir geht's gut. Die University of California hat mich zu Forschungsarbeiten eingeladen.«

»Berkeley – das ist eine wunderbare Universität. Ich gratuliere.«

Er griff nach seinem Stift. Ob ihm auffiel, daß meine Bürgschaftserklärung demnächst ablief? Ich weiß es nicht. Er unterzeichnete einfach und wünschte mir einen angenehmen Aufenthalt in Berkeley.

Das ist zehn Jahre her, und ich habe seinen Namen vergessen. Aber sein Gesicht, seine Stimme und sein Verhalten waren typisch für das Amerika, an das ich glaubte und das sich niemandem verschloß, der etwas Nützliches anzubieten hatte.

Ich frage mich häufig, ob er sich noch an den nervösen Geologen erinnert, der sich im Konsulat so heftig um ein Visum bemühte. Vielleicht rief er im Sommer 1995, als er den verrückten Bürgerrechtler, der den Kommunisten in die Hände gefallen war, im Fernsehen erblickte: »Meine Güte, das ist doch der Geologe!«

Ich hoffe, er ist stolz auf mich.

# 8   Ankunft in Amerika

Ich rief meine Schwester an, teilte ihr mit, daß ich am San Francisco Airport eintreffen würde, und bat sie, mich abzuholen. Ihre Stimme klang recht verwundert.

Bei meiner Ankunft fragte sie: »Wie hast du das bloß geschafft? Wie bist du herausgekommen?« Sie wußte, daß sie mir nicht sehr geholfen hatte.

Ich antwortete: »Die University of California in Berkeley hat mich unterstützt und wird mich einstellen. Ich habe eine Arbeitserlaubnis.«

Sie schien nicht erfreut zu sein und sagte kaum ein Wort. Nach dreißig Jahren waren wir einander entfremdet. Sie nahm mich mit in ihre Wohnung, die nicht sehr groß war, aber immerhin ein Gästezimmer hatte. Meine Schwester bot es mir jedoch nicht an, sondern gab mir statt dessen eine Ausziehcouch im Wohnzimmer. Jeden Morgen schob sie die Couch wieder zusammen, und jeden Abend richtete sie mein Bett her. Die Botschaft war nicht zu übersehen: ein Aufenthalt auf Zeit.

Han Lian und ihr Mann konnten ihren Unmut über meine Anwesenheit kaum verbergen. Eines Morgens, als die Schwiegermutter zu Besuch da war und ich gerade mein Bett zusammenschob, nahmen wir alle Brandgeruch wahr. Der Mann meiner Schwester kam herbeigerannt und schrie mich an: »Was machst du denn? Was machst du denn?« Dann sagte seine Mutter, es sei ihre Schuld; sie habe den Toast in der Küche anbrennen lassen. Aber ich hatte schon verstanden: Man hielt mich für einen rückständigen Dorftrottel aus Kontinentalchina, dem man so komplizierte Dinge wie einen Toaster nicht anvertrauen konnte.

Bei meiner Ankunft in Amerika besaß ich nur die gefalteten Kunstwerke, ein paar Kleidungsstücke und vierzig Dollar aus dem Verkauf meiner Bücher. Das war alles. Han Lian schien es ganz gleichgültig zu sein, ob ich etwas benötigte. Sie war schon als Kind verwöhnt gewesen; jetzt verhielt sie sich noch egoistischer.

Ich fuhr zu der berühmten Universität auf der anderen Seite von San Francisco. Sie ist wunderschön an einem Hang mit Ausblick auf die Bucht gelegen. Als wir in China in den sechziger Jahren die Roten Garden hatten, gab es in Berkeley die Hippies, die Black Panthers und die Free-Speech-Bewegung. Aus einer völlig behüteten Gesellschaft hatte es mich in eine verwirrend offene verschlagen. Alles war zu haben, man brauchte nur Geld.

Eine moderne U-Bahn unter der Bucht hindurch verbindet San Francisco mit Berkeley, und damals kostete die Hin- und Rückfahrt fünf Dollar. Ich meldete mich an der Universität und erhielt einen Arbeitsplatz zugewiesen. Ein paar Tage später bat ich meine Schwester, mir ein wenig Geld zu leihen, bis ich selbst etwas verdiente. Ihr Mann hatte einen guten Posten bei einer Bank, und auch sie verdiente nicht schlecht, aber sie wollte mir keinen Cent vorstrecken.

Eines Tages lud mich ihre Schwiegermutter zum Mittagessen ein. Das war eine nette Geste, doch ich erwiderte: »Vielen Dank, aber könnte ich statt dessen das Geld haben? Ich brauche es für die Fahrt nach Berkeley.« Sie gab mir zwanzig Dollar, was sie meiner Schwester gegenüber aber nicht erwähnte, denn am folgenden Tag reichte Han Lian mir einen mit Münzen gefüllten Umschlag. So konnte ich die Bucht noch einige Male überqueren. Aber ich begriff, daß ich schnellstens ausziehen mußte.

In der Nähe von Berkeley fand ich ein Zimmer, das ich mir mit fünf chinesischen Studenten teilen konnte. Es sollte sechsundneunzig Dollar im Monat kosten. Meine Schwester weigerte sich, mir die erste Monatsmiete zu leihen, und ich mußte acht Tage später wieder ausziehen.

Nun versuchte ich, in dem kleinen Büro zu schlafen, das man mir und einigen anderen Forschern an der Universität zugewiesen hatte, doch um neun Uhr abends teilte mir der Hausmeister stets höflich mit, daß er das Gebäude abschließen müsse. Danach schlief ich im ehemaligen People's Park, in dem berühmten Häuserblock, den Obdachlose und Radikale der Universität 1969 abgetrotzt hatten. Wenn es regnete, ging ich in einen Busbahnhof oder in die U-Bahnstation.

Einer meiner Jobs war in einem Doughnut-Laden, wo ich an einer Maschine stand und Dutzende von Doughnuts gleichzeitig herstellte. In den chinesischen Lagern wurden wir von den Wärtern geschlagen, wenn wir bei der Arbeit einschliefen. Hier dagegen spritzte einem das kochende Fett über Arme und Gesicht, sobald einem die Augen zufielen. Diese Tätigkeit dauerte nur ein paar Monate, aber das stinkende, brennende Fett habe ich nie vergessen. Bis heute kann ich keinen Doughnut anrühren. Meine Forschungsarbeit brachte kein Geld ein, und ich konnte mir die Miete für das winzige Zimmer mit den fünf anderen Studenten immer noch nicht leisten. Folglich brauchte ich einen anderen Ort, an dem ich mich ausruhen konnte. Häufig ging ich in die Bibliothek von Berkeley, bedeckte meinen Kopf mit einer Zeitung und schlief ein.

Es dauerte sechs Monate, bis meine Frau ein Visum erhielt. Unterdessen schrieb ich ihr Briefe; zum Beispiel informierte ich sie darüber, daß sie wie die meisten Asiaten, die in die Staaten kommen, einen englischen Namen benötige. Ich schlug ihr vor, sich »Diana« zu nennen. Als sie im Juni 1986 eintraf, konnte ich an ihrem Gesicht ablesen, daß etwas nicht stimmte. Lu Qing oder Diana war nicht mehr das romantische junge Mädchen des Vorjahres. Ich hoffte, daß sie sich nach ein oder zwei Monaten in Amerika einleben würde, aber sie schrieb dauernd Briefe und führte Telefongespräche, sobald ich außer Hörweite war.

Im August gestand sie mir, daß sie sich in Shanghai in einen anderen Mann verliebt habe, der nur wenige Monate älter als sie sei. Es war ein schrecklicher Schlag für mich, aber ich hatte schon vor langer Zeit gelernt, meinen Schmerz zu verbergen. Ich wollte mich nie wieder jemandem schutzlos ausliefern. Deshalb sagte ich: »Das kommt vor. Der Altersunterschied, die lange Trennung – ich habe Verständnis für euch.« Ihr lag daran, unsere Ehe nicht aufzulösen, bevor sie ihre Green Card erhielt, und ich hatte keine Einwände.

Die Sache war allerdings nicht ganz einfach. Die amerikanischen Einwanderungsbehörden gingen damals verschärft gegen »Green-Card-Ehen« vor, die nur dazu dienten, Ausländer in den Genuß einer Aufenthaltsberechtigung zu bringen. Ehepaare hatten in jedem Sinne des Wortes verheiratet zu sein – das heißt, wir mußten unter einem Dach leben und in einem Zimmer schlafen. Wir hielten die Fassade eine Zeitlang aufrecht, doch dann zog Diana zur Familie von Martin Hussman, der mir geholfen hatte, mich in Kalifornien zurechtzufinden.

Allerdings verlor Martin die Geduld, nachdem ich mich bereit erklärt hatte, Dianas neuem Freund bei der Emigration aus China zu helfen. Soweit ich weiß, tauchte dieser Mann nie in den Vereinigten Staaten auf. Diana erhielt schließlich ihre Green Card, und wir ließen uns scheiden. Ich glaube, sie wohnt immer noch irgendwo an der Bucht von San Francisco.

Auch der Kontakt zu meiner Schwester wurde immer sporadischer. Wir schrieben einander jahrelang nicht, aber als ich Ching Lee 1991 heiratete, schickte ich Han Lian eine Anzeige, und sie lud uns zweimal zum Essen ein. Zu Weihnachten schickten wir ihr eine Karte. Als 1994 *Nur der Wind ist frei* erschien, ließ ich ihr ein Exemplar zukommen, damit sie erfuhr, was unserer Familie und mir in all den Jahren zugestoßen war. Sie reagierte jedoch nicht darauf. Meiner Ansicht nach hatte ihr Aufenthalt in Hongkong ihr Denken geprägt; dort fühlt man sich den Menschen in der Volksrepublik überlegen – wegen der Dinge, die uns Mao angetan hat und die wir einander zugefügt haben. 1997 wird Hongkong ein Teil von China werden, und die Bewohner der Stadt werden es am eigenen Leibe erfahren. Als ich 1995 in China verhaftet wurde, rief meine Schwester nie bei Ching Lee an. Damit hatte ich auch nicht gerechnet, denn für sie war ich nichts weiter als ein Störenfried.

Ich war fast fünfzig Jahre alt, und mein Traum, jemals eine eigene Familie zu haben, begann zu verblassen. Vermutlich würde ich nie Professor in Berkeley werden, ich fühlte mich zu alt für die praktische geologische Arbeit. Da ich Geld brauchte, arbeitete ich für 4,50 Dollar in einem Spirituosengeschäft – immerhin besser als die 3,25 Dollar in dem Doughnut-Laden –, aber ich mußte ständig auf Überfälle gefaßt sein. Ich übernahm eine Teilzeitbeschäftigung bei einem alten Mann, dem ich beim Duschen und Waschen half – zwei Stunden am Tag für acht Dollar pro Stunde; es war einer meiner besten Jobs in Amerika. Ich arbeitete in Privatgärten, strich Zäune, jätete Beete oder reparierte Türen – für fünf Dollar die Stunde. Dann fand ich einen Job bei einer Firma, die fotomechanische

Reproduktionen herstellte – acht bis neun Stunden am Tag. Ich glaubte
an das amerikanische Motto: Wer hart arbeitet, kommt über die Runden.

1986 wurde ich aufgefordert, an der University of California in
Santa Cruz einen Vortrag über China zu halten. Ich hatte bereits gemerkt, daß die Amerikaner wenig über China wußten. Seit 1949 hatten
US-Regierungen die Existenz des Landes schlicht geleugnet. Erst dreiundzwanzig Jahre später besuchte Präsident Nixon China, und der
Mann, der stets behauptet hatte, den Kommunismus zu hassen, spielte
Mao in die Hände, indem er dessen Herrschaft legitimierte. Am verblüf-
fendsten war für mich, daß die Amerikaner chinesischer Abstammung
nichts über die Arbeitslager wußten und das Wort »Laogai« nicht kannten. Bei meinem Vortrag in Santa Cruz konnte ich die Tränen nicht unterdrücken, als ich von den vielen Toten sprach. Die Dozenten und Studenten im Publikum waren völlig entgeistert.

»Wir haben Mitgefühl, und wir möchten helfen«, erklärten manche.
»Uns ist klar, daß Sie gelitten haben. Was können wir tun?« Andere
meinten: »Vielleicht sind Sie ein Ausnahmefall«, und ich entgegnete:
»Nein, es gibt Millionen wie mich. Niemand in China hat je von mir gehört. Ich bin nur einer von Hunderttausenden. Wenn ich auf den Feldern
gestorben wäre, würde sich niemand an mich erinnern. Sie halten mich
für einen Helden? Ich bin nur einer, der überlebt hat. Nun stehe ich als
Fürsprecher der namenlosen, der gesichtslosen Menschen vor Ihnen.«

An jenem Abend in Santa Cruz wurde mir klar, daß jemand den
Westlern mitteilen muß, was in China geschieht. Ich hätte ein neues
Leben beginnen sollen, doch das Laogai ließ mich nicht los.

Im Dezember 1987 lernte ich Wu Yuan Li kennen, der in China stellvertretender Verteidigungsminister gewesen war und nun als Dozent an
der Hoover Institution on War, Revolution and Peace arbeitete, die der
Stanford University angegliedert ist. Er ermutigte mich, über das Laogai-System zu unterrichten; vielleicht werde sich ein Posten für mich an
der Hoover Institution (die, wie ich später feststellte, als äußerst konser-
vative Forschungsanstalt bekannt ist) finden lassen.

Ich wurde von Ramon Myers, dem Direktor der Ostasien-Abteilung,
zu einem Vorstellungsgespräch eingeladen. Er erkundigte sich, ob ich

Artikel veröffentlicht, einen Studienabschluß in Sozial- oder Politikwissenschaften oder irgendwelche Empfehlungen von Fachwissenschaftlern hätte. »Nein, ich habe Geologie studiert. Zur Zeit arbeite ich in der Tiefbau-Abteilung in Berkeley.«

Myers erklärte, daß die Hoover Institution nur Personen aus Taiwan, nicht aus der Volksrepublik beschäftige. Ich konnte sehen, daß er bereits »Abgelehnt« quer über mein Formular geschrieben hatte. Ich dankte ihm für seine Ehrlichkeit und gab ihm zu verstehen, daß ich seine Zeit nicht länger verschwenden wolle.

»Ich habe noch zwanzig Minuten bis zu meinem nächsten Termin«, sagte er. »Wir können uns noch ein bißchen unterhalten. Was wollen Sie wirklich tun?«

»Ich möchte den chinesischen Gulag untersuchen. Das Laogai-System.«

Myers wirkte neugierig. Also begann ich, über die Lager zu sprechen, und zwei Stunden später meinte er: »Okay, ich hab's mir anders überlegt.« Er holte sich ein neues Bewerbungsformular von der Sekretärin und begrüßte mich als Gastwissenschaftler. Ich sollte ihm bei einem Artikel über China helfen, und er verschaffte mir ein Stipendium über achtzehntausend Dollar zur Untersuchung des Laogai. Es war der einzige Zuschuß, den die Hoover Institution mir jemals gewährte, aber er hatte unschätzbaren Wert für mich.

Da ich nun Kontakt zur Hoover Institution hatte, nahm ich mir vor, die Welt über das Laogai zu informieren. Ich gab meinen Posten in Berkeley und meine anderen Tätigkeiten auf und trat eine Stellung bei der Firma Meftech an, die Mikrochips herstellte. Chen, der Besitzer, mit dem ich mich anfreundete, stammte aus Taiwan. Zuerst war ich für das Warenlager, den Versand und Wareneingang verantwortlich, später stieg ich zum stellvertretenden Geschäftsführer auf und verdiente dreißigtausend Dollar im Jahr. Ich kaufte mir ein neues Auto und führte nun endlich ein angenehmes Leben. In der Firma machte ich mich mit Import und Export, Versandpapieren, Verhandlungstechniken, den Grundlagen der Steuer- und Zollgesetze und mit dem grenzüberschreitenden Güterverkehr vertraut. Dieses Wissen sollte mir schon bald bei meinen Geschäften mit dem chinesischen Gefängnissystem zustatten kommen (bei dem ich mich als Vertreter der Privatindustrie ausgab). Ich war jetzt kein Naturwissenschaftler mehr, sondern ich fühlte mich als Bürgerrechtler.

Ich begann, ein Verzeichnis des größten Konzentrationslagersystems der Menschheitsgeschichte zu erstellen. Je mehr Deng Xiaoping und die anderen alten Männer versuchten, China Zugang zum Weltmarkt zu verschaffen, desto raffinierter wurden die Kommunisten. In den ersten dreißig Jahren waren die Arbeitslager eine primitive Form der Bestrafung für angebliche zivile oder politische Verbrechen gewesen, doch mittlerweile trugen sie erheblich zum Bruttosozialprodukt bei. China kommerzialisierte sich – und dies teilweise mit Hilfe von Menschen, die kaum mehr als Sklaven waren. Es gab nun Doppelbezeichnungen für die Lager: Intern hießen sie weiterhin Umerziehungslager, doch den naiven ausländischen Geschäftspartnern gegenüber nannte man sie Fabriken oder Farmen.

Unter Deng oblagen den Lagern nicht mehr nur relativ einfache Arbeiten – Landgewinnung, Straßenbau, Anlage von Bergwerken, Errichtung von Dämmen, Anbau von Tee, Baumwolle und Getreide –, sondern sie stellten jetzt auch elektronische und chemische Produkte sowie Maschinen für den Export her. Schließlich fand ich heraus, daß hundertzwanzig unterschiedliche, in Zwangsarbeit gefertigte Erzeugnisse auf dem internationalen Markt verkauft wurden.

China beteuerte immer wieder, daß es sich ändere – und das stimmte. Nun ging es in erster Linie darum, Geld zu verdienen. In den großen Lagern brauchte man Investitionen und technisches Gerät aus dem Ausland, und man schickte von dort Handels- und Technikerdelegationen über die Grenzen. Die Lager bildeten das chinesische Gegenstück zu multinationalen Unternehmen, doch sie hatten einen gewaltigen Vorteil: Ein Teil ihrer Arbeitskräfte wurde nicht entlohnt. Der Gefängnisdirektor war nun Unternehmer. Er hatte seine Kosten zu dekken; wenn er Gewinn erwirtschaftete, erhöhte sich sein Verdienst, und er zahlte seinen Angestellten Prämien. Zum erstenmal waren die Wärter und Polizisten am Gewinn beteiligt.

Folglich war es für alle Beteiligten von Vorteil, wenn man die internationalen Vorschriften gegen Zwangsarbeit umgehen konnte. Die chinesischen Behörden mußten lediglich den Anschein erwecken, die weltweit geforderten Maßstäbe zu erfüllen. 1988 veröffentlichte das Justizministerium ein Handbuch über die Umerziehung von Verbrechern, in dem es hieß: »Die Hauptaufgabe unserer Laogai-Anstalten ist Bestrafung und Umerziehung von Verbrechern. Die konkreten Funktionen der Anstalten werden auf den folgenden drei Gebieten wahrgenommen: Bestrafung und Beaufsichtigung von Kriminellen; Umerziehung von Verbrechern; Einsatz von Kriminellen bei Arbeit und Produktion, wodurch Wohlstand für die Gesellschaft geschaffen wird.«

In Wirklichkeit ging es hier um Sklavenarbeit. Und niemand schämte sich dessen.

Mein erstes Buch erschien schließlich mit dem Titel *Laogai. The Chinese Gulag*, und die Hoover Institution erklärte sich großzügigerweise bereit, es 1992 bei Westview Press veröffentlichen zu lassen. Jetzt hatte ich die Fakten und begriff, daß diese Arbeit mich bis zum Lebensende beschäftigen würde.

1989 trat China auf der internationalen Bühne in den Vordergrund – jedoch auf gräßliche Weise. Im Juni erreichte die Demokratiebewegung Beijing, und Demonstranten besetzten den riesigen Tiananmen-Platz, auf dem ich mehr als dreißig Jahre zuvor als Schüler in der Ehrengarde für den Vorsitzenden Mao gestanden hatte. Diesmal ehrten die Menschen nicht den Vorsitzenden Deng oder die Kommunistische Partei, sondern sie protestierten gegen die Verhaftungen, die Zensur, die ständige Kontrolle, die Schikanen und die Arbeitslager.

Ich hatte nichts mit dem Tiananmen-Platz zu tun. Die Demonstranten gehörten einer anderen Generation an. Hätten sie mich um Rat gefragt, wäre meine Antwort gewesen: »Seid ihr verrückt? Bringt erst die Polizei und die Armee auf eure Seite, ehe ihr mit solchen Dingen anfangt.« Die Jugendlichen auf dem Tiananmen-Platz glaubten wohl, dem Beispiel der Demonstranten in Ost-Berlin, Rußland, Ungarn und der Tschechoslowakei in den letzten Tagen der Sowjetunion zu folgen. In Europa sagten die Demonstranten zu den Soldaten: »Hört mal, ihr werdet doch wegen dieser ohnehin verlorenen Sache nicht auf uns schießen, oder?« Und die Soldaten wußten im tiefsten Innern, daß sie ihre Mitbürger nicht töten konnten.

In China dagegen sah es anders aus, denn die dortigen Führer verstehen sich immer noch gut darauf, Polizei und Armee einzuschüchtern und unter Kontrolle zu halten. Ich hätte den Studenten versichert, daß Deng Xiaoping und die anderen alten Männer nicht vor Mord zurückschrekken würden, um an der Macht zu bleiben, aber ich war ja bloß ein Versandleiter in Kalifornien. Wie die Menschen in den übrigen Ländern der Welt verfolgte ich die Ereignisse im Fernsehen und in der Presse: Panzer überrollten Jugendliche auf Fahrrädern, Polizisten schossen Menschen in den Rücken, Soldaten jagten Demonstranten durch die Gassen von Beijing und erstachen sie mit Bajonetten, Sicherheitsbeamte verschleppten Bürger aus ihren Wohnungen und Läden in die Lager. Und wozu?

Natürlich protestierte ich. Vor dem chinesischen Konsulat in San Francisco bezog ich mit Ballons Stellung, auf denen in chinesischen Schriftzeichen stand: »Lebt für die Demokratie, sterbt für die Freiheit.« Ballons hochhalten – mehr konnte ich nicht tun. Ich hatte keinen politischen oder finanziellen Einfluß, um den Menschen zu helfen, doch vielleicht konnte ich das Problem im Westen publik machen.

Im Juni 1990 veranstaltete das Foreign Relations Committee des amerikanischen Kongresses sein erstes Hearing über den chinesischen Gulag. Die damaligen Vorsitzenden, Senator Alan Cranston aus Kalifornien und Senator Jesse Helms aus North Carolina, kannten das Wort »Laogai« nicht. Sie wußten aber, daß sich in China üble Dinge abspielten. Einer Senatsvorschrift zufolge dürfen ausländische Bürger bei Hearings nicht aussagen, doch die Senatoren umgingen die Regel, indem sie Stephen Mosher einluden, der am Claremont College in Kalifornien lehrt, fließend Mandarin und Kantonesisch spricht und zu den ersten Amerikanern gehörte, die Zwangsabtreibungen und andere Mißbräuche in China anprangerten. Mosher wollte ein kurzes Statement abgeben und mich dann als seinen sachverständigen Zeugen vorstellen, damit ich über meine persönlichen Erfahrungen sprechen konnte. Viele Kongreßangehörige beider Parteien hatten zwar umfassende Kenntnisse über den sowjetischen Gulag, Hitlers Konzentrationslager und über die Tötungsmaschinerie in Kambodscha, aber sie wußten nicht das geringste über das Laogai-System.

Am Tag meiner Aussage vor dem Kongreß standen drei chinesische Funktionäre im Korridor und starrten mich mit kalten, gehässigen Augen an, die zu sagen schienen: »Wir hätten dich damals in den Lagern fertigmachen sollen.« Sie wußten, wer ich war, wo ich wohnte und arbeitete. Ich konnte nicht sicher sein, daß sie mich in Kalifornien in Ruhe lassen würden, aber ich mußte weitermachen. Die Leute horchten auf.

Im Frühjahr 1991 besuchten die Abgeordneten Frank Wolf und Chris Smith das Gefängnis Nr. 1 in Beijing. Sie brachten Beweise dafür mit, daß von dieser Fabrik in Zwangsarbeit hergestellte Socken höchstwahrscheinlich in die Vereinigten Staaten exportiert wurden. Dies widersprach den amerikanischen Gesetzen und der amerikanischen Tradition des Fairplay, und jetzt war man auch auf offizieller Seite gewillt, das Thema zur Sprache zu bringen.

China setzte sich zur Wehr, investierte Geld in Goodwill- und Tourismuskampagnen und verabschiedete ein sogenanntes Menschenrechtsgesetz, um die Meistbegünstigungsklausel seitens der USA nicht zu verlieren. Die chinesische Regierung versuchte mit westlichen Methoden, ihre Taten zu beschönigen. Jemand mußte der Wahrheit zum Sieg verhelfen. Es drängte mich, nach China zurückzukehren.

Zur selben Zeit schrieb ich einige Artikel mit meinem Freund John Creger, einem Lehrer, der mich ermunterte, meine eigene Psyche zu erforschen. »Laß alles heraus«, sagte er immer. »Nur so kannst du überleben, rede es dir von der Seele. Stell dich dem Monster.« Ich konnte meine Vergangenheit nur bewältigen, indem ich über sie sprach, über sie schrieb und andere Menschen damit konfrontierte. Aber als John und ich begannen, meine Erinnerungen an meine Freunde und meine Familie aufzuarbeiten, erwies sich die Distanz einfach als zu groß. Ich mußte mein Gedächtnis auffrischen. Deshalb wollte ich zur chinesischen Mauer reisen, symbolisch ein paar Ziegel herausnehmen und hindurchschauen.

Um meine Rückkehr in die Volksrepublik vorzubereiten, beschloß ich, Taiwan auf der anderen Seite der Meerenge zu besuchen. Und dort geschah etwas völlig Unerwartetes: Ich verliebte mich.

## 9 Ching Lee

Während ich meine Reise nach Taiwan plante, hörte ich immer wieder von meinem früheren Chef im Doughnut-Laden, daß seine Frau dort drüben eine Freundin habe, die genau die Richtige für mich sei. Wie die Angehörigen der meisten Völker halten auch wir Chinesen uns für ausgezeichnete Heiratsvermittler. »Du bist nicht mehr jung«, erklärte mir mein Freund. »Du solltest heiraten. Schließlich kannst du nicht dein ganzes Leben lang wie ein wilder Hund auf dem Friedhof herumstreunen.«

»Was soll denn das heißen?« fragte ich. »Habe ich nicht schon zwei Scheidungen hinter mir? Ich denke nicht im Traum daran, noch einmal zu heiraten.« Das war nichts als Großsprecherei. Ich war ein halbes Jahrhundert alt, und die Geschichte hatte mein Leben durcheinandergewirbelt. Einerseits wollte ich alles riskieren, um China herauszufordern, andererseits wünschte ich mir immer noch eine Ehefrau, eine Familie. Aber das wollte ich weder mir selbst noch meinen Freunden eingestehen.

Unterdessen schrieb Glenda, die Frau meines ehemaligen Chefs, an die Unbekannte in Taiwan und ermunterte sie zu einem Treffen mit mir. Glenda teilte ihr mit, ich schriebe ein Buch über China (das allerdings kaum Aussicht auf Erfolg habe), sei von Beruf Geologe und hätte die Volksrepublik erst vor kurzem verlassen. Meinen Aufenthalt in den Lagern erwähnte sie nicht. Ching Lee rief in Kalifornien an, um mehr zu erfahren.

»Hat er denn keine Fehler?« fragte Ching Lee.

»Er ist ein guter Mann, aber sehr störrisch«, erwiderte Glenda.

Was Ching Lee betraf, so hätte ich alles mögliche sein können: von einem ehemaligen Rotgardisten, der Schulen und Krankenhäuser zerstört hatte, bis hin zu einem Intellektuellen, der in die Landgebiete entsandt worden war, um von den Bauern »zu lernen«. Glenda pries mich als den idealen Ehekandidaten an. »Wie kann ich jemanden aus China heiraten? Unmöglich«, meinte Ching Lee, denn sie wußte, daß sich in der vierzigjährigen Kluft zwischen Taiwan und China sehr unterschiedliche Lebensbedingungen herausgebildet hatten. »Aber ich war neugierig«, sagte Ching Lee später. »Vielleicht konnten dieser Mann aus China und ich Freunde werden.«

Nachdem wir ein Treffen vereinbart hatten, erfuhr ich, daß sie Sekretärin des stellvertretenden Wirtschaftsministers, unverheiratet und bereits in den Vierzigern sei. Ihre Freunde glaubten, wir hätten vieles gemein: Wir seien beide entschlossen, zielstrebig, individualistisch und eigensinnig.

Wir verabredeten uns für den 4. Januar 1990 an der Ecke der Fu-Zhou-Straße in Taipeh unweit von Ching Lees Büro. Nach Sonnenuntergang war die Ecke ziemlich finster, aber ich wußte sofort, daß meine Freunde recht gehabt hatten. Ich vertraue stets auf den ersten Eindruck. Als ich ihr sanftes, intelligentes Gesicht sah, hatte ich keinen Zweifel, daß ich mit dieser Frau den Rest meines Lebens verbringen konnte. Sie war elegant, doch schlicht gekleidet – eine Frau, die nicht protzen wollte. Ihre Stimme klang gebildet und weltgewandt, aber gleichzeitig asiatisch und bezaubernd. Ching Lee schien die besten Seiten beider Welten in sich zu vereinigen: Sie war die Richtige für mich.

Ich bat sie, ein Restaurant zu empfehlen, und selbst wenn es das teuerste in Taipeh gewesen wäre, hätte ich sie mit Freuden dorthin geführt. Aber sie schlug ein bescheidenes Café in der Nähe vor.

Wir nahmen Platz und bestellten Steaks. Es fiel mir leicht, mit ihr zu sprechen; ich brauchte mich nicht zu verstellen, und mir war klar, daß ich ihr die Wahrheit über mich sagen mußte. »Ich war neunzehn Jahre lang Häftling«, erklärte ich.

Ihr fiel die Gabel aus der Hand. Rasch ergänzte ich, daß ich ein politischer Häftling gewesen sei, gefangen in Maos Wahnsinnssystem, und daß ich auf den Farmen und in den Fabriken des Laogai gearbeitet hätte.

»Was ist das, Laogai?« fragte sie. »Es klingt wie von einem anderen Planeten.«

Ching Lee hatte noch nie von den Arbeitslagern gehört. Sie war jenseits der Formosa-Straße unter der Bedrohung durch Invasion, Raketen, Krieg und Zerstörung aufgewachsen, doch die Machthaber in Beijing hatten es geschafft, dieses häßliche Geheimnis vor den meisten Bürgern Taiwans zu verbergen.

Ching Lees Angehörige sind gebildete, aktive Menschen. Ihr Vater, Chen Hsien Cheh, stammt aus der Provinz Hunan und war während des Zweiten Weltkrieges Schütze in einer Bomberstaffel der chinesischen Luftwaffe; er hatte ein paar Flüge nach Indien unternommen, doch zumeist Bomben auf japanische Stellungen in China abgeworfen. 1949 emigrierte er nach Taiwan. Ching Lees Mutter, Yen Yu Mei, kommt aus der Provinz Henan; sie hat fast hundert Kindergeschichten, hauptsächlich Märchen, geschrieben und die Hälfte davon veröffentlicht. Ching Lee wurde 1945 in Chengdu in der Provinz Sichuan geboren, zog dann mit ihrer Familie nach Tainan und später nach Taipeh, wo sie an der Chung-Hsing-Universität Immobilienverwaltung studierte und später für die Regierung arbeitete. Sie lebte noch immer bei ihren Eltern in einer großen, bequemen Wohnung in Taipeh, und alle waren schon einmal in Kalifornien zu Besuch gewesen. Ching Lee gab zu, daß sie sich von ihrem Leben noch etwas Interessanteres erhoffte.

»Mein erster Eindruck von Harry war nicht allzu gut«, sagte Ching Lee, »aber nachdem wir uns ein paar Minuten unterhalten hatten, dachte ich, oh, der ist ganz erstaunlich. Er hatte soviel Schreckliches durchgemacht und eröffnete mir mit schlichten Worten: ›Ich besitze nichts, aber jetzt lebe ich in den Vereinigten Staaten und schreibe meine Geschichte auf.‹ Es imponierte mir sehr, daß er mir gleich bei unserer ersten Verabredung vom Laogai erzählte. Er war ehrlich zu mir. Ich war schon fünfundvierzig Jahre alt. Er wollte nach China zurückkehren, doch ich wußte nur sehr wenig über die Volksrepublik. Ich arbeitete zwar für die Regierung, aber Politik interessierte mich nicht.«

Noch am selben Abend lud ich sie zu einer gemeinsamen Reise in ein Seebad ein, wo es im Winter friedlich und ruhig war. Die Ereignisse überstürzten sich. Innerhalb von zwei Wochen hatte ich mich so sehr in Ching Lee verliebt, wie ich es niemals für möglich gehalten hätte. Ich konnte mit ihr reden und mit ihr lachen. Wir waren einander so nahe, wie ich es noch mit keinem anderen Menschen erlebt hatte. Ich konnte sie nicht belügen. Deshalb mußte ich ihr auch von meinen Plänen für eine Rückkehr nach China berichten, von der Gefahr, gefangengenommen zu werden und vielleicht eine Kugel in den Hinterkopf zu bekommen. Ich mußte ihr von den chinesischen Regierungsfunktionären bei den Kongreß-Hearings und dem gelegentlichen Klicken in meiner Telefonleitung erzählen. Die Zukunft, die ich ihr zu bieten hatte, war kein normales Leben, in dem man tagsüber schwer arbeitet und abends nach Hause kommt. Ich malte ihr ein Leben voller Kontroversen und heftiger Emotionen und vielleicht sogar voller Gefahren aus. Sie war weder Chinesin noch Amerikanerin, und ich merkte, daß sie bei dem Gedanken zögerte, sich in all diese Dinge hineinziehen zu lassen.

»Hör mal, selbst wenn du jemanden aus Taiwan heiratest, kann es irgendwann immer zu einer Scheidung kommen«, redete ich ihr zu. »Die Menschen sind überall gleich. Wir alle wünschen uns eine gute Ehe. Woher wir auch stammen, wir möchten eine gute Frau oder einen guten Mann haben. Ich bin ein Mensch, genau wie du.«

Meine Argumente hatten sie wohl umgestimmt, denn sie wollte über meinen Antrag nachdenken. In der kurzen Zeit, die wir gemeinsam verbrachten, konnte ich beobachten, wie sie neugierig wurde und sich bemühte, diesen besessenen Mann zu verstehen, der plötzlich in ihrem Leben aufgetaucht war. Ich kehrte nach Kalifornien zurück, aber wir telefonierten miteinander und schmiedeten Pläne für eine Heirat im Februar 1991. Wahrscheinlich hoffte sie, daß ich meine fixe Idee aufgeben würde, doch ich schaffte es einfach nicht.

Kurz bevor ich zu unserer Hochzeit nach Taiwan flog, fand an der Columbia University in New York eine bedeutende Konferenz über die Menschenrechtssituation in China statt. Die Menschen wollten mehr über die Ereignisse am Tiananmen-Platz, über die Ursachen und Folgen erfahren, und man lud mich zu einem Vortrag ein.

Gleich nach der Konferenz machte mich Orville Schell, einer der wichtigsten westlichen China-Experten, mit dem CBS-Produzenten David Gelber bekannt, der einen Film über die Lager drehen wollte. Inzwischen besaß ich eine amerikanische Green Card, konnte also nach

China reisen und nach Amerika zurückkehren. Gelber fragte mich, ob ich daran interessiert sei, in China Fotos, Videobänder, Interviews, Dokumente und Ähnliches zu sammeln, um den Zuschauern im Westen eine Vorstellung von den Lagern zu vermitteln.

Ich überlegte, ob die Chinesen wohl den Unterschied zwischen der Arbeit für CBS und einer Tätigkeit für die Regierung der Vereinigten Staaten verstehen würden. Dort vergleicht man die Republikanische und die Demokratische Partei mit der Kommunistischen Partei – sieht sie als Sammelbecken für Insider, für eine auserwählte Elite. Sollte ich mein Leben in der vagen Hoffnung riskieren, daß die Chinesen diesen subtilen Unterschied begreifen würden?

»Laß es sein«, dachte ich. »Du heiratest. Gib endlich Ruhe. Schließ alles in einen Zementblock ein und versenke ihn im Pazifik. Viel Zeit bleibt dir nicht mehr. Hör auf.«

Aber ich mußte nach China zurückkehren. Es war fünf Jahre her, seit ich meine Heimat verlassen hatte. Nun wollte ich sehen und hören, was mittlerweile passiert war.

Ching Lee und ich heirateten am 11. Februar 1991 standesamtlich in Taipeh. Nur ihre Familie und ihre beste Freundin waren anwesend, und am Abend luden wir ein paar weitere Freunde zum Essen ein. Ihre Eltern waren mir sofort sympathisch; sie füllten eine Lücke in meinem Leben. Viele Jahre lang war ich schrecklich einsam gewesen, doch nun hatte ich eine Frau und Eltern. Nur ein Narr würde das alles aufs Spiel setzen.

Nach den Flitterwochen mußte Ching Lee noch ihre Arbeit in Taipeh zu Ende führen, während ich schon nach Kalifornien zurückkehrte. Ich konnte meiner neuen Ehefrau nicht verschweigen, daß ich daran dachte, in China Ermittlungen über die Lager anzustellen.

»Das ist zu gefährlich«, sagte Ching Lee. »Du hast genug gelitten. Überlaß das anderen. Du hast dir ein gutes Leben verdient.«

Kurzfristig dachte ich daran, mich heimlich auf den Weg zu machen, aber ich wußte, daß ich sie nicht täuschen durfte. Sie war zu klug, zu stolz, zu gütig, um so behandelt zu werden. Ich wollte nicht, daß sie in den Achtzehn-Uhr-Nachrichten in Taipeh hörte: »Amerikaner in China inhaftiert«. Was war, wenn sie sich gegen mich wandte? Was, wenn sie dachte: »Worauf habe ich mich da eingelassen?« Das war nicht ausgeschlossen. Ching Lee war in soliden Verhältnissen aufgewachsen, aber nun hatte sie einen Ehemann, der entsetzliche Risiken einging. Ich handelte nicht mit Drogen oder schmuggelte Waffen, doch die chinesischen Machthaber würden mich beschuldigen, ein Krimineller, ein Spion zu sein, wenn sie mich in ihren Lagern ertappten.

Ich reiste nach Kalifornien zurück – in meine Wohnung, zu meinem Fernsehgerät, meinem Auto, meinem Bett, meiner Küche, meiner Privatsphäre – und stellte mir vor, wie die Häftlinge in ihren blauen Uniformen auf die Felder stapften. Wie spät war es? Abend in Europa, Morgen in China, man ging zur Arbeit. An der Umgrenzung würde eine rote Fahne aufgepflanzt sein. Wenn ein Gefangener diese Linie überschritt, würde der Wärter mit einem Gewehr auf ihn schießen. Ich lag im Bett in Kalifornien, und meine Gedanken flogen hinüber zu einem Kohlenbergwerk in China. Ich wußte, daß mir nichts anderes übrigblieb, als aufzubrechen und Ching Lee meine Absicht mitzuteilen.

»Du hast dich schon entschlossen«, sagte Ching Lee am Telefon. »Wenn du nicht reist, wirst du es mir ewig übelnehmen.« Sie machte eine kurze Pause. »Ich komme mit. Ich nehme meinen Jahresurlaub.«

»Auf keinen Fall. Du darfst dich einer solchen Gefahr nicht aussetzen, nur um mir zu helfen.«

»Es hat nicht nur mit dir zu tun«, meinte Ching Lee. »Auch mit mir. Ich bin in China geboren, aber ich war als Baby zum letztenmal dort. China ist für mich so nah und doch so fern gewesen. Nun möchte ich wieder einmal Heimatboden betreten. Ich möchte etwas für China tun.«

»Es ist zu gefährlich«, widersprach ich, aber ich konnte die Entschlossenheit in ihrer Stimme hören. Sie war keine gefügige chinesische Ehefrau, die brav hinter ihrem Mann her schlurft. Nach diesem Telefonat hatte ich nicht den geringsten Zweifel daran, daß Ching Lee eine energische moderne Frau war, die mir zur Seite stehen würde.

Aber konnte sie rennen oder sogar kriechen, um der Gefahr zu entkommen? Ich hatte es in den Lagern gelernt. Schlag zu, bevor du geschlagen wirst. Beiß den Mann, der dein Maisbrötchen stiehlt. Laß dich

nicht von dem Aufseher einschüchtern. Belüge ihn, sage die Wahrheit –
tu, was zum Überleben nötig ist.

Ich fing gerade an, mich wieder wie ein Mensch zu fühlen. Konnte
ich erwarten, daß Ching Lee wie ein Tier denken, sich wie ein Tier verhalten würde? Sie drängte sich nicht vor und sprach nicht mit lauter
Stimme, und ich fürchtete, mit ihren höflichen Taipeh-Manieren würde
sie sich bei den Chinesen verraten.

Hinzu kam das Sprachproblem. In Taiwan spricht man Mandarin,
die gleiche Amtssprache wie in China, aber da Taiwan seit fast einem
halben Jahrhundert abgetrennt ist, haben sich die beiden Sprachen unterschiedlich entwickelt. Taiwan hat viele Wörter, in denen sich die
Feinheiten des Westens und die Freiheit des Ausdrucks widerspiegeln.
Es gibt technische Ausdrücke, Slang und englische Wörter, die noch
nicht ins offizielle Mandarin der Volksrepublik eingegangen sind. Der
Akzent ist kein Problem, aber bestimmte Wendungen könnten ver-
räterisch sein. In Taiwan nennt man Fastfood-Nudeln »eingeweichte
Nudeln«, während man sie auf dem Festland als »Fertignudeln« bezeichnet. Wenn man auf der Straße in Shanghai oder Beijing einen Nudel-
imbiß bestellt, könnte jemand die Ohren spitzen und sagen: »Aha, aus
Taiwan.«

Es gab noch andere Fragen, die ich mir stellen mußte: Würde Ching
Lee mit den primitiven Bedingungen in der Volksrepublik zurechtkom-
men? Diese Frau, die an modern ausgerüstete Büros, Hochhäuser und
Seebäder gewöhnt war, würde in einem Land mit unzureichenden sani-
tären Einrichtungen umherreisen müssen. Konnte ich riskieren, daß sie
ihre Würde verlor? Würde sie sich bedroht fühlen? Wir konnten in so
viele Situationen geraten, auf die ich sie nicht vorzubereiten vermochte.
Ich hatte weder die Zeit noch die Energie, noch das Wissen, alle Möglichkeiten in Betracht zu ziehen.

In meinen Augen war meine Frau lieblich und unschuldig und tu-
gendhaft. Wahrscheinlich schätzt jeder jungverheiratete Mann seine
Partnerin so ein. Mir war nie der Gedanke gekommen, daß sie für diese
Reisen »geeignet« sein könnte. Ich hatte andere Freiwillige – Menschen,
die sich in Notsituationen zurechtfanden und die Gefahr suchten. Diese
Eigenschaften wünschte ich mir bei meiner Frau nicht.

»Es wird schon gutgehen«, beharrte Ching Lee. »Schließlich haben wir keine politischen Ziele.«

Sie beschönigte die Lage. Wir wußten beide, daß ich Informationen über die Lager sammeln und dabei Methoden benutzen würde, die als illegal oder – bestenfalls – feindselig gelten konnten. Ich war allem gewachsen, was diese Leute mir antun konnten, aber ich wollte nicht, daß Ching Lee zu leiden hatte.

»Du bist mein Mann«, sagte sie. »Ich muß dir überallhin folgen. Ich kann dir den Rücken stärken und mit dir zusammenarbeiten. Schließlich bin ich deine Partnerin.«

Ich hatte mich fast mein ganzes Leben lang allein durchgeschlagen. Im Grunde war ich einsam gewesen, seit ich mich von meiner Stiefmutter verabschiedet und ihren schmerzlichen Gesichtsausdruck gesehen hatte, denn wir ahnten beide, daß dies unsere letzte Begegnung war. In den Lagern hatte ich ein paar Freunden Vertrauen geschenkt, weil wir einander zum Überleben brauchten. Aber dies war etwas anderes: Ching Lee beteuerte am Telefon, daß sie mich stets unterstützen werde. Ich war nicht mehr allein.

## 10    Wieder im Rachen des Tigers

Ich schrieb mein Testament und übergab es meinen Schwiegereltern in Taiwan – für alle Fälle. Ich mußte in das Land zurück, das ich sechs Jahre zuvor verlassen hatte, mußte die alten Orte besuchen und mit den Häftlingen und Aufsehern, die ich kannte, sprechen. Wenn ich einen Dokumentarfilm drehte und ein Buch über mein Leben im Laogai schrieb, würde im Westen niemand mehr behaupten können, nichts gewußt zu haben.

Aber ich muß zugeben, daß ich auch weniger hehre Motive hatte. Ich mußte einfach zurückkehren, mußte mit dem Feuer spielen, mit den Stieren um die Wette rennen, eine sechsspurige Autobahn überqueren, auf dem Drahtseil balancieren. Mein ganzes Leben lang hatte ich nur ein Ziel gehabt: das System auf die Probe zu stellen, es herauszufordern, es zu überleben. Und nun, als freier Mann im Westen, konnte ich auf die Auseinandersetzung mit dem System nicht mehr verzichten.

Gleich nach meiner Ankunft in Taipeh sprach ich meine Pläne mit Ching Lee durch. Es war eine völlig neue Erfahrung für mich. Ich hatte mich von einigen Leuten beraten lassen und drei Grundregeln für die Reise formuliert:

»Erstens, widersprich mir nie; tu, was ich sage.

Zweitens, versuch, dort draußen Distanz zwischen uns zu wahren. Manchmal werden wir uns mit Hilfe von Walkie-Talkies verständigen müssen. Versuch dich nie allein auf freiem Feld zu bewegen. Bleib in der Menschenmenge oder zwischen Bäumen und Gebäuden.

Drittens, wenn ich verhaftet, geschlagen oder getötet werde, versuch nicht, mich oder meinen Leichnam zu retten. Verlaß den Ort so schnell wie möglich, reise nach Hongkong, Taiwan oder in die Vereinigten Staaten und informiere die Personen, deren Telefonnummern und Adressen

ich dir gegeben habe.« Alle Telefonnummern waren verschlüsselt, für
den Fall, daß man das Büchlein beschlagnahmte.

Ich fuhr fort: »Sicherheit geht über alles. Wenn wir Probleme haben,
verschwindest du. Ich werde zurückbleiben, denn ich weiß, wie man
sich diesen Leuten gegenüber verhält. Sie werden sich auf mich konzentrieren und dich in Ruhe lassen. Du mußt entkommen. Keine Fragen.
Tu's einfach.« Sie hörte zu und nickte.

Wir hatten ohnehin eine Tarnung ausgearbeitet, falls man uns zur
Rede stellte. Chen hatte 1991 Meftech gerade geschlossen – ich hielt
mich nun mit Stipendien und Vortragshonoraren über Wasser –, und
ich hatte noch ungeheuer viele Visitenkarten, Briefbögen, Umschläge
und Versandpapiere mit dem Meftech-Logo. Es wäre eine Schande gewesen, sie wegzuwerfen.

CBS hatte mir zwei Kameras gegeben, die in Schultertaschen von
normaler Größe paßten. Wir hatten kleine Löcher in die Taschen geschnitten und sie mit Klettverschlußlaschen abgedeckt. Um die Kamera
in Betrieb zu setzen, öffnete man nur die Lasche. Einer von uns würde
die Kamera bedienen, während der andere aufpaßte. Zudem teilte ich
Ching Lee mit, daß immer wieder Chinesen und Ausländer vorbeikom-
men würden, um die bereits belichteten Filme abzuholen. Diese Leute,
die ich »Brieftauben« nannte, halfen nicht wegen des Geldes, sondern
weil sie an meine Mission glaubten.

Ich hatte ein zweites Sicherheitssystem arrangiert: Telefonverbindungen rund um die Uhr in verschiedenen Städten. Mit Hilfe eines
Codes konnte ich die Kontaktpersonen wissen lassen, was ich benötigte,
ohne selbst anrufen zu müssen. Hinter mir würde ein anderer stehen –
ein Freund, ein Gefährte, vielleicht bloß ein mutiger Fremder –, der
mich im Auge behielt. »Man kann nie wissen«, sagte ich zu Ching Lee,
»vielleicht werden die Chinesen mich beobachten lassen. Sie könnten
dafür sorgen, daß ich bei einem Unfall umkomme. Vielleicht ver-
schwinde ich plötzlich, und die Chinesen behaupten, mich nicht finden
zu können. Das ist alles schon vorgekommen. Deshalb brauche ich
Leute in meiner Nähe, die mich nicht aus den Augen lassen.«

Woher wußte ich das? Nicht aus einem James-Bond-Film oder aus
Büchern, sondern aus meinen Erfahrungen in den Lagern. Damals be-

nötigten wir Geheimsignale und Schlüsselwörter, um uns zu verständigen. Man konnte nur wenigen Menschen vertrauen und mußte sich auf bestimmte Begriffe und Signale verlassen.

Unser größtes Problem war die Einreise nach China. Mittlerweile war ich in den Staaten infolge meiner Vorträge und meiner Aussage im Kongreß nicht mehr völlig unbekannt, deshalb würden die Funktionäre vielleicht versuchen, Wu Hongda oder Harry Wu aus der Volksrepublik fernzuhalten. Ching Lee bekam ihr Visum in Taiwan ohne große Mühe; die Grenzen waren offener geworden, und beide Seiten legten Wert auf Wirtschaftsbeziehungen.

Wir flogen von Hongkong nach Tianjin, südöstlich von Beijing, und ich präsentierte mein Visum. Zu meiner Überraschung wurde ich von niemandem auch nur gemustert. Ich legte meine amerikanischen Papiere vor, die sich jeder Besitzer einer Green Card beschaffen kann, und ging wie ein gewöhnlicher Besucher durch die Paßkontrolle. Obwohl seit meiner Abreise aus China sechs Jahre verstrichen waren, fühlte ich nichts. Ching Lee war weniger gelassen. Bei der Landung überwältigten sie die Gefühle. Welche politischen Konflikte auch zwischen Taiwan und der Volksrepublik bestehen, wie viele Geschichten ich ihr auch über den Laogai erzählt hatte, im tiefsten Herzen war sie Chinesin geblieben.

Am nächsten Morgen stellten wir fest, daß Ausländer keine Autos mieten durften. Deshalb mußten wir einen Fahrer mit einem Lieferwagen, einem »Brotfahrzeug«, anheuern. Ich wußte, daß manche Chauffeure für die Polizei arbeiteten, und wählte meinen Fahrer mit Hilfe der zweifelhaften Physiognomie-Methode: Sein Gesicht gefiel mir einfach. Ich erklärte ihm, wir wollten einen Freund besuchen, der als Sicherheitsbeamter auf der Qinghe-Farm arbeite, und er stellte keine Fragen.

Als man mich in den sechziger Jahren zweimal in dieses Lager geschickt hatte, war ich in Begleitung knurrender Hunde (und knurrender Aufpasser) in einem Eisenbahnwaggon eingetroffen. Ich hatte nie die Möglichkeit gehabt, die Qinghe-Farm von der Straße aus zu sehen. Erst 1988, nachdem ich mir eine Satellitenaufnahme der Gegend besorgt hatte, wurde mir klar, wie riesig die Farm ist. (Ein chinesisch-amerikanischer Helfer namens Chang zahlte einem legalen Fotodienst tausendachthundert Dollar für die Aufnahmen.)

Sobald unser Brotfahrzeug die Yonghe-Brücke über den Yongding überquert hatte, sahen wir ein Warnschild mit der Aufschrift: »Achtung – Laogai-Lager.« Unser Fahrer gab dem Polizeiposten eine kurze Erklärung, und wir durften weiterfahren. Plötzlich stürzte wieder alles auf mich ein: das Entsetzen darüber, ins Lager geschickt zu werden, ohne zu wissen, ob ich jemals freikommen würde. Wir sahen endlose Felder mit Schilf, Gras, Reis und Mais, Gruppen dunkelroter Gebäude, die sieben Meter hohe, mit elektrisch geladenen Drähten gesicherte Ziegelmauer, neben der nun ein noch höherer Wachtturm emporragte, und das dunkelgraue, fest verschlossene Eisentor. Darüber stand auf einem Schild »Qinghe-Garnelenfarm Beijing«. Das war die für Ausländer bestimmte Beschönigung, aber für die Tag um Tag, Jahr um Jahr hier inhaftierten Männer handelte es sich um Laogai-Lager Nr. 1 Beijing. Wir hatten es mit der alten Abteilung 585 zu tun, wohin man geschickt wurde, wenn man für schwere Arbeit zu schwach war. Hier war mein bester Freund Chen Ming gestorben, als er ein Maisbrötchen verzehrte, das ich ihm besorgt hatte.

Während ich mit Ching Lee weiterfuhr, befiel mich ein Wahn. Ich konnte nicht still sitzen, sondern mußte aussteigen und mich an diesem verhaßten Ort filmen lassen, um der Welt und mir zu beweisen, daß ich überlebt hatte. Ich bat den Fahrer, Meister Tian, sofort anzuhalten, damit meine Frau ihre Notdurft verrichten könne. Er protestierte, aber ich erklärte, es sei dringend. Also hielt er den Wagen an, und wir gingen einen kurzen, gewundenen Pfad entlang.

Vor uns lag das berüchtigte Feld 586, der Friedhof, auf dem ich Chen Mings Leiche den wilden Hunden hatte überlassen müssen. Chen Mings Knochen waren dort vergraben, auch Großmaul Xing war Dünger für den Boden geworden. Dreißig Jahre waren seither verstrichen. Man hatte die Berliner Mauer niedergerissen, der Ostblock war auseinandergebrochen, der Vietnamkrieg war vorbei, doch hinter der dunkelroten chinesischen Gefängnismauer schmachteten noch immer Häftlinge.

Ich sah, wie ein Sicherheitsbeamter herbeieilte, um unseren Wagen zu inspizieren, aber ich wollte unbedingt vor Abteilung 586 gefilmt werden. »Beeil dich!« zischte ich Ching Lee zu. Sie machte ein paar Aufnahmen, und dann hockte sich meine Frau, die Akademikerin aus Taipeh, wie eine Bäuerin hin, um sich zu erleichtern.

»Was geht hier vor?« rief der Beamte, der einen Strohhut trug und dessen Hemd nicht ganz zugeknöpft war.

»Tut mir leid, meine Frau konnte nicht mehr warten.«

»Sie dürfen hier nicht halten«, schrie er. »Fahren Sie sofort weiter.«

Ching Lee war dazu noch nicht bereit. Sie flüsterte: »Kannst du nicht ein bißchen mit ihm reden? Ich möchte ihn aufnehmen.«

Ich drehte mich wieder zu dem Mann um und deutete auf die Schweinegehege im Lager.

»Wieviel wiegen die Schweine? Zwei Zentner?« fragte ich. »Womit füttern Sie die Tiere?«

Er wurde mißtrauisch. »Woher kommen Sie?« erkundigte er sich.

»Wir sind aus Shanghai, aber wir wollen einen Freund in Chadian besuchen, der in der Finanzabteilung des Agrarzentrums arbeitet.«

Diese Auskunft schien ihn zu beruhigen. »In Shanghai werden Schweine anders ernährt«, sagte er.

Ching Lee filmte diese höchst prosaische Unterhaltung, die sehr wichtig für mich war. Denn sie bewies, daß Harry Wu es wagte, einen Sicherheitsbeamten in ein Gespräch zu verwickeln.

Wir stiegen wieder in den Wagen und bemerkten Hunderte von Gefangenen mit nacktem Oberkörper, die einen breiten Bewässerungsgraben aushoben. Die Wärter standen mit Gewehren bewaffnet herum; rote Fähnchen markierten die Grenzen der Arbeitsstelle – wer sie überschritt, wurde erschossen.

»Es ist genau wie früher«, flüsterte ich.

Die Männer starrten uns ausdruckslos an. Mit ihren glänzenden Muskeln und ihrem harten Blick schienen sie auf das Niveau von Tieren herabgesunken zu sein.

»Wenn ich dir damals begegnet wäre, hätte ich dich wahrscheinlich nicht geheiratet«, gab Ching Lee zu.

Sie hatte recht. Diesen verlorenen Seelen haftete irgendwie ein Makel an. Man dachte unwillkürlich: »Vielleicht haben sie es verdient.«

Ich sagte leise zu Ching Lee: »Ein Glück, daß du mich damals nicht kanntest.« Dann wandte ich mich an den Fahrer. »Wer sind diese Leute? Was tun sie?«

»Es sind Häftlinge«, erwiderte er. »Einige wurden verurteilt, weil sie auf dem Tiananmen-Platz Unruhe gestiftet haben. Es sind Zwangsarbeiter.«

Ich täuschte Überraschung vor. »Das sind Häftlinge?«

Ching Lee wollte weitere Aufnahmen von dem Lager machen, deshalb schloß sie sich dem Spiel an. »Ich habe noch nie Gefangene bei der Arbeit gesehen. Was essen sie? Werden sie geschlagen? Meister Tian, könnten Sie nicht zurückfahren, damit ich mir die Männer noch einmal ansehen kann?«

Ich übernahm die Rolle des nachsichtigen Gatten.

»Du bist so neugierig. Es gibt doch nichts zu sehen, nur arbeitende Häftlinge!«

Als höflicher Mann fuhr der Chauffeur noch einmal an den Gefangenen vorbei, bevor wir den Bahnhof in Chadian ansteuerten. Ich gab Tian etwas Geld für sein Mittagessen und erklärte ihm, wir würden mit unseren gemieteten Fahrrädern alte Freunde besuchen und in zwei Stunden zurücksein.

Wir verstauten unsere Schultertaschen mit den Kameras in den Fahrradkörben und traten in die Pedale. Vor der Stadt kamen wir an Stacheldrahtzäunen vorbei. Ching Lee sagte, ich hätte während der Planung der Reise sehr tapfer gewirkt, doch nun schiene ich nervös zu werden, sobald ich einen Polizeibeamten erblickte. Wir fuhren von einem Lager zum anderen; ihre Funktionen waren deutlich ausgeschildert: Papiermühle, Elektrowerkstatt, Reismühle, Maschinenfabrik, Hühnerfarm und Rinderfarm. Wir sahen Tausende von Gefangenen, die in den Weinbergen, auf den Reisfeldern und Straßen arbeiteten.

Im Chinesischen gibt es die Redensart: »Das junge Rind hat keine Angst vor dem Tiger.« Das hätte für Ching Lee gelten können. Ihre Erfahrung reichte nicht aus, um ihr instinktive Furcht einzuflößen. Oft taten wir so, als unterhielten wir uns miteinander oder als hätten wir Streit, während sie Aufnahmen machte. Wenn ich dann unruhig wurde und mahnte: »In Ordnung, das reicht jetzt«, flüsterte Ching Lee zurück: »Keine Sorge, ich filme weiter.« Eine typische Fotografin.

Ich kannte diese Orte. Die Erinnerungen verfolgten mich. Seit fast vierzig Jahren – seit Mao von Stalin gelernt hatte, wie man ein Gulag-System aufbaut – existierte die Qinghe-Farm. Am liebsten wäre ich auf die Felder gestürmt, um all diese Männer zu befreien. Manche waren Bauern, andere Büroangestellte und noch andere kleine Diebe; ihre Schuld bestand lediglich darin, Männer, Chinesen und entbehrlich zu sein.

Ching Lee spürte meine Trauer und kam mir näher. Ich dachte: »Wer weiß, weshalb ich überlebt habe. Aber nun bin ich mit dieser schönen, mutigen Frau verheiratet. Ich habe ein Ziel und darf nicht aufgeben.«

Wir kehrten nach Tianjin zurück, und ich teilte dem Chauffeur mit, daß wir uns nicht sofort ins Hotel begeben würden. Er solle uns an einem Restaurant seiner Wahl absetzen. Wir bezahlten ihn, betraten das Restaurant und eilten, sobald er verschwunden war, zum Bahnhof. Ein paar Stunden später waren wir in Beijing.

Als nächstes mußte ich mehrere Videobänder so schnell wie möglich aus dem Land hinausschaffen. Eine meiner Kontaktpersonen hob zur Sicherheit irgendwo in China Kopien auf, während ein anderer Freund die Originale aus Beijing hinausbeförderte.

War es an der Zeit, das Unternehmen zu beenden? In der Hauptstadt herrschte eine angespannte Stimmung. Der 4. Juni war der zweite Jahrestag des Massakers auf dem Tiananmen-Platz gewesen, und auf den Straßen patrouillierten noch immer zusätzliche Polizisten, die die Bevölkerung einschüchtern sollten. Wir beschlossen, einen Tag als Touristen zu verbringen: Ching Lee stand auf einer Brüstung am Tiananmen-Platz, und ich fotografierte sie dabei, wie sie nach dem Vorbild unseres lieben verstorbenen Vorsitzenden Mao gemächlich winkte.

Nach meiner sechsjährigen Abwesenheit fiel mir auf, daß die meisten chinesischen Taxifahrer mehr Geld herauszuschinden suchten und daß viele keine hohe Meinung vom kommunistischen System hatten. Die Frau eines Taxifahrers in der Provinz Shanxi, die in ihrer Firma im Kommunistischen Jugendverband aktiv war, gestand mir: »Die Parteimitglieder sind schlimmer als die gewöhnlichen Bürger.« Ich fragte sie, weshalb sie der Partei angehöre, und sie fuhr fort: »Persönliche Vorteile. Wenn man sich nicht der Partei anschließt, wird man nicht befördert. Wer nicht befördert wird, hat keine Macht. Wer keine Macht hat, muß auf ein besseres Leben verzichten.«

Ich verglich ihre Einstellung mit jener der fünfziger Jahre, als man noch glaubte, die Parteimitglieder setzten sich für das öffentliche Wohl ein. Mit diesem revolutionären Eifer war es seit Jahrzehnten vorbei. Kein Wunder, daß viele Anführer der Demonstration auf dem Tiananmen-Platz in der Lage gewesen waren, sich monatelang im Land zu verstekken. Nach ein paar Tagen begriff ich, daß ich durch das Land reisen konnte, ohne befürchten zu müssen, daß mich ein Durchschnittsbürger wegen meines verdächtigen Aussehens anzeigen würde. Aber China besaß immer noch Millionen von Polizisten und Soldaten, die die übrige Bevölkerung in Schach hielten.

Zu unserem ersten ernsthaften Zusammenstoß mit den Sicherheitskräften kam es am 13. Juni, als wir mit dem Rad auf die Tuanhe-Farm am Rand von Beijing zusteuerten. Dort war mir das Herz gebrochen worden, denn nach Ablauf meiner ursprünglichen Haftstrafe von drei Jahren für »Rechtsabweichlertum« hatte man mir mitgeteilt, daß meine Dienste noch auf unabsehbare Zeit benötigt würden. Ebenfalls in Tuanhe hatte ich einen schwächeren Mann ins Gesicht geschlagen, um eine Steckrübe an mich zu bringen; hier war mein Freund Lu Haoqin vor sexueller Begierde verrückt geworden, und hier hatte mein Freund Ao Naisong begriffen, daß er nie wieder auf seiner Laute spielen würde.

Diese Erinnerungen überwältigten mich, während wir unsere Fahrräder in einem Maisfeld verbargen. Ich fand ein kleines Gebäude, das eine elektrische Wasserpumpe enthielt, und machte durch ein Loch in der Wand Aufnahmen von mehreren Häftlingen, die knapp hundert Meter entfernt auf den Baumwollfeldern arbeiteten. Aber meine Gefühle übermannten mich, und ich zitterte am ganzen Leib. »Ich kann die Kamera nicht halten«, flüsterte ich.

Ching Lee übernahm die Kamera. Ich redete mir selbst zu: »Du bist ein freier Mann, du besuchst nur einen Ort, an dem ein anderer Harry Wu früher gelebt hat.« In jenem Moment wußte ich, daß ich immer noch im Gefängnis saß. Sie hatten mich weiterhin in ihrer Gewalt, und das würde sich vielleicht nie ändern.

Aber es kam nun darauf an, nicht wieder inhaftiert zu werden. Wir wurden kühner und rollten in einen Weinberg hinein; die rot ausgeflaggte Warnzone war nur ungefähr zehn Meter von uns entfernt. Ich tat so, als reparierte ich mein Fahrrad, während Ching Lee beide Hände in die Schultertasche steckte und die Kamera bediente.

»Halt!« brüllte ein Polizist und winkte zwei anderen Beamten mit seinem Strohhut zu. »Nach vorn und haltet ihn auf. Schnell!«

Ich drehte mich zu Ching Lee um. »Denk an das, was ich dir gesagt habe! Wir müssen uns trennen. Los!« Ich deutete die Straße hinunter. »Bieg an der nächsten Kreuzung rechts ab. Dort siehst du eine größere Straße. Du brauchst etwa fünfzig Minuten bis zum Yongding-Tor. Mach dir keine Sorgen um mich. Beeil dich!«

Da ich wollte, daß sie nicht Ching Lee, sondern mich erwischten, radelte ich in aller Ruhe dahin und sparte meine Kräfte. Ich hätte ohnehin nicht entkommen können, denn sie verfügten über Funkgeräte und Streifenwagen. Auf keinen Fall durfte ich nervös wirken. Ich mußte stärker sein als die Schläger.

»Halt!«

Zwei Fahrräder tauchten vor mir auf. Ein Mann blockierte mir den Weg, während der andere mein Rad absichtlich von hinten rammte, so daß ich zu Boden stürzte. Die beiden traten zurück und verdrehten mir die Arme auf dem Rücken. Sie waren dazu ausgebildet, mir den Blutkreislauf abzuschnüren, mich bewußtlos zu schlagen oder umzubringen, falls ihnen danach zumute war. Mein Leben lag in ihrer Hand.

»Wohin wolltest du?« brüllte der eine.

Auf der Tuanhe-Farm hatte sich nichts geändert. Ich keuchte: »Was soll das? Ich bin ein Tourist aus den Vereinigten Staaten. Wie können Sie es wagen, sich an mir zu vergreifen!«

Als sie hörten, daß ich Ausländer sei, lockerten sie ihren Griff und halfen mir auf die Beine.

»Sind Sie wirklich aus den Vereinigten Staaten? Was zum Teufel haben Sie hier zu suchen?«

Ich klopfte mir den Schmutz von der Kleidung und versuchte, gelassen auszusehen. »Es ist gegen das Gesetz, Leute zu schlagen. Was für ein Ort ist das hier?«

»Was für ein Ort? Ein Laogai-Lager!«

»Was ist ein Laogai-Lager?« gab ich laut zurück.

»Das wissen Sie nicht?« schnauzte einer von ihnen. »Hier sind Häftlinge untergebracht. Das war Ihnen doch bestimmt klar!«

Er hatte nicht unrecht. Jeder in China kannte jemanden, der im Gulag verschwunden war.

»Woher hätte ich das wissen sollen?« rief ich. »Hier sind meine Ausweispapiere.«

Als ich meine Schultertasche öffnete, ließ ich absichtlich meine amerikanischen Dollars, meine chinesischen Devisenzertifikate und meine Yuan fallen. Die unausgesprochene Botschaft war: »Es reicht für uns alle, Jungs.« Sie konnten kein Englisch lesen, aber die Ziffern auf den Dollarscheinen erkannten sie.

»Wer war die Frau?«

»Welche Frau?«

»Die, mit der Sie gerade gesprochen haben.«

»Ich kenne sie nicht.«

»Sind Sie nicht mit ihr gekommen?«

»Nein. Ich habe nur mein Rad repariert und sie nach dem Weg gefragt. Übrigens, wie finde ich von hier nach Beijing zurück?«

Man muß im Umgang mit der Polizei psychologisch geschickt sein. Die Beamten sollen denken, daß sie das Heft in der Hand haben, während sie von ihrem eigentlichen Vorhaben abgelenkt werden. Nun sprachen wir bereits nicht mehr über mein Vergehen, sondern über die Straße zur Hauptstadt. Vielleicht gab es noch einen Ausweg.

»Auch wenn Sie aus den Vereinigten Staaten kommen, dürfen Sie eine Verbotszone nicht betreten«, sagte ein gedrungener Beamter. »Laut Vorschrift müssen Sie eine Geldstrafe zahlen.«

Eine solche Vorschrift gab es nicht, aber ich war froh darüber, daß er anderer Meinung war.

»Ich weiß nichts vom Laogai«, sagte ich, »aber Gesetz ist Gesetz. Ich bin bereit, eine Geldstrafe zu zahlen, denn ich muß dringend nach Beijing zurück.«

Sie schlugen vor, das Gespräch auf der Wache fortzusetzen, doch ich
konnte mich nicht dem Risiko aussetzen, daß irgendein höherer Beamter Bestechungsgelder ablehnte. Außerdem konnte ich einem knurrigen
alten Aufseher begegnen, der sich an mich erinnerte.

»Bitte tun Sie mir einen Gefallen«, flehte ich. »Es wird spät. Würden Sie die Geldstrafe an sich nehmen und sie den Behörden übergeben?«

Mit pochendem Herzen griff ich in meine Schultertasche, packte ein
Bündel Yuan und stopfte sie dem kleineren Beamten in die Hand. Sein
Partner protestierte, deshalb steckte ich auch ihm ein Bündel Scheine zu.

»Muß weiter«, sagte ich. »Tut mir leid!«

Dann ging ich auf mein Rad zu und fuhr davon, wobei ich ständig
fürchtete, in den Rücken geschossen zu werden. Ich hielt erst an, als ich
Beijing erreichte.

Ching Lee hatte bereits gepackt und schickte sich an, zum Flugplatz zu
fahren. Ich war stolz darauf, daß sie sich an die Regel hielt und aus der
Stadt verschwinden wollte. Sie hatte ihre Kamera in einen Bach geworfen, damit diese nicht als Indiz gegen sie benutzt werden konnte. Wir
würden sie, falls wir überlebten, später mit CBS abrechnen müssen.
(Zum Glück war unsere zweite Kamera noch im Hotel.)

Am nächsten Tag besuchten wir mein altes Institut, wo sich die Par-
teifanatiker in den späten fünfziger Jahren gegen mich gewandt hatten.
Obwohl Mao im neuen China eine weniger große Bedeutung eingeräumt wurde, stellte ich erstaunt fest, daß seine Statue immer noch
wohlwollend auf die neue Generation herabsah. Ich stand im Hof und
blickte zum Fenster meines alten Zimmers – Nummer 332 im Nördlichen Wohnheim Nummer 5 – hinauf. Mir fiel der Tag ein, an dem
mich der Offizier des Öffentlichen Sicherheitsdienstes, der ein blutrotes
Abzeichen trug, über denselben Hof hinweg an meinen Kommilitonen
vorbeigeführt hatte. Und ich dachte daran, wie es mir vorher gelungen
war, den im Hintergrund lauernden Offizier zu überlisten und im
Wohnheim hastig Beweismaterial zu vernichten.

Auf dem Campus entdeckte ich Yu Ji Gang, einen meiner früheren
Trainer, der nun fast achtzig Jahre alt war. Ich verbeugte mich sehr höf-

lich vor ihm, denn ich glaube noch immer an das alte chinesische Sprichwort: »Ein Lehrer bleibt dir ewig erhalten.« Einen Moment lang schien
er unschlüssig zu sein, aber dann rief ich ihm ins Gedächtnis zurück,
daß ich zu meiner Zeit recht berühmt war: »Wu Hongda, Kapitän des
Baseballteams der Männer und Trainer des Frauenteams.« Seine Miene
hellte sich auf, er kam auf mehrere meiner Kommilitonen und Mann-
schaftsgefährten zu sprechen und klopfte mir auf die Schulter, wie es die
Art von Trainern ist. Ich verbeugte mich noch einmal vor ihm, um sein
Alter zu ehren. Er hatte mir nie etwas getan. Ob er sich noch an den Tag
erinnerte, an dem ich in Unehren aus dem Institut eskortiert wurde? Es
hatte so viele von uns gegeben – und so viele andere, die bereit waren,
uns anzuschwärzen.

Während ich mich mit Yu unterhielt, kamen zwei Männer mittleren
Alters vorbei, und ich erkannte sie als frühere Kommilitonen. Würden
sie mir vielleicht Schwierigkeiten machen, wenn sie wüßten, daß ich aus
den Vereinigten Staaten zu Besuch war? Aber dann fiel mir ein, daß ich
noch gar nichts gegen die Kommunisten unternommen hatte, und ich
wurde gelöster.

»Ich bin zurückgekommen«, dachte ich. »Sie haben mich nicht besiegt.«

Nichts deutete darauf hin, daß wir verfolgt wurden, während wir unsere
Reise fortsetzten. Wir flogen die kurze Strecke von Beijing nach Taiyuan
und machten dann eine vierstündige Autofahrt zum Kohlenbergwerk
Wangzhuang, das auch als Laogai-Abteilung Nr. 4 der Provinz Shanxi
bekannt ist.

Die Wachttürme auf der Mauer rund um das Bergwerk verrieten sofort, daß es sich nicht um eine gewöhnliche Grube handelte. Mir taten
alle Knochen weh, als wir uns der alten Stätte näherten, über deren Tor
unverändert drei Fragen und Antworten standen:

»Wer bist du? Ich bin ein verurteilter Verbrecher.«

»Wo bist du? Dies ist ein Laogai-Lager.«

»Was tust du hier? Ich bin hier, um meine Umerziehung durch
Arbeit zu akzeptieren.«

Eine kurze Taxifahrt, und ich war um zwölf Jahre in eine vertraute

Vergangenheit zurückversetzt worden. Hier war Yang mit einem Schuß die Schädeldecke abgetrennt worden, wonach Hauptmann Lis Vater das Gehirn des Hingerichteten gegessen hatte. Hier hatte ich Shen Jiarui geheiratet. Hier hatte ich mir den Rücken schwer verletzt, als drei abgekoppelte Loren den Abhang heruntergesaust kamen. Und hier hatte Hauptmann Li meine Entlassung arrangiert. Ich hatte diese geschwärzten Gesichter, die geschwärzte Kleidung – und die geschwärzten Seelen – hinter mir gelassen und ein neues Leben begonnen. Doch nun war ich an diesem herrlichen Junitag, jungverheiratet und in Begleitung meiner Ehefrau, zurückgekehrt, so, als wären seitdem nur Stunden verstrichen. Andere Männer schoben jetzt mit geschwärzten Gesichtern, in geschwärzter Kleidung und in gekrümmter Haltung die Loren. Ich war als Old Boy erschienen, wie man an den englischen Privatschulen sagt, um mir aus nostalgischen Gründen die alte Lehrstätte noch einmal anzusehen. Wenn man uns hier gefangennahm, würde man uns nichts zur Last legen können. Wir waren nur Touristen.

Wir klopften an die Bürotür, und ich teilte den Sicherheitsbeamten mit, daß ich ein ehemaliger Bergarbeiter sei und nach meiner Rehabilitierung nun in den Vereinigten Staaten lebte. Ching Lee sah und hörte still zu, während mich diese abgebrühten alten Aufseher – sie trugen formlos kurzärmelige Hemden und kurze Hosen – begrüßten. Wir scherzten und deuteten auf die Gebäude und die Hügel, als wären wir in einer Feriensiedlung auf dem Lande.

Wie eine typische Touristin holte Ching Lee die zweite Videokamera hervor und bat, ein paar Aufnahmen machen zu dürfen. Die Wärter behandelten die hübsche Frau aus Taiwan und den alten Bergmann aus den Vereinigten Staaten überaus respektvoll und lächelten in unsere teure Kamera. Einige hielten rote Urkunden hoch, was bedeutete, daß sie ehemalige Häftlinge waren, die nun auf der anderen Seite standen. Sie lachten und winkten und ließen sich von Ching Lee bezaubern. Wenn sie auch die Wachttürme, die Mauern und die Sicherheitsposten aufnahm, so war das vermutlich nur ein Zufall.

Zu meinem Erstaunen entdeckte ich ein bekanntes Gesicht: das von Kompaniechef Liu, der 1975, als die Loren meinen Körper zermalmten, gleich einen Sarg in die Grube hatte bringen lassen.

»Erinnern Sie sich an mich?« fragte ich.

»Natürlich. Sie sind der einzige Bergarbeiter, der jemals seinen Sarg zurückgewiesen hat.«

Wir lachten beide dröhnend. Es war schön, überlebt zu haben. Liu hatte Karriere gemacht und war zum Direktor des gesamten Bergwerks Wangzhuang aufgestiegen.

»Sind Sie nicht in die Vereinigten Staaten ausgewandert? Warum sind Sie zurückgekommen?« erkundigte sich Liu und lud uns in seine Wohnung ein.

Ich versuchte, ruhig zu bleiben, doch meine Hände zitterten, und ich dachte: »Wie kann ich Gast dieses Mannes sein?«

»Haben Sie schon gegessen?« fragte Liu.

»Ja, Vizedirektor Yang hat uns zum Mittagessen eingeladen. Außerdem sind wir in eine der Gruben eingefahren. Ich wollte meine alte Heimat wiedersehen. Schließlich kann ich nicht alles vergessen, was sich hier abgespielt hat!«

»Was machen Sie in den Vereinigten Staaten?« wollte Direktor Liu wissen, während er mir eine Tasse heißen Tee servierte. »Wieviel verdienen Sie?«

In China ist es üblich, einen Gesprächspartner sofort nach seiner Arbeit, seinem Alter, seinem Einkommen und der Zahl seiner Kinder zu fragen. Dies gilt nicht als Zudringlichkeit, sondern als höfliche Geste.

»Ich bin Wissenschaftler an einer amerikanischen Universität«, erwiderte ich. »Und ich verdiene vierzig- bis fünfzigtausend Dollar im Jahr.«

Direktor Liu rechnete diese Summe in Yuan um. Als guter Kommunist hätte er sich nichts aus Geld machen sollen, aber er schien beeindruckt zu sein. »Meine Güte. Können Sie all das Geld überhaupt ausgeben?«

»Aber sicher. Egal, ob man Proletarier oder kapitalistischer Spießbürger ist, wer in den Staaten hart arbeitet, dem geht es gut. Geld, eine Familie, ein gutes Auto, Unterhaltung – das alles ist kein Problem in den Staaten. Jeder kann es schaffen.«

Ich dachte daran, daß die Kommunisten alles in einen politischen Kampf verwandeln, den einzelnen unterdrücken, in die Falle locken oder sogar umbringen müssen. Als ich fortfuhr, ließ ich mir meinen

Zorn nicht anmerken: »Vor zwölf Jahren, als ich hier im Bergwerk arbeitete, wurde ich als Abschaum, als unnütz betrachtet. Aber nun bringt man mir in einer anderen Gesellschaft Respekt entgegen. Vielleicht gibt es in Ihrem Laogai-Lager noch mehr Menschen wie mich, die ein würdiges Leben führen könnten.«

Er zuckte nicht zusammen, als ich den Begriff »Laogai« benutzte. Wir waren alte Bekannte, und er hielt mich nun für einen wertvollen Menschen, weil ich Amerikaner war. Ich erkannte drei oder vier Beamte, die zu meiner Zeit im Bergwerk gewesen waren. Noch immer erinnerte ich mich an die Schläge, den Hunger und vor allem an die Beschimpfungen, den Mangel an Respekt. Als ich auf das wartende Taxi zuging, fragte Liu mich, ob ich einen Führerschein hätte. Nicht nur einen Führerschein, sagte ich, sondern sogar zwei Autos. Liu schien zu bedauern, daß er inzwischen sechzig Jahre alt war und wohl niemals ein Auto fahren würde. Er lud mich ein, bei ihm zu übernachten, doch ich lehnte dankend ab.

»Heute abend fliege ich von Taiyuan nach Beijing, und morgen direkt weiter nach San Francisco.« Das stimmte zwar nicht, aber er sollte nicht zuviel wissen.

Am nächsten Tag, dem 17. Juni, besuchten wir ein weiteres Bergwerk, Shanxi Nr. 2, wohin man einige meiner alten Lagergefährten verlegt hatte. Das Land gedieh, die Städte rochen nach Kohlenfeuern, ein trüber gelber Dunst überzog alles. Der wachsende Energiebedarf Chinas würde schon dafür sorgen, daß diese alten Bergleute für immer, ohne Hoffnung auf ein bürgerliches Leben, in den Lagern eingeschlossen blieben.

Meine Freunde Chen, Hang und Sun waren fünfzehn oder sechzehn Jahre alt gewesen, als man sie verhaftete. Sie waren jetzt alt genug, um Großväter zu sein, doch praktisch waren sie immer noch Sklaven. Da wir neun Jahre unseres Lebens zusammen verbracht hatten, konnten wir uns unserer Freundschaft mit einer kurzen Wendung, einer Geste oder einem Blick versichern. Sie wußten, daß ich nun in Amerika lebte und es mir wahrscheinlich leisten konnte, meinen Freunden Geschenke zu machen. Chen fragte nicht, was ich im Kohlenbergwerk zu suchen hätte. Es gibt ein altes Sprichwort: »Wer gekommen ist, hat eine üble Absicht, wird geleitet von Tugend nicht.« Je weniger er wußte, desto besser. »Ich bin gerade angekommen«, sagte ich. »In meinem Rucksack ist eine Kamera, und ich möchte ein paar Bilder von den Hügeln aus aufnehmen. Führ mich an die Stelle, die du für die aufregendste hältst.«

Er brachte mich auf einen Berggipfel, von wo man die zerklüfteten Mauern an den Kämmen entlang sehen konnte. Mauern haben in China eine lange und bedeutsame Geschichte. Kaiser Qin Shihuang ließ die Große Mauer bauen, um die Invasion der Mongolen zu verhindern und seine eigene Herrschaft zu sichern. Kaiser Mao ließ die hiesigen Mauern errichten, um siebentausend Bergleute vom übrigen China auszugrenzen.

Meine Freunde erwiesen mir die Ehre, mich durch die Zeche zu führen. Ching Lee nahm sie auf Video auf, während sie von ihren Erfahrungen berichteten. Ich fragte Sun, ob er immer noch dem Glücksspiel verfallen sei, und er erwiderte, daß er Schulden habe. Daraufhin versprach ich ihm: »Ich werde deine Schulden unter einer Bedingung bezahlen: Du mußt schwören, daß du nie wieder spielen wirst.« Ich gab ihm im Beisein seiner Frau dreihundert Dollar, und er gelobte natürlich, sich zu bessern. Aber zwei Monate nach meiner Rückkehr in die Vereinigten Staaten bat er mich in einem Brief um weitere zweitausend Dollar, da er erneut verschuldet sei. Diesmal weigerte ich mich, ihm zu helfen.

Nachdem wir die Aufnahmen in den Gruben abgeschlossen hatten, wurde mir klar, daß die lebenslange »Umerziehung« meine Freunde aus dem Kohlenbergwerk ruiniert hatte. Sie hatten ihr begrenztes literarisches Interesse Gespenstergeschichten gewidmet; ihre begrenzte Klugheit war beim Glücksspiel zum Einsatz gekommen; die ihnen verbliebene Körperkraft hatten sie für Kämpfe verwendet. Sie alle hatten vermutlich einst Träume gehabt, doch nun gab es für sie keine Zukunft, kein Glück, keine Hoffnung mehr. Das System hatte sie zugrunde gerichtet.

Ich konnte meinem Kummer nicht nachgeben, sondern mußte einen klaren Kopf behalten. Denn ein neues Problem in der Person von Li Fang, einem sechzigjährigen Häftling, tat sich vor mir auf. Offiziell arbeitete er noch im Bergwerk, doch seine Hauptaufgabe bestand darin, Aufträge für die Polizei zu erledigen. Meine drei »Beschützer« sollten mir eigentlich alle Schwierigkeiten vom Leib halten, aber sie konnten es sich nicht leisten, in meiner Gesellschaft gesehen zu werden, und verzogen sich.

»Erkennst du mich nicht?« fragte Li.

Ich unterdrückte meine Panik und sagte: »Oh, mein alter Freund Li Fang!« Rasch reichte ich ihm ein Päckchen Zigaretten und zündete ein Streichholz für ihn an. »Es ist schön, dich zu sehen. Ist alles in Ordnung? Ich rauche nicht. Du kannst das Päckchen behalten.«

Er begann zu rauchen. »Wie ich höre, bist du in die Vereinigten Staaten ausgereist.«

»Woher weißt du das?«

»Ich hab's einfach gehört.« Der Mann benahm sich wie ein Polizeispitzel, der eine unbedeutende Tatsache preisgibt und dafür größere Enthüllungen erwartet.

»Wie sollte das denn möglich sein?« erwiderte ich. »Kann jemand wie ich etwa ins Ausland reisen? Das ist meine Frau. Wir beide arbeiten an der Universität Wuhan. Wir wollen gerade in die Stadt fahren und etwas essen. Ich lade dich ein, alter Kumpel.« Natürlich plauderte er nicht allein aus freundschaftlichen Gefühlen mit uns. Vielleicht hatte er es auf eine kostenlose Mahlzeit abgesehen oder vielleicht auf weitere Informationen. Möglicherweise auf beides.

»Wir waren auf einer Geschäftsreise in Beijing und sind hierher nach Wangzhuang gekommen, um ein paar alte Freunde wie Direktor Liu zu besuchen«, fuhr ich fort, um ihn wissen zu lassen, daß wir gute Beziehungen zu Direktor Liu hatten. Außerdem trugen wir normale chinesische Kleidung, und unsere Zigaretten stammten aus der Volksrepublik.

Am Ende unseres Gesprächs hatte er allerlei Informationen erhalten, von denen manche der Wahrheit entsprachen, andere nicht. Mittlerweile war es zu spät für ihn, den Beamten des Sicherheitsdienstes Bericht zu erstatten. Und am nächsten Morgen würden wir bereits in aller Frühe abreisen.

Shanghai prosperierte. Meine Heimatstadt hatte sich in den sechs Jahren seit meinem letzten Besuch radikal verändert. Die dichtbevölkerten alten Viertel wurden abgerissen, um Wolkenkratzern Platz zu machen; überall standen Baukräne. Bescheidene Menschen, die sich während der japanischen Invasion und während des Terrors der Roten Garden geduckt hatten, wurden nun aus ihren Wohnungen vertrieben, damit man Hochhäuser für die neue technische Elite errichten konnte.

Auch das Laogai-System gedieh mitten in Shanghai prächtig. Am 18. Juni besuchten wir das Laodong-Stahlröhrenwerk, wobei ich mich als Manager einer amerikanischen Firma ausgab. Mein Ziel war, mir einen unterzeichneten Vertrag sowie Dokumente und Fotos aus einer Produktionsanlage zu beschaffen, die gleichzeitig als Arbeitslager diente. Das Röhrenwerk eignete sich vortrefflich für diesen Zweck. Wir besaßen bereits eine Broschüre, in der Wong Shing Ping als Lagerdirektor genannt wurde; in einem anderen Dokument stellte man denselben Mann – unter demselben Namen und mit demselben Foto – als Ingenieur und Fabrikdirektor vor. Die Adressen waren identisch, die Telefonnummern unterschieden sich voneinander, doch die Fernschreibernummer 89896 war wiederum in beiden Fällen die gleiche.

Es galt, mehr Beweismaterial zu beschaffen. Ich spazierte um das Laodong-Werk herum, um nachzuprüfen, ob die Karten und Adressen stimmten. Und tatsächlich, ein Tor gehörte zur »Fabrik« und ein anderes zum Gefängnis, aber beide führten in dieselbe Anlage.

Wir traten ein, ich stellte mich selbst und meine »Sekretärin« Chen Ching Lee vor und präsentierte unsere Visitenkarte. Meftech erwies sich weiterhin als nützlich. Die Geschäftsführer, die Polizeiuniformen trugen, zeigten sich so gastfreundlich, wie es Spitzenmanager in den Vereinigten Staaten gewesen wären. Nachdem wir eine Weile über geschäftliche Dinge gesprochen hatten, bat ich, den Produktionsbereich sehen zu dürfen, und der Sicherheitsbeauftragte war einverstanden. Ich blinzelte Ching Lee zu, die sich entschuldigte, um die Toilette aufzusuchen, wo sie die in ihrer Handtasche verborgene Kamera bereit machen würde. Als sie zurückgekommen war, führte der Sicherheitsbeauftragte uns in die Produktionshalle. Dort sah ich Hunderte von Gefangenen, die über ihre Maschinen gebeugt waren. Ihre Köpfe waren geschoren, und alle

trugen die gleichen Uniformen. Die Atmosphäre war noch unangeneh-
mer als auf den Farmen. Diese Häftlinge wagten nicht einmal, mir einen
Blick zuzuwerfen. Man hatte sie ihrer Individualität beraubt.

Ich war derjenige von uns beiden, der abgebrüht und gelassen hätte
sein sollen, doch ich fing an zu zittern – nicht aus Furcht, sondern aus
Trauer über diese verlorenen Seelen, die an den großen Maschinen arbeiteten. Genausogut hätte ich an einem dieser Plätze sitzen können.

Ching Lee spürte meine Unruhe und beugte sich zu mir, um meinen
Arm zu drücken. Der Sicherheitsbeauftragte erkundigte sich, ob ich
mich unpäßlich fühlte.

»Tut mir leid«, antwortete ich. »Ich habe nur über das Ausbildungs-
niveau dieser Häftlinge nachgedacht.«

Ich ließ absichtlich das Wort »Häftlinge« fallen und wurde nicht kor-
rigiert. Es wurde als selbstverständlich vorausgesetzt. Die Besichtigung
ging weiter, doch ich hatte andere Dinge im Sinn.

»Es ist sehr laut hier«, sagte ich. »Könnten wir an einen ruhigeren
Ort gehen?«

Der Mann lud uns in sein Büro ein, und ich fragte ihn, ob er die
Qualität der Erzeugnisse garantieren könne.

»Kein Problem«, sagte er. »Ich kann Ihnen ein Beispiel geben: Ein
deutscher Hersteller hat unsere Stahlrohre gekauft und sie mit dem Etikett Made in Germany versehen. Unsere Produkte sind gut genug für
die Deutschen. Da staunen Sie wohl, was?«

Als der Funktionär das Zimmer verließ, um mit jemand anderen zu
sprechen, entdeckte ich ein Dokument auf dem Tisch, auf dem rote
Buchstaben, Namen und Telefonnummern zu sehen waren. Ching Lee
schaute sich um und nickte. Die Luft war rein, und ich nahm das Papier
an mich. Ich dachte nicht: »Ist diese Sache fünfzehn Jahre Gefängnis
wert?«, denn solche Überlegungen konnte ich mir nicht leisten, aber ich
wußte, daß ich einen Diebstahl beging. Wie auch immer, ich mußte das
System an den Pranger stellen.

Später lasen wir das Dokument. Es war besser, als ich hätte erwarten
können, denn es trug das Siegel der Fabrik und enthielt eine Karte mit
den Adressen sämtlicher örtlichen Arbeitslager. Wir hatten das Protokoll eines Treffens vor uns, bei dem Laogai- und Parteifunktionäre über

1    Harry Wu in Zimmer 611 des Hotels Karamai
in Horgas, China, am 21. Juni 1995, drei Tage
nach seiner Festnahme.

2    Auf der sogenannten Freundschaftsbrücke,
der Grenze zwischen China und Nepal, nachdem
mein tibetischer Reiseführer diese überschritten
hat.

3  Chinesische Sicherheitsbeamte halten im
August 1993 in dem nepalesischen Dörfchen
Tato Pani Ausschau nach mir. Das Foto machte
ich aus meinem Versteck in einem kleinen
Gasthof.

4　Auf der Teeplantage in Nanhu, Provinz Zhejiang, im April 1994: Ein Kalfakter hält eine Warnflagge, hinter die kein Häftling treten darf, sonst wird er erschossen.

5　Einer der Wachttürme des Gefängnisses Nr. 1
Zhejiang im April 1994.

杭州神达工具厂
HANGZHOU SHENDA
TOOL FACTORY

6    (linke Seite oben) Das neue Firmenschild der
Maschinenfabrik Hangzhou Shenda, bei der
es sich in Wirklichkeit um das Gefängnis Nr. 2
Zhejiang handelt.

7    (linke Seite unten) Häftlinge nach der Arbeit
beim Appell in der Maschinenfabrik Hangzhou
Shenda, April 1994.

8    Ein Überlebender des Laogai zeigt, wie er
mit auf dem Rücken gefesselten Händen aß.
Er trägt die einzige Habseligkeit seines Vaters,
der im Lager Selbstmord beging: eine Laogai-
Jacke.

9   Ein Dieselmotor der Marke Jinma, hergestellt
im Gefängnis Nr. 1 der Provinz Yunnan und von
einer Firma in San Diego, USA, importiert. Das
amerikanische Gericht für Außenhandel verfügte
nach langwierigem Verfahren, daß Motoren
dieser Marke legal nicht mehr in die Vereinigten
Staaten eingeführt werden dürfen.

die Methoden diskutierten, wie Unruhen oder Fluchtversuche in einem Lager zu unterdrücken seien: »Am 12. Juli 1991 beriefen die Umerziehung-durch-Arbeit-Abteilung Nr. 7 und die Gemeinde Xinjing, zusammen mit der bewaffneten Polizeieinheit und der Staatsanwaltschaft der Abteilung, eine gemeinsame Sicherheitsbesprechung im Auditorium ein ... Zweck des Treffens war, ... Verteidigungs- und Sicherheitsmaßnahmen im großen Stil durchzuführen, die gemeinsamen Sicherheitsvorkehrungen zu verstärken, Vorfälle innerhalb des Gefängnisses zu verhindern sowie für Recht und Ordnung im Gefängnis zu sorgen.« Und so weiter. Ich war überzeugt, die westlichen Geschäftspartner würden schockiert sein, wenn sie erfuhren, daß dieses Röhrenwerk ein Gefängnis war.

Am nächsten Tag stahl ich im Schweißwerk Huadong ein weiteres Dokument, als wir einmal unbeobachtet waren. Wieder hatte ich Glück. In diesem Papier, das die Politische Abteilung des Büros für Umerziehung durch Arbeit von Shanghai herausgegeben hatte, deutete man an, daß das Gefängnissystem von der Kommunistischen Partei kontrolliert wurde: »Zwischen den Partei- und Regierungsorganen, die einander unterstützen und ergänzen, sollte ein harmonisches Verhältnis bestehen. Die Umerziehungs- und Produktionsaufgaben sollten zur Zufriedenheit erfüllt werden.«

(1991 sollte ich diese beiden Dokumente bei einem Unterausschuß-Hearing des Repräsentantenhauses vorlegen. 1995 würden die Chinesen bei der Verhandlung gegen mich mit Hilfe dieser Papiere nachzuweisen versuchen, daß ich ein Spion war. Aber ich arbeitete nicht für das FBI oder die CIA oder den Geheimdienst irgendeiner anderen Nation. Ich sehe mich eher als Ermittler, der die Wahrheit aufzudecken sucht.)

Ebenfalls in Shanghai besuchte ich die Laodong-Maschinenfabrik, wo für die Vereinigten Staaten bestimmte Werkzeuge hergestellt wurden. Die Geschäftsführer mußten mir erklären, weshalb sie mich nicht in die Nähe des Fließbandes lassen konnten. »Wir wollen ganz offen mit Ihnen reden«, sagte Lu Weimen. »In letzter Zeit hat der amerikanische Kongreß viel Aufhebens um den besonderen Charakter unserer Betriebe gemacht.« Trotzdem erläuterte er sehr genau, wie die Sache funktionierte. »Wir halten uns immer an das System von Import-Export-Firmen.« Man gründete andere Unternehmen, die mit der Versendung der Güter betraut wurden. Auf diese Weise verschleierte man die wahre Herkunft der Produkte. Die Burschen stellten sich langsam auf die internationalen Gepflogenheiten ein.

In Shanghai fragte Ching Lee, ob sie das Haus meiner Kindheit besuchen könne, aber ich erinnerte sie an unsere Absprache, meiner Familie fernzubleiben. »Das verstehe ich nicht«, sagte sie. »Deine eigene kleine Schwester und der Ort, an dem du aufgewachsen bist. Warum kannst du nicht zu ihnen fahren?«

»Ching Lee, ich möchte es, aber das kommt nicht in Frage. Ich will ihnen keine Schwierigkeiten bereiten. Irgendwann wird die Regierung erfahren, was wir hier getan haben, und mich mit meinen Verwandten in Verbindung bringen. Wenn sie sich mit mir getroffen hätten, wären sie in der Klemme. Es ist besser, wenn sie nichts von mir hören. Ich kenne diese Leute.«

Ching Lee änderte ihre Argumentation. »In Ordnung, morgen fahre ich mit einem Taxi nach Wuxi. Ich möchte dem Grab meiner Schwiegereltern Respekt erweisen. Schließlich bin ich nun mit ihnen verwandt.«

Ich verdrehte die Augen und seufzte. »Ching Lee, ich verstehe deine Wünsche. Du solltest fahren. Wir beide sollten es tun. Auch ich denke inständig an meine Familie. Aber wir können nicht fahren.«

Es war so frustrierend, mitten in meiner Heimatstadt zu sein, aber keine vertrauten Personen und Orte besuchen zu können. Dadurch wurde uns die gewaltige Kluft zwischen unserem Leben in Amerika und unserem Verhalten in China bewußt. An unserem letzten Abend in Shanghai standen wir oben auf dem Portman Hotel und schauten auf die geschäftige Stadt unter uns. »Laß uns nie wieder hierher zurückkehren …, nimm meine Hand!« flüsterte Ching Lee.

Wir waren lange unterwegs, und nun stand uns die schwierigste Prüfung bevor: die Ausreise. Um 23 Uhr sollte ich mich mit einem Amerikaner treffen, der versprochen hatte, unseren letzten Film und unsere letzten Dokumente aus dem Land zu schaffen, damit Ching Lee und ich am nächsten Tag die Zollkontrolle passieren konnten. Ich kannte seinen wahren Namen nicht, und in seinem Hotelzimmer war nur eine trübe Lampe in der Ecke angeknipst, so daß ich sein Gesicht nicht sehen konnte.

»Sie sind sehr pünktlich. Darf ich fragen, was ich für Sie tun kann?« sagte er.

»Ich habe hier ein paar Videobänder, Filme und Dokumente.«

Er schwieg einen Moment lang. »Die Bänder und Filme kann ich nicht übernehmen, aber gegen die Dokumente habe ich nichts einzuwenden. Zuerst muß ich mit einer Kontaktperson reden. Ich rufe Sie um elf Uhr an, einverstanden?«

Ich war überrascht und besorgt, denn die früheren Übergaben waren reibungslos verlaufen. Als sich der Mann um elf Uhr nicht meldete, sagte Ching Lee: »Ruf ihn an.«

»Er hat nichts von sich hören lassen. Das heißt, daß er vor dieser Aufgabe zurückschreckt. Welchen Zweck hat es, ihn anzurufen?« Dann fiel mir ein, daß der Mann uns verraten haben könnte. »Laß uns pakken«, sagte ich leise. »Wir reisen sofort ab.«

Wir eilten zu einem alten Freund in Hangzhou, südlich von Shanghai. Lee (Name geändert) war verblüfft über meinen Anblick, aber ich wußte, daß wir einander aufgrund unserer Freundschaft aus dem Laogai stets beschützen würden. Auch war er klug genug, keine Fragen zu stellen.

»Ich möchte, daß du zum Flughafen fährst«, erklärte ich meinem Freund. »Hier ist das Gepäck meiner Frau und hier ihr Ticket von Hangzhou nach Hongkong. Bitte gib das Gepäck nach der Zollkontrolle auf. In diesem Umschlag ist etwas Geld. Händige ihr das Ticket zwei Stunden vor dem Start der Maschine aus.«

»Ich kenne die Straße zum Flugplatz nicht«, murmelte er. »Vielleicht sollten wir die Pläne ändern. Das alles kommt so plötzlich.«

»Wir haben keinen Spielraum«, sagte ich. »Wie du den Flughafen erreichst, ist deine Sache. Wir sehen uns zwei Stunden vor dem Start.« So kann man nur mit einem alten Freund reden, zu dem man Vertrauen hat. Ich wußte, daß er mich nicht enttäuschen würde.

Für den Fall, daß uns etwas zustieß, hatten wir Kopien der Videobänder in China versteckt, aber wir benötigten auch Kopien der letzten
acht Filmrollen und der Dokumente aus den Fabriken. Ein gewisses
Risiko ließ sich nicht vermeiden. Wir entdeckten einen winzigen Film-
entwicklungskiosk in Hangzhou, und ich sagte zu der Verkäuferin,
wir seien in Eile und benötigten keine Abzüge, doch die Negative müßten auf der Stelle entwickelt werden. Die Frau unterbrach ihre Arbeit
und entwickelte die acht Rollen vor unseren Augen. Zum doppelten
Preis – Geld stinkt nicht – fiel es ihr leicht, die Negative nicht genauer
zu mustern.

Mein Freund ließ uns nicht im Stich. Er brachte Ching Lees Gepäck rechtzeitig zum Flughafen, und wir legten das Band in einen ihrer
Koffer.

Und die Dokumente aus den Fabriken? Ching Lee faltete sie und
versteckte sie in ihren Schuhen und ihrer Unterwäsche.

Ich blieb zurück und sah zu, wie Ching Lee durch die Zollkontrolle
ging. Wenn man hinter mir her war, würde man Ching Lee nicht aufhalten, denn ich stand noch in der Schlange. Als sie sich in Sicherheit befand, trat ich an den Schalter, legte mein Ticket und meine amerikanischen Ausweispapiere vor – und nichts geschah. Ching Lee und ich
flogen als gewöhnliche Touristen nach Hongkong.

Ich brannte darauf, die Bänder und den Dokumentarfilm von CBS
über meine Reise zu sehen. Nun hatte ich mein Leben im Laogai noch
einmal durchlebt. Vielleicht konnte ich es jetzt endlich vergessen.

# 11   Die zweite Reise

Allerdings gab es nach der Reise ein kleines Problem: CBS war von dem Material so begeistert, daß man mehr davon haben wollte und beschloß, selbst eine Reise zu organisieren. Die Verantwortlichen von *60 Minutes* schlugen vor, daß wir eine neue Expedition unternahmen – diesmal mit einem Team des Senders –, nachdem wir unter dem Vorwand einer völlig anderen Story die Erlaubnis erhalten hatten, China zu besuchen.

CBS bot an, eine Reise in mir unbekannte Winkel meiner riesigen Heimat zu finanzieren. Mein wenig sachkundiger Umgang mit der Kamera hatte einigen Bändern geschadet, und da ich verhindern wollte, daß meine Bemühungen, die Brutalität der chinesischen Regierung zu entlarven, durch meine Ungeschicklichkeit zunichte gemacht wurden, übte ich diesmal, die Kamera ruhiger zu halten und sie fachmännischer zu bedienen. Denn ich wollte bereits einige Aufnahmen machen, bevor die Leute von CBS eintrafen.

Der Sender würde sein bestes Team ausschicken. Ed Bradley, der berühmte Moderator des Magazins *60 Minutes*, würde als Korrespondent mitwirken. Ich wußte, daß er als Afroamerikaner das Thema Sklavenarbeit besonders engagiert behandeln würde. Statt bloß einen Dokumentarfilm über mich zu drehen, wollte CBS nun eigene Recherchen anstellen.

Meine Reiseroute würde diesmal anders aussehen. Ich kannte die Ostküste und die Städte, doch das Zentrum des Laogai-Systems liegt im Westen, im »chinesischen Sibirien«. Die Russen hatten mit ihrem Gulag ein Beispiel für Zwangsarbeit gesetzt, und die chinesischen Machthaber taten es ihnen eifrig nach. Ein früherer Geheimdienstmann in Washington, der mittlerweile für einen US-Senator arbeitet, teilte mir mit: »Als ich für die CIA tätig war, erhielten wir viele Fotos von Satelliten und U2-Beobachtungsflugzeugen. Wir konnten Züge sehen, die mit Menschen beladen in die Provinzen Qinghai und Xinjiang fuhren, aber leer zurückkamen.«

Seit über vierzig Jahren schickt die Regierung Häftlinge in Gebiete, in denen Millionen Menschen spurlos verschwinden können. Einer von ihnen bedeutete mir besonders viel: Wei Jingsheng, der beredte Führer des demokratischen Widerstandes, hatte viereinhalb Jahre in Qinghai verbracht, bevor die Regierung ihn näher an Beijing verlegte. Ich habe Wei Jingsheng nie persönlich kennengelernt, aber ich bewundere ihn sehr. Paradoxerweise entstammt Wei genau der Schicht, welche die Regierung angeblich repräsentiert: der Arbeiterklasse. Weis Vater war ein mittlerer kommunistischer Funktionär, und Wei arbeitete als Elektriker im Zoo von Beijing. Obwohl er in seiner Freizeit eine Zeitschrift veröffentlichte, hatten die chinesischen Intellektuellen keinen Respekt vor ihm.

Trotzdem war Wei ein Held für seine Generation geworden. Als Deng Xiaoping erklärte: »Unser Ziel sind vier Modernisierungen«, besaß Wei den Mut, Deng in einer Wandzeitung in Beijing beizupflichten und dann fortzufahren: »Wir brauchen eine fünfte Modernisierung, nämlich Demokratie.« Diese Worte wurden als direkter Angriff auf Deng und dessen Politik interpretiert, und man schickte Wei nach Qinghai. Ich wollte Aufnahmen außerhalb seines früheren Lagers machen, um zu zeigen, was China seinen besten und klügsten Bürgern antut.

In der Provinz Qinghai konnte ein Mensch leicht verschwinden – besonders ein chinesischer Bürger mit einer Kamera, der sich an ihm verbotenen Orten aufhielt. Orville Schell warnte mich, daß es wahnsinnig sei, mein Leben auf diese Weise zu riskieren. Daraufhin gab ich ihm eine Schachtel mit meinen Unterlagen und bat ihn, diese zu veröffentlichen, falls ich nicht zurückkehrte. »Es ist für mich kein Glücksspiel. Ich kenne die Gefahren. Wäre ich ein Blinder auf einem Esel, würde ich den Preis bezahlen. Sie kennen mich gut, aber ich kenne sie genauso gut. Wie Sun Tzu in der *Kunst des Krieges* schreibt: ›Kenne den Feind und kenne dich selbst, dann kannst du hundert Schlachten bestreiten und brauchst keine Niederlage zu fürchten.‹«

Ich brach allein auf und sollte mich später in Shanghai mit dem CBS-Team treffen. Als der Angestellte im chinesischen Reisebüro in Hongkong mein Visum innerhalb von zwanzig Minuten höflich abstempelte, wurde ich mißtrauisch. Wollte man mich etwa ins Land lassen, nur um mich dann als chinesischen Bürger zu verhaften? Irgendwie fühlte ich mich besser, als ich noch Schwierigkeiten hatte, auf einem kleinen Boot von Hongkong über den Hafen Jianshazui bei Guangzhou nach China zu gelangen. Eine junge Zollbeamtin rief zwei Kollegen herbei, um mit ihnen zu erörtern, weshalb ein chinesischer Bürger amerikanische Reisedokumente benutzte.

»Wen wollen Sie besuchen? Haben Sie keine Verwandten?«

»Um ehrlich zu sein, ich habe noch ein paar Verwandte, aber wir sehen uns nicht mehr. 1957 wurde ich als Rechtsabweichler angeklagt und in ein Lager eingewiesen. Danach verließen mich all meine Verwandten und Freunde. Diesmal möchte ich nach Shanxi reisen, um einen Freund zu besuchen.«

Allen Chinesen ist es zuwider, an die schlechten alten Zeiten erinnert zu werden. Deshalb wechselten sie das Thema und fragten, wen ich besuchen wolle. Ich nannte den Namen von Li Tonglin, der mittlerweile das Amt für Öffentliche Sicherheit von Yangquan in der Provinz Shanxi leitete und im Kohlenbergwerk Wangzhuang Hauptmann gewesen war.

Die Beamtin gab mir meine Papiere zurück und ließ mich passieren. Natürlich hatte ich nicht vor, Li Tonglin zu besuchen, aber es war kein Fehler gewesen, seinen Namen zu erwähnen. Da der Film, den ich auf meiner ersten Reise aufgenommen hatte, nicht brauchbar war, mußte ich zu dem zweiten Grubenlager zurückkehren, um nachzuweisen, daß man Gefangene noch immer als Bergleute einsetzte.

Drei meiner früheren Freunde – Sun, Hang und Chen – standen zwar weiterhin unter polizeilicher Aufsicht, wohnten inzwischen jedoch außerhalb der Kaserne, weshalb ich mich unbeobachtet in ihr Häuschen schleichen konnte.

Sun stieß bei meinem Anblick nur hervor: »Du bist zurückgekommen!« und stellte keine weiteren Fragen mehr.

Ich wußte, daß die Abendschicht um 22 Uhr endete, aber auch eine Stunde vor und nach den Schichten herrschte stets emsige Regsamkeit.

Mir ging es darum, die schmutzigen und erschöpften Häftlinge zu filmen, die in Reih und Glied aus dem Bergwerk zurückkehrten. »Ich
möchte den Hügel hinaufsteigen«, sagte ich, denn ich wollte über die
Mauer ins Lager schauen. Meine Freunde waren bereit, mir zu helfen.
Wenn wir gefragt würden, was wir dort zu suchen hätten, würden wir
behaupten, Naturstudien zu betreiben. Um nicht von dem Posten auf
dem Wachtturm bemerkt zu werden, bezogen wir Stellung hinter
einem großen Felsen. Meine Kamera mit dem aufgesetzten Zoomobjek-
tiv war in meiner Schultertasche. Es wurde 22 Uhr, und nichts rührte
sich.

»Gehen sie nicht zur Arbeit?« fragte ich Hang.

»Sie sind schon bei der Arbeit.«

»Aber ich habe sie nicht ins Bergwerk marschieren sehen.«

»Die Gefangenen kommen jetzt nicht mehr aus der Kaserne heraus«,
erklärte er. »Sie gehen direkt von der Kaserne durch einen Tunnel vor
Ort.«

Diese Männer bekamen nie das Tageslicht zu sehen – nicht einmal
für eine Stunde auf dem Hof. Sie lebten wie die Maulwürfe. Was für
eine jämmerliche Existenz! Ich hatte mir geschworen, nie wieder unter
Tage zu gehen, denn ich konnte immer noch die abgekoppelten Loren
hören, die auf mich zu donnerten, und die Rückenschmerzen plagten
mich auch noch. Doch ich wußte, daß ich meine Brüder in dieser höl-
lischen Unterwelt aufsuchen mußte.

»Ich möchte hinunter ins Bergwerk«, verkündete ich.

»Du bist verrückt.«

Das hatte ich nicht zum erstenmal gehört. Aber ich wiederholte
meine Bitte, bis sie nachgaben.

Am nächsten Abend wartete Chen gegen 21 Uhr mit einer Häftlings-
uniform, Stiefeln, Helm, einer schmutzigen Werkzeugtasche und einer
Grubenlampe auf mich. Ich zwängte mich in die alten Sachen und
steckte meine Kamera in die Werkzeugtasche. Da ich zu sauber für dieses Gewerbe aussah, rieb ich mir mit ehrlichem Kohlenstaub Gesicht
und Hände ein.

Zwei andere Freunde requirierten einen leeren Förderwagen, ich
hockte mich hinein und huschte zurück in die Vergangenheit. Der Ein-

stiegstunnel war fast zweieinhalb Meter hoch, aber später krochen die Männer auf Händen und Knien, da sie das neunzig Zentimeter hohe Flöz nur so abbauen konnten. Sobald sich meine Augen an die Dunkelheit gewöhnt hatten, erinnerte ich mich wieder. Dies war anders als in der freien Welt, wo Vorarbeiter und Bergleute ihr Leben riskierten, um Kohle zu fördern. Wir befanden uns in einem Gefängnis, das lang, dunkel und gefährlich war.

In der Grube gab es vier Kategorien von Männern:

erstens die mit Schnellfeuerwaffen ausgerüsteten Polizisten, die Fluchtversuche oder Unruhen verhindern sollten;

zweitens die unbewaffneten, uniformierten Sicherheitsbeamten, die den Häftlingen Befehle erteilten (da sie sämtliche Arbeiter kannten, waren sie am gefährlichsten für mich);

drittens Häftlinge, welche die anderen beaufsichtigten;

viertens Hunderte von Arbeitern wie Hang, die gezwungen waren, als Elektriker oder sonstige Techniker im Bergwerk zu bleiben.

Ich zog mir den Helm tief ins Gesicht, um den Blicken der aufmerksamen Beobachter zu entgehen. Mein Freund Sun ging mit einer Grubenlampe vor mir her. Wenn etwas Ungewöhnliches geschehen sollte, würde er die Lampe schwenken. Hang blieb neben mir, und Chen hielt draußen Ausschau, doch niemand bemerkte mich. Ich paßte gut in meine Umgebung. Die niedrige Decke und die engen Korridore gaben mir das Gefühl, in einer Falle zu stecken, aber ich muß zugeben, daß ich mich auch seltsam sicher fühlte. Ich war wieder ein Häftling. Plötzlich erinnerte ich mich an Dickens' *Zwei Städte*, wo Doktor Manette das Schusterhandwerk, das er im Gefängnis erlernt hat, nie vergessen kann. Er würde sein Leben lang ein Gefangener sein, und mir ging es offenbar genauso.

In diesem dunklen, neunzig Zentimeter hohen Tunnel hatte ich einen gräßlichen Alptraum: Was wäre, wenn ich in eine Gefangenenreihe geriet und gezwungen wurde, zurück in die Kaserne zu marschieren?

»Aber ich gehöre nicht hierher!«

»Klar. Natürlich. Das kannst du Deng erzählen.«

Vertraute Geräusche und Szenen: Zwei Sicherheitsbeamte prügelten einen Gefangenen mit einem Holzbalken. Seine Schmerzensschreie wurden vom Rumpeln der Förderwagen übertönt. In den dunklen Schächten waberte der Staub von den Flözen, aus denen Männer die Kohle hackten. Der Boden war feucht und roch übel. Die gebeugten Häftlinge wußten, daß sie für ihr Tagespensum bis zu zwölf Stunden brauchten.

Ich suchte nach einer Möglichkeit für Videoaufnahmen, doch die Beleuchtung in der Grube war nirgends so hell, daß ich einen Versuch wagen konnte. Nach fünfundvierzig Minuten hatte ich genug gesehen und nickte meinen Freunden zu: »Laßt uns verschwinden.«

Meine Freunde konnten sich innerhalb des Bergwerks ungehindert bewegen, also auch im Badehaus, wo mir das fettige, stinkende Wasser fast das Bewußtsein raubte. Bald würde ich wieder in Kalifornien sein, wo ich meine schöne Dusche, frisches, heißes Wasser, Seife und flauschige Handtücher hatte, während diese Männer dazu verurteilt waren, bis ans Ende ihrer Tage unter so unmenschlichen Bedingungen zu leben. Mir stiegen Tränen in die Augen. Hier, in diesem einen Lager, lebten mindestens sechstausend Männer in derartig schrecklichen Verhältnissen – Minute für Minute, Tag für Tag, Jahr für Jahr. Das war es, was die Parteiführer »Umerziehung« oder »Besserung durch Arbeit« nannten. Was für eine Besserung?

In einem alten chinesischen Gedicht heißt es: »Die Frühlingsbrise bläst nicht durch den Yumen-Paß.« Von der Provinz Shanxi aus reiste ich weiter in die Provinz Qinghai, eine Gebirgs- und Wüstenregion mit eiskalten Wintern und unerträglich heißen Sommern. Kaum jemand würde freiwillig hier leben wollen, was der Regierung allerdings gleichgültig war. Qinghai eignete sich vortrefflich für Häftlinge. In den fünfziger Jahren wurden viele katholische Priester, die ich in Shanghai gekannt hatte, wegen des Verbrechens, ihren Glaubensregeln zu folgen, nach Qinghai geschickt.

Ich fuhr in die Nanshan-Straße in der Provinzhauptstadt Xining. In der über sechs Kilometer langen Straße steht eine Fabrik neben der anderen: die Lederwarenfabrik, das Schalterwerk, das Werk für Wasser- und Stromversorgungsapparaturen, die Baustoff-Firma und die Schaumstoffabrik.

Einige dieser Fabriken wurden, wie ich wußte, als Joint-venture von Qinghai-Lagern und Unternehmern aus Hongkong betrieben. Die meisten Gebäude wirkten normal, wenn man von den Wachttürmen absah. Ein dort lebender früherer Häftling informierte mich, daß ein Drittel der neunhunderttausend Einwohner umfassenden Bevölkerung von Xining aus Gefangenen und ehemaligen Gefangenen sowie ihren Familien bestehe. Ich wollte mit einer der Fabriken Geschäfte abschließen. In Xining gab es so viele Ausländer, daß ich nicht versuchte, mich den örtlichen Bewohnern anzupassen, sondern einen westlichen Anzug trug, eine importierte Aktentasche bei mir hatte und mit dem Taxi vorfuhr. All das würde mir einen Einstieg verschaffen.

Ich hatte mich für die Lederwaren- und Bekleidungsfabrik Qinghai entschieden, die auch Laogai-Abteilung Nr. 2 genannt wurde (was die Funktionäre jedoch nicht an die große Glocke hängten). Ich ließ meine Meftech-Visitenkarte aufblitzen, und die Firmenvertreter leiteten das Verkaufsgespräch ein. Stolz erzählten sie mir von ihren Repräsentanten in Hongkong und ihren Exporten nach Japan und Australien. Unter dem Eindruck, daß ich Amerikaner sei, bot man mir 18600 Quadratmeter Schafleder für sechzehn US-Dollar pro Quadratmeter an. Ich unterzeichnete den Vertrag in dem Bewußtsein, daß ich das Geschäft nie tätigen würde – oder doch?

Ein paar rasche Berechnungen: Schafleder wurde in manchen Gebieten der Welt für fast das Fünffache des chinesischen Preises verkauft. Wenn ich meine Prinzipien aufgab und Geschäftsmann wurde, konnte ich eine Million Dollar verdienen. Ich überlegte es mir – eine Sekunde lang. Nachdem ich mein Interesse bekundet hatte, fragte ich: »Wie ist der Ausbildungsstand der Gefangenen? Können Sie die Qualität ihrer Erzeugnisse garantieren?«

Wan Xiaohua, der Leiter der Lederabteilung, erwiderte: »Sie werden beruhigt sein, wenn Sie unsere Produkte gesehen haben.« Ich beobachtete die blau uniformierten, kahlgeschorenen Häftlinge, die das Leder bearbeiteten. Wan führte mich zum Firmenchef, einem gewissen Direktor Gao. Im Ausstellungsraum befanden sich Ledermuster aus dem Ausland sowie Medaillen und Auszeichnungen der Regierung; an den Wänden hingen gerahmte Exportlizenzen.

»Darf ich einige Fotos machen?« fragte ich wie ein profithungriger westlicher Geschäftsmann in einem exotischen Land, dem die Rechte der Arbeiter völlig gleichgültig sind.

»Nur zu, mit einer einzigen Ausnahme«, sagte Direktor Gao herzlich und deutete auf ein Spruchband an der Rückwand, das ich noch gar nicht bemerkt hatte. Darauf stand ein Lob des Justizministeriums vom Oktober 1989: »Fortschrittliches Kollektiv zur Unterdrückung von Rebellion und zur Verhinderung von Chaos.« Die Laogai-Abteilung Nr. 2 von Qinghai war eines der einunddreißig Lager, die man nach der Niederschlagung des demokratischen Aufstandes auf dem Tiananmen-Platz ausgezeichnet hatte.

»Natürlich, das interessiert mich nicht«, gab ich zurück und machte derweil Fotos von anderen Mustern und Spruchbändern. Als mich niemand beobachtete, drehte ich die Kamera rasch und knipste den herumstolzierenden Manager vor den Spruchbändern, die der Außenwelt seine Doppelfunktion veranschaulichten: die Unterdrückung von Häftlingen und das Scheffeln von Devisen.

Dann erlaubte man mir, mich in den Werkstätten umzusehen. Ein Häftling versteckte sich hinter einem Kübel mit Chemikalien, die zum Gerben des Leders dienten. Schließlich tauchte er auf und begann zu meinem Erstaunen, seine Uniform auszuziehen. Als er splitterfasernackt war, kletterte er in den Kübel und rührte die Chemikalien mit seinem Körper um. Ich schauderte bei dem Gedanken, welche Folgen das für seine Haut hatte. Es gelang mir, heimlich ein paar Bilder von ihm zu machen.

Gao fiel mein Interesse an den Gefangenen auf. »Lassen Sie mich das erklären«, sagte er. »Die Vereinigten Staaten haben ihre eigenen Gesetze und versuchen, sie China aufzuzwingen.« Gao und Wan nannten mir den Namen der Firma in Hongkong, die ihre Produkte exportierte. Was mich anging, so hielt mich nichts mehr an diesem schrecklichen Ort.

(Monate später, nachdem *60 Minutes* meine Fotos aus der Lederwaren- und Bekleidungsfabrik Qinghai gezeigt hatte, hieß es, daß man Gao und Wan für ihre Fahrlässigkeit bestrafen wolle. Doch 1995 vertrauten mir Sicherheitsbeamte in Wuhan an, daß beide Männer für unschuldig

befunden worden seien, da sie sich nur an die Regierungspolitik gehalten hätten. Ich weiß, welche Strafe angemessen gewesen wäre: ein Tag
im Chemikalienkübel.)

Meine nächste Reisestation war Wei Jingshengs altes Lager im Qaidam-
Becken, etliche hundert Kilometer weiter westlich. Liu Jing Qin, ein alter
Freund von mir, nahm das Risiko auf sich, mich zu begleiten. Man hatte
ihn 1956 verhaftet, weil er seinen ausgewanderten Eltern hatte nachfol-
gen wollen; nach seiner achtjährigen Strafe war er jedoch – wie die meisten von uns – nicht entlassen worden. 1971 machte er einen neuer-
lichen Versuch, mit seinen Eltern im Ausland Kontakt aufzunehmen,
doch er wurde zu drei weiteren Jahren im Lager verurteilt, bevor er
schließlich in die Freiheit gelangte. Nun war sein Rücken von der
Schwerarbeit ganz krumm, und selbst wenn er zu rauchen aufhörte,
würde er weiter vom Husten geschüttelt werden. Zwei seiner Töchter
waren auf der Suche nach einem besseren Leben nach New York gezogen. Seine dritte Tochter, die höchstens zehn Jahre alt gewesen sein
dürfte, hatte Liu auf die Reise mitgenommen. Ich war froh, daß sie uns
begleitete, denn die Polizisten würden beim Anblick eines Kindes vielleicht etwas freundlicher sein.
    Liu hatte einen Beamten des Öffentlichen Sicherheitsdienstes mit
Geld und Zigaretten bestochen und sich eine Polizeiuniform ausgeliehen: eine olivgrüne Hose mit einem roten Streifen und ein beiges Hemd
mit vergoldeten Knöpfen. Ich entfernte die Rangabzeichen, damit man
mir nicht vorwerfen konnte, mich als Polizist ausgegeben zu haben. Auch
ohne die Abzeichen würde ich nicht aus dem Rahmen fallen, denn viele
Polizisten kleiden sich recht nachlässig, und sogar manche ihrer Familienangehörigen tragen Uniformen, da diese billig und verfügbar sind –
mithin geben sich die Mitglieder einer ganzen Gesellschaftsschicht sozusagen als Polizeibeamte aus.
    Wir mieteten einen Fahrer und erzählten ihm, daß wir für fast
eine Woche – weit mehr als tausendsechshundert Kilometer – in die
Wüste vorstoßen mußten. Die Tatsache, daß wir sechs bis acht Lager
besuchen würden, ließ ich unerwähnt. Ich erzählte dem Chauffeur,
daß ich Berichterstatter des Amtes für Öffentliche Sicherheit sei, und

meine geborgte Uniform bewog ihn, sich auf unser Angebot einzulassen.

Wir erreichten das offene Land, und ich dachte an meine Universitätstage vor dreißig Jahren, als ich davon geträumt hatte, Geologe zu werden und die fernen Berge und Wüsten meiner Heimat zu erforschen. Mir fiel ein Lied aus jenen alten Tagen ein:

> Die weißen Wolken winden sich um die Qilian-Berge,
> Frische Blumen blühen in der Qinghai-Steppe,
> In der Steppe weiden unzählige Kühe und Schafe,
> In den fernen Bergen liegen zahllose Bodenschätze.

Der Himmel in Qinghai war strahlendblau, und sogar Anfang August lag Schnee auf den Berggipfeln. Auf der endlosen Steppe standen einige weiße, tibetisch wirkende Zelte von Hirten und Bauern; Kühe und Schafe waren über die Berghänge verstreut. Das Land war so schön, wie es in den Gedichten und Gemälden dargestellt wurde, aber es war auch ein Land des Entsetzens. Am 26. April 1990 hatte ein Erdbeben stattgefunden, das 6,9 Punkte auf der Richterskala erreichte. Die kommunistische Presse schrieb, daß es auf der Tanggemu-Farm keine Todesfälle gegeben habe. Als ich mich jedoch mit den Menschen dort unterhielt, erfuhr ich, daß die Gebäude aus Fertigbetonplatten bestanden, die über den Beamten und ihren Familien zusammengestürzt waren und viele Opfer gefordert hatten. Da sich das Erdbeben am Spätnachmittag ereignete, arbeiteten die meisten Häftlinge noch auf den Feldern, so daß wahrscheinlich nur wenige verletzt wurden. Man prahlte in der kommunistischen Presse, daß keine Gefangenen Fluchtversuche unternommen hätten, was zutreffen könnte. Denn die Tanggemu-Farm ist von Osten nach Westen etwa siebzig Kilometer breit, und wohin sollte jemand in dieser gewaltigen Steppe und Wüste ohne Bäume oder Häuser, ohne Trinkwasser oder Lebensmittel auch flüchten?

Gegen Sonnenuntergang näherten wir uns der Tanggemu-Farm, wo Wei Jingsheng fünfeinhalb Jahre verbracht hatte. Wir würden im Gästehaus am Eingang des Lagers übernachten müssen. Je näher wir der Farm kamen, desto größer wurde meine Besorgnis, denn hier draußen traf man keine Touristen, keine Fremden, keine Zivilisten. Es wurde Zeit, meine Schutzkleidung anzulegen: die Polizeiuniform, die Liu für mich geborgt hatte.

Ich nahm Lius Tochter mit, als ich das Büro betrat, um mich anzumelden. Das Kind würde uns, wie ich hoffte, Glück bringen.

»Ich brauche Betten für vier Personen«, erklärte ich dem Angestellten.

»Für wie viele Nächte?«

»Drei.«

Liu warf mir einen Blick zu, denn wir hatten keinesfalls vor, hier drei Nächte zu verbringen, aber er hielt sich an meine Regel: keine Fragen.

Der Angestellte bat um meinen Ausweis, und ich zeigte auf meine Uniform, doch er sagte: »Das genügt nicht.«

Ich wandte mich an den Chauffeur, der mich wegen meiner Uniform für einen Sicherheitsbeamten hielt. »Meiner ist noch draußen. Bitte geben Sie ihm Ihren Ausweis, damit ich nicht zum Auto zurück muß.«

Der Angestellte akzeptierte die Papiere des Fahrers und trug uns in sein Verzeichnis ein. Während wir zu unserem Zimmer gingen, flüsterte ich Liu zu: »Keine Sorge, wir bleiben keine drei Tage. Ich habe den Angestellten nur bezahlt, um die Leute hier in Sicherheit zu wiegen. Morgen früh fahren wir weiter.« Wir wurden in einer Art Schlafsaal mit Holzbetten untergebracht – ohne Badezimmer oder fließendes Wasser. Ich versuchte, unter der schmutzigen Decke zu schlafen, mußte jedoch ständig an all die Beamten in der Nähe denken. Deshalb schlief ich schlecht.

Am Morgen konnte ich es kaum erwarten aufzubrechen. Ich zog meine Uniform an und bat den Chauffeur, uns fünf Kilometer weiter zu fahren, sein Auto dann in einem Graben zu verstecken und eine Ruhepause zu machen. Ich verstaute meine Videokamera in der Schultertasche, die ich in der Volksrepublik gekauft hatte. Dies entsprach meiner Regel, nie durch westliche Waren Aufmerksamkeit zu erregen.

Ich trat an den Zaun heran, um mir die Farm, auf der Wei gelebt hatte, genauer ansehen zu können. Sofort bemerkte ich ein hohes Gefängnisgebäude aus roten Ziegelsteinen, das von Wachttürmen gekrönt war. Vielleicht wurde ich zu sehr von der Gefahr oder von den Gedanken an Wei abgelenkt. Jedenfalls machte ich einen Schritt zu weit nach vorn und stürzte vor dem Zaun kopfüber in den Graben, der kaum einen Meter tief war. Ich fiel auf meinen linken Arm, und ein heftiger Schmerz durchfuhr meine linke Schulter. Ich hielt mir den Arm mit der rechten Hand und taumelte zurück zu der Stelle, wo das Auto versteckt war. Liu und der Fahrer befühlten die Schwellung an meiner Schulter, konnten jedoch nicht feststellen, ob ein Knochen gebrochen oder die Schulter nur ausgerenkt war.

»Von Medizin verstehen wir nichts«, sagte Liu. »Laß uns nach Xining zurückfahren.«

»Nein. Wir sind so weit gekommen, und ich möchte nicht mit leeren Händen zurückkehren. Halt meinen Arm und tu, was ich sage!« Ich war sicher, daß ich mir die Schulter ausgerenkt hatte.

Ich lehnte mich gegen die Tür des Wagens, und Liu zerrte meinen Arm hin und her, bis er wieder eingerenkt war. Dann wischte ich mir den Schweiß vom Gesicht, borgte mir Lius Gürtel und band meinen Arm fest an die Seite. Ich bedauerte, ein paar Tage zuvor meine Schmerztabletten weggeworfen zu haben, da ich keine amerikanischen Medikamente in meiner chinesischen Reisetasche haben wollte. Bevor ich wieder an westliche Schmerztabletten kam, war noch einiges zu erledigen. Der Schmerz pochte in meiner Schulter, aber ich nahm meine Kameratasche und stapfte zum Eingangstor von Weis Lager. Dabei mischte ich mich unter Dutzende von Wärtern in Uniform; zwar hatte ich keine Mütze, doch die meisten von ihnen waren ebenfalls barhäuptig. Einige Aufseher eskortierten Häftlinge vom Gefängnis auf die Felder, während andere zu ihrer Schicht antraten.

Der bewaffnete Polizist auf dem Wachtturm winkte mir zu, ich zuckte zusammen, faßte mich aber und winkte zurück. Als wir das Eisentor erreichten, sah ich, daß alle Beamten ihren Namen beim Wachhabenden eintragen mußten. Der Tagespassierschein wurde an ein Seil gebunden und vom Wachtturm heruntergelassen; danach öffnete man das Eisentor und ließ eine Gruppe von Gefangenen hinein und eine andere hinaus. Es gelang mir, mit einer großen Schar von Wärtern und Häftlingen hineinzuschlüpfen.

Nun war ich tatsächlich im Innern der Tanggemu-Farm, aber ich hatte keine Zeit, mich über meinen Wagemut zu freuen. Meinen linken Arm konnte ich nach dem Sturz nicht mehr gebrauchen, und ich mußte mit der rechten Hand in meiner Schultertasche herumtasten, damit die Kamera durch das Loch in der Seite Aufnahmen machen konnte. Ich folgte den Häftlingen zu den Arbeitsplätzen und sah ihre leeren Augen, ihre schäbigen Uniformen und ihre Plackerei in der Mittagssonne. Zwar konnte ich einige Aufnahmen von ihnen machen, doch der Schmerz zwang mich, meinen Besuch abzukürzen.

(Zu meinem Erstaunen erwies sich ein Teil des Films aus Weis Lager als brauchbar. Im September wurden die Bilder von *60 Minutes* gesendet. Damit war der stichhaltige Beweis erbracht, daß die chinesische Regierung Zwangsarbeitslager unterhält.)

Nach Shanghai zurückgekehrt, rief ich Ching Lee in Taiwan an, die meine Stimme seit fünf Tagen nicht gehört hatte. Danach besorgte ich mir ein paar Schmerztabletten und badete. Meine Schulter schmerzte noch immer, aber wenigstens war nichts gebrochen.

Das CBS-Team – Ed Bradley, der Produzent David Gelber und ein Kameramann – war inzwischen eingetroffen. Die Crew hatte eine offizielle Genehmigung, in Beijing an anderen Themen zu arbeiten, aber die drei waren zunächst als Touristen nach Shanghai gekommen, um eine Tarnung für die eigentliche Story zu haben. Da die Chinesen Bradley nicht als Fernsehstar erkannten, konnte er ungehindert durch die Straßen von Shanghai spazieren. Er ist ein bescheidener Mann und teilte mir beiläufig mit, daß er sich in Hongkong nicht so frei bewegen könne. Ein paar Tage konnte er als Journalist arbeiten, ohne daß ihn sein Prominentenstatus behinderte.

Unsere erste Station war die Laodong-Maschinenfabrik in Shanghai, die seit Jahren Produkte in die Vereinigten Staaten exportiert. Ich hatte per Post bereits einen verstellbaren Schraubenschlüssel und anderes Handwerkszeug für fünfzig Dollar bestellt, um mir Anschauungsmaterial zu verschaffen. Nun war die Zeit für das große Geschäft gekommen. CBS wollte Ed Bradley unbedingt im Bild haben; deshalb mieteten wir eine Suite im Portman Hotel und versteckten dort drei Kameras, darunter eine von der Größe eines Lippenstifts, die eine maximale Reichweite von zehn Metern hatte.

Ed Bradley wartete in einem anderen Zimmer auf einer höheren Etage, und unser Kameramann Norman Lloyd gab sich als mein unmittelbarer Vorgesetzter aus, als wir vier Firmenvertreter begrüßten: den Vorsitzenden, einen seiner Stellvertreter, den Verkaufschef und eine Ingenieurin, die Englisch sprach. Ich tat so, als entspreche die Sitzordnung ihrem Rang, aber in Wirklichkeit versuchte ich, gute Einstellungen für die drei versteckten Kameras zu finden. Nachdem ich meine Bedenken vorgebracht hatte, was die amerikanischen Handelsgesetze über Arbeitslagerprodukte betraf, versicherte mir der Vorsitzende: »Wir werden indirekt exportieren«, was bedeutete, daß man Wege gefunden hatte, die unbequemen amerikanischen Gesetze zu umgehen. Wir vereinbarten für den Anfang eine Transaktion in Höhe von achtundachtzigtausend Dollar, die noch ausgebaut werden konnte. Unser Kameramann hob den Telefonhörer und sprach eine Zeitlang mit Bradley, dann verkündete er: »Unser Vizepräsident ist gerade eingetroffen. Ich habe ihm gesagt, daß wir einen Vertrag unterzeichnen. Er ist sehr erfreut, aber er möchte bei der Unterzeichnung anwesend sein.«

Zehn Minuten später trat Ed Bradley – »Mister Big« – ein und schüttelte allen die Hand. Mit seiner selbstbewußten Fernsehstimme heuchelte er Besorgnis über die Qualität der Erzeugnisse. Er lobte mich vor den Chinesen, fügte jedoch hinzu: »Da wir eine langfristige Beziehung zu diesem Unternehmen im Auge haben, müssen wir genau wissen, daß die Arbeitskräfte zuverlässig sind.« Die Funktionäre beteuerten, daß es keine Schwierigkeiten geben werde; schließlich betrieben sie derartige Fabriken seit einundvierzig Jahren. Bradley sorgte sich um die Qualitätskontrolle in den Fabriken und fragte mich: »Harry, haben Sie den Produktionsbereich besucht?«

»Nein. Ich habe mit dem Produktionsleiter gesprochen, aber die Herstellung selbst habe ich mir nicht ansehen können.«

Bradley wirkte ein wenig beunruhigt. »Harry, unsere Firmenpolitik verlangt, daß Sie sich den Produktionsbereich anschauen. Schließlich müssen wir mehr wissen, wenn unsere Zusammenarbeit ausbaufähig sein soll.«

Damit kehrte Bradley in sein Zimmer zurück. Die chinesischen Funktionäre schienen zu zögern. Sie hatten den Vertrag bereits unterzeichnet, aber sie wußten sehr wohl, daß er gegenstandslos sein würde, wenn sie sich nicht an die Gepflogenheiten der amerikanischen Firma hielten. Ein Besuch würde problematisch sein, da der Produktionsbereich und die Handelsabteilung – die häßliche Realität und die freundliche Fassade – in chinesischen Unternehmen strikt voneinander getrennt sind. Man begegnet dem Leiter der kaufmännischen Abteilung, jedoch nie dem Produktionschef.

»Tut mir leid«, sagte ich bedauernd. »Wenn ich die Fabrik nicht besuchen kann, wird sich der Vertrag wahrscheinlich nicht umsetzen lassen. Zu schade, denn wir könnten gute Geschäfte miteinander machen.«

Sie versuchten vergeblich, ihren Chef anzurufen. Da sie bekümmert aussahen, lud ich sie nach unten zu einem Imbiß ein. Die Männer entspannten sich und vertrauten uns an, daß der Leiter der Fabrik gleichzeitig stellvertretender Chef des Laogai-Amtes sei – also ein Regierungsvertreter, kein Mann der freien Wirtschaft. Genau das hatten wir natürlich nachweisen wollen. Schließlich versprach man mir, am nächsten Tag bestimmt einen Fabrikbesuch für mich zu arrangieren. Ich mußte das Angebot ausschlagen, da wir im Begriff seien, unsere Reise fortzusetzen. Sie entschuldigten sich überschwenglich, und ich wiederholte dauernd: »Nächstes Mal, nächstes Mal.«

Wir würden die Gefangenen nicht bei der Arbeit beobachten können, aber die Ton- und Videobänder der Gespräche im Hotel sowie der unterzeichnete Vertrag genügten für den Nachweis einer Verbindung zwischen Außenhandel und Zwangsarbeit.

Am nächsten Tag flogen wir von Shanghai nach Tianjin, um mein altes Gefängnis, die Qinghe-Farm, zu besuchen, wo Ching Lee und ich erst zwei Monate zuvor Bilder aufgenommen hatten. Ich quetschte die drei *lao-wai* (Ausländer) – Ed Bradley, David Gelber und Kameramann Norman Lloyd – auf die hintere Sitzbank eines kleinen Lieferwagens, dessen Seitenfenster ich mit Vorhängen zugezogen hatte. Dann erklärte ich ihnen: »Rühren Sie sich nicht, und machen Sie keine Aufnahmen, bis ich es sage.«

Wir brauchten eine Stunde vom Hyatt Hotel in Tianjin zur Yonghe-Brücke am Yongding. Als ich zwei Soldaten sah, befahl ich dem Chauffeur anzuhalten, damit sich die *lao-wai* die Füße vertreten könnten. David Gelber war nervös und wollte weiterfahren, aber ich schickte den Chauffeur zu den Wachen. Er begrüßte sie und sagte: »Die ausländischen Besucher würden sich gern die Stahltrossen der Brücke ansehen.«

Als die Soldaten zögerten, gab ich ihnen zwei Marlboro-Zigaretten. (Manchmal geht es wirklich so leicht.) Wir rollten mehr als zwanzig Kilometer durch die Qinghe-Farm, wobei uns ein weißer Streifenwagen nach dem anderen passierte. Tausende von Arbeitern schachteten einen Kanal aus und setzten Straßen instand. Ich ließ den Fahrer am Straßenrand parken und forderte die drei Amerikaner auf, aus dem Wagen zu steigen und wie selbstverständlich neben den Sicherheitsbeamten herzugehen. Ich setzte darauf, daß die Aufseher nicht auf Ausländer vorbereitet waren und uns gestatten würden, rasch ein paar Einstellungen zu drehen und sofort wieder zu verschwinden. Allerdings begreife ich bis heute nicht, wieso uns niemand stoppte.

Bei der Weiterfahrt entdeckten wir in den Weinbergen arbeitende Häftlinge. Dort wurden Trauben für Dynasty Wine gezüchtet, den Remy Martin und Tianjin Wine herstellen und in den Vereinigten Staaten, etwa in Kalifornien, vertreiben.

Ich bat Bradley, Trauben in einem der Weinberge zu kaufen, während der Kameramann ihn durch das Fenster des Lieferwagens filmte.

»Dieser ausländische Besucher möchte ein paar Trauben kaufen«, sagte ich zu dem Wachmann.

»Sehr gern. Unsere Rose Delicious sind gerade reif. Ausgezeichnete Trauben. Sie können sie probieren.« Er reichte Ed eine große Weinrebe und meinte dann tatsächlich: »Moment, die Kriminellen sollen frische Trauben für Sie pflücken.«

Ein paar Minuten später erschienen fünf oder sechs schmutzige, ausgezehrte Arbeiter, die zwei Karren mit Weintrauben hinter sich her zerrten und einen großen Korb mit etwa zwanzig Pfund Trauben füllten. Wir probierten die Trauben, schmatzten genießerisch, bezahlten dann und fuhren weiter, bevor sich die Polizisten fragen konnten, weshalb eine Gruppe von *lao-wai* hier Spazierfahrten machte und Weintrauben aß. Beim Anblick der mutlos durch die Weinberge stapfenden Gefangenen war uns der Appetit vergangen. Wir ließen die Trauben im Wagen zurück.

Von Tianjin reiste ich nach Hongkong, während das Team nach Beijing flog, wo Ed Bradley den stellvertretenden Außenhandelsminister Tong Zhi Guang interviewen wollte.

Tong wußte anscheinend nichts von den bohrenden Fragen des Teams von *60 Minutes*. Vor laufenden Kameras konfrontierte Bradley den Minister mit der Tatsache, daß Vertreter der Laodong-Maschinenfabrik in Shanghai uns versichert hatten, Exportartikel aus Zwangsarbeitslagern liefern zu können.

»Das ist meines Wissens unmöglich«, erwiderte Tong in sehr gutem Englisch. »Meines Wissens hat keine Produktionsanlage, die einer Haftanstalt angegliedert ist, jemals die Erlaubnis erhalten, Außenhandel zu betreiben. Das geht einfach nicht.«

Bradley schwenkte einige Dokumente. »Hier ist der Beweis, daß sich solche Dinge mitten in Shanghai abspielen.«

»Das ist für mich unvorstellbar«, stotterte Tong. »So etwas kommt nicht in Frage ... Wenn das stimmt, ist das ein Verstoß gegen die chinesische Handelspolitik ... Die chinesische Regierung erlaubt niemals den Export sogenannter Zwangsarbeitsprodukte.«

»Setzt die Regierung ihre Gesetze in der Praxis durch?« fragte Bradley.

»Es handelt sich entweder um einen Fehler, oder der Brief ist gefälscht.«

Nun legte ihm Bradley ein Exemplar einer offiziellen Handelsbroschüre von 1988 vor, in dem mit dem zwanzigprozentigen Exportanstieg von Zwangsarbeitsprodukten geprahlt wurde. »Hier steht's schwarz auf weiß!«

»Davon weiß ich nichts«, sagte Tong. Seine Augen schweiften hilfesuchend hin und her; vielleicht hoffte er, daß ein paar Sicherheitsbeamte diese unverschämten Ausländer in ein fernes Lager abtransportieren würden.

Der stellvertretende Minister war klug genug zu begreifen, daß er in der Klemme saß. Da die Chinesen keine Erfahrung mit Pressefreiheit

haben, war ein Politiker wie Tong, so verbindlich und gebildet er auch
sein mochte, in einem derartigen Interview völlig hilflos. Ein amerikanischer Politiker hätte in die Kamera gelächelt und alle Vorwürfe abgestrit-
ten, ohne mit der Wimper zu zucken. Dazu war Tong nicht in der Lage.

»Welches Amt haben Sie inne?« setzte Bradley nach.

»Stellvertretender Außenhandelsminister«, erwiderte Tong bedrückt.

»Und was ist mit dieser offiziellen Broschüre?«

»Auch in Regierungspublikationen kann es Fehler geben«, beteuerte
Tong.

Bradley versuchte, Tong eine Brücke zu bauen, indem er zu bedenken gab, daß es für beide Seiten leichter wäre, wenn sie sich einfach nur
auf gute Vertragsabschlüsse konzentrierten.

»Geschäft ist Geschäft«, meinte Tong hoffnungsvoll.

Die Ausstrahlung des Interviews im September war ein voller Erfolg.
Als Ed Bradley mit ihm fertig war, hatte Tong das Gesicht verloren. Jeder, der *60 Minutes* gesehen hatte, würde sich daran erinnern, daß Tong
angesichts unleugbarer Beweise ins Schwimmen geraten war.

In Hongkong plante ich unsere letzte Mission: die Entlarvung der
Handelsgesellschaft, die für die Schaflederproduzenten in Xining tätig
war.

Ich traf mich mit dem CBS-Team im Sheraton. Diesmal durfte Ed
Bradley sich nicht blicken lassen, da man ihn in Hongkong erkennen
würde. Also spielte Kameramann Norman Lloyd die Rolle des Chefs.
Vor den versteckten Kameras vertraute Herr Pung, der Zwischenhändler der Handelsgesellschaft, mir an, daß er der Lederexperte sei, der
die Lager besuche. Viele der Arbeiter seien üble Burschen, nämlich
Gefangene, die im Zaum gehalten werden müßten. Leider sprach er
Mandarin, das für das amerikanische Fernsehen übersetzt werden
mußte. Immerhin erhielten wir vor laufender Kamera die erforderlichen
Informationen über jährliche Verkaufs-, Produktions- und Versand-
zahlen.

Nachdem wir das Sheraton verlassen hatten, wollte ich unbedingt
einen Blick auf den Film werfen. Der Kameramann schlug vor, ins Hotel
zurückzukehren, aber ich sagte: »Nein, ich möchte mir alles sofort an-

sehen.« Deshalb spulte er den Film noch draußen auf der Straße zurück und spielte ihn ab. Nichts. Aus welchem Grund auch immer, der Film war leer. Der Kameramann schaute finster drein. Zwar war die Kamera versteckt gewesen und er hatte sie während des Betriebs nicht überprüfen können, aber trotzdem trug er die Verantwortung. Er war wütend auf sich selbst und fürchtete um seinen Arbeitsplatz.

»Lassen Sie uns ins Hotel gehen«, sagte ich. »Mir wird schon etwas einfallen.«

Im Hotel trafen wir Ned Hall, den Tontechniker, der lässige Freizeitkleidung trug.

»Haben Sie einen Anzug?« fragte ich.

Ned schaute mich an, als wäre ich verrückt. »Was ist los?«

Ich teilte ihm mit, er sei gerade Importeur von Schafleder geworden und müsse dementsprechend gekleidet sein. Ich schlug vor, er solle mit meiner Kreditkarte nach unten gehen, einen Schneider ausfindig machen (was in allen guten Hotels von Hongkong möglich ist) und sich innerhalb einer Stunde einen Anzug anfertigen lassen. Doch als Profi hatte Ned auf seinen Reisen stets Geschäftskleidung für alle Fälle dabei.

Nun rief ich Herrn Pung an. »Ich bin sehr zufrieden mit Ihnen und Ihrer Sekretärin«, sagte ich. »Aber mein Chef ist gerade eingetroffen und möchte unbedingt mit Ihnen sprechen.«

Zu meiner Erleichterung waren die beiden sofort zu einem neuen Treffen mit uns bereit. Der Tontechniker kehrte zurück und sah in seinem konservativen Anzug glänzend aus. Auf dem Weg hinüber zu dem anderen Hotel brachte ich ihm alles bei, was er über das Schafledergeschäft wissen mußte.

Die Händler in Hongkong waren sehr beeindruckt von meinem »Chef«. Wahrscheinlich lag es an dem Anzug. Ich schaltete per Knopfdruck die versteckte Kamera ein, und diesmal verlief das Gespräch noch besser. Die Sekretärin hatte wohl gut zu Mittag gegessen, denn sie begann auf Englisch mit uns zu plaudern. Unser Tontechniker sagte, er mache sich Sorgen über die Qualitätskontrolle seitens der Häftlinge.

»Kein Problem«, behauptete Herr Pung auf chinesisch.

Aber die Sekretärin, die einen langen, geblümten Rock und eine rötliche Bluse trug, äußerte sich weniger zurückhaltend auf englisch: »Die

haben dort ihre eigenen Vorschriften, und außerdem schicken wir Leute
hin, die die Qualität prüfen. Wenn wir melden, daß die Qualität nicht
ausreicht, werden die Häftlinge mit Schlägen oder auf andere Art bestraft.« Zur Untermauerung machte sie eine hackende Bewegung mit
der rechten Hand.

Sobald wir das Hotel verlassen hatten, überprüften wir den Film.
Diesmal hatte die Kamera funktioniert.

Ich rief Ching Lee an und bat sie, ihre Arbeit in Taiwan aufzugeben und
noch vor dem 15. September nach Amerika zu fliegen. Denn an jenem
Abend wurde unser Film in *60 Minutes* gesendet, und außerdem sollte
eine Titelgeschichte in *Newsweek* erscheinen. Deshalb sollte in New York
eine kleine Feier stattfinden. Meine Frau hatte maßgeblichen Anteil am
Erfolg der Reisen und mußte unbedingt an der Party teilnehmen. Sie
flog am nächsten Tag nach Amerika, und wir begannen unser neues, gemeinsames Leben.

Der *60-Minutes*-Film wurde am 15. September 1991 gezeigt, die Titelgeschichte in *Newsweek* war glänzend, und auch *The Washington Post,
Business Week* und *World Journey*, eine chinesischsprachige Zeitung, beschrieben meine Reisen. Das hatte zur Folge, daß der Kongreß und die
Zollbehörde noch im selben Herbst Hearings veranstalteten.

Die chinesischen Funktionäre mochten Ed Bradley nicht erkannt haben, als er durch die Straßen ihrer Städte ging, doch nun kannten sie ihn
um so besser. Am 19. September gab Wu Jianmin, der Pressesprecher
des chinesischen Außenministeriums, folgende Erklärung ab: »CBS und
die Zeitschrift *Newsweek* haben die Fakten auf unerträgliche Weise ent-
stellt. Sie sind berüchtigt für ihre Versuche, China zu verunglimpfen.
Diese Haltung beruht auf ihren ideologischen Vorurteilen und ihrem ex-
tremen Haß auf das Gesellschaftssystem, für das sich das chinesische
Volk entschieden hat. Der Autor hat Schwarz mit Weiß und Richtig mit
Falsch verwechselt.« Später erfuhr ich, daß die *60-Minutes*-Sendung in
den Ausländerhotels der chinesischen Großstädte gezeigt worden war.
Wer die moderne Elektronik in sein Land läßt, kann den Informations-
fluß nicht mehr hundertprozentig kontrollieren. Es gelang der chinesischen Regierung jedoch, in jener Woche die Auslieferung der *Newsweek*-

Ausgabe zu verbieten und später BBC und die Stimme Amerikas zu stören, die Beiträge über meine Reisen ausstrahlten.

CBS wurde für die Sendung mit einem Emmy ausgezeichnet, und die Verantwortlichen waren mir sehr dankbar – mit Ausnahme der Buchhalter. Als ich nach Kalifornien zurückkehrte, legte ich eine Spesenabrechnung über achtzehntausend Dollar vor; dabei konnte ich größere Ausgaben, etwa für die Flugtickets, belegen, nicht jedoch kleinere wie »Taxifahrer – zweihundert Dollar« oder »Polizeibeamter – hundert Dollar« oder »Ehemalige Häftlinge – dreihundert Dollar«. Ich hatte David Gelber erklärt, daß ich keine Quittungen verlangen dürfe, weil die Polizei mich sonst leichter aufspüren könne. Aber nun wollten die CBS-Buchhalter Quittungen sehen und forderten auch Schadenersatz für die Kamera, die Ching Lee weggeworfen hatte, als wir auf der ersten Reise von Sicherheitsbeamten verfolgt wurden. Ich hatte mein Leben für CBS riskiert, doch das schien der Buchhaltung gleichgültig zu sein. Schließlich schaltete Betty Bao Lord, die Autorin und Ehefrau von Winston Lord, dem früheren amerikanischen Botschafter in China, den Chef von *60 Minutes*, Don Hewitt, ein. Er brauchte weitaus weniger als 60 Minutes, um Klarheit zu schaffen. Vier Jahre später, nach meiner Freilassung durch die Chinesen, sollte ich mich durch ein Exklusivinterview für Hewitts Entgegenkommen erkenntlich zeigen.

Da ich wegen *60 Minutes* nun in China und anderswo bekannt war, vermuteten viele, ich würde keine weiteren Reisen in meine Heimat unternehmen. Aber ich widersprach: »Stellt euch vor, wir kehren an einem warmen Frühlingstag zur Qinghe-Farm, Abteilung 586, zurück und legen frische Blumen auf die Gräber meiner ›namenlosen‹ Freunde.«

## 12 Meihua

Meine zweite Reise nach China hatte noch etwas Erfreuliches erbracht: Ich hatte wieder Kontakt mit Meihua. Bevor ich Shanghai verließ, stattete ich ihr einen Besuch ab, denn ich konnte immer noch nicht begreifen, weshalb sie mich vor so vielen Jahren zurückgewiesen hatte. Ching Lee wußte Bescheid. Sie ist die Liebe meines Lebens, die Frau, auf die ich gewartet habe, aber sie versteht, daß in meinem Herzen auch Platz für Meihua ist.

Es war siebzehn Jahre her, seit ich Meihua – während meines Urlaubs vom Kohlenbergwerk – zum letztenmal gesehen hatte. Damals konnte sie mir kaum ins Gesicht sehen und war unfähig, über die Vergangenheit zu sprechen. Ich wollte immer noch wissen, weshalb sie mir vierunddreißig Jahre zuvor meinen Ahänger zurückgegeben und so plötzlich mit mir gebrochen hatte. Was hatte man ihr gesagt? War sie bedroht worden? Welche Ängste hatte der Vorsitzende Mao bei allen Chinesen ausgelöst? Jetzt waren wir älter, und die Zeit wurde knapp. Sollten wir wirklich immer noch Angst haben? Zwar machte ich mir Sorgen, daß meine Aktivitäten sie in Schwierigkeiten bringen würden, aber obwohl ich damit rechnete, überwacht zu werden, schien man bei den chinesischen Behörden nichts von meinen Plänen zu ahnen. Zudem würde ich Meihua keine Geheimnisse anvertrauen oder sie bitten, Videobänder zu verstecken. Sie war stets unschuldig gewesen, und ich würde sie niemals in Gefahr bringen. Es ging mir einfach nur darum, diese Frau von mehr als fünfzig Jahren wiederzusehen und mich an das Mädchen zu erinnern, das ich geliebt hatte.

Ich machte sie mit Hilfe ihrer Verwandten ausfindig. Meihua wohnte nun zusammen mit ihrem Mann in einem Vorort von Shanghai, und sie ließ mir mitteilen, daß sie mich in der Wohnung ihrer Schwägerin treffen wolle. Zur vereinbarten Stunde eilte ich dorthin und sah sie am anderen Ende des Zimmers. Es war dasselbe Gesicht, das ich mir in all den Jahren vorgestellt hatte, doch nun war es von ergrauendem Haar umrahmt. Meihua trug die übliche Hose, ein Sweatshirt und einfache Schuhe – nichts Außergewöhnliches. Wir waren keine Fünfundzwanzigjährigen mehr, die sich in einer Bar trafen – sie mit Make-up und einer ausgefallenen Frisur, ich mit einem bunten Hemd und kräftigem Eau de Toilette – und ein großes Abenteuer begannen. Nichts dergleichen. Wir waren alte Freunde, die sich zwanglos in der Wohnung von Verwandten begegneten.

Diesmal hatte Meihua keine Angst vor mir. Wir gingen aufeinander zu und umarmten uns, Wange an Wange, drei oder vier Minuten lang. Ich spürte die Umarmung einer wirklichen Freundin, die ich noch immer gern hatte. Und ich wußte, daß auch sie so empfand. Nach chinesischen Maßstäben ist sie kein Filmstar, keine schöne Frau, sondern von durchschnittlicher Größe und mit durchschnittlichen Zügen; doch ich sah ihr Gesicht und wußte, daß sie Meihua war, das Mädchen meiner Jugend, das Mädchen meiner verlorenen Träume.

Die Schwägerin machte sich im Zimmer zu schaffen und verkündete dann, daß sie einkaufen müsse und in einer Stunde zurückkehren werde. Meihua kochte Tee, und wir setzten uns an den Küchentisch.

»Du bist so dünn«, sagte ich. Sie war gelenkig und schlank – ganz anders, als chinesische Großmütter früher aussahen.

»Ich beschäftige mich jetzt mit Schwerttanz – das ist ein Kampfsport wie Tai-chi. Jeden Tag gehe ich in den Park bei meinem Haus und trainiere. Wir müssen uns in Bewegung halten, wir sind fast sechzig.«

»Nicht ganz, noch ein paar Jahre. Geht es dir gut? Ich habe gehört, daß du nicht ganz gesund bist.«

»Ich bin wohlauf«, erwiderte sie. »1957 bin ich in die Mandschurei versetzt worden. Es war kalt da oben, und es gab nicht genug zu essen.«

Sie hatte versucht, nach Shanghai zurückzukehren, aber ihr fehlten die nötigen politischen Beziehungen, da ihre Familienangehörigen, genau wie meine, als Rechtsabweichler galten. Deshalb hatte sie ernste gesundheitliche Beschwerden vorgetäuscht und war schließlich wieder nach Shanghai versetzt worden. »Ich habe kleinere Probleme, aber nichts Ernstes«, meinte Meihua.

Sie wußte, daß ich nun in den Vereinigten Staaten lebte, und ich erzählte ihr, daß ich als Forscher in Kalifornien tätig sei, aber ich ging nicht ins Detail, und Meihua war klug genug, keine Fragen zu stellen. Ich berichtete ihr von Ching Lee, der Frau, die ich in Taipeh kennengelernt hatte und die nun mein Leben mit mir teilt. Meihua nickte und lächelte und freute sich für mich.

»Hast du Enkelkinder?« fragte ich. Sie sagte, ihre zweite Tochter habe ihr eine Enkelin geschenkt.

Ich erkundigte mich nicht nach ihrem Mann, seiner Arbeit oder auch nur nach seinem Namen. Das mag gefühllos klingen, aber ihre Ehe spielte keine Rolle für mich. Wir würden einander nicht wiedersehen. Unsere Beziehung war Vergangenheit. Entscheidend war nur, daß ich jetzt mit dieser Frau mittleren Alters hier im Zimmer saß und daß wir das ungeheure Gewicht der Vergangenheit spürten. Ich fragte, ob sie alte Fotos von uns oder unserer damaligen Umgebung und unseren Freunden aus jenen unschuldigen Tagen besitze. Sie entgegnete, die meisten Habseligkeiten ihrer Familie seien bei den Ausschreitungen der Roten Garden zerstört worden. Fotos junger Liebespaare hatten als Relikte aus einer bourgeoisen Epoche gegolten, als Hindernisse auf dem Weg in die neue Zeit, in der alle nur noch Mao lieben würden.

Wir ließen die Vergangenheit hinter uns und machten einen neuen Anfang. Mir gegenüber saß eine Frau mit einem kleinen traurigen Lächeln, das ich noch von früher kannte. Woran lag es, daß ich Meihua damals und heute so sehr liebte? Ich wußte es nicht. »Es scheint, als würden wir uns alle siebzehn Jahre sehen«, sagte ich. »Ich weiß nicht, ob es mit dem nächsten Treffen in siebzehn Jahren klappt.«

Die politischen Ereignisse hatten Millionen von privaten Tragödien nach sich gezogen, aber vielleicht waren wir davon verschont worden. Wir hatten uns getrennt, bevor wir tatsächlich ein Liebespaar werden, bevor wir uns verloben, bevor wir heiraten konnten. Wir hatten da wirklich etwas verpaßt, doch wir wußten nicht, ob wir gemeinsam glücklich geworden wären. Da wir beide sehr eigensinnig sind, hätten

wir uns vielleicht irgendwann zerstritten und auseinandergelebt. Aber
wir hatten nie die Chance gehabt, das herauszufinden.

Zum Glück für uns beide war das Leben weitergegangen. Ich saß
mit dieser nicht mehr jungen Frau zusammen und dachte an das Mädchen, das in einem anderen Leben mit mir durch Shanghai geradelt war.
»Ich bin froh, daß ich dich wiedergesehen habe.«

Ich konnte ihr nicht sagen, was ich wirklich dachte: daß sie meine erste Liebe war und immer in meinem Herzen sein würde. Das brachte ich
nicht über die Lippen.

Ihre Schwägerin kehrte zurück, und es wurde Zeit, mich zu verabschieden. Vielleicht würde der Parteifunktionär des Häuserblocks
melden, daß Meihua und ich in der Wohnung ihrer Familie beobachtet
worden seien, aber ich hatte sie nicht gefährdet. Ich hatte meine Geheimnisse für mich behalten. Wir umarmten uns an der Tür und versprachen, einander zu schreiben. Dann eilte ich die Straße hinunter,
heim zu Ching Lee in Kalifornien. Die Zeit bis zum Jahre 2008 war noch
sehr lang.

# 13   Ich werde eine Stiftung

Das Telefon klingelt. Jemand spricht Mandarin am anderen Ende. »Wir bringen dich um.« Klick.
Hin und wieder geschieht das – gerade häufig genug, damit ich auf der Hut bleibe.

Nach meinem Auftritt in *60 Minutes* hatten viele Fremde, ob ich es wollte oder nicht, von mir gehört. Ich fand Mitteilungen auf meinem Anrufbeantworter oder vielleicht einen Brief in der Post, in dem es hieß: Du bist ein Verräter. Laß China in Ruhe.

Aber niemand kann sich vor dem Terrorismus verstecken. Die alten Fehden werden heute über die Grenzen hinweg ausgetragen. Jemand aus Taiwan wird in den Vereinigten Staaten wegen einer Bemerkung in einem Rundschreiben getötet. Jemand aus Chile wird in Washington, D.C., in die Luft gesprengt. Ein Bulgare versetzt einem Mann in London einen Stich mit einer vergifteten Regenschirmspitze. Ein Regierungsvertreter verschwindet aus einer Botschaft, und man findet seine Leiche. Es ist von Selbstmord die Rede, aber wer weiß? Wenn sie es wirklich wollen, werde ich mich nicht schützen können, doch ich darf mich dadurch nicht einschüchtern lassen. Sonst haben sie gewonnen.

Offensichtlich machte ich Fortschritte, denn als ich 1993 zu einer Menschenrechtskonferenz nach Genf reiste, wurde ich vor dem Gebäude von einem halben Dutzend Chinesen bezichtigt, in meinem Buch, das sämtliche Lager verzeichnet, Fehler gemacht zu haben. »Zugegeben, einiges stimmt nicht«, sagte ich. »Jeder macht Fehler. Wollen Sie etwa behaupten, daß sogar Ihr großer Führer nie Fehler gemacht hat? Ich habe das Recht, mich zu äußern.«

»Sie arbeiten für das Ausland«, höhnten sie.

»Nicht alle Ausländer sind schlechte Menschen«, entgegnete ich.

»Was war mit Marx? Oder mit Stalin? Das waren Ausländer, aber die mögen Sie doch, oder?«

»Sie verbreiten Lügen«, riefen die Leute.

Ich erkundigte mich, wie sie zu dieser Meinung gekommen seien, und merkte rasch, daß sie nichts von mir gelesen hatten, sondern einfach nur die Propaganda aus Beijing akzeptierten. Vor allem ärgerte mich ihre Behauptung, daß sie als Dissidenten auf dem Tiananmen-Platz gewesen seien, was der Wahrheit entsprechen mag – oder auch nicht. Jedenfalls waren sie nun im Exil, eingeschüchtert und verunsichert, und sie wollten China vermutlich nicht gegen sich aufbringen. Na schön, es machte mir nichts aus, den Sündenbock zu spielen, die Aufmerksamkeit auf mich zu lenken, ihnen einen Schutzschild zu bieten.

Nun war ich kein einsamer Chinese mehr, der auf der Suche nach Gerechtigkeit durch die Welt zog. Nach meiner ersten China-Reise hatte ich bei einem Kongreß-Hearing ausgesagt und Jeff Fiedler kennengelernt, den Schatzmeister der Sektion Lebensmittelhandel und verwandte Dienstleistungen im Gewerkschaftsverband AFL-CIO. Der Verband hatte nach meinen ersten Recherchen eine Laogai-Karte veröffentlicht. Jeff war als Soldat in Vietnam gewesen, hatte später dort studiert und eine Vietnamesin geheiratet. Danach hatte er in der Türkei gearbeitet und bei der Organisation der kurdischen Gewerkschaftsbewegung mitgeholfen. Ich wußte also, daß er sich in anderen Teilen der Welt auskannte.

Jeff setzte sich leidenschaftlich für die Menschenrechte ein und hatte mit einem chinesischen Studenten zusammengearbeitet, der nach dem Massaker auf dem Tiananmen-Platz entkommen war. Bald wurde er einer meiner besten Freunde.

Natürlich ist die AFL-CIO dagegen, daß Güter, die von unbezahlten Häftlingen in China hergestellt werden, in die USA gelangen. Was noch wichtiger ist: Sie verurteilt Sklavenarbeit überall auf der Welt. Unsere Freundschaft ging aber weit über die Gewerkschaftsarbeit hinaus. Jeff reiste im September 1991 zum erstenmal allein nach China, um die Arbeitslagerproduktion eines großen amerikanischen Konzerns zu untersuchen. 1993 unternahm er eine zweite Reise, und er hat bis heute nicht vergessen, daß er von sieben Sicherheitsbeamten beschattet wurde.

Nachdem seine Tarnung aufgeflogen war, beschloß er, nicht mehr nach China zurückzukehren.

Jeff gab mir zunächst fundierten politischen Rat, der mir bis dahin gefehlt hatte. Zum Beispiel unterrichtete er mich darüber, welche Kongreßabgeordneten beider Parteien an meinem Anliegen interessiert sein könnten. Bevor ich ihn kennenlernte, hatte ich mich lediglich darauf konzentriert, die Existenz der chinesischen Lager anzuprangern, doch Jeff empfahl mir, härter gegen die amerikanischen Partnerfirmen vorzugehen. Sie hätten es verdient, für die Unterstützung der Gefängnisarbeit bestraft zu werden.

Ich war dem Bankrott nahe, da ich all mein Geld für Flugtickets und Büromaterial aufwenden mußte. Da hatte Jeff eine Idee: »Niemand gibt einer Einzelperson Geld. Lieber schickt man Spenden an Stiftungen.«

Mit Hilfe von Linda Pfeiffer aus San Jose in Kalifornien, die großes Interesse an unserer Sache hatte, gründeten Jeff und ich die Laogai Research Foundation. Wir beide fungierten als Kuratoren, zusammen mit Jean Pasqualini, einem halb französischen, halb chinesischen Freund von mir, der in Paris lebte. Er hat ein Buch über seine eigene Leidenszeit im Laogai geschrieben. Es trägt den Titel *Gefangener von Mao*, und Simon Leys nannte es »das grundlegende Dokument über den maoistischen Gulag«.

Ein großer Teil des Stiftungseinkommens rührt von meinen Vortragshonoraren her, und zudem werden wir von einigen Freunden und der National Endowment for Democracy unterstützt. Aus politischen und Sicherheitsgründen werden sämtliche Spenden für Inlandsaufwendungen und Forschung, also nicht für meine Auslandsreisen verwendet. Daneben begann ich, Artikel über die spezifischen Mißbräuche des Systems zu veröffentlichen und fünfhundert oder tausend Exemplare an Meinungsmacher überall auf der Welt zu verschicken. Ich legte Karten der Lager sowie Muster von Waren bei, die in den Westen gelangten.

Eine der ersten amerikanischen politischen Maßnahmen, die ich kritisierte, war Präsident Bushs »Memorandum of Understanding Between the United States of America and the People's Republic of China on Prohibiting Import and Export Trade in Prison Labor Products«

(Memorandum über die Übereinkunft zwischen den Vereinigten Staaten von Amerika und der Volksrepublik China zur Frage des Import- und Exportverbots für Produkte aus Gefängnisarbeit), das am 7. August 1992 unterzeichnet wurde. Darin erklärt sich Beijing bereit, eine Reihe von Menschenrechts- und Völkerrechtsnormen einzuhalten, um seine Handelsprivilegien nicht zu verlieren. Mein Englisch ist alles andere als glänzend, aber manchmal fühle ich mich inspiriert: Überall im Land hielt ich Vorträge, in denen ich erklärte, daß die Initialen M.O.U. für »Meaning of Useless« (Völlig nutzlos) stünden. Diese Wendung gefiel Jeff so sehr, daß auch er sie ständig wiederholte.

Je länger ich im Westen lebe, desto klarer wird mir, wie sehr sich hier viele Menschen den Kopf darüber zermartern, was sie tun und wie sie wirken. »Amerika hat Millionen Häftlinge«, hörte ich häufig. »Wir haben aneinandergekettete Sträflingstrupps. Viele davon sind politische Häftlinge, die wegen ihres Glaubens, ihrer Hautfarbe oder ihrer Herkunft im Gefängnis sitzen.« Ich erwiderte stets: »Kann man einen Sträflingstrupp in Georgia wirklich mit dem russischen Gulag oder dem chinesischen Laogai vergleichen? Die Kommunisten verschleppen Menschen über Tausende von Kilometern und halten sie jahrzehntelang fest, nur um mehr Arbeitsleistung aus ihnen herauszuschinden. Wenn man in China sagt ›Nieder mit der Kommunistischen Partei‹, landet man im Gefängnis, aber wer in Amerika sagt ›Nieder mit den Demokraten‹ oder ›Nieder mit den Republikanern‹, hat nichts zu befürchten.«

China ist kein Land, in dem man es für nötig hält, Erklärungen abzugeben, aber zu meiner Verblüffung gab die chinesische Regierung am 11. August 1992 tatsächlich ein Weißbuch heraus, in dem sie ihre Arbeitslagerpolitik darlegte. Ich bin absolut überzeugt davon, daß unsere Aktivitäten der Auslöser dieser ungewöhnlichen Rechtfertigung waren:

»China ist das bevölkerungsreichste Land der Welt«, hieß es in dem Weißbuch. »Trotzdem ist die Zahl der Verbrechen viel niedriger als der Weltdurchschnitt, und zwar infolge einer Reihe von Maßnahmen, welche die politische Macht des Volkes ergriffen hat, um das Wirtschaftswachstum zu fördern und die gesellschaftliche Stabilität aufrechtzuerhalten … Das Hauptziel des chinesischen Strafrechts besteht darin,

Verbrecher derart umzuerziehen, daß sie dem Gesetz gehorchen, sich durch ihre eigene Arbeit ernähren und zu freien Bürgern der Gesellschaft werden.«

Die wichtigsten Ziele der chinesischen Regierung seien:

I. Menschen können gebessert werden.

II. Laut chinesischem Gesetz sind die Rechte eines Verbrechers während des Gefängnisaufenthalts geschützt und dürfen nicht verletzt werden.

III. Es ist besonders wichtig, daß Verbrecher ein produktives und sozial nützliches Verhalten an den Tag legen.

IV. Da die meisten Verbrecher jung, schlecht ausgebildet und gesetzesunkundig sind, besteht ein wesentlicher Teil der »Besserung durch Arbeit« darin, den Häftlingen eine gründlichere Ausbildung sowie ein ausgeprägteres juristisches, moralisches und kulturelles Bewußtsein sowie eine höhere Qualifikation zu verschaffen.

V. Methoden der Umerziehung: Bibliotheken, Bücher, Theatergruppen, Vorträge ehemaliger Häftlinge.

VI. Humaner Umgang mit Häftlingen im Einklang mit dem Gesetz.

VII. Bestrafung von Verbrechern.

VIII. Beschäftigung, Umsiedlung, Erziehung und Schutz von Häftlingen.

Das Weißbuch ließ weit mehr neue Fragen aufkommen, als es beantwortete: Wie viele Lager und wie viele Häftlinge gibt es, wie viele davon sind gewöhnliche Kriminelle und wie viele sogenannte Konterrevolutionäre? In dem Weißbuch wurde angemerkt, daß chinesische Gerichte mehr als vierzigtausend Berufungsverhandlungen geführt hätten, was angesichts des Mangels an ordentlichen Gerichtsverfahren in China unglaublich hoch erscheint. Man behauptete, daß »die Verbrecher das Recht auf ein normales Leben haben« und daß der Eiweißgehalt der Gefängnismahlzeiten fast genauso hoch sei wie im Landesdurchschnitt, was ich, der diese Küche genossen hat, kaum glauben konnte. Man sprach von der Freiheit der Korrespondenz und der Religionsausübung, die, wie ich wußte, nicht existierte. Außerdem gebe man den zum Tode verurteilten Häftlingen eine zweijährige Bewährungsfrist, »in der sie einer Besserung durch Arbeit unterzogen werden, um festzustellen, ob diese Methode etwas bewirkt«. Entsprach das der Wahrheit, oder hielten die Behörden die Gefangenen nur so lange am Leben, bis ihre Nieren für Transplantationen benötigt wurden?

An anderer Stelle hieß es in dem Weißbuch: »In China dienen die von Häftlingen hergestellten Produkte in erster Linie dazu, die Bedürfnisse des Arbeits-Besserungs-Systems zu stillen.« Aber warum versah man dann die Arbeitslagerfabriken mit falschen Namen, um die Profite aus der Zwangsarbeit zu verschleiern?

Und schließlich stand in dem Weißbuch, daß Güter aus Gefängnisfabriken und -farmen 1990 »etwa 0,08 Prozent der gesamten Industrie- und Agrarproduktion des Landes« ausgemacht hätten. Ein scheinbar unerheblicher Prozentsatz – bis man sich überlegt, wie gewaltig China ist. Die Rede war von Abermillionen Dollar, die aus Sklavenarbeit herrührten. Und mir lag stets der einzelne am Herzen – die eine Person, die aus vielleicht politischen Gründen jahrzehntelang schuftete. Sogar 0,08 Prozent war eine Riesenzahl für den, der dazugehörte.

Jeff konnte mich letztlich überzeugen, daß wir die amerikanischen Unternehmen, die mit den Chinesen Geschäfte machten, überwachen mußten. Zum Beispiel begann ich bald zu vermuten, daß Wal-Mart von chinesischen Häftlingen hergestellte Produkte einführte. Es gelang mir, meinen Namen auf die Liste derjenigen setzen zu lassen, die vor den fünfzehntausend Aktionären auf der Hauptversammlung in Fayetteville, Arkansas, das Wort ergreifen durften. Als wir den Saal betraten, beschlagnahmte das Sicherheitspersonal Ching Lees Videokamera – was nicht einmal die chinesischen Behörden auf unseren Reisen getan hatten. Zum Glück hatte Jeff dafür gesorgt, daß zwei andere Personen, die Wal-Mart-T-Shirts und -Baseballmützen trugen, mit Videokameras zu dem Treffen erschienen. Sie nahmen eine klassische Szene auf, in der mir Rob Walton, der Sohn des Firmengründers Sam Walton, nach genau drei Minuten, der mir zugemessenen Zeitspanne, das Wort entzog, während mich fünfzehntausend Aktionäre ausbuhten.

Jeff fürchtete, ich könne beleidigt und verängstigt sein, und fragte mich: »Hast du jemals vor einer so feindseligen Menge gestanden?«

»Ich habe ähnliche Versammlungen erlebt, wo man Kinder und Fah-

nen einsetzte, um die Gefühlswogen aufzupeitschen, und wo man keine
Diskussion erlaubte«, antwortete ich beim Hinausgehen. »Das war im
kommunistischen China.«

Nachdem die Stiftung ihre Arbeit begonnen hatte, kam mir die Idee,
Fotos und Berichte von möglichst vielen Überlebenden zu sammeln.
Im Westen war es leicht, die Menschen zum Sprechen zu bringen, doch
in China wollten die Opfer die Jahrzehnte in den Lagern vergessen. Sie
hatten Angst und wollten einfach ein ruhiges Leben führen.

Ich beschloß, in China andere Leute für mich arbeiten zu lassen,
zum Beispiel einen Laogai-Überlebenden namens Feng, der mittlerweile
in Hongkong als Fotograf tätig war. Im März 1993 besuchte ich mit
Ching Lee Fengs winziges, schäbiges Zimmer ohne Bad oder Küche.
Mir kamen beinahe die Tränen, denn er hatte so viele Jahre gelitten und
besaß so wenig. Ich bot ihm viertausend Dollar für Interviews mit Überlebenden an; daraufhin gab er seine Arbeit auf und reiste nach China,
um Fotos von Überlebenden zu machen. Außerdem gab ich ihm die
Namen und Adressen von sechs oder sieben Zwangsarbeitsfabriken mitten in Großstädten. Ich warnte ihn, keine falsche Identität zu benutzen
und das Gesetz nicht zu übertreten. Falls er billige Produkte aus diesen
Gefängnisfabriken kaufen könne, würde ich ihm die Kosten erstatten.

Am Ende legte Feng kein einziges aufschlußreiches Bild und keinen
einzigen Bericht eines Überlebenden vor. Er war sechzig Jahre alt und zu
eingeschüchtert. Einen Film, den er in der Wohnung eines Freundes gelassen hatte, habe die Polizei beschlagnahmt. Ich war unzufrieden, aber
mit Hilfe eines Dritten sorgte ich dafür, daß Fengs Frau aus China ausreisen konnte; zudem bat ich Freunde, etwas für seine Lebensverhältnisse in Hongkong zu tun. Bis heute bin ich mir nicht darüber im klaren,
was er eigentlich vorhatte, aber ich wußte, daß meine Beziehung zu
Feng 1995 bei der Verhandlung gegen mich zur Sprache kommen
würde. Er war nur einer von vielen, die in China für mich gearbeitet
hatten, und obwohl diesmal der Erfolg ausgeblieben war, hatten wir
ihm wenigstens geholfen, seine Lage erträglicher zu gestalten.

\* \* \*

China änderte sich. Das konnte nicht einmal ich abstreiten. In den fünfziger Jahren glaubten die Führer an ihr System, an Gehirnwäsche und
daran, daß sie alle dazu bringen konnten, auf die gleiche Art zu denken
und zu reden. Zu meiner Zeit sagten die meisten: »Der Kommunismus
ist unsere Zukunft, niemand kann sich ihm widersetzen.« Wer dem Lager entkam, fand nirgendwo eine Zuflucht. Wenn er seine Eltern liebte,
mied er sie, denn sie waren für immer gebrandmarkt, falls sie ihm auch
nur für eine Nacht Unterschlupf gewährten. Wenn der Flüchtling keine
Lebensmittelkarte hatte, mußte er hungern. Und von Arbeit konnte natürlich keine Rede sein.

Aber die Gehirnwäsche funktionierte nicht. Die nächste Generation
brachte ihre Rebellen, ihre Dissidenten und Denker hervor, zum Beispiel einen Elektriker namens Wei Jingsheng, der kühne Essays über die
Demokratie schrieb. Anfang der neunziger Jahre verzichteten die chinesischen Machthaber fast ganz auf Gehirnwäsche und ließen die Ideologie fallen. Deng öffnete das Land für den Handel, für Telefone und Tou-
rismus. Bald würde man sogar daran denken, sich dem weltweiten
Datennetz anzuschließen. Es würde schwerer werden, eine geschlossene
Gesellschaft aufrechtzuerhalten.

Also schlug das Regime eine andere Taktik ein. 1993 erklärte Deng
alle Lager zu selbständigen Wirtschaftseinheiten nach Art eines Konzerns oder einer Fabrik. Im profitorientierten China mußten nun die Be-
treiber der Lager die Uniformen, die Gehälter, die Sozialleistungen, das
Kindergeld und die Ausbildung ihrer Polizisten und Facharbeiter bezahlen. Wenn die Kosten jedoch gedeckt waren, erhielten die Arbeiter
höhere Löhne. Der frühere Gefängnisdirektor war nun zum Produk-
tionsmanager geworden. Seine Gewinnspanne hing davon ab, wieviel
zusätzliche Arbeit und wie viele zusätzliche Produkte er seinen Häftlingen abpressen konnte. Wenn jemand von einer Menschenrechtsorganisation, von einer ausländischen Regierung oder der Weltbank zu Besuch kam, benahm sich die Polizei an jenem Tag etwas zurückhaltender,
und man teilte eine bessere Suppe aus. China änderte sich, doch nicht
unbedingt zum Besseren.

## 14   Noch einmal davongekommen

Mein neues Projekt betraf ein ganzes Land, das man in ein Gefangenenlager verwandelt hatte. Die übrige Welt kennt es als Tibet – ein Land mit einer eigenen Sprache, einem eigenen Volk und einer eigenen Geschichte, das die Chinesen brutal zu einer »autonomen Region« ohne viel Autonomie gemacht haben.

Tibet faszinierte mich bereits 1959, als ich die Universität in Beijing besuchte. Damals ließ uns die Regierung in Busse pferchen und zu einer Demonstration gegen Tibet karren. Man zeigte uns Fotos und Dokumente, in denen Tibet als rückständige, schrecklich primitive und grausame Nation dargestellt wurde. Dort verfügten die Mönche angeblich über große Reichtümer, konnten jede Frau haben, die sie begehrten, und ließen Verbrechern zur Strafe die Hände abhacken oder sie bei lebendigem Leibe begraben. Tibet müsse unbedingt von der chinesischen Regierung dafür zur Rechenschaft gezogen werden. Es sei ohnehin ein Teil von China. Am 31. März 1959, als der Dalai Lama über das Gebirge nach Indien entkam, hatte ich bereits selbst Schwierigkeiten mit den chinesischen Behörden.

Das tyrannische Vorgehen der Chinesen erwies sich als Fehlschlag. Der Dalai Lama wurde zu einem der meistgeachteten Menschen in der Welt, der weithin für sein Interesse an der Wissenschaft und seine sanfte, offene Art bekannt ist. Dreißig Jahre später verlieh man ihm den Friedensnobelpreis, und heute ist er der geistige und politische Führer sämtlicher Tibeter, seien sie im Exil oder in der Gefangenschaft. Ich hatte die Ehre, dem Dalai Lama 1992 auf einer Friedenskonferenz in Washington zu begegnen. Er unterzeichnete eines unserer Stiftungsplakate, behielt ein weiteres Exemplar für sich selbst und unterstützte die Stiftung später in einem Schreiben, obwohl er nichts mit uns zu tun hat.

Die Kommunisten schickten chinesische Häftlinge und andere Siedler nach Tibet, um dort den Anteil der Han-Chinesen zu vergrößern, die in Tibet eine Minderheit, in China jedoch die Mehrheit der Bevölkerung bilden. 1993 hörte ich Berichte über nicht weniger als zwölf neue Arbeitslager. Um ehrlich zu sein, tibetische Menschenrechte sind nicht einmal für die mutigen Chinesen, die auf dem Tiananmen-Platz demonstrierten, ein Thema. Die meisten Chinesen halten die Tibeter für »andere«, an die man keinen Gedanken zu verschwenden braucht. Wenn es einen perfekten Standort für ein Gefangenenlager gibt, so ist es Tibet, »das Dach der Welt«. Mit dem Himalaya im Süden und der Wüste Takla Makan im Norden ist Tibet vortrefflich für die Unterbringung von politischen und anderen Gefangenen geeignet. Der Groll der einheimischen Bevölkerung gegen die chinesische Herrschaft ist so stark, daß kaum ein Tibeter einem geflohenen chinesischen Häftling helfen würde.

Ich beschloß, die Existenz der Arbeitslager in Tibet und in der Provinz Qinghai im Norden aufzudecken, doch im Februar 1993 wurde mein Visumantrag in Hongkong ohne Angabe von Gründen abgelehnt. Wir sahen, wie die junge Frau auf dem chinesischen Konsulat auf Ching Lees Antrag schrieb: »Harry Wus Frau. Einreise verboten.«

Nun nahm ich Verbindung mit mehreren im Exil lebenden Tibetern auf und teilte ihnen mit, daß ich einen Begleiter, eine Sondererlaubnis für die Reise nach Tibet sowie Hilfe bei der Überquerung der Grenze von Nepal her benötigte. Dies sollte die geheimste meiner Reisen werden: mit dreifach verschlüsselten Codes, dreifach verdeckten Kontakten – Sicherheit um jeden Preis.

Nach monatelangen Vorbereitungen waren die Exilanten soweit. Im August 1993 flog ich von San Francisco über Hongkong nach Bangkok und weiter nach Katmandu, der Hauptstadt Nepals, die knapp hundert Kilometer von der chinesischen Grenze entfernt ist. Dort traf ich meinen Reiseführer Katuga, einen jungen Tibeter, der auch Mandarin sprach, eine Tibeterin, die sich als meine Frau ausgeben würde, und Katugas Bruder. Um sie zu schützen, nannte ich ihnen nur meinen Vornamen. Zu der Gruppe gehörte außerdem ein Geschäftsmann namens Capu, der uns an der nepalesisch-chinesischen Grenze freies Geleit geben sollte. Die Tatsache, daß Capu aus heiterem Himmel aufgetaucht war, ließ mich argwöhnisch werden. Daher fragte ich ihn, ob ich ein Foto von ihm machen dürfe, denn ich wußte, daß sich im Exil lebende Tibeter nur ungern fotografieren lassen. Er zögerte, gab dann jedoch seine Zustimmung, was ich als Zeichen des Vertrauens deutete.

Am nächsten Morgen brach Capu allein auf, um sich, wie er behauptete, um seine Geschäfte zu kümmern. Katuga, die nepalesischen Führer und ich beluden den Wagen und starteten in Richtung Grenze. Während der vierstündigen Fahrt regnete es so stark, daß es zu Erdrutschen und kleinen Überschwemmungen kam. Wir mußten etliche Male aussteigen und das Auto durch den Schlamm schieben. Gegen fünfzehn Uhr trafen wir in Tato Pani (»Heißes Wasser« auf Nepalesisch) ein, einem Dörfchen mit zwanzig oder dreißig Familien, das vier Kilometer von der chinesischen – oder tibetischen – Grenze entfernt liegt. Wir mußten drei Kontrollpunkte hinter uns bringen und erreichten eine neutrale Zone, in der sich die Chinesen frei zu bewegen schienen. Es war nicht leicht, hier unbemerkt zu bleiben. Da ich erschöpft und schlammverkrustet war, nahm ich ein Bad in der heißen Quelle am Hügel.

Wir wohnten in einem Gebäude, das nicht nur als Hotel, sondern auch als Kaufhaus und Bar diente. Mein bescheidenes Zimmer hatte eine niedrige Decke, an die ich fast mit dem Kopf anstieß, und ein Fenster auf die Hauptstraße hinaus, die genau zwischen Nepal und Tibet lag. Irgend etwas stimmte nicht. Ich war draußen, als ein Jeep von der chinesischen Seite heranrumpelte und neben einem Brunnen hielt. Ein Mann sprang heraus und begann, Fotos zu machen. Mir entging nicht, daß der weiße Toyota-Jeep an der Seite mit der Nummer 00868 versehen war und daß das Nummernschild die Buchstaben GA (die Initialen für Öffentliche Sicherheit auf chinesisch) trug.

Der Mann hielt sich beim Fotografieren an ein bestimmtes Muster. Er knipste irgend etwas in der anderen Richtung, kehrte jedoch stets zur Front unseres Hotels zurück. Dann bemerkte ich, daß der Fahrer eine Polizeiuniform anhatte. Man war hinter mir her! Sofort eilte ich in mein Zimmer.

Da es im Zimmer keinen Strom gab, war es recht dunkel, was mir einen Vorteil verschaffte: Ich war in der Lage, die beiden Männer zu beobachten, ohne daß sie mich sehen konnten. Nach ein paar Minuten stieg der Fotograf wieder in den Jeep, der in Richtung Nepal losfuhr.

Mit Katugas Hilfe stellte ich unsere Kameras auf. Wenn man Aufnahmen von mir machte, wollte ich meine Verfolger ebenfalls fotografieren. Ich war überzeugt, daß sie zurückkommen würden.

Die Fahrt von Tato Pani bis ins nächste Dorf dauert etwa vierzig Minuten. Da der Jeep nach nicht einmal zwanzig Minuten erneut auftauchte, nahm ich an, daß die beiden einfach nur einen kurzen Ausflug gemacht hatten, um zu besprechen, wie sie meiner habhaft werden konnten. Das Auto hielt direkt vor unserem Hotel.

Langsam wurde ich nervös. Auf meinen beiden ersten Reisen hatte die Polizei mich angesprochen, aber nun hatte ich es zum erstenmal mit einer aggressiven Überwachung zu tun. Man versuchte entweder, mich einzuschüchtern, oder man wollte mich in ein chinesisches Gefängnis zurückschleppen. Zwar besaß ich amerikanische Reisepapiere, aber ich war kein amerikanischer Staatsbürger. Ich fürchtete, daß die Chinesen mich als einen ihrer Staatsbürger für sich reklamieren würden. Und schließlich war die Grenze zwischen den Ländern recht durchlässig.

Ich setzte die Videokamera auf einem Stativ am Fenster in Betrieb und begann, mit meinem Fotoapparat zu knipsen. Einige Dorfbewohner steckten ihre Köpfe aus Türen und Fenstern, während andere möglichst rasch von der Hauptstraße verschwanden. Die Polizisten hielten nach einer bestimmten Person Ausschau – nach mir, wie ich argwöhnte. Ich zählte fünf Männer. Zwei bezogen Stellung auf der gegenüberliegenden Straßenseite, und die anderen stürzten in das Geschäft unter mir. Es gab keinen Fluchtweg für mich. Ich drückte das Ohr an ein Loch im Holzfußboden und lauschte, wie sie ihren Dolmetscher anherrschten, den alten Gastwirt zu fragen, ob er Fremde im Hotel gesehen habe.

Zu meiner großen Freude stellte der Gastwirt sich dumm; er stotterte und murmelte nur ein paar unverständliche Worte vor sich hin. Daraufhin verließen die Polizisten das Gebäude. Ich ging nach unten und fragte den Gastwirt, was die Polizei im einzelnen habe wissen wollen. Aber seine Worte waren für mich genauso unergründlich wie für die Beamten.

Einer der nepalesischen Führer versicherte mir, es sei nicht gefährlich, bei Nacht nach Tibet vorzudringen. Ich dachte an die zwölf tibetischen Arbeitslager und daran, wie wichtig es mir war, die Grenze zu überschreiten. Wenn ich allein gewesen wäre, hätte ich vielleicht in der Verkleidung eines der örtlichen »Cowboys«, die Yaks, Stiere und Pferde durch den Himalaya treiben, über die Grenze reiten können. Doch es stand nicht nur mein Leben auf dem Spiel. Es war am besten, wenn Katuga die Grenze überquerte, sich mit Capu traf und die Situation auskundschaftete. Nach etwa einer Stunde kam der nepalesische Begleiter zurück und übergab mir eine Notiz von Katuga: Alles sei in Ordnung, ich könne die Grenze am Morgen überqueren; falls mir dies zu riskant erscheine, könne ich die Kamera-Ausrüstung durch unseren Begleiter zu Katuga bringen lassen, und er werde versuchen, die Existenz der Lager auf Bild festzuhalten. Daraufhin übergab ich dem nepalesischen Begleiter die Kameras, damit er sie Katuga überbrachte.

»Das wichtigste ist, daß Sie zurückkommen«, sagte ich. »Wenn Sie aufgefordert werden, ein Geständnis abzulegen, müssen Sie das tun. Wenn man Geld verlangt, dann geben Sie es ihnen. Werfen Sie die Ausrüstung weg. Ich möchte nur, daß Sie zurückkommen. Wenn Sie ohne Filmmaterial oder Informationen zurückkehren, werde ich mich nicht beklagen.«

Am nächsten Morgen unternahm ich einen Versuch, den Verdacht wenigstens zum Teil von Katuga und dem Begleiter abzulenken. Ich ging demonstrativ bis zur Mitte der sogenannten Freundschaftsbrücke und benahm mich wie ein typischer Tourist. Ich setzte einen Fuß über die mit roter Farbe markierte Grenzlinie, ließ mich dabei von einem Freund fotografieren und plauderte mit den Grenzposten. Dann stieg ich vor aller Augen in den Bus, der von der Grenze weg ins Landesinnere fuhr, um den Posten zu zeigen, daß ich nicht nach Tibet weiterreisen würde.

Mir blieb nichts anderes übrig, als nach Kalifornien zurückzukehren. Auf der Fahrt nach Katmandu machte ich mir große Sorgen um Katuga. Er kannte keine Geheimnisse, aber ich hatte trotzdem Angst, daß man ihn gefangennehmen würde, denn ich wollte niemandes Leben auf dem Gewissen haben.

Wochenlang hörte ich nichts von ihm. Ich war so beunruhigt, daß

ich meine Kontaktpersonen bei den Exiltibetern anrief und sie bat,
Nachforschungen anzustellen. Etwas später meldete man mir, daß Katuga wohlauf sei, doch ich war erst beruhigt, als er Tibet verlassen hatte.

Einige Wochen danach erhielt ich einen Anruf aus Lhasa. »Ich habe
ein Paar Sportschuhe für Sie gekauft«, sagte die Stimme am anderen
Ende.

»Welche Größe?« fragte ich.

»Sieben.«

»Vielen Dank«, antwortete ich erleichtert und legte den Hörer auf.

Katuga war in Sicherheit. Die Nummer Sieben war unser Code für
»Alles in Ordnung«. Katuga war nach Katmandu zurückgekehrt, nachdem er sämtliche von mir erwähnten Orte aufgesucht und alle ge-
wünschten Informationen besorgt hatte. Ich war so aufgeregt, daß ich
mich sofort mit Ching Lee ins Flugzeug setzte, um mit diesem Mann zu
sprechen, den ich nun für einen Helden hielt. Meine Ehrfurcht wuchs
sogar noch, als ich mich davon überzeugen konnte, daß er tatsächlich an
fast allen von mir angegebenen Orten gewesen war. Er besaß Videobänder, Fotos – einfach alles. Ich kaufte ein kleines Fernsehgerät, ließ den
Videofilm ablaufen und bat ihn, jedes Bild nach Zeit und Ort zu identifizieren. Er hatte wenigstens zehn Lager aufgesucht, und wir brauchten zwei Tage, um ein Bild nach dem anderen durchzugehen.

Nun verfügten wir über genug Material, um einen erstklassigen
Dokumentarfilm über die Gefangenschaft der tibetischen Nation herzustellen. Das einzige, was fehlte, war eine Szene, in der Katuga der An-
schaulichkeit halber die Grenze überschritt.

»Nein, ich kann nicht an die Grenze gehen«, sagte er.

»Wieso nicht? Das ist doch ungefährlich. Danach sind wir fertig. Ich
habe eine amerikanische Green Card und Reisepapiere. Ich werde Sie
begleiten.«

Seine Miene wirkte so gequält, und er weigerte sich so hartnäckig,
daß ich begriff: Irgend etwas war schiefgegangen.

»Bitte sagen Sie mir die Wahrheit.«

Katuga gab zu, in Lhasa verhaftet worden zu sein. Die chinesischen
Polizisten hätten sämtliche Videobänder und Filme beschlagnahmt und
entwickelt. Sie drohten Katuga mit Gefängnis, wenn er nicht die Iden-

tität seines mysteriösen Hintermannes »Harry« preisgebe. Da Katuga
meinen vollen Namen nicht kannte, hatte er keine Bedenken, den Polizisten alles mitzuteilen, was er wußte. Deshalb kam er mit dem Leben
davon. Aber warum hatte man ihn laufenlassen? Wer hatte ihn verraten? Als die chinesischen Sicherheitsbeamten ihn aus Lhasa zur Grenze
gebracht hatten, wartete Capu dort offenbar zusammen mit chinesischen Agenten auf ihn. Aber man hatte Katuga ziehen lassen und ihm
sogar die Originalfilme und Fotos zurückgegeben (nachdem sie kopiert
worden waren), da man hoffte, daß er sie mir an der Grenze aushändi-
gen werde. Doch Katuga war loyal und warnte mich, der Grenze fernzubleiben.

Mir war klar, daß ich ihm Dank schuldete. Ich wußte, daß ich Katugas Filme nicht benutzen durfte, weil das sonst seiner Familie in Tibet
sehr schaden konnte. Ich rief die Exiltibeter an und schärfte ihnen ein,
daß auch sie für das Leben dieses Mannes verantwortlich seien; dann
versprach ich, beim Dalai Lama ein gutes Wort für Katuga einzulegen.
Noch jetzt vergewissere ich mich alle paar Monate, daß er in Nepal in
Sicherheit ist.

Aber ich denke noch immer an all jene Gefangenen in Tibet – nicht
nur an die chinesischen Häftlinge, sondern auch an die Tibeter, die von
ihrer religiös-spirituellen Tradition abgeschnitten sind. Der Dalai Lama
verkündet düster, daß er vielleicht der letzte religiöse Führer der Tibeter
sei, und es besteht kein Zweifel daran, daß die Chinesen Einfluß auf den
tibetischen Buddhismus nehmen wollen. Ironischerweise möchte ein
Regime, das mit seiner Verachtung für jegliche Art von Religion prahlt,
auf die Wahl der nächsten Generation tibetisch-buddhistischer Führer
Einfluß nehmen. Beijing beabsichtigt, den nächsten Panchen Lama zu
ernennen, der im Rang nur dem Dalai Lama nachsteht. Der zehnte Panchen Lama starb im Januar 1989, und die Tibeter warteten auf die Ent-
deckung seiner Reinkarnation. Mit Hilfe ihrer mystischen Methoden
machten die Mönche einen Sechsjährigen ausfindig und legten dem
Dalai Lama Beweise für seine Eignung vor; dieser bestätigte das Kind
daraufhin als den elften Panchen Lama.

Doch die chinesische Regierung ließ den Jungen und seine Familie
sofort verschwinden und erklärte einen anderen Sechsjährigen zur

rechtmäßigen Reinkarnation, was bei den Tibetern zu einem Schisma führte. Sollte der Dalai Lama, der nun Anfang Sechzig ist, sterben, bevor der wirkliche Panchen inthronisiert ist, so werden die Chinesen wahrscheinlich ihren Kandidaten als Panchen Lama durchsetzen. Das chinesische Außenministerium behauptet, daß der Kandidat des Dalai Lama »weder vermißt noch in Gewahrsam« sei. In jenem Teil der Welt geht es äußerst brutal zu.

Ich fühlte mich unbehaglich, weil viele chinesische Dissidenten so sehr für ihre eigenen Menschenrechte kämpfen, jedoch die Tibeter, die gleiche Freiheiten verdient haben, völlig außer acht lassen.

Vielleicht hätte ich das Abenteuer in Nepal als Warnung verstehen sollen, die Grenze nicht mehr zu überschreiten, aber mir ging nur durch den Kopf, daß ich Tibet nicht hatte helfen können. Beim nächstenmal wollte ich Erfolg haben.

## 15 Nieren und Corneae

Inzwischen tauchte allerlei Beweismaterial auf, das mich meinem Schicksal danken ließ, weil ich meine Zeit in den Lagern schon vor etlichen Jahren abgesessen hatte: Die chinesische Regierung ließ nun offenbar Häftlinge hinrichten, um ihre Organe für Transplantationen zu verwenden.

Laut Human Rights Watch/Asia, einer wichtigen Informationsquelle, wurden »zwei- bis dreitausend Organe (hauptsächlich Nieren und Corneae) von Gefangenen alljährlich für solche Zwecke verwendet, wobei Regierungsvertreter bei der Zuweisung, wie es heißt, Priorität erhalten«. Neunzig Prozent der chinesischen Transplantate stammten, so Amnesty International, von hingerichteten Gefangenen. Human Rights Watch, Zeitschriften in Hongkong sowie das japanische Fernsehen besaßen detaillierte Informationen, darunter sogar einige Augenzeugenberichte.

Das überraschte mich nicht. Kurz bevor ich 1985 ausreiste, war mir ein vertrauliches Regierungsdokument in die Hände gefallen, in dem die erste Welle von Organverpflanzungen beschrieben wurde. Zuerst glaubte ich, es handele sich um die alte chinesische Gepflogenheit, ein Organ wegen seiner vermeintlichen Heilkräfte zu verzehren: Zum Beispiel aß man getrockneten Tigerpenis, um Impotenz zu kurieren. Aber dies war etwas anderes, hier wurde die moderne chinesische Wissenschaft herangezogen.

Es ist schändlich. Du wirst als Feind der Regierung bezeichnet. Man hält dich am Leben, gewährt dir ein Mindestmaß an Nahrung und Freiheit, läßt dich arbeiten, damit du anderen ein Vermögen verschaffst, und unterzieht dich vielleicht einer Gehirnwäsche. Und dann bringt man dich um, um deine Organe jemandem zukommen zu lassen, der sich mit der Partei besser arrangiert hat, oder um damit Profit für das

Land zu erwirtschaften. Hat es jemals ein anderes Land gegeben, das hingerichteten Häftlingen systematisch Organe entfernte?

Wir begannen, Material aus vielen Quellen zu sammeln. Ma Po, ein früherer Reporter des *China Legal Daily*, hatte sich im Dezember 1989 in den Vereinigten Staaten niedergelassen. Er berichtete von einer Dissidentin in der Provinz Jiangxi, die im Frühjahr 1986 zum Tode verurteilt worden sei, weil sie »Nieder mit Hua Guofeng« an eine Wand geschrieben hatte. Da aber ein Pilot im Feldlazarett in Nanchang eine Nierentransplantation benötigt habe, sei die Hinrichtung der Verurteilten in Übereinkunft zwischen Ortspolizei und Krankenhaus so lange hinausgezögert worden, bis ein Armeechirurg sie mit gerinnungshemmenden Mitteln behandeln konnte. Dann sei sie erschossen und zu einem an der Richtstätte geparkten mobilen OP gebracht worden, wonach man dem Piloten ihre Nieren eingepflanzt habe.

Berichte über das weitverbreitete Transplantationsgeschäft lieferten zahlreiche unterschiedliche Quellen: 1988 ein Menschenrechtsaktivist in New York und die *South China Morning Post* in Hongkong, 1991 Associated Press in Hongkong und die Fachzeitschrift *Lancet* der British Medical Association. Es war anscheinend ein blühendes Geschäft. Der *Hongkong Standard* meldete 1991, daß Deacon Chiu, ein wohlhabender Bürger von Hongkong, dem Ersten Beigeordneten Krankenhaus der Medizinischen Sun-Yatsen-Universität in Guangzhou eine Million Dollar gespendet habe. Dieselbe Zeitung behauptete, ein Zeuge im Krankenhaus habe bestätigt, daß Deacon Chiu die Niere eines hingerichteten Gefangenen eingepflanzt worden sei.

Andere Patienten zahlten niedrigere, doch immer noch erhebliche Gebühren. Im Juli 1992 schrieb Dr. Ronald D. Guttman aus Kanada in den *Transplantation Reviews*, daß im Laufe des Jahres 1989 in China 4596 Nierentransplantationen durchgeführt worden seien. Er erklärte: »Hingerichtete Häftlinge sind zu wichtigen Organspendern geworden«, und fügte hinzu: »Die Nieren werden in einem großen Krankenhaus verwendet, in dem Ausländer, gewöhnlich Chinesen aus Übersee, ungefähr dreißigtausend Dollar oder das Dreifache dessen bezahlen, was eine derartige Operation üblicherweise kostet.«

1993 wurde das Problem bereits auf der ganzen Welt diskutiert. Das

United Nations Committee Against Torture (Ausschuß der Vereinten
Nationen gegen Folter) fragte bei der chinesischen Regierung an, »ob die
Hinrichtung nicht eine grausame und ungewöhnliche Form der Bestrafung darstellt ... [und] ob die Leichen von hingerichteten Personen zum
Zweck von Organtransplantationen benutzt werden«. Ebenfalls 1993
entsandte die britische Regierung eine Menschenrechtsdelegation nach
China, die Beijing später aufforderte, »einen Verhaltenskodex für Hinrichtungen« vorzulegen, »der ... die Verwendung von Organen exeku-
tierter Häftlinge für die Transplantationschirurgie verbietet«. Diese
Worte finden sich in dem Bericht über den China-Besuch der Delegation, die im Juli 1993 von Lord Howe of Aberavon geleitet wurde.

Nach der Fülle von Meldungen im Jahre 1993 verbot die chinesische Regierung demonstrativ jeglichen Organexport an andere Orte
als Hongkong. Doch tagtäglich flogen verzweifelte Menschen, die
Transplantationen benötigten, weiterhin aus Hongkong, Macao, Singapur, den Golfstaaten, Japan und Amerika ein.

Dabei ging es nicht um heimliche Operationen oder mißbräuchliche
Praktiken in Privatkliniken. Man hört Gerüchte, daß Menschen in manchen Ländern ihrer Organe wegen ermordet werden oder daß notlei-
dende Personen eine ihrer Nieren verkaufen, um ihre Familie zu ernähren. Die chinesischen Gesetze verbieten den Organverkauf, doch Deng
Xiaopings Wirtschaftsförderung hatte es den modernen Krankenhäusern ermöglicht, finanzstarken oder politisch einflußreichen Patienten
wundersame Hilfe zu leisten, was offenkundig Gefahren für chinesische
Häftlinge mit sich brachte. Am meisten bekümmerte mich die Tatsache,
daß an diesen schrecklichen Praktiken Ärzte beteiligt waren. Sie sagten im
Grunde: »Wir benutzen die Abfallprodukte der Gesellschaft, um anderen
Patienten zu helfen.« Genauso hatten nationalsozialistische Ärzte die Exekution jüdischer Häftlinge während des Holocausts gerechtfertigt.

Ich wollte einen Arzt ausfindig machen, der bei solchen Hinrichtungen mitgewirkt hatte. Im November 1992 flog ich nach Hamburg, um
einen dort im Exil lebenden chinesischen Arzt zu besuchen. Da ich ihn
nicht mißtrauisch machen wollte, lud ich den Mediziner zusammen mit
zwölf oder vierzehn anderen Exilchinesen zum Essen ein und sorgte dafür, daß ich neben ihm saß. Wir unterhielten uns, und ich erfuhr, daß

die Regierung ihn zu einem medizinischen Programm der Vereinten Nationen nach Thailand entsandt habe. Nach dem Massaker auf dem Tiananmen-Platz habe er in Bangkok an einer Protestdemonstration teilgenommen, und als er von der chinesischen Botschaft zur Rückkehr aufgefordert worden sei, habe er um politisches Asyl in Deutschland nachgesucht.

Ich erklärte dem Arzt, daß ich über die Gründe, weshalb Menschen aus China auswanderten, einen Dokumentarfilm drehen wollte. Die anderen Dissidenten tranken, aßen, plauderten und ließen mir Informationen zukommen. Ein Mann sagte, er sei Sicherheitspolizist gewesen und habe Menschen geschlagen und gefoltert, bis ihm die Flucht als einzige Lösung erschien.

Aber der Arzt war derjenige, den ich wirklich interviewen wollte. Im folgenden Jahr arbeitete ich an einer Sendung für die BBC, besuchte den Mann von neuem in Hamburg und redete ihm zu, sich an die Öffentlichkeit zu wenden. Doch er war vorsichtig.

»Meine Familie ist noch in China. Sie könnten mich kidnappen, und wenn sie mich nicht erwischen, nehmen sie sich meine Angehörigen vor.«

Da ich plante, die rapide Zunahme von Nierentransplantationen in China zu untersuchen, bat ich ihn um ein paar Einzelinformationen über das Verfahren. Als frischgebackener Arzt hatte er den Befehl erhalten, drei ältere Ärzte bei einer derartigen medizinischen Unternehmung zu begleiten.

»Man schickte mich mit drei anderen Chirurgen ins Gebiet Xindu, rund fünfundzwanzig Kilometer von der Stadt Chengdu entfernt, wo wir Nieren entfernen sollten«, berichtete der Arzt. »Erst bei unserer Ankunft erfuhren wir, daß wir in einem Gefängnis waren. In einer Spezialabteilung lag ein Häftling in Narkose. Wir kannten seinen Namen nicht, und sein Gesicht war verdeckt. Rasch schnitten wir ihm den Leib auf, entfernten seine beiden Nieren und brachten sie in einem Spezialbehälter unter. Wir gaben den Behälter einem Mitarbeiter, der sofort in einen Militärhubschrauber stieg … Dann nähten wir die Wunden des Häftlings zu … Auf der Rückfahrt hörte ich von dem Chefchirurgen, daß man den Häftling zum Tode verurteilt habe und am nächsten Tag hinrichten werde.«

Er berichtete weiter, daß vier Chirurgenteams acht Nieren entfernt hätten und daß noch am selben Abend acht Transplantationen durchgeführt wurden. In seinem eigenen Fall sei der Empfänger ein hochrangiger Militär gewesen.

Die Entnahme beider Nieren kommt natürlich einer Hinrichtung gleich. Ich bat meinen Gesprächspartner noch einmal, mit seinen Erfahrungen an die Öffentlichkeit zu gehen, aber er lehnte weiterhin ab.

Wie mochte Beijing diesen schockierenden Mißbrauch rechtfertigen? Wie ich bald entdeckte, auf die normale chinesische Art: Schreitet zuerst zur Tat und verabschiedet danach eine Vorschrift. In den meisten westlichen Ländern kommt zuerst das Gesetz, nicht jedoch in China. Dort hatte man bereits rund zwei Millionen Menschen eingesperrt, bevor man 1954 die Gesetze für die »Umerziehung durch Arbeit« verabschiedete. Diese rückwirkende Politik galt offenbar auch für die Transplantationsbestimmungen.

Professor Xia Shuisheng von der Medizinischen Universität Tongji hatte 1979 die erste Transplantation durchgeführt, aber erst am 9. Oktober 1984 erklärten die Behörden solche Operationen für legal. Sechs Jahre später wurde das entsprechende Dokument mit dem Titel »Über die Verwendung von Leichen oder Organen von zum Tode verurteilten Verbrechern« endlich veröffentlicht. Darin wurde gestattet, Häftlingen unter drei Bedingungen Organe zu entnehmen: erstens, wenn niemand Anspruch auf die Leiche erhob; zweitens mit Einwilligung des Todeskandidaten; drittens mit Einverständnis der Angehörigen des Häftlings.

Es gab noch andere Vorschriften: »Die Verwendung von Leichen oder Organen hingerichteter Verbrecher muß streng geheimgehalten werden ... Ein mobiler OP des Gesundheitsministeriums darf auf dem Richtplatz parken, damit die Organe entfernt werden können, aber es ist nicht statthaft, einen Wagen mit den Kennzeichen des Gesundheitsministeriums zu benutzen oder weiße Kleidung zu tragen. Die Wächter müssen um den Richtplatz postiert bleiben, solange die Organentnahme durchgeführt wird.« Diese Klauseln verrieten, daß die Regierung sämtliche Einzelheiten über die Arbeit der Ärzte vor der Öffentlichkeit zu verbergen wünschte. Es schien eine enge Zusammenarbeit zwischen Polizei und Ärzten zu geben. Angebot und Nachfrage – mit drastischen Folgen für Häftlinge, die sich mit dem richtigen Spenderorgan und der richtigen Blutgruppe zufällig zur falschen Zeit am falschen Ort befanden.

Nach der Strafgesetzgebung, die am 1. Januar 1980 in Kraft trat, gibt es sechzehn Verbrechen, die mit dem Tode bestraft werden, zum Beispiel Korruption, Unterschlagung und Drogenhandel, doch neun der aufgezählten Verbrechen fielen in die Kategorie »konterrevolutionär«. Wie viele chinesische Häftlinge waren Vergewaltiger und Mörder und wie viele einfach nur Arbeiter, die gegen Korruption, Untüchtigkeit oder Dummheit protestiert hatten? Die Regierung blieb eine Antwort schuldig. Laut Amnesty International gab es im Jahre 1990 750 Hinrichtungen, 1991 1050, 1992 1070 und 1993 nicht weniger als 1419.

Zur selben Zeit stieg die Zahl der Transplantationen. Human Rights Watch/Asia nannte in einem Bericht vom August 1994 zwei Gründe für das Anwachsen des Transplantationsprogramms:»Erstens den Beginn einer Reihe von Kampagnen zur Verbrechensbekämpfung *(yan-da)*, die seit 1983 alljährlich stattfinden, wodurch sich die Zahl der zum Tode verurteilten Verbrecher und damit der potentielle Vorrat an Spenderorganen erheblich vergrößerte; und zweitens die Einführung der Wunderdroge Cyclosporine A in China, welche die Erfolgsquote von Transplantationen stark erhöht hat.«

Die chinesische Regierung war bestürzt über die Kritik an der Transplantation von Häftlingsorganen, aber sie dementierte diese Vorwürfe nicht. Das United Nations Committee Against Torture gab die Bemerkungen von Botschafter Jin Yongjian und seiner Delegation 1993 folgendermaßen wieder: »Die Entnahme von Organen ohne Erlaubnis der betreffenden Person sei unüblich. Es gebe jedoch Fälle, in denen man gestattet habe, Organe aus den Leichen hingerichteter Personen zu entfernen.«

Die Chinesen neigen traditionsgemäß nicht dazu, Organe zu spenden, wie es in den Vereinigten Staaten und in vielen anderen Ländern Tausende tun. Ich trage ein rosa Spenderkärtchen in meiner Brieftasche, so daß meine Organe im Körper von sechs bis acht Menschen weiterleben können. Der chinesischen Tradition zufolge muß ein Toter in unverändertem Zustand beigesetzt werden. Sogar die Einäscherung wird als drastische, wenn auch notwendige Maßnahme empfunden; heute leben so viele Menschen in überfüllten Städten, daß nicht jeder an seinen

Heimatort zurückgebracht und neben seinen Ahnen beerdigt werden
kann. Dennoch halten die meisten Chinesen an dem Wunsch fest, unversehrt beigesetzt zu werden.

Diese Überlieferung geht auf die alten Zeiten zurück, als es am kai-
serlichen Hof eine ausgewählte Gruppe von Amtsträgern gab, denen
man in der Kindheit die Genitalien entfernt hatte und denen man deshalb die Frauen des Hofes unbesorgt anvertrauen konnte. Die Ge-
schlechtsorgane dieser Eunuchen wurden äußerst sorgfältig aufbewahrt
und bewacht, und wenn ein Eunuch starb, bestattete die Familie ihn zusammen mit dem abgetrennten Körperteil, damit er das Leben im Jenseits als vollständiges Individuum beginnen konnte. Solche Überzeugungen halten sich hartnäckig. Noch vor vierzig Jahren ließen sich die
meisten reichen Leute auf Privatfriedhöfen beerdigen, und selbst die
heute übliche Praxis der Einäscherung sagt der Mehrheit mehr zu als
der Gedanke, ein Organ zu spenden.

Die Ärzte wissen, daß sie keine Organe von Menschen bekommen,
die bei Autounfällen oder in Krankenhäusern sterben, da die meisten
Familien die Erlaubnis verweigern, und konzentrieren sich deshalb auf
Häftlinge. Sie untersuchen zunächst deren Blut, wobei den Häftlingen
die wahren Gründe verschwiegen werden.

*   *   *

Im Februar 1994 flog ich nach Toronto, um für die Canadian Broadcasting Corporation mit einem in China geborenen Kanadier zusam-
menzuarbeiten. Er rief einen Verwaltungsangestellten namens Li im
Volkskrankenhaus Nr. 7 in Zhengzhou an (also in der Stadt, wo ich 1983
Zeuge von fünfundvierzig Hinrichtungen geworden war). Der Kanadier
gab vor, eine Transplantation für seinen Chef arrangieren zu müssen,
und brachte Li dazu, sich ausführlich über das Transplantationsgeschäft
zu äußern. Wir zeichneten das Gespräch ohne Lis Wissen auf.

Inzwischen exekutiere man, so Li, mehr Häftlinge durch Kopf- als
durch Rückenschuß, weil Corneae (Augenhornhäute) heutzutage mühelos von anderswo bezogen werden könnten. »Wir können sie von verstorbenen Patienten kriegen.« Aber wenn Nieren oder andere innere

Organe benötigt würden, empfehle der Arzt: »In den Kopf schießen, das Gehirn ist sowieso tot.«

Einmal hatte man Li nach Anyang geschickt, um die Nieren eines hingerichteten Gefangenen abzuholen. Man warnte ihn stets, daß die Details von Transplantationen »vor Ausländern geheimgehalten werden sollten. Alle Organe stammen von Häftlingen, die zum Tode verurteilt worden sind. Wir kaufen die Leichen ... Alles ist ganz legal«.

Dann erklärte Li, wie man bei den Exekutionen vorgehe: »Wir fahren den Operationswagen direkt zur Richtstätte ... Sobald der Häftling tot ist, gehört die Leiche uns, wenn wir die notwendigen Formalitäten beim Amt für Öffentliche Sicherheit und bei Gericht erledigt haben ... Wir kaufen den gesamten Körper ... Vom juristischen Standpunkt aus ist ein Häftling nach dem Erschießen kein menschliches Wesen mehr. Er hat keinen Verstand mehr, er ist nur noch eine Leiche, nur noch eine Sache.«

Die Häftlinge würden für hirntot erklärt, damit die Organe ganz legal entfernt werden könnten. Aber natürlich hätten die Opfer den Hirntod erst mit Hilfe der Polizei und der Ärzte erlitten. Am Ende werde die Leiche verbrannt. Li sagte: »Die Familie bekommt eine Urne mit Asche.« Die Polizisten und Justizbeamten würden mit Geschenken bedacht, etwa mit Einladungen zum Essen oder mit Zigaretten, denn: »Wir brauchen ihre Hilfe, um die Leiche ins Operationsfahrzeug zu heben. Außerdem müssen sie den Richtplatz länger als sonst bewachen, damit unser Wagen niemandem auffällt ... Auch zu besonderen Feiertagen machen wir ihnen Geschenke.«

Es war das erste Mal, daß ich jemanden über hirntote Häftlinge sprechen hörte. Mir drehte sich der Magen um. Eine ganze chinesische Gesellschaftsschicht war plötzlich zu Grabräubern und Leichenschändern geworden. Natürlich mußten die Polizeimethoden mit dem neuesten Stand medizinischer Technik Schritt halten. In den alten Tagen schoß man Häftlingen einfach in den Hinterkopf, wie ich es in Zhengzhou mit angesehen hatte. Später brauchte die Regierung dann Fotos für den Nachweis, welche Gefangenen gestorben waren. Deshalb konnte man sich die Schlamperei, Häftlinge einfach durch Kopfschuß zu töten, nicht mehr leisten. Mittlerweile war man, je nachdem, welches Organ man brauchte, noch vorsichtiger bei der Exekution der Unglücklichen.

Ich traf mich mit Gao Pei Qi, dem ehemaligen stellvertretenden Leiter einer Abteilung der Kriminalpolizei in Shenzhen, der aus China geflohen war, dann in Hongkong und inzwischen in London lebte. Er hatte während seiner zehnjährigen Dienstzeit nie gehört, daß ein Häftling seine Zustimmung gab, bevor der Staat ihm ein Organ wegnahm. Gao berichtete von einer neuen Technik, nach der den Todeskandidaten von hinten ins Herz geschossen wurde. »Das mag etwas zivilisierter wirken, weil das Gesicht unversehrt bleibt. Aber wenn man das Ziel verfehlt, stirbt der Gefangene nicht sofort. Ich habe Videofilme von einem Gefangenen gesehen, der nicht ins Herz getroffen wurde. Er wälzte sich brüllend und unter großen Schmerzen hin und her. Man mußte ihn mit einem zweiten Schuß von seinen Leiden erlösen.

Damit der Henker das Ziel nicht verfehlt, markiert man den Rücken des Verbrechers entweder mit Kreide oder mit einer Schleife. So kann der Henker leichter ins Herz treffen. Trotz solcher Vorsichtsmaßnahmen schießen die Henker gelegentlich vorbei; einmal traf sogar einer die Hand eines Sicherheitsbeamten, der den Verbrecher von der Seite stützte. Nach dem Schießbefehl stach der Henker den Verbrecher manchmal mit einem Bajonett, damit er still stand, und tötete ihn dann … In der Provinz Henan habe ich gesehen, wie ein Verurteilter von zwei Polizisten gestützt wurde, so daß ein dritter ihn von hinten erschießen konnte … Danach trat man ihm dreimal ins Kreuz, stieß ihn in eine Grube und trampelte auf seinem Bauch herum, um sicherzugehen, daß er auch wirklich tot war. Nach einem Kopfschuß stocherte ein Gerichtsmediziner mit einer langen Pinzette, die er durch das Einschußloch steckte, im Gehirn des Toten herum.«

Immerhin, einiges war beim alten geblieben: Man exekutierte Häftlinge weiterhin vor bedeutenden Feiertagen und bot damit ein öffentliches Schauspiel, das mit Filmen und Fußballspielen konkurrieren konnte.

Einige Krankenhäuser warben mit Anzeigen in Hongkong und anderen Städten für ihre Nierentransplantationen. Bei Interesse konnte man sogar ein Fax schicken. Das wollte ich sofort ausprobieren. Ich telegrafierte dem Krankenhaus an der Westchinesischen Universität und erhielt ein Fax mit allen Einzelheiten über die angebotenen Operationen. Man rühmte sich, daß die einjährige Überlebensrate für Nierentransplantationen 82,35 Prozent betrage und im Vorjahr, 1991, sogar auf 90,20 Prozent gestiegen sei. Die dreijährige Überlebensrate belaufe sich auf 70,33 und die fünfjährige auf 61,54 Prozent; dreizehn Jahre und sieben Monate wurden damals als der längste Zeitraum angegeben, den ein Patient überlebt habe.

Die chinesischen Behörden feierten ihren Erfolg. Mir dagegen schien diese Praxis eine kaum zu überbietende Verletzung der Menschenrechte zu sein. Jemand mußte sich hinter den Bambusvorhang begeben und mehr Beweismaterial besorgen. Wer, wenn nicht ich? Aber wie würde ich wieder herauskommen?

Ende 1993 waren die Voraussetzungen für meine Einbürgerung in Amerika zwar erfüllt, aber gewöhnlich dauert das Verfahren nach der Antragstellung ungefähr ein Jahr. Ich hatte am 5. Januar 1994 einige Formulare ausgefüllt und wurde zu meiner Verblüffung direkt zum Leiter der örtlichen Einwanderungsbehörde geschickt, der mich sofort in das Amtszimmer des Richters führte. Ich hob die rechte Hand und legte den Treueid auf die Vereinigten Staaten von Amerika ab. Man versah meine Papiere mit einem Siegel, und schon war ich amerikanischer Staatsbürger – innerhalb eines einzigen Tages.

Das Problem war nur, daß ich nicht mit einem so raschen Abschluß des Verfahrens gerechnet hatte und deshalb von niemandem begleitet wurde. Keine Freunde, keine Zeugen, keine Fotos, keine Feier.

Zwölf Tage später traf mein Paß mit der Post ein. Auf die Frage, welcher Name im Paß stehen solle, hatte ich geantwortet: »Peter Hongda Wu.« Das war der westliche Name gewesen, den ich in meiner Kindheit neben meinem chinesischen geführt hatte, aber im Paß stand nun »Peter H. Wu«. Noch besser. Beijing verfügte nämlich noch nicht über die Möglichkeit, neben dem Namen und dem Foto persönliche Angaben per Computer zu überprüfen. Deshalb konnte ich beim Konsulat in Chicago mit Erfolg ein weiteres Visum beantragen. Vielleicht würde Peter H. Wu etwas über Organtransplantationen in Erfahrung bringen können.

# 16   Der Wilde Westen

Nachdem ich es nicht geschafft hatte, nach Tibet, in die Nation der Gefangenen, vorzudringen, beschloß ich nun, ein anderes unterjochtes Gebiet zu besuchen: die Uigurische Autonome Region Xinjiang im äußersten Nordwesten Chinas.

Xinjiang entwickelte sich zügig zu einem Hauptstützpunkt der Laogai-Industrie; es besaß gewaltige Bodenschätze an Uran, Kohle, Gold, Graphit und, laut chinesischen Angaben, vierundsiebzig Milliarden Barrel Erdöl. Kein Wunder, daß Beijing die Kontrolle über diese 1,55 Millionen Quadratkilometer voller Berge und Wüsten sowie über die einheimische Bevölkerung – die turksprachigen, muslimischen Uiguren – haben will. Als Mao 1949 die Macht ergriffen hatte, begann er, zahlreiche Soldaten der Volksbefreiungsarmee und ihre Familien nach Xinjiang umzusiedeln. Mein jüngerer Bruder Wu Hong Dao wurde 1959 als Lehrer dorthin geschickt, und ich habe ihn seitdem nicht mehr gesehen. Nun wäre es riskant gewesen, ihn zu besuchen, aber ich wollte mich ihm so nahe wie möglich fühlen und vielleicht sogar einmal durch seine Straße gehen.

Ich war noch nie in Xinjiang gewesen, aber ich hatte das rapide Bevölkerungswachstum von vier Millionen Menschen im Jahre 1952 bis auf rund sechzehn Millionen im Jahre 1994 verfolgt. Die Bevölkerung besteht zu rund einundvierzig Prozent aus Han-Chinesen und zu fünfundvierzig Prozent aus Uiguren.

Die chinesische Regierung gibt zu, in Xinjiang mehr als hundertfünfzigtausend Häftlinge untergebracht zu haben, aber ich würde diese Zahl eher mit fünf multiplizieren. 1990 war in der *Juristischen Zeitschrift von Xinjiang* zu lesen: »Xinjiang ist eine der Provinzen, in denen das Laogai-System unseres Landes eine relativ wichtige Rolle spielt. Die Häftlinge haben die Wüste für die Landwirtschaft erschlossen, Wälder gepflanzt, Straßen und Brücken gebaut, Ziegel für den Hausbau angefertigt, Kohlenbergwerke angelegt und Waren produziert.« Die Zeitschrift tat so, als seien die Arbeiter heroische Pioniere oder Siedler, doch ich wußte es besser: Diese Menschen wurden mit vorgehaltenem Gewehr zu ihrem Tagewerk gezwungen.

Bis heute übersieht die Weltbank, daß hier Riesengeschäfte mit Sklavenlagern gemacht werden, und sie finanziert weiterhin Großprojekte in Xinjiang. Ein umherziehender Unruhestifter war in Xinjiang beträchtlichen Gefahren ausgesetzt, und dieses Abenteuer wollte ich nicht alleine bestehen.

Zufällig erhielt ich einen Anruf von der Londoner Journalistin Sue Lloyd-Roberts, die häufig für die British Broadcasting Corporation, die beste internationale Nachrichtenagentur der Welt, arbeitet. Sie war auf Menschenrechte spezialisiert, hatte sich bereits in einigen recht unwirtlichen Gegenden der Welt umgetan und beabsichtigte nun, China und Tibet zu besuchen. Sie fragte, ob mir jemand bekannt sei, der sie begleiten wolle.

Kurz darauf hatte ich in London zu tun, und wir trafen uns bei einem Dinner. Ich griff in meine Jackentasche, zog meinen nagelneuen, blauen amerikanischen Paß hervor und sagte: »Sieh mal. Die Chinesen wissen nicht, daß ich amerikanischer Bürger bin. Ich werde dich begleiten.« Sie schien überrascht zu sein, daß ich ein solches Risiko auf mich nehmen wollte, nachdem ich durch den Bericht von *60 Minutes* einen so hohen Bekanntheitsgrad erreicht hatte. Doch ich erklärte ihr, daß Peter H. Wu mit dem neuen Paß in die Fußstapfen von Wu Hongda treten könne.

Wir schlossen einen Vertrag mit der BBC, welche die Reise und sogar eine Kamera bezahlen würde, und erhielten den Auftrag, Ermittlungen über die Lager in Xinjiang und über den plötzlichen Aufschwung von Organtransplantationen anzustellen.

Allerdings konnte ich mich diesmal nicht als Geschäftsmann oder als normaler Tourist ausgeben, da die Region für Ausländer gesperrt war. Also änderte ich einige Briefköpfe und Visitenkarten ein wenig ab und wurde Peter Wu, Anthropologieprofessor an der University of Oklahoma, während Sue als meine Assistentin fungierte. Natürlich hatten wir nichts mit der Universität zu tun, aber ich dachte, daß wir mit unseren gefälschten Unterlagen niemandem schaden würden.

Unser vorgebliches Ziel bestand darin, die Seidenstraße zu erforschen, die alten Handelsrouten zwischen Asien und Europa, auf denen Marco Polo einst Stoffe, Gewürze und andere Güter nach Venedig zurückbrachte. Es gibt drei Routen, die als Seidenstraße bezeichnet werden, und wir wählten die mittlere knapp nördlich der Wüste Takla Makan am Fluß Tarim entlang, denn dort liegen die meisten Gefangenenlager.

Wir trafen uns in Frankfurt. Sue Lloyd-Roberts hatte von der BBC eine spezielle Schultertasche für eine versteckte Kamera mit einer einseitig lichtdurchlässigen Plastikkappe für das Objektiv anfertigen lassen. Wir flogen nach Alma-Ata in Kasachstan, dann nach Urumqi in Xinjiang und weiter nach Aksu an der Grenze zu Kasachstan. Wir hatten beim Grenzübertritt keinerlei Schwierigkeiten, und mir fiel ein Stein vom Herzen.

Genaugenommen waren wir nun in China, aber ich hatte das Gefühl, in einer anderen, muslimischen Welt zu sein, in der ich von den Einheimischen als Ausländer betrachtet wurde. Wir sahen Frauen in bunten Kleidern; einige verhüllten ihre Köpfe und Gesichter mit eleganten Seidenschleiern und Schals, durch die sie jedoch besondere Aufmerksamkeit erregten. Die Männer trugen dunkle Jacken, und manche ritten hinaus in die langgestreckten, grünen Täler, die zu den zerklüfteten, grauen Hügeln hinaufführen. Dort wohnten nomadische Schafhirten in Jurten, vor denen ihre Pferde angebunden waren; Schafe zogen umher, und Kamele leisteten die Schwerarbeit. Es herrschte eine Atmosphäre der Freiheit. Die Menschen schienen zu empfinden, daß dieses Land ihnen gehörte, wenn sie sich nur ihrer zeitweiligen Besucher entledigen konnten. Aber die Besucher hatten nicht die Absicht zu verschwinden.

Als erstes mieteten wir ein Privattaxi. Wir wußten, daß der Chauffeur reden würde, wenn die Behörden ihn sich vornahmen. Deshalb zahlten wir ihm eine Menge Geld und hofften, daß er unseren Aktivitäten nicht zuviel Beachtung schenken würde.

Ich wollte lieber einen Uiguren anheuern, weil ich vermutete, daß er

einem chinesischen Beamten gegenüber weniger gesprächig sein würde.
Aber wir trafen auf einen Han-Chinesen, der nicht nur Taxifahrer, sondern auch Mechaniker war, was in den Gegenden, die wir aufsuchen
wollten, von Nutzen sein konnte. Ich hatte einige Bedenken, was sein
Temperament betraf, da er einen Verband um ein Ohr und die Stirn
trug. Er sagte, er sei auf der Straße mit einem Uiguren aneinandergera-
ten und dann von fünf oder sechs Landsleuten des Mannes verprügelt
worden. »Wenn's eine Schlägerei gibt, mischen sich sofort eine Menge
Uiguren ein«, meinte er. »Aber Chinesen unterstützen ihre Landsleute
nicht, sondern halten sich raus.«

Gleichgültig, was die offizielle chinesische Propaganda behaupten
mag, die Uiguren lehnen die Chinesen als Eindringlinge ab. Sie haben
eine eigene Religion, eine eigene Sprache, welche die meisten Han-Chinesen (also auch ich) nicht verstehen, und sie sind über die nördlichen
Grenzen hinweg eng mit den vorwiegend muslimischen Staaten der ein-
stigen Sowjetunion verbunden. Daher kann man verstehen, weshalb
die Chinesen nervös sind. In den achtziger Jahren kam es in Kashi zu
Rebellionen durch Anhänger der Unabhängigkeitsbewegung, und noch
heute explodiert gelegentlich eine Bombe.

Da die Uiguren traditionsgemäß große Familien haben, billigen die
Chinesen den Ehepaaren hier zwei Kinder zu – nicht nur eines wie in allen anderen Teilen des Landes. Nach meinen Beobachtungen zu schließen, sind die meisten Familien jedoch größer, was sich mit dem alten
chinesischen Sprichwort erklären läßt: »Die Berge sind hoch, und der
Kaiser ist weit.«

Aber der heutige Kaiser gibt sich alle Mühe, Recht und Ordnung in
den Bergen und Wüsten durchzusetzen. In Xinjiang findet man etwa
zwei Millionen paramilitärische Kräfte, von denen mehr als neunzig
Prozent Han-Chinesen sind. Einfach ausgedrückt, Xinjiang ist eine
Kolonie mit Mineralvorkommen und einer Häftlingsarbeiterschaft.

Trotz der Schlägerei mit den Uiguren sagte unser Chauffeur, daß er
auch weiterhin Einheimische für sich arbeiten lassen wolle. Er bot uns
für einen kurzen Ausflug sogar einen uigurischen Fahrer an. »Wissen
Sie, ich habe eigentlich nichts gegen die Uiguren.« Ich schätzte ihn als
einen Mann ein, dem nichts daran lag, uns zu verraten.

Ich erklärte auch ihm, daß ich die Seidenstraße erforschen und die Route nördlich der Wüste einschlagen wolle. Unzweifelhaft waren die Arbeitslager am Fluß entlang gebaut worden, um die Wasserversorgung sicherstellen und alle Chemikalien aus den Fabriken ableiten zu können. »Früher ist man auf Kamelen geritten«, sagte ich. »Kamele brauchen Wasser. Also gibt es vielleicht knapp südlich von hier einen Fluß. Ich möchte wissen, wo die Tiere getränkt wurden.«

Wir fuhren von Aksu aus nach Osten durch etliche kleine Orte. Die robust wirkenden Einwohner trugen Landestracht; sie winkten häufig, machten Witze und lächelten. Wir sahen niedliche Kinder, die Schulwege von acht bis sechzehn Kilometer in jeder Richtung zurücklegen mußten, und Dutzende uigurischer Männer, die am hellichten Tag draußen auf der Straße Poolbillard spielten. Die Chinesen betonen stets, daß es im Arbeiterparadies keine Erwerbslosigkeit gebe, aber wir entdeckten eine Menge Männer, die im Freien auf Arbeitsmärkten herumlungerten und auf eine Beschäftigung warteten.

Unweit von Aksu stießen wir auf ein Arbeitslager, und ich begann Aufnahmen zu machen.

»Was soll das?« rief der Fahrer. »Das ist ein Arbeitslager.«

»Wie bitte?« Ich stellte mich dumm. »Davon habe ich noch nie gehört.«

Wir machten ein paar Bilder und fuhren weiter in Richtung Osten. Die Straße war überaus primitiv. Im April brauchten wir nicht mehr mit Schneefällen zu rechnen, aber es war kalt und dunkel. Als es zum erstenmal regnete, konnten Sue und ich nur staunen: Brauner Regen, mit Sand vermischt, ließ große Matschklumpen entstehen, die auf unsere Windschutzscheibe klatschten. Sand in Nase, Mund und Rachen. Ein Wüstensturm.

In meinem ersten Buch, in dem ich sämtliche Laogai-Lager aufführte, bezeichnete ich den Standort der Talimu-Farm als »unbekannt«. Nicht viele Dinge auf dieser Welt sind heute noch »unbekannt«, doch ich konnte die Lage von Talimu in der riesigen Weite von Xinjiang nicht bestimmen.

Diesmal fanden wir die Talimu-Farm – ein wichtiger Baumwollieferant für Kleidungsstücke, die in den Westen exportiert werden. Als wir uns der Farm näherten, wiesen wir den Fahrer an, sich nach Süden zu wenden, aber er sträubte sich. Ich versicherte ihm, daß wir die Verantwortung übernehmen würden. Außerdem wollten wir nur die Seidenstraße bereisen, wogegen niemand etwas einwenden könne.

Der Mann blieb skeptisch. »Sie sollten nicht nach Süden fahren. Dort sind Laogai-Lager. Man wird mir die Lizenz entziehen.«

»Wir werden behaupten, daß wir uns verirrt haben«, beteuerte ich. »Versuchen wir's mal?!« Es war eine Bitte und zugleich ein Befehl. Gehorsam bog er nach Süden ab, aber er war ebenso nervös wie ich.

Wir fuhren knapp fünfhundert Meter über einen der Farmwege, bis wir in eine Sackgasse gerieten, die hinter einer Baumgruppe von Baumwollfeldern umgeben war. Ein kalter, bedrückender, öder Ort. In einer Entfernung von rund vierhundert Metern bemerkte ich Häftlinge auf dem Feld, die von bewaffneten Soldaten bewacht wurden. Mein Herz begann zu pochen – es war der vertraute Adrenalinstoß aus Zorn und Furcht.

Der Chauffeur wollte schnellstens umkehren.

»Einen Moment«, sagte ich.

Sue und ich stiegen aus und stapften mit surrender Videokamera achtzig oder neunzig Meter weit ins Baumwollfeld hinein. Wir drangen bis zu einer Strauchgruppe und einem ausgetrockneten Graben vor, um möglichst dicht an die Häftlinge heranzukommen.

Plötzlich sprang ein Gefangener keinen halben Meter von mir entfernt aus den Büschen hervor. »Hauptmann!« brüllte er, und ich schrak zusammen.

Es war ein älterer Häftling in blauer Uniform, der offenbar genug Vertrauen genoß, um als Aufpasser eingesetzt zu werden. Ich kannte diesen Menschenschlag, denn ich hatte Jahre zuvor selbst einen ähnlichen Posten innegehabt. Wenn man beauftragt wurde, ein Auge auf die anderen Häftlinge zu werfen, hatte man die Freiheit, sich etwas Gemüse vom Boden aufzuklauben oder als erster bei den Maisbrötchen zuzugreifen. Manchmal entschied so etwas über Leben und Tod. Ich hatte nichts gegen diesen Mann, aber ich wünschte mir, daß er den Mund halten und mich weiterfilmen lassen würde.

»Hauptmann!« schrie er von neuem.

Dieser Bursche mußte Autorität spüren. »Halt den Mund!« zischte ich. »Ich suche den Hauptmann auch.«

Als der Aufpasser hörte, daß ich städtisches Mandarin in gebieterischem Ton sprach, wurde er unsicher. Plötzlich war er wieder ein Sklave.

Ein Polizeibeamter kam näher. Er war aufgebracht darüber, daß zwei Zivilisten vor ihm standen. Ich sagte, wir hätten uns verirrt, und er erklärte uns den Weg, wobei ich zahlreiche Fragen stellte. Unterdessen bemerkte Sue, daß sich die Häftlinge näherten.

»Also los«, befahl der Beamte. »Woher kommen Sie?«

»Aus Amerika.«

Um mehr Zeit zu gewinnen, flirtete Sue mit dem Polizisten, bis er schließlich gelöster wurde und sogar lächelte. Beim Smalltalk schaffte sie es einmal, dem Bewacher den Rücken zuzuwenden, blitzschnell die Kamera hervorzuholen und Dutzende von Männern in Gefängnisuniformen zu filmen, die sich hier in der Einöde durch eine Baumwollplantage schleppten. Als Sue genug Material zusammen hatte, wandte sie ihren Charme wieder dem Beamten zu, und wir stiegen – schließlich kannten wir inzwischen den Weg – in unseren Wagen. »Zurück zur Seidenstraße!« Unser Chauffeur war ungeheuer erleichtert.

An jenem Nachmittag fuhren wir durch das Laogai-Lager Tainan, wo ein einzelner Häftling neben einem Schuppen an der Straße arbeitete. Da keine Bewachung zu sehen war, hielten wir an.

Auf meinen beiden ersten Reisen hatte ich wegen der straffen Sicherheitsmaßnahmen kaum eine Chance gehabt, mit einem Gefangenen zu sprechen. Die Häftlinge waren bei der Arbeit in den Fabriken oder Farmen von Aufsehern umringt, so daß ich sie nur aus der Ferne beobachten und vielleicht Bilder machen konnte. Immerhin hatte ich manchmal eine Polizeiuniform angezogen und versucht, mich unter die Leute zu mischen, doch hier, in diesen fernen Lagern, kannten sich die Wachmänner. Nun bot sich eine seltene Gelegenheit: Ein Häftling stand allein an der Straße.

Wir knüpften ein Gespräch mit ihm an. Der Mann wirkte schwach, gleichgültig, niedergeschlagen. Da er aus meiner Heimatstadt Shanghai stammte, schloß ich ihn besonders ins Herz. Er war zur falschen Zeit – kurz nachdem Deng Xiaoping eine Kampagne gegen Gewalt auf der Straße angekündigt hatte – in eine Prügelei verwickelt gewesen. Daraufhin hatte man ihn mit achtzehn Jahren zu lebenslanger Haft verurteilt, und als er nach elf Jahren an Magenkrebs erkrankte, hatte die Gefängnisleitung ihm unverblümt mitgeteilt, daß sie eine Operation nicht bezahlen werde. Großzügigerweise verringerte man seine Strafe auf fünfzehn Jahre, und er hatte nur noch vier Jahre vor sich – wenn er so lange durchhielt. Immerhin, er hatte vielleicht manche seiner Kumpane von den Straßen Shanghais schon überlebt.

Er nahm kein Blatt vor den Mund, denn es war kein Wächter in der Nähe. Außerdem brauchte er sich in seinem Zustand ohnehin keine Sorgen mehr zu machen. Man hatte ihn zum Lagerschuppen abkommandiert, da er zu krank war, um mit seinem Trupp auf der Farm zu arbeiten.

Sue holte ihre Kamera heraus. Ich versuchte, gelassen zu bleiben, denn schließlich war es meine Aufgabe, menschliches Elend zu erforschen, doch dieser arme Kerl erregte mein Mitleid. Als ich in Schwierigkeiten geriet, war ich im selben Alter wie er gewesen. Vielleicht hatte er ein paar Fehler gemacht und sogar einige Gewalttaten begangen, aber im Gegensatz zu mir würde er höchstwahrscheinlich in jungen Jahren sterben. Ich spürte, wie mir Tränen in die Augen stiegen, während er von seinem verpfuschten Leben erzählte. Er gestattete uns einen Blick in den kümmerlichen kleinen Schuppen; dort stand ein winziges Bett, es gab kein Wasser, und in einer Schüssel lagen zwei knochenharte Weizenbrötchen.

Ich griff in meinen Rucksack und reichte ihm die Trockennudeln, die Schokoladentafeln und Kekse, die wir als Proviant in das düstere Hinterland von Xinjiang mitgebracht hatten. Außerdem gab ich ihm die köstlich duftenden Zigarettenpäckchen, mit denen wir die kettenrauchenden Chinesen hatten bestechen wollen.

Sues Augen weiteten sich, als wolle sie fragen: »Und was sollen wir in den nächsten drei Wochen essen?« Aber wir hatten wenigstens Geld, Hoffnung und Pässe, um ausreisen zu können. Dieser arme Kerl hingegen würde in der Wüste von Xinjiang jung sterben, und wofür – für eine Straßenkeilerei?

Er schien einsam zu sein. Wahrscheinlich hatte seit seiner Kindheit niemand ein freundliches Wort für ihn übrig gehabt. Ich verspürte den Drang, bei ihm zu bleiben und ihn zu beschützen. Aber dann sah ich, wie Sue ihre Kamera einpackte und mich heranwinkte. Durch die offene Tür des Schuppens sahen wir einen riesigen Trecker, der am anderen Ende des Feldes eine Wagenladung Häftlinge, von Sicherheitsbeamten begleitet, hinter sich herzog. »Nichts wie weg!« sagte Sue.

Ich wußte, daß es verrückt war, aber ich wollte den jungen Mann nicht zurücklassen.

»Harry!« rief Sue.

Ich stieg ins Auto. Diesmal brauchten wir den Chauffeur nicht aufzufordern, sich in Bewegung zu setzen. Er hatte den Motor bereits angelassen und den ersten Gang eingelegt. Doch fünfzehn Sekunden später schrie ich: »Zurück! Zurück!« Die beiden hielten mich für völlig übergeschnappt, aber ich gab nicht nach. Wir rasten zurück zum Schuppen – die Wärter kamen immer näher –, und ich sprang aus dem Wagen.

»He, gib mir die Zigaretten wieder«, sagte ich zu dem Mann. »Die verdammten Dinger kriegst du nicht. Rauchen schadet der Gesundheit.«

Es klingt wahrscheinlich seltsam, daß ich einem todkranken Häftling die Zigaretten abnahm, aber mein Beschützerinstinkt zwang mich dazu. Er reichte mir die Päckchen, und ich drückte ihm noch mehr Schokolade und Konservendosen in die Hand.

»Versteck das Zeug unter dem Bett, damit es dir nicht gestohlen wird«, sagte ich und nickte zu den Aufsehern hinüber.

»Harry!« schrie Sue.

Aber ich wollte noch etwas mehr für den Mann tun. Deshalb zog ich eine Visitenkarte aus der Tasche – die gefälschte Karte des Anthropologieprofessors mit der echten amerikanischen Telefonnummer.

»Ich weiß, daß du mich von hier nicht anrufen kannst«, sagte ich. »Aber wenn du jemals in der Nähe eines Telefons bist und Hilfe brauchst, dann melde dich.«

Sue lehnte sich aus dem offenen Wagenschlag und filmte den heranrollenden Trecker. Wenn sie uns erwischten, würden wir bald hier neben dem Mann arbeiten. Ich sprang ins Auto, und der Fahrer gab Gas.

Ich sehe noch immer diesen jungen Mann vor mir, der am Straßenrand sitzt und meine Visitenkarte irgendwo in seiner staubigen Uniform
versteckt hat.

Wir fuhren in östlicher Richtung weiter durch die Wüste. Manchmal
wogte sie wie das Meer, die Straße war kaum zu sehen, und wie am
Strand ragten Schilfrohre aus dem Boden. Im Norden ergossen sich die
Wasser der Schneeschmelze über die Berghänge zum Tarim hinunter.
Der gelbbraune Sand verschob sich ständig, so daß nur Kamele ihn
mühelos durchqueren konnten. Wir frohlockten, wenn sich die Sonne
zeigte, und wir waren um so betrübter, wenn es regnete. Denn dann
blieben unsere Reifen im Morast stecken, und wir warteten, bis ein Lastwagen vorbeikam und uns herauszog. Wir mußten im Schlamm zwei
Reifenpannen beheben. Und manchmal, wenn ein Sandsturm ausbrach,
konnten wir überhaupt nichts sehen und hielten an, bis der Sturm sich
gelegt hatte.

Wir übernachteten in gräßlichen Absteigen, die als Hotels getarnt
waren. Da es kein fließendes Wasser gab, konnten wir nicht duschen,
und wir mußten uns von Schokolade, Nüssen, Mineralwasser und Kon-
serven ernähren. Hin und wieder versuchten wir, in einer der Ortschaf-
ten eine Mahlzeit zu uns zu nehmen, aber mein Körper war längst an die
hygienische, appetitliche westliche Nahrung gewöhnt, und ich wollte
mir nicht durch ungewaschene, ungekochte Lebensmittel irgendwelche
Krankheiten zuziehen.

Sue und ich begannen, einander auf die Nerven zu gehen. Ich bin
aufbrausend und eigensinnig und gebe gern den Ton an. Als Journalistin hat Sue ähnliche Eigenschaften. Eines Tages drehten wir eine
Szene vor einem Krankenhaus, und Sue sprach ihren Kommentar direkt in die Kamera – ein riskantes Unterfangen für zwei Personen mit
ausländischen Pässen. Ich konnte die Kamera nun besser handhaben,
doch Sue gab mir zwischen den Takes Anweisungen: »Halt die Kamera
still!« oder: »Komm näher.« Natürlich war ich damit nicht immer einverstanden.

An jenem Abend schaute sich Sue das Material des Tages an. »Mist,
reiner Mist«, murmelte sie. Das Fernsehen sei ihr Sachgebiet; meine

Kenntnisse lägen in anderen Bereichen, deshalb solle ich sie besser nicht schikanieren, sondern auf sie hören. »Harry, ich war in Rumänien, als Ceauşescu gestürzt wurde. Dort bin ich siebenmal verhaftet worden und habe im Gefängnis gesessen.« Sie verstehe sich aufs Überleben und habe vor nichts und niemandem Angst – auch nicht vor mir. Wir schnauzten einander eine Zeitlang an, kamen dann jedoch überein, unsere Zusammenarbeit fortzusetzen, selbst wenn das bedeutete, daß es auf dieser Reise zwei Generäle geben würde.

Wir näherten uns dem riesigen Lager des Dreizehnten Regiments der Ersten Division. Es war eine Kreuzung zwischen Kaserne und Farm, mitten im Niemandsland von Xinjiang. Mein jüngerer Bruder Hong Dao lebte wegen seiner konterrevolutionären Verwandtschaft seit mehr als dreißig Jahren hier im Exil. Er war nun Schuldirektor. Obwohl nie zu einer Haftstrafe verurteilt, würde er vermutlich den Rest seines Lebens in Xinjiang verbringen müssen.

Ich wußte, daß ich nicht riskieren durfte, von ihm gesehen zu werden, doch rein zufällig parkte unser Fahrer direkt vor der Schule, so daß ich das Redegewirr der Schüler und Lehrer – darunter auch mein Bruder – hören konnte. Würde er mich wiedererkennen, nachdem wir einander seit 1955 nicht mehr gesehen hatten? Was würde er von mir halten? Schließlich hatte meine Verurteilung als »Rechtsabweichler« am Institut zu seinem Unglück beigetragen. Einerseits hätte ich ihm gern die Hand gereicht und gesagt: »Hör zu, was auch geschehen ist, ich bin dein Bruder. Ich denke an dich, und ich sorge mich um dich. Deine Tochter ist meine Tochter.« Andererseits war mir klar, daß dies für mich gewiß – für ihn vielleicht – einem Todeskuß gleichgekommen wäre. Plötzlich war ich überzeugt, daß es für ihn besser sei, ohne weiteren Kummer hier zu leben – unbehelligt von seinem unerwünschten und mißratenen Bruder.

»Weiter!« befahl ich dem Chauffeur und setzte meine Sonnenbrille auf, damit niemand mein Gesicht erkennen oder meine Tränen sehen konnte.

Wir hofften, Lop Nor, den großen Trockensee am Rande der Wüste Takla Makan, besuchen zu können, aber die Straße war gesperrt. Unser Chauffeur schien erleichtert, denn er wußte, daß sein Wagen das Waschbrettmuster der Wüstenstraße wohl kaum unbeschadet überstehen würde.

In diesem trostlosen Landstrich begegneten uns Menschen mit häßlichen weißen Hautflecken. Viele sprachen von »einer persönlichen Krankheit«, aber Sue und ich wußten es besser. Wir erfuhren, daß es in den Teichen und Flüssen keine Fische mehr gab, und daß die Japaner die besonders schmackhaften Xinjiang-Birnen nicht mehr kaufen wollten, die sie früher als Delikatesse eingeführt hatten. Die Einfuhr wurde allerdings nicht abgelehnt, weil die Obstpflücker kaum besser als Sklaven gestellt waren, sondern weil die Japaner keine bei Dunkelheit strahlenden Birnen wollten.

In dieser Region hatten die Chinesen 1964 mit Kernwaffentests begonnen und dabei die vorherrschenden Windrichtungen nicht beachtet. Die Sowjetunion war über die Atomwolken, die zu ihr hinübertrieben, aufgebracht. Die angeblich in kommunistischer Bruderschaft vereinten Länder standen am Rande eines Krieges.

Wir begegneten einem Mann, den die Militärpolizei gezwungen hatte, die Testzone zu betreten – unter dem Vorwand, verlorengegangene Schafe zusammentreiben zu müssen. Die chinesischen Behörden hatten Fachärzte herbeigeholt und die Bewohner in Kontrollgruppen geteilt, wobei an Häftlingen und deren Familien wissenschaftliche Tests durchgeführt wurden. Ein Zeuge, ein medizinischer Assistent, behauptete, die Behörden seien sich über ihr Tun im klaren gewesen. »Sie wußten, daß wir dort draußen waren. Wir sahen den gelben Himmel, der plötzlich golden wurde und zu brennen schien. Am nächsten Tag war in den Zeitungen zu lesen, daß China einen Atomtest durchgeführt hatte.«

Das Experiment galt als großer Triumph für Mao und den Kommunismus – ungeachtet der als Spätfolge bei vielen Menschen auftretenden weißen Hautflecke. Als 1986 ein paar mutige Personen gegen die Fortsetzung der Tests protestierten, mußte das Regime den Aufstand niederschlagen. Die meisten Menschen, denen wir begegneten, schienen nicht zu begreifen, was man ihnen angetan hatte, und ich brachte es nicht

übers Herz, es ihnen zu erklären. Ein Teil der Welt zeigt größeres Ver-
antwortungsbewußtsein, was Kernwaffentests betrifft, und die Russen
haben sogar einseitig auf eine Fortsetzung ihrer Versuche verzichtet.
Doch was Häftlinge, Uiguren, Tibeter und die Umwelt durch die chinesischen Machthaber noch erleiden werden, vermag niemand vorauszu-
sagen.

Wir kehrten zurück nach Korla, von wo wir mit dem Zug nordwärts
nach Urumqi fahren würden. Zunächst verabschiedeten wir uns von
unserem Fahrer mit dem bandagierten Ohr. Er hatte wunderbare Arbeit
geleistet und sich auf Risiken eingelassen, obwohl er geahnt haben
mußte, daß wir etwas im Schilde führten. Ich hoffte, er würde unbehelligt bleiben.

Der mongolische Name der Hauptstadt von Xinjiang bedeutet »schönes
Weideland«; aber viel Weideland ist heutzutage nicht mehr übrig. Die
Stadt im Zentrum der Ölfelder erinnert an die florierenden Orte im
amerikanischen Westen des neunzehnten Jahrhunderts; das fünfzehn
Stockwerke hohe Holiday Inn erweckt jedoch eher den Eindruck, man
befinde sich in den USA von heute. In der obersten Etage ist ein Restaurant mit Disco. Das Hotel liegt an einer Allee, und im Hintergrund ra-
gen Wolkenkratzer und Berge auf. Urumqi ist mit seinen nahezu anderthalb Millionen Einwohnern keine Provinzstadt mehr; Politiker wie
führende Geschäftsleute sind Han-Chinesen mit Kontakten nach Taipeh, Hongkong, Los Angeles und Vancouver.

Am Bahnhof versuchten Sue und ich, Fahrkarten mit Yuan zu bezahlen. Weil wir keine Devisen benutzten, wollten uns die Angestellten jedoch den höheren Ausländertarif und fünfzehn Prozent Zuschlag be-
rechnen. Ich war sicher, daß sie ein wenig Privatkapitalismus betrieben,
und ließ mich auf eine Auseinandersetzung ein. Unterdessen filmte Sue
den Bahnhof, die Menschen auf dem Bahnsteig und in der Warte-
schlange am Fahrkartenschalter. Als ich mich umdrehte, sah ich zwei
Polizistinnen auf sie zugehen. Sie führten uns in den ersten Stock des
Bahnhofs und belehrten uns, daß in einem Sperrgebiet keine Fotos gemacht werden dürften. Ich hielt dagegen, nirgendwo sei ein Verbots-
schild zu sehen. Ein Beamter verlangte meinen Paß. Ich wußte, daß ich

in der Klemme saß, wenn er ihn sehr genau überprüfte. Der Mann vergewisserte sich jedoch nur mit flüchtigem Blick, daß es ein amerikanischer Paß war, und schnell riß ich das Dokument wieder an mich.

»Ich möchte Ihren Vorgesetzten sprechen!« rief ich. Wäre ich ein chinesischer Bürger gewesen, hätte man nun bereits auf mich eingeprügelt.

Sue war an Tumulte dieser Art gewöhnt. Um die Aufmerksamkeit der Vorgesetzten zu erregen, schrie sie: »Rühren Sie mich nicht an!«

Wenig später tauchten der Chef sowie ein weiterer Offizier auf, und ich beklagte mich heftig über den »Fahrkartenzuschlag«: »Das ist Betrug!«

Ein Beamter sagte: »Niemand hier steckt das Geld in die eigene Tasche. Es handelt sich vermutlich um ein Mißverständnis.«

Ich schimpfte lautstark weiter, wie enttäuscht ich über das hiesige Verhalten sei, und drohte, mich in Beijing zu beschweren. Schon die Erwähnung von Beijing ließ die Polizisten nervös werden, und der Vorgesetzte entschuldigte sich. Ich fühlte mich sicher und wollte wissen, warum man Sue wegen des Films belästige. Daraufhin sagte der Chef: »Also gut, Sie können gehen.«

Ich konnte der Versuchung nicht widerstehen, mich über die beiden Polizistinnen lustig zu machen, die uns aus dem Bahnhof hinausbegleiteten. »Darf ich etwas vorschlagen? Ich respektiere die chinesische Regierung und möchte kein Gesetz übertreten. Deshalb sollten Sie wirklich ein Schild mit dem Hinweis ›Fotografieren verboten‹ aufstellen.«

Nun hatten sie genug von mir. »Na gut. Angenehme Reise. Vielen Dank.«

Nachdem Sue und ich um die Ecke gebogen waren, lächelten wir einander zu. Im Land der Tyrannen ist es ratsam, sich ebenfalls ein bißchen wie ein Tyrann aufzuspielen.

# 17  Krankenhauskontrolle

Im Zug zwischen Urumqi und Chengdu beschlossen Sue und ich, unsere Tarnung zu ändern. Statt als Wissenschaftler wollten wir uns nun als amerikanisches Ehepaar ausgeben, das zu einer Rettungsmission nach China gekommen war. Wir hofften, daß ihr britischer Akzent niemandem auffallen würde, und unsere Hoffnung erfüllte sich.

Wir schützten vor, mein »Onkel« benötige *umgehend* eine Nierentransplantation. Ich hatte von einer anderen großen amerikanischen Universität einen Briefbogen mitgebracht, auf dem ein sachkundiger amerikanischer Freund – ein Arzt – den Zustand meines Onkels mit den angemessenen medizinischen Begriffen schilderte. Seine Unterschrift war unleserlich wie die der meisten Ärzte. Ich hatte nicht die geringsten Bedenken, mich dieser Fälschung zu bedienen; schließlich benutzten wir nicht die Identität einer realen Person, bereiteten also niemandem Probleme, und außerdem kämpften wir für eine gerechte Sache.

Unsere erste Station war das Erste Universitätskrankenhaus der Westchinesischen Medizinischen Universität in Chengdu, wo der nun in Hamburg lebende Arzt früher gearbeitet hatte. Hier war man an den Besuch von Westlern gewöhnt; man zeigte sich sehr aufgeschlossen, ließ uns allein herumspazieren und sogar Filmaufnahmen machen.

Die Transplantationsabteilung mit ihren Privatzimmern, den privaten Pflegerinnen, der Hygiene, einer Klimaanlage und moderner Technik sowie den gesunden Mahlzeiten hatte wenig von einem typischen chinesischen Krankenhaus an sich. Man stellte kaum Fragen, besonders wenn die Besucher vermögend zu sein schienen.

Die Fragen kamen von uns. Wir schilderten die verzweifelte Situation meines Onkels und erkundigten uns nach den chirurgischen Methoden und der Lage des Operationssaals. Dann lenkten wir das Gespräch auf die Qualität des Spenderorgans.

»Keine Sorge, wir garantieren hohe Qualität«, versicherte man uns.

Ich bat um ein Gespräch mit einem Spezialisten der Urologie und wurde mit Dr. Yang Yuru bekannt gemacht, einem Urologieprofessor, der 1992 in New York gearbeitet hatte. Dr. Yang strahlte geradezu, während er die Fortschritte seit der ersten Nierentransplantation von 1979 beschrieb: »Wir haben inzwischen mehr als vierhundert Operationen durchgeführt; damit liegen wir landesweit an erster Stelle. Wir können die Nieren rasch und zum günstigsten Zeitpunkt bekommen und ihre Funktionsfähigkeit gewährleisten. Je rascher die Nieren entfernt werden, desto besser sind die Erfolgschancen. Soweit ich weiß, gibt es in den Vereinigten Staaten viele gesetzliche Vorschriften über die Entnahme von Nieren. Die langen Transportwege – manchmal bis zu zwanzig Stunden – sind ebenfalls problematisch, hier in China werden hingegen zehn Stunden nie überschritten. In den meisten Fällen benutzen wir mobile OPs.« Die Fälle von postoperativem Nierenversagen lagen laut Dr. Yang in China bei zehn Prozent, während sie in den Vereinigten Staaten dreißig bis vierzig Prozent ausmachten.

Von dem chinesischen Arzt in Hamburg hatte ich erfahren, daß Dr. Yangs Krankenhaus für den Nierentransport manchmal Hubschrauber einsetzte. Das könnte ein starkes Indiz dafür sein, daß die Regierung selbst ins Transplantationsgeschäft verwickelt ist, denn in China dürfen Privatfirmen keine Hubschrauber besitzen.

Dr. Yang und seine Kollegen gaben zu, daß das Krankenhaus früher Hubschrauber eingesetzt habe, doch darauf könne man heutzutage verzichten, die mobilen OPs seien praktischer und preiswerter. Die Qualität der für die Verpflanzung vorgesehenen Nieren werde jedoch keinesfalls beeinträchtigt.

Ich ließ eine Frage nach den Spendern der Nieren einfließen. »Die Organe stammen von Hirntoten; offiziell dürfen wir darüber jedoch nicht sprechen«, erwiderte Dr. Yang. »Den Patienten und deren Familie ist es untersagt, mit dem Spender oder dessen Familie Kontakt aufzunehmen. Wir garantieren jedoch, daß alles seine Ordnung hat.«

»Und wer sind diese hirntoten Personen?« hakte ich nach. »Arbeiter,

Bauern? Ein Mann, eine Frau? Ist der Spender durch einen Autounfall umgekommen? Oder auf dem Operationstisch?« Zunächst wollte ich nicht von Häftlingen reden, denn ich merkte, daß unsere Gesprächspartner – drei Ärzte und Wu Jingping, die PR-Chefin des Krankenhauses – auf der Hut waren. Die Spender-Problematik versuchten alle zu umgehen. Ich deutete sogar an, mein Onkel könne Wert darauf legen, der Familie des Spenders seine Dankbarkeit durch ein Geldgeschenk zu beweisen; die Ärzte ließen sich auf meine Geschichte jedoch nicht ein.

Die Frage nach der Zahlungsmethode beantwortete man allerdings ohne Umschweife: »Am liebsten Bargeld, und zwar Dollars.« Und die Warteliste? »Zwei oder drei Wochen.« Die Nieren kämen gewöhnlich aus der Provinz, in der sich das Krankenhaus befinde.

Aber woher genau würden die Nieren geliefert? Von wem? Und auf welche Weise? Die Ärzte täuschten Unwissenheit vor. Ein gewisser Dr. Li, der behauptete, hundertzwanzig Nierentransplantationen vorgenommen zu haben, erklärte uns: »Wir Ärzte kennen nur die Zahl der verfügbaren Nieren und ihre Ankunftszeit. Innerhalb des Krankenhauses gibt es die Wissenschaftliche Forschungsabteilung, die mit den Bezugsquellen Kontakt aufnimmt … Die Herkunft der Nieren ist vertraulich … Wir entnehmen sie hirntoten Menschen … Staatliche Vorschriften verbieten uns, über diese Dinge zu sprechen.«

Ich bat Wu Jingping, den Begriff »Hirntod« zu definieren. »Das kann ich nicht genau sagen«, antwortete sie. »Jedes Land hat seine eigenen Maßstäbe, und deshalb ist die Definition unterschiedlich. Es gibt einige politische Gegensätze zwischen unserem Land und den Vereinigten Staaten. In den USA scheinen sogar die Todesminute und andere unwesentliche Einzelheiten mit der Frage der sogenannten Menschenrechte verbunden zu sein. Es ist sehr schwierig … Wir handeln im Einklang mit unseren Gesetzen und unserer Realität.«

In der Tat findet in der Medizin eine weltweite Debatte statt: Wann tritt der Tod ein? Sobald man aufhört zu atmen? Wenn das Herz nicht mehr schlägt? Ist jemand, dessen Gehirn noch meßbare Aktivitäten aufweist, wirklich tot? Während Wissenschaftler und Ethiker das Problem studieren, möchten Ärzte in aller Welt lebenswichtige Organe verpflanzen, um ihre Patienten zu retten. Und hier in China wurde Sue und mir nun die Niere eines unbekannten Spenders angeboten, der unzweifelhaft hirntot sei.

Ich entschloß mich zu einer direkten Frage. »Stammt die Niere von einem Häftling?«

»Von Häftlingen ist überhaupt nicht die Rede«, meinte Wu.

Nun tat ich so, als könne meine Familie sehr heikel auf die Identität des Spenders reagieren, doch Wu blieb unverbindlich. »Bei uns herrschen andere Verhältnisse als in Ihrem Land. Wir haben Möglichkeiten, die Ihnen gesetzlich untersagt sind. Der Kontakt zu den Nierenspendern ist jedenfalls unzulässig. Aber wir garantieren, daß unsere Spender gesund und die Organe hochwertig sind. Innerhalb von zwei, drei Wochen können wir eine ›lebendige‹ Niere besorgen. Ein Chirurgenteam wird das Organ entfernen und überbringen. Die Gebühr beträgt achtzig- bis hunderttausend Yuan, aber wie gesagt: Bargeld in US-Währung ist uns am liebsten. Wir haben Abnehmer aus Hongkong, Taiwan, den Vereinigten Staaten – aus der ganzen Welt.«

Ich überredete Wu und die anderen, uns eine Operation filmen zu lassen, damit wir unsere Angehörigen zu Hause beruhigen könnten. Unsere Gesprächspartner hatten keine Angst vor der Kamera, da sie uns als potentielle, wohlhabende Käufer akzeptierten, die das hohe Niveau der medizinischen Versorgung in China filmisch festhalten wollten. Ich schlug vor, eine Nierenverpflanzung aufzunehmen, aber man war nur bereit, uns eine Herzoperation zu zeigen, bei der wir uns von den hervorragenden Einrichtungen überzeugen könnten. Wir stimmten zu, kehrten am nächsten Tag zurück und filmten einen Chirurgen, der einem Patienten eine künstliche Herzklappe einsetzte.

Sue und ich waren mit unserem Besuch im Krankenhaus der Westchinesischen Medizinischen Universität sehr zufrieden. Wir hatten keinen Zweifel, daß die Ausflüchte unserer Gesprächspartner im Fernsehen sehr deutlich herüberkommen würden, zumal sie überwiegend Englisch gesprochen hatten. Und wir hatten recht.

(Als die BBC-Dokumentation später ausgestrahlt wurde, war auch ein Teil der »Operation« zu sehen, aber der Erzähler behauptete zu keinem Zeitpunkt, daß es sich um eine Nierentransplantation handele.)

Danach suchten Sue und ich die größte Asbestgrube der Welt in Xinkang auf; dort arbeiteten zehntausend Menschen, von denen ungefähr
sechstausend Häftlinge waren. Wir sahen Gefangene, die in Ketten zum
Ausgraben von Asbest geführt wurden. Sie arbeiteten mit bloßen Händen, und nur einige wenige trugen Masken. Diese mangelhaften Schutz-
maßnahmen sind im Westen unzulässig, schließlich kann Asbest bekanntlich Krebs auslösen. Auch deshalb kam die Inhaftierung in
Xinkang für viele Häftlinge einem Todesurteil gleich.

Damit war Sues Reise beendet. Wir hatten achtzehn Tage miteinander verbracht, und ich hoffte, daß sie problemlos würde ausreisen können. Ich war ständig in Sorge, die chinesischen Behörden könnten von
unserer Reise irgendwie Wind bekommen haben. Nach meinem Auftritt in *60 Minutes* konnte ich mich schließlich nicht mehr auf meine An-
onymität verlassen. Sue machte sich nach Guangzhou auf und wurde
vom Zoll nicht behelligt.

Am 18. April traf Ching Lee zusammen mit Shannon Ramsby ein,
einem Freund, der für die AFL-CIO arbeitete und uns schon häufig in
der Stiftung geholfen hatte. Er war fassungslos gewesen, als ich ihn bat,
Ching Lee zu begleiten, uns auf der Reise abzusichern und dann Filme
und Dokumente aus dem Land zu schaffen. Shannon besaß einen amerikanischen Paß, der recht nützlich sein würde, sollte man uns auf die
Spur kommen. Trotz ihrer amerikanischen Green Card war Ching Lee
immer noch Staatsbürgerin von Taiwan und würde wohl kaum vollen
politischen Schutz erhalten, wenn wir in Schwierigkeiten gerieten.

Shannon sollte im selben Hotel wohnen wie wir, uns aber nicht zu
den Lagern begleiten, um keine Aufmerksamkeit zu erregen. Falls wir
verschwanden, sollte er so schnell wie möglich das Land verlassen und
meine Freunde informieren, daß wir in der Patsche saßen. Eines Tages
in Chongqing teilten wir Shannon mit, wir würden um ein Uhr nachmittags zurück sein; wir wurden jedoch aufgehalten und erschienen erst
um sechs Uhr. Er wirkte verstört, und mir war klar, daß er drauf und
dran war, seine Sachen zu packen und abzureisen.

»Das war das erste Mal, daß ich wirklich Angst hatte«, sagte Shannon später. »Erinnert ihr euch, wie man sich fühlt, wenn man als Kind
im Dunkeln allein ist? So habe ich mich die ganze Zeit gefühlt.«

Nachdem wir uns ein paar Lager angesehen hatten, beschlossen wir, einen dreitägigen Ausflug am Yangtze entlang durch das Drei-Schluchten-Gebiet zu machen. Es würde vielleicht die letzte Gelegenheit sein, den möglicherweise schönsten Teil der chinesischen Natur zu betrachten. In Chongqing planten Ingenieure, den Fluß bei Sandouping einzudämmen, was die schrecklichen Überschwemmungen flußabwärts verhindern und einen gigantischen See schaffen sollte, der das Antlitz Chinas für immer verändern würde.

Wir mieteten die bestmögliche Unterkunft, was bedeutete, daß Ching Lee und ich ein gemeinsames Zimmer hatten und Shannon seine Bleibe nachts mit einem anderen Mann teilen mußte. Während wir flußabwärts auf den geplanten Damm zufuhren, bemerkte ich zwei Soldaten der Volksbefreiungsarmee in Uniformhosen und Pullovern mit dem Heeresemblem. Da ich nicht glaubte, daß sie nach mir suchten, begann ich eine Unterhaltung mit ihnen und fand heraus, daß sie zu ihrem nächsten Standort bei Wuhan unterwegs waren. Mir kam der Gedanke, daß diese Männer mir helfen könnten, in Wuhan eine Unterkunft für Shannon zu finden, während Ching Lee und ich einige Lager auf dem Lande erforschten. Shannon schien einer Ohnmacht nahe zu sein, als er mich mit den beiden Soldaten plaudern sah, die bereits festgestellt hatten, daß er der einzige Westler auf der Fähre war. Sie waren recht freundlich, weigerten sich jedoch, Shannon zu helfen, da es ihnen zuviel Umstände machen würde. Ich wußte, daß ich auf der Fahndungsliste stand, konnte aber kaum annehmen, daß diese jungen Soldaten auf dem Yangtze nach Harry Wu suchen würden.

In Shashi verließen wir den Dampfer. Weil das Hotel überbelegt war, mußten wir im selben Zimmer übernachten. Am nächsten Tag fuhren wir weiter nach Wuhan, wo Ching Lee und ich an der Medizinischen Universität Tongji noch ein Krankenhaus besuchten, das sich auf Organtransplantationen spezialisiert hatte. Wir hatten sehr viel über die Pionierarbeit am Transplantationszentrum und über dessen Chefchirurgen, den zweiundsiebzigjährigen Dr. Xia Shuisheng, gehört, der Patienten aus der ganzen Welt anlockte. Diesmal würde ich bei der Inspektion des Krankenhauses von meiner wirklichen Ehefrau begleitet werden.

Das Geschäft schien zu florieren. Denn im achten Stockwerk sahen wir einen gewaltigen Spiegel mit einem kleinen Täfelchen, auf dem stand, der Spiegel sei das Geschenk eines thailändischen Unternehmers, der im Februar eine neue Niere erhalten hatte. Wir wurden von der Krankenhausleitung wohlwollend empfangen. Ching Lee und ich erklärten unseren Besuch damit, daß mein »Onkel« eine Niere benötige. Ich wolle die Verhältnisse in Augenschein nehmen, um meinem Onkel genau mitteilen zu können, was ihn erwarte. Erst danach würde er seine Zustimmung geben.

Am nächsten Tag begleitete uns ein junger Assistent durch den Rekonvaleszenzbereich der Transplantationsabteilung. Plötzlich hielt ihn ein Kollege an, um etwas mit ihm zu besprechen. Der junge Arzt bat uns, Platz zu nehmen und ein paar Minuten zu warten, während er in einem Nebenzimmer verschwand. Es war eine einmalige Gelegenheit, die wir nicht versäumen durften. Wir eilten den Flur hinunter und sahen uns nach einem Patienten um.

In einem Zimmer, das vom Krankenhausflur abging, erblickten wir einen Mann, der im Bett saß, gesund wirkte und nur darauf brannte, sich mit jemandem zu unterhalten. Er sagte, sein Name sei Li und er arbeite in der kommunalen Finanzverwaltung von Wuhan; von den Ärzten habe er erfahren, daß die Nieren von hingerichteten Häftlingen stammten. »Fünf von uns sind am selben Tag operiert worden, denn sechs Nieren standen gerade zur Verfügung. Eine wurde in ein anderes Krankenhaus geschickt ... Alle von jungen Häftlingen, die unter fünfundzwanzig und sehr gesund waren.«

Ching Lee zog die Kamera aus ihrer Schultertasche und behielt die Tür im Auge, während ich mit Li sprach. Andere Patienten im Zimmer hörten unserer Unterhaltung zu. Wir gingen ein großes Risiko ein, aber wir konnten diese Chance nicht ungenutzt verstreichen lassen.

Li erzählte uns, daß die Gefangenen im Bezirk Dongxihu von Wuhan, vierzig Minuten vom Krankenhaus entfernt, hingerichtet worden seien. »Sie wurden um elf Uhr morgens erschossen, und um zwei Uhr nachmittags fanden unsere Operationen statt.«

Die anderen Patienten bestätigten lächelnd, daß sie ebenfalls Organe von Häftlingen erhalten hätten. Sie alle waren dankbar und stolz auf die

moderne chinesische Medizin, die ihnen eine zweite Lebenschance geboten hatte. Eine Sekunde lang verspürte ich einen Anflug von Bedauern
darüber, daß ich dieses System bekämpfte, aber dann fiel mir wieder ein,
woher diese Nieren gekommen waren – von Menschen wie mir.

Ching Lee und ich verbrachten wohl zehn aufschlußreiche Minuten
mit diesen Männern, bevor ein Arzt vorbeikam und bemerkte, daß wir
mit den Patienten plauderten und die Gespräche filmten. Plötzlich erschien Xia Shuisheng, der Chefarzt des Krankenhauses, und brüllte:
»Wer hat Ihnen erlaubt, hierher zu kommen? Das ist eine Privatstation.«
Er versuchte, uns hinauszuscheuchen, und erkundigte sich noch einmal,
wer uns gestattet habe, die Station zu betreten. Ich erwiderte, daß andere Ärzte meinen Besuch arrangiert hätten, und er beruhigte sich ein
wenig, aber zusammen mit mehreren Kollegen drängte er Ching Lee
und mich durch den Flur. Ich beschwerte mich nicht und leistete keinen
Widerstand. Mir lag nur daran, das Krankenhaus mit Film und Kamera
heil zu verlassen, ohne vom Sicherheitsdienst und von der Polizei vernommen zu werden. Wir eilten durch den Flur, vorbei an dem kunstvoll
gearbeiteten Spiegel, stiegen in den Lift, fuhren acht Stockwerke hinunter und liefen hinaus auf die Straße. Ich hatte keine Einwände. Es ist erstaunlich, was man innerhalb von zehn Minuten alles erfahren kann.

Von Wuhan aus begaben Ching Lee und ich uns nach Jingzhou am
Stadtrand, um Informationen über das Gefängnis Nr. 3 Jingzhou zu
sammeln, das allein im Jahre 1989 Textilien im Wert von 85 Millionen
Dollar in mehrere Länder, auch in die Vereinigten Staaten, exportiert
hatte. Während wir im Ort Aufnahmen machten, bemerkten wir ein
Plakat an einer Wand außerhalb des Gerichtsgebäudes, das auch an
Anschlagbrettern am Bahnhof hing; darauf wurde die Hinrichtung von
drei Häftlingen am 19. April, dem Tag der Transplantationen in Wuhan, bekanntgegeben. Die genaue Stätte der Exekutionen wurde nicht
erwähnt, aber jeder Ort im Umkreis von Wuhan lag unzweifelhaft in
Reichweite der mobilen OPs oder Hubschrauber, die das Krankenhaus
bedienten.

Natürlich habe ich keinen Beweis für einen Zusammenhang zwischen den drei Hinrichtungen und den sechs Nieren, doch irgendwoher
müssen die frischen Nieren gekommen sein – von gesunden Häftlingen,

die günstigerweise hirntot waren. Zeitpunkt und Nähe der Exekutionen
bestärkten mich in dem Verdacht, daß man die Nieren für die Patienten
in Wuhan von hier geliefert hatte. Ich war davon überzeugt, daß Organtransplantationen eine neue Bedrohung für Häftlinge darstellten.

Es wurde Zeit, die Lagerbesuche fortzusetzen. Am 26. April flogen wir
alle von Wuhan nach Nanjing, doch Shannon reiste weiter nach Shanghai, wo er ein eigenes Abenteuer erlebte. Als er am Flughafen in der
Taxischlange stand, hielt eine moderne Limousine direkt vor ihm an,
und ein Sicherheitsbeamter mit einer Kamera sprang heraus. Der Mann
fotografierte Shannon, drehte sich um, machte noch einige Schnapp-
schüsse und stürzte zurück in den Wagen. Shannon war sicher, daß die
Aktion ihm, als einzigem Westler in der Schlange, gegolten hatte, und er
fragte sich, ob die Polizei ihm bereits auf der Spur war. Ihm blieb nichts
anderes übrig, als abzuwarten, während Ching Lee und ich von Nanjing
mit dem Bus nach Süden in die Provinz Anhui fuhren, wo wir eine persönliche Mission zu erledigen hatten.

In Los Angeles hatte mir ein Freund namens Liu Xing Hui die Uniform seines Vaters gegeben, die dieser auf der Baimaolin-Farm trug, als
beide dort während der Kulturrevolution eingesperrt waren. Obwohl
sie zehn Jahre auf derselben Farm verbracht hatten, bekamen sie einander nur zweimal zu Gesicht. Der Sohn überlebte, weil er im Kremato-
rium arbeitete – dorthin beorderte man nur die gesündesten jungen
Männer, die besser ernährt wurden, damit sie noch schwerer schuften
konnten. Schließlich beging der Vater Selbstmord, und der Sohn erbte
seine zerschlissene dunkelgraue Uniform, die wenigstens vierzig Flicken
aufwies. Der Sohn entkam später in den Westen und bat mich, seinem
Vater auf der Baimaolin-Farm meine Ehrerbietung zu erweisen. Damit
gab ich mich nicht zufrieden, ich machte auch noch ein paar Bilder von
der dortigen Fabrik, wo Tische mit Warenetiketten in englischer Sprache hergestellt werden.

Unser nächstes Ziel war die Maschinenfabrik Wuyi in der Provinz
Zhejiang direkt südlich von Shanghai; in dieser Fabrik werden Ketten-
züge für den Export in den Westen angefertigt. Hier hatten wir Glück.
Wir standen an einer Bushaltestelle und sprachen über Wuyi, als mich

ein Mann fragte: »Suchen Sie den alten oder den neuen Standort?« Wir
erfuhren, daß die alte Fabrik draußen auf dem Lande war, während sich
die neue Fabrik – mit zweitausend Arbeitern, zu denen auch Häftlinge
gehörten – direkt im Ort befand. Der Mann wußte Bescheid, da seine
Schwester in dem neuen Gebäude tätig war, und zeigte uns den Weg.
Ching Lee und ich suchten den neuen Standort auf, wo ich ein noch im
Bau befindliches Büro entdeckte. Ich trat ein, schaute aus dem Fenster
und schaltete meine Kamera ein. Niemand schien uns Beachtung zu
schenken.

Unsere nächste Station in Zhejiang war die Teeplantage in Nanhu,
ein Joint-venture mit den Japanern. Wir fanden die Farm und entdeckten einige Häftlinge auf der anderen Seite des Feldes. Ich ging direkt auf
sie zu, um wie üblich den verirrten Touristen zu mimen und nach dem
Weg zu fragen, während Ching Lee die Szene filmte. Auf dem Rückweg
fiel uns ein Mitarbeiterladen auf, in dem offensichtlich für den Export
bestimmte Teebeutel mit englischer Aufschrift verkauft wurden. Ich er-
warb ein Päckchen, das ich als Beweismaterial benutzen wollte, und verstaute es in meinem Rucksack. Aber als Ching Lee und ich in Shanghai
aus dem Bus stiegen, vergaß ich den Rucksack unglücklicherweise. Ich
war außer mir. Wir eilten zum Busdepot, um den Wagen zu finden, aber
es war bereits Mitternacht, alles war geschlossen, und niemand konnte
uns helfen. Ich fürchtete, daß man den Tee entdecken und uns auf die
Spur kommen würde.

Unser Verfolgungswahn war schon ziemlich ausgeprägt, als sich
Ching Lee und Shannon am 2. Mai anschickten, Shanghai zu verlassen.
Er hatte die Negative der 35-Millimeter-Filme, die wahrscheinlich zehn
Zentimeter dick und zehn Zentimeter lang waren, in seinen Socken verstaut und sich einen Behälter um die Hüfte gebunden. Er sagte besorgt:
»Ich bin kein Schmuggler. Das fällt mir alles sehr schwer.« Ich wartete in
aller Offenheit am Flugsteig, falls wir von der Polizei beschattet wurden.
Wahrscheinlich würde man versuchen, mich an der Ausreise zu hindern, und Ching Lee und Shannon ungeschoren lassen, so daß die Fotos
und das andere Beweismaterial sicher hinausgelangen würden. Die beiden stiegen in die Maschine, und ich drehte mich um, um den Beamten
zu zeigen, daß sie mich immer noch erwischen konnten, aber nichts ge-

schah. Ich verließ den internationalen Flughafen und nahm rasch einen
Inlandsflug nach Qingdao, der hügeligen Küstenstadt, bei deren Aufbau
die Deutschen während ihrer Kolonialzeit mitgeholfen hatten. Nun waren die Chinesen selbst eine Kolonialmacht geworden, die ihr eigenes
Volk unterdrückte.

Mir standen noch ein paar Höflichkeitsbesuche bevor. Zunächst zur
Vorgeschichte: Im November 1991 waren die guten Leute von der Stahlrohrfabrik Laiyang freundlich genug gewesen, die Handelsmesse der
Provinz Shandong in San Francisco zu besuchen. In ihren Broschüren
prahlten sie mit ihren Exporten in den Nahen Osten, nach Europa und
Amerika; außerdem nannten sie den Namen und die Adresse des Fa-
brikleiters. Ich besaß jedoch Dokumente, auf denen dieselbe Adresse für
ein Gefängnislager angegeben wurde, während man denselben Funktionär als Polizeichef bezeichnete. Auf einem Bild trägt der Mann einen
Anzug und auf dem anderen eine Uniform.

Bob Windrem, der NBC-Produzent, mit dem ich auch bei der Sendung über die Jinma-Dieselmotoren zusammenarbeitete, hatte mich begleitet und sich als Marketing-Direktor meiner Firma ausgegeben. Wir
hatten mehr als zweitausend Tonnen vulkanisierter Stahlrohre bestellt
und Papiere zugesandt bekommen, aus denen hervorging, daß die Fabrik ein Gefängnislager war. Doch die chinesischen Firmenvertreter auf
der Messe bemerkten den NBC-Kameramann und rückten ihm zu Leibe.
Ich fragte einen der Funktionäre, ob die Stahlrohre von Häftlingen hergestellt würden, und zeigte ihm ein Dokument mit dem Lagernamen der
Fabrik. Er holte seinen Stift hervor, strich die Lagerbezeichnung durch
und schrieb einen anderen Fabriknamen nieder. Die Chinesen halten es
einfach für selbstverständlich, daß der durchschnittliche amerikanische
Geschäftsmann kein Interesse an der Herkunft seiner Waren hat. Später
kehrte ich mit dem NBC-Korrespondenten George Lewis zurück, und
wir fragten die Leute aus Shandong nach der Namensänderung. Sie behaupteten, gerade erst davon erfahren zu haben.

Drei Jahre später hielt ich einen Gegenbesuch bei den freundlichen
Leuten aus Laiyang für ein Gebot der Höflichkeit. In Qingdao nahm ich
rasch ein Taxi und fuhr hinaus in die ländliche Provinz Shandong. Es
war ein Risiko, ganz allein so weit nach Norden vorzudringen, denn ich

hatte niemanden, der mich absicherte. Falls man mich erwischte, würde ich vielleicht für immer in der Versenkung verschwinden.

Der Vordereingang der Stahlrohrfabrik Laiyang sah so einladend aus, als führe er in ein normales Büro. Der Gefängniseingang befand sich an der anderen Seite des Gebäudes. Ich wollte mir einen Gesamtüberblick über das Gefängnis verschaffen und überredete einen Zivilisten, mich auf das Dach eines gegenüberliegenden höheren Hauses zu lassen. An das Hauptgebäude schloß sich eine Gefängnisfarm mit Mais- und Weizenfeldern an. Ich fotografierte die gesamte Anlage und die Häftlingstrupps, die auf dem Feld arbeiteten oder Stahlrohre hin und her schleppten.

Danach unternahm ich einen Rundgang um die Anlage und sah Familienangehörige von Häftlingen, die durch die Hintertür eintraten. (Solche Besuche sind in normalen Fabriken nicht üblich.) Da ich einen Wachtturm bemerkte, versteckte ich mich eine halbe Stunde lang in einem Graben. Ich beabsichtigte, die Männer im Innern, die hundertfünfzig Meter entfernt sein mochten, zu filmen. Als alles ruhig und friedlich war, kletterte ich aus dem Graben und ging direkt unter dem Wachtturm auf die Mauer zu.

Ein böser Fehler. Sobald ich meine Kamera in Position gebracht hatte, rief jemand: »He, Sie dort drüben. Anhalten!«

Der Bewacher mußte in seinem Turm gedöst, gegessen oder gelesen haben. Doch nun wollte er seiner Aufgabe gerecht werden.

»Was machen Sie da?«

»Nichts«, sagte ich.

»Rühren Sie sich nicht von der Stelle!«

Er verschwand aus dem Blickfeld und rannte die Treppe hinunter. Ich hatte vielleicht fünfzehn Sekunden Zeit, mich in Sicherheit zu bringen. Statt wegzulaufen, betrachtete ich die Tür, die mit einer Krampe für ein Vorhängeschloß ausgestattet war. Ein Schloß hatte ich nicht, aber ich hob einen kräftig wirkenden Stock vom Boden auf und benutzte ihn als Riegel. Dann sprang ich in den Graben, um mir Deckung zu verschaffen, und rannte los.

Möglicherweise hatte ein anderer Posten auf dem Turm bereits ein Gewehr auf mich gerichtet. Ich hoffte, daß er zunächst einen Warnschuß abgeben würde. »Die erschießen mich bestimmt nicht gleich«, redete ich mir ein. »Erst mal wollen sie mich schnappen.« Aber sicher sein konnte ich nicht. Wenn sie meinen amerikanischen Paß fanden, würde man zumindest den Film beschlagnahmen. Wahrscheinlicher war jedoch, daß ich China nie wieder verlassen würde.

Ich rannte weiter. Aber ich war nicht mehr der durchtrainierte Sportler, der in Shanghai und Beijing Baseball gespielt hatte, sondern ein siebenundfünfzigjähriger Unruhestifter, dessen Bein und Rücken schmerzten und der seit Wochen schlecht gegessen und geschlafen hatte. Ich konnte meinen Alpträumen nicht davonlaufen. Wie hätte ich also vor einer Kugel davonlaufen sollen?

Ich entfernte mich von der Stahlrohrfabrik und sprintete durch den Graben, bis ich nach zweihundert Metern die Hauptstraße erreichte. In meiner Furcht, von den Aufsehern eingeholt zu werden, versuchte ich, ein Auto zu stoppen, obwohl in China Fahrten per Anhalter nicht üblich sind. Wie auch immer, ein Lastwagenfahrer bremste und nahm mich mit. Nichts geschah, niemand holte mich ein oder verhaftete mich. Ich hatte Glück gehabt – jedenfalls diesmal.

\* \* \*

Jeff Fiedler meint immer noch, daß meine letzte Reise in die Provinz Liaoning, die im Nordosten zwischen Nordkorea und der Mongolei eingezwängt ist, meine allergefährlichste gewesen sei. Ich war völlig allein, ohne jegliche Unterstützung und weit entfernt von Bereichen, wo man auf diplomatische Feinheiten Wert legen würde, wenn ich der Polizei in die Hände fiel.

Mein Ziel war Shenyang. Dort wollte ich den »Laogai-Boulevard« besuchen. So nenne ich eine Horrorsiedlung in einer einzigen Straße: fünf große Gefängnisse hintereinander, starrend vor Bewachern und Polizisten, am Pfad des Neuen Lebens. Die laufende Videokamera in der Schultertasche, ging ich durch die Straße und schätzte, daß neunzig Prozent der Personen, denen ich begegnete, Aufseher, Polizeibeamte oder Männer in Zivil waren. Kein Zweifel, ich hatte den richtigen Ort gefunden.

In einer Fabrik stellen die Häftlinge Gummibeläge für Gaspedale westlicher Fahrzeuge her, und in einer anderen produzieren sie Gummistiefel für eine bekannte amerikanische Einzelhandelskette, die zweifelhafte Geschäftsleute als Zwischenhändler benutzt. Jeff hat ein Foto, das einen unbekannten amerikanischen Industriellen beim Besuch dieses Lagers zeigt, und er schwört, daß er den Mann eines Tages identifizieren und bloßstellen wird.

Mich interessierte ein ganz bestimmtes Lager am »Laogai-Boulevard«. In meinem Eifer, die Verhältnisse in den Gefängnislagern aufzudecken, hatte ich mich nicht besonders auf weibliche Gefangene konzentriert, die vielleicht drei Prozent der chinesischen Häftlingsbevölkerung ausmachen. Nun wollte ich Material über das Frauengefängnis Shenyang sammeln, dessen ungefähr dreitausend Insassinnen Parfüm und Kleidungsstücke produzieren.

Vor dem Frauenlager setzte ich mich auf den Bürgersteig, trank etwas Wasser, spähte die Umgebung aus und plante meinen nächsten Schritt. Das Krankenhaus gegenüber bot einen günstigen Beobachtungspunkt. Ich ging hinein, erklärte am Empfang, daß ich einen Freund besuchen wolle, zahlte zwei Yuan Eintrittsgeld und stieg die Treppen hinauf, vorbei an ein paar Stockwerken mit Operationssälen oder Krankenzimmern. Auf der Suche nach der besten Perspektive öffnete ich eine Tür in der obersten Etage und schlüpfte hindurch. Von dem Fenster zur Straße hin hatte ich einen ausgezeichneten Überblick über das Lager. Dann schaute ich mich in dem Zimmer um und sah etliche Glasbehälter mit Körperteilen – Händen, Füßen, Armen, Beinen –, die in Alkohol konserviert waren. Dies war kein Arbeitszimmer für Medizinstudenten, sondern einfach nur ein verstaubter Lagerraum für Körperteile. Mir drehte sich der Magen um. »Guck bloß aus dem Fenster«, sagte ich mir. Aber diese Schreckenskammer war faszinierend, und ich drehte mich immer wieder um.

Ich zwang mich, Weitwinkelaufnahmen von den weiblichen Gefangenen und deren Sicherheitspersonal zu machen, die sich im Hof auf der anderen Straßenseite drängten. Zwar hatte ich Angst, ertappt zu werden, aber ich beruhigte mich damit, daß wohl kaum jemand im Krankenhaus ausgerechnet dieses Zimmer überprüfen würde. Als ich meine

Fotos im Kasten hatte, schlich ich mich, ohne nach rechts und links zu blicken, aus dem Zimmer und lief die Treppe hinunter. Das Frauenlager war das siebenundzwanzigste Lager, das ich in diesem Monat inspiziert hatte. Es wurde Zeit heimzukehren.

Mein Freund Jeff Fiedler sagt über meine Unternehmungen: »Die beiden gefährlichsten Zeitpunkte sind – genau wie Start und Landung beim Flugzeug – die Ein- und Ausreise.« Er hat recht. Zu diesen Zeitpunkten ist das Risiko, geschnappt zu werden, am größten. Da ich ganz allein war, blieb mir keine andere Wahl, als mein Filmmaterial selbst hinauszubefördern. Ich reservierte einen Direktflug nach Hongkong, um die Behörden irrezuführen, und änderte im letzten Moment meine Route.

Nachdem ich mein Gepäck am Flughafen in Verwahrung gegeben hatte, nahm ich ein Taxi zurück zum Hotel. Mein Zimmer war bereits leer, aber ich hatte für eine weitere Nacht bezahlt, um etwaige Verfolger zu verwirren. Auf meiner Etage angekommen, fuhr ich sofort wieder mit dem Lift hinunter, nahm ein anderes Taxi zurück zum Flughafen, stieg in eine Inlandsmaschine von Shenyang nach Shenzhen und setzte mit der Fähre hinüber in die Freiheit.

Wie Jeff und ich zuvor verabredet hatten, ging ich zu seinem Zimmer im Prudential Hotel und klopfte an die Tür. Seit einer Woche hatte niemand etwas von mir gehört. Jeff ließ mich herein, und uns beiden kamen die Tränen.

»Du siehst schrecklich aus«, sagte er. Nachdem er sich beruhigt hatte, fuhr er fort: »Versprich mir, daß du so etwas nie wieder tust.«

Also gut, ich versprach es.

# 18   Holocaust

Im Mai 1994 kehrte ich aus Hongkong in die Vereinigten Staaten zurück. Nachdem ich mir eine Vorstellung vom Transplantationsgeschäft verschafft hatte, mußte ich noch einmal mit dem chinesischen Arzt in Hamburg reden. Im August traf ich mich in Berlin mit Sue Lloyd-Roberts, und wir arrangierten eine Reise nach Auschwitz, wo ich dem Holocaust – allen Menschen, die gelitten hatten – näherkommen wollte.

Als junger Student hatte ich in China von der deutschen Vernichtungskampagne gegen die Juden gehört, aber erst nach ein oder zwei Jahren im Westen begriff ich, wie kaltblütig und methodisch die Nazis vorgegangen waren. Sie töteten systematisch ungefähr sechs Millionen Juden und weitere sechs Millionen Katholiken, Protestanten, Kommunisten, Zigeuner, Homosexuelle, Abweichler, Menschen mit Gewissen, Menschen, die protestiert hatten – unbequeme Menschen wie mich, Unruhestifter der einen oder anderen Art.

Ich las, wie Adolf Hitler sorgfältig darauf achtete, euphemistische Begriffe wie »Endlösung« zu benutzen. Erst später entdeckte die Welt, was er gemeint hatte und wie seine Befehle von seinen Helfern interpretiert und ausgeführt worden waren. Aber die Fotos von Hitler – seine höhnische Miene, seine hervortretenden Augen – waren eine Warnung für die Welt, daß er vor nichts zurückschrecken würde. Mao zog niemals häßliche Grimassen, aber für mich steht er auf einer Stufe mit Hitler, denn auch er fügte einem ganzen Volk, nämlich seinem eigenen, methodisch großen Schaden zu. Mao ließ genauso viele Menschen umbringen wie Hitler, vielleicht noch mehr. Er suchte bewußt die traditionellen chinesischen Familienstrukturen zu zerstören, weil sie der kollektiven kommunistischen Utopie im Weg standen. Mit einem sanften Lächeln sorgte er dafür, daß Millionen infolge seiner wahnwitzigen Agrarpolitik Hungers starben, daß weitere Millionen in Lagern verschwanden und Abertausende hingerichtet wurden.

In meinem Büro in Kalifornien stapeln sich Tonbänder, Bücher, Manuskripte, Videos und Briefe, aber ich weiß immer, wo sich mein persönliches Exemplar der *Zitate des Vorsitzenden Mao* befindet. Nicht das Büchlein mit seinen bereinigten Aussagen, sondern das mit den häßlichen Worten und Taten, die ein ganzes Volk verkrüppelten. Ich studiere den Vorsitzenden Mao noch immer. In seinen Veröffentlichungen verwendete er Ausdrücke wie »Unterdrückung« und »Säuberung«, doch in seinen internen Unterlagen benutzte er häufig das Wort *sha* (Mandarin für »töten«). Am 17. Januar 1951 erteilte er seinen Komplizen, darunter auch Deng Xiaoping, folgende Anweisung: »In einundzwanzig Bezirken in West-Hunan sind über viertausendsechshundert Bandenführer, Ortstyrannen und Guomindang-Agenten getötet worden. Die dortigen Behörden planen, eine weitere Gruppe töten zu lassen. Ich halte diese Beseitigung für sehr notwendig.« Am 16. Mai 1951 schrieb Mao in einem anderen vertraulichen Memo: »Im Hinblick auf die Zahl der zu tötenden Konterrevolutionäre muß ein gewisser Prozentsatz festgelegt werden; in ländlichen Gebieten sollte er ein Tausendstel der Bevölkerung nicht übertreffen und in den Städten deutlich unter einem Tausendstel bleiben. Ein halbes Tausendstel dürfte angemessen sein. Zum Beispiel sind von den zwei Millionen Bewohnern von Beijing über sechshundert getötet worden; die Tötung von weiteren dreihundert ist geplant. Eine Gesamtzahl von eintausend wird ausreichen.«

Mao hatte oft ein politisches Motiv für seine Morde. Er riet seinen Leuten, während einer Kampagne auf den geeigneten Augenblick zu warten: »Tötet, um euch durchzusetzen. Tötet, um zu zeigen, daß ihr es ernst meint. Tötet das Huhn, um dem Affen Angst einzujagen.«

Unsere Freunde, die Russen, hatten uns mit Stalins Gulag-System den Weg gewiesen. Mao lud sowjetische Gulag-Experten nach China ein, und aus den Dokumenten geht hervor, daß diese Experten halfen, die ersten chinesischen Gesetze zur Umerziehung durch Arbeit zu formulieren. Damals war das chinesische Volk stolz darauf, etwas von den Sowjets zu übernehmen. In den Bereichen Militär, Kultur, Rechtsprechung und öffentliche Sicherheit unterhielten die beiden Staaten enge Beziehungen. Wir lernten von den Experten.

In den Vereinigten Staaten erfuhr ich, daß China nicht immer das Zentrum des Universums gewesen ist – jedenfalls nicht, was Massentragödien betrifft. Der Holocaust faszinierte mich, und ich las Bücher darüber, sah mir Dokumentarfilme an und stellte Fragen. So erfuhr ich von der sogenannten Reichskristallnacht im November 1938, von der Zerstörung der Synagogen und mehr als siebentausend jüdischer Geschäfte; davon, daß einundneunzig Menschen im ganzen Land umgebracht und etwa dreißigtausend Juden in die Konzentrationslager Buchenwald, Dachau und Sachsenhausen eingeliefert wurden.

In Beijing forderte Mao die Roten Garden auf, »revolutionäre Maßnahmen zu ergreifen«, was sie am Tag und in der Nacht des 18. August 1966 taten. Sie tobten durch die Stadt und ermordeten jeden, der ihnen mißfiel – insgesamt 1741 Menschen. Ihre Motive waren nicht religiöser oder ethnischer, sondern politischer Art. Mein Nachbar ist Kapitalist? Foltert ihn, tötet ihn. Überall in China war es das gleiche. Ich spürte eine schmerzliche Verbindung zu den Juden, deren Leben in der Kristallnacht und in all den anderen offiziellen Pogromen vernichtet wurde.

Dachau war das erste nationalsozialistische Lager, das ich im November 1992 an einem deprimierenden, regnerischen Tag besuchte. Ich trat durch eine Seitentür und sah einen Schlafsaal, in dem sich die Häftlinge – fünf- oder sechshundert Menschen – zusammengedrängt hatten. Ihnen allen wurden fünf Minuten zur Benutzung des sogenannten Badezimmers eingeräumt. Nur ein Waschbecken voll Wasser. Hunderte von Menschen, die auf schmutziges Wasser warteten. Eine Sekunde lang dachte ich: »Diese Bedingungen waren auch nicht schlimmer als unsere.« Aber dann fiel mir ein, daß ich in einem Konzentrationslager der Nazis stand, und Ekel überkam mich.

Ich verließ Dachau durch das Eingangstor und bemerkte am Eisengitter die Parole: Arbeit macht frei. Mein Begleiter übersetzte mir die Worte, und ich sagte verblüfft: »In China lautete die Parole in den Lagern: ›Arbeit macht ein neues Leben.‹«

Dachau bestärkte mich in dem Glauben, daß die Chinesen und die übrige Welt den Juden aufgrund ihrer Leiden Respekt zollen müssen.

Ich war in den Westen gekommen, um verwandte Geister und Werte zu finden. Aus meiner Lektüre wußte ich, daß die Vereinigten Staaten, Großbritannien und der Vatikan über die Konzentrationslager informiert waren, aber nichts unternahmen. Auch das Internationale Rote Kreuz und andere Organisationen wußten Bescheid, doch sie sagten: »Es ist Krieg, was können wir tun?«

Im August 1994 mußte ich mir Auschwitz ansehen. An einem heißen Tag fuhren Sue und ich mit dem Zug von Berlin dorthin. Ich wollte die Gaskammern mit eigenen Augen sehen, um die Gefühle der Opfer nachempfinden zu können. Und ich mußte eine Beziehung zwischen mir und den gespenstischen Haarbündeln, den Kleiderbergen und den fast zwei Millionen Toten herstellen. Deshalb bat ich Sue, mich vor den Schaukästen zu fotografieren. Es schien ihr nicht zu behagen, daß ich als Tourist posierte, aber ich hatte keine Bedenken. Ich mußte eine Verbindung zu dieser anderen Kultur finden. Sie haben gelitten, wir leiden noch immer.

Ich schloß die Augen und stellte mir vor, im Jahre 1944 zu sein. Die Nazis hatten ihre eigenen Ärzte – keine Politiker, gewöhnliche Bürger, die ihre Arbeit machten. Jeden Tag sahen jene Ärzte Hunderte von Menschen in die Gaskammern gehen. Gefoltert. Verbrannt. Tot. Aber das war nicht alles: Die Ärzte hatten Forschungsprogramme im Namen der »Wissenschaft«. Vielleicht versuchten sie festzustellen, wie lange es dauern würde, bis ein Pilot das Bewußtsein verlor, wenn seine Maschine beschädigt und die Sauerstoffzufuhr unterbunden war. Die Ärzte wollten nicht mit ihren eigenen Piloten experimentieren, deshalb fragten sie den Lagerkommandanten: »Kann ich jemanden haben?« Es handelte sich nicht um ein medizinisches Experiment mit einer Maus oder einem Hund, sondern man brauchte einen Menschen, der diese schrecklichen Schmerzen durchlitt. Deshalb führten die Ärzte ihre Experimente an einem Juden durch. Vielleicht versprachen sie einem Häftling sogar gute Behandlung und besseres Essen, damit er für das Experiment gesund war. Und vielleicht dachte der Häftling: »Heute überlebe ich wenigstens noch, ich bekomme bessere Mahlzeiten, und sterben werde ich morgen. Einverstanden.« Die nationalsozialistischen Ärzte prüften die Augenfarbe und das Haar der Menschen, die Genetiker versuchten durch Messungen nachzuweisen, ob jemand Halb- oder Vierteljude war. Das kam mir bekannt vor.

Denn die Chinesen hatten Ärzte, die nachwiesen, womit sich dein Großvater den Lebensunterhalt verdiente und welcher Klasse du angehörtest. Wer eine Frau aus einer ärmeren Klasse heiratete und dann seinen Besitz verlor, blieb trotzdem ein Mitglied der Grundeigentümerklasse und hatte weiterhin unreines Blut. Es war so, als wäre man ein Vierteljude.

Natürlich gab es einen Unterschied. Denn die Deutschen betrachteten die Juden nicht als Angehörige ihrer eigenen Rasse. Und als die Amerikaner und Russen heranrückten, beschleunigten die Nazis Hitlers Endlösung.

Wäre das ohne Hitler möglich gewesen? Ich weiß es nicht. Da ich Deutschland häufig besuche, habe ich dort viele Freunde. In dem Deutschland, das ich kenne, leben unzählige wunderbare Menschen, die sich für die Menschenrechte in ihrem Land und überall auf der Welt engagieren. Hätte es einen zweiten Hitler geben können? Oder einen zweiten Mao? Warum nicht? In China verfügen wir nicht über Hitlers Gaskammern, aber wir ordnen auch Tibeter und Uiguren und andere Minderheiten einer Sonderkategorie zu. Wir stecken unsere eigenen Störenfriede, unsere Klassenfeinde, in Lager und zwingen sie zur Arbeit. Bräche ein Krieg aus, würden die Chinesen gewiß sämtliche Lagerinsassen umbringen, für die sie keine Verwendung mehr haben. Die Chinesen haben einen Feind, eine separate Klasse, eine Häftlingsklasse geschaffen.

Die Geschichte zeigt, daß die Chinesen einander ohne Zögern töten. Auch die Guomindang bestand nicht aus harmlosen Burschen. Nach dem Krieg gegen Japan kamen die Kommunisten aus ihren Stützpunkten im Nordwesten, rückten vor, besetzten Gebiete und richteten Ortsverwaltungen ein. Bereits nach dem Langen Marsch von 1936 hielten sie Häftlinge in Arbeitslagern fest. 1948, als die Guomindang ihren Gegenangriff startete, töteten die Kommunisten ihre Gefangenen und zogen sich zurück.

Die besiegten nationalsozialistischen Soldaten und Ärzte behaupteten nach dem Krieg, nicht für die Morde verantwortlich zu sein. Sie hätten nur Hitlers und Himmlers Befehle ausgeführt. Aber einige Nazis wurden wegen ihrer Verbrechen an der Menschheit angeklagt, verurteilt und hingerichtet.

An jenem Tag in Auschwitz wußte ich, daß es Zeit wurde, den chinesischen Arzt in seinem Haus in Hamburg zu besuchen. Wir wurden freundlich empfangen, und die Frau des Arztes bereitete Sue und mir eine schmackhafte Mahlzeit zu.

Alles, was ich in China erfahren und in Auschwitz gesehen hatte, ließ mich nicht ruhen. Ich war zutiefst aufgewühlt und kam wieder auf die Transplantationen zu sprechen, an denen er als junger Arzt in China mitgewirkt hatte.

»Ich möchte Sie etwas fragen. Wie lange kann ein Mensch leben, wenn man ihm beide Nieren entfernt?«

»Wahrscheinlich weniger als vierundzwanzig Stunden«, antwortete er. »Manche halten nur ein paar Stunden durch.«

Das reichte. Der Arzt hatte kranken Patienten das Leben gerettet und seine eigene Existenz aufs Spiel gesetzt, um die chinesische Regierung zu kritisieren, aber er hatte auch geholfen, Häftlingen – Häftlingen wie mir – beide Nieren zu entfernen. Ich stand auf und sagte: »Herr Doktor, Sie sind ein Mörder.«

Seine Frau war entgeistert. »Wovon reden Sie denn?« fragte sie.

»Sie und Ihre Kollegen haben Häftlinge getötet. Sie haben sie ihrer Organe beraubt. Am nächsten Morgen wurden sie hingerichtet, aber darauf kommt es nicht an. Sie waren der Henker.«

»Ich bin kein Mörder«, erwiderte der Arzt ruhig.

»Doch, das sind Sie«, erklärte ich und dachte bei mir: »Sie bezeichnen sich als Arzt, aber Sie sind ein Mörder. Nicht anders als die Ärzte, die für die Nazis arbeiteten. Sie benutzen Wörter wie Barmherzigkeit und Nächstenliebe, aber Sie sind ein Mörder.«

Der Arzt sprach ein wenig Englisch, doch dieser Wortwechsel hatte auf chinesisch stattgefunden, und zwar in so ruhigem Tonfall, daß Sue nicht ahnte, was ich dem Mann vorgeworfen hatte. Er schien nicht wütend zu sein, sondern eher schockiert, niedergeschlagen und frustriert. Zwar konnte er nicht leugnen, daß ich die Wahrheit gesagt hatte, aber er war nicht bereit, sich den Tatsachen zu stellen. Der Begriff Menschenrechte war seinem Denken so fremd, daß er sich nicht ändern konnte, obwohl er sich seit einiger Zeit im Westen aufhielt. Er mußte sich selbst versichern: »Ich rette Menschenleben.«

Nun war ich ein freier, im Westen lebender Mann, und hier, in einer deutschen Stadt, bezichtigte ich einen chinesischen Arzt im Exil, sich

einst wie ein Nazi benommen zu haben. Er glaubte bestimmt: »Ich habe
es im Namen der Medizin getan. Es war nicht meine Schuld. Ich bin
nicht verantwortlich. Andere haben mich dazu gezwungen.«

Sue und ich gingen. Bis dahin hatte ich mich dem Wunsch der BBC
widersetzt, Filmmaterial über den Arzt zu zeigen, weil ich ihn nicht in
Mißkredit bringen wollte. Aber nun, nach seinem schäbigen Rechtferti-
gungsversuch, hatte ich keine Einwände mehr. »Also los, zeigt den Film«,
sagte ich. Doch als die Dokumentation gesendet wurde, machte die BBC
sein Gesicht in der Szene unkenntlich, in der er zugab, bei der Entnahme
der Nieren von Todeskandidaten mitgewirkt zu haben. Ich gelobte, daß
die Welt erfahren würde, was wir Chinesen einander angetan hatten.

Während meines Aufenthalts in Europa besuchte ich auch das Anne-
Frank-Museum in Amsterdam. Ich fühlte mich eng mit dieser jüdischen
Familie verbunden, die sich in einer Kammer vor den Nazis versteckt
hatte. Denn ich kannte Chinesen, die andere unter Lebensgefahr verborgen hatten. Viele Menschen haben den Film *Schindlers Liste* über
einen Deutschen gesehen, der vielen Juden zur Flucht verhalf. Das gleiche geschah in China. Wir müssen die guten Menschen ehren, die Widerstand geleistet, anderen Wasser, Nahrung, Schutz oder eine Flucht-
möglichkeit geboten haben. Selbst wenn Geld im Spiel war, war es stets
gefährlich, Juden zu helfen. Wir dürfen unsere Schindlers und unsere
Anne Franks niemals vergessen. Für Anne Frank und ihre Familie sowie
Millionen jüdischer Menschen war es zu spät, aber ich stand in jenem
kleinen Haus mitten in Amsterdam und dachte: »Wenigstens haben sie
nun einen Platz in der Geschichte. Man erinnert sich an Anne Frank.
Auch wir Chinesen sind Menschen. Wer wird sich an uns erinnern?«

* * *

1993 veranstaltete die AFL-CIO eine Fotoausstellung zur Eröffnung des
Holocaust Museum in Washington, D.C. Mein Freund Jeff Fiedler und
ich gingen hinunter ins Foyer, um uns die Fotos anzusehen, und ich
konnte beim Anblick der Gaskammern und Schlafsäle der Todeslager
meinen Zorn kaum unterdrücken.

Zwei Vertreter des Holocaust Museum waren ebenfalls anwesend. Wir kamen ins Gespräch, und sie luden mich in ihr Museum ein. Es verfügt nicht nur über eine unvergeßliche Sammlung von Fotos der Todeslager, sondern auch über eine Datenbank mit Hunderttausenden von Namen. Man tippt einen Namen oder einen Ort ein, und der Computer liefert Informationen: weitere Namen, Geburtsorte, Deportationszeitpunkte, ungefähre Todesdaten. Man drückt eine andere Taste, und die Namen der Überlebenden erscheinen auf dem Bildschirm; dazu ihre Aussagen und Gesichter – ein anschauliches Bild von Leid und Überlebenskampf.

Wie gebannt blieb ich so lange wie möglich vor dem Computer sitzen. Ich verstehe, weshalb die Juden sich schwören: »Nie wieder.« Das jüdische Volk vergißt seine Angehörigen nicht, und auch die übrige Welt darf sie nie vergessen. Ich vertraute einem der Museumsmitarbeiter meinen Traum an, daß das Wort »Laogai« eines Tages genauso bekannt sein wird wie die Wörter »Holocaust« und »Gulag«. Er begriff, daß es mir nicht darum ging, die Schrecken des Holocaust zu bagatellisieren, hatte Verständnis für meine Emotionen und ermutigte mich, das Gedenken an mein eigenes Volk zu schützen.

Auf dem Rückweg zu Jeffs wenige Häuserblocks entferntem Büro malte ich mir aus, daß es irgendwann ein Laogai-Museum geben wird, in dem unsere Kindeskinder von der chinesischen Leidensgeschichte erfahren. Ich war schließlich bereits dabei, Informationen über die Laogai-Insassen zu sammeln. 1993 besaß ich schon Tonband- und Videointerviews mit zweihundert Menschen. Und die Millionen anderen, die verschwunden waren? Wer spricht für sie?

Heutzutage sagen dumme Menschen in Amerika: »Oh, der Holocaust wird übertrieben. Vielleicht hat er nie stattgefunden.« Das gleiche wird manchmal über das Laogai behauptet. Ich will das System an den Pranger stellen. Ich will der Stachel im Fleisch sein. Ich lasse mich nicht abwimmeln, denn die Wahrheit ist auf meiner Seite. Die Beweise, die ich für die Existenz des Bösen gesammelt habe, sind erst der Anfang. Ich möchte das Material an einem einzigen Ort ausstellen: im Laogai-Museum. Dann werde ich sagen können: »Ja, es ist wirklich geschehen. Hier sind die Beweise.«

# 19 Man kann nicht immer gewinnen

Vielleicht lag es daran, daß Dieselmotoren nicht so unauffällig sind wie Kunstblumen oder Schuhe. Jedenfalls feierten die Rechtschaffenen 1994 einen überwältigenden Sieg: Zum erstenmal verhängte ein Gericht eine Importsperre für in Arbeitslagern hergestellte Güter.

Auch ich hatte einen bescheidenen Anteil an dem Einfuhrverbot für den Dieselmotor der Marke Jinma (Goldenes Pferd). Es war peinlich für die Regierung Bush gewesen, daß Ed Bradley im internationalen Fernsehnetz ganz unverblümt über Sklavenarbeit gesprochen hatte, denn die Regierung konnte sich offenkundig nicht mit dem Gedanken anfreunden, die Sanktionen gegen Arbeitslagerprodukte auch wirklich durchzuführen. Das war ja schlecht fürs Geschäft. Nach dem Film in *60 Minutes* lud man mich zum ersten Kongreß-Hearing ein, das sich mit Sklavenarbeit in China befaßte. Die Kongreßmitglieder riefen Vertreter der Zollbehörde in den Zeugenstand und drängten sie, die Gesetze gegen die Einfuhr von Gefängniswaren tatsächlich anzuwenden.

Ich weiß seit langem, daß man mit gerechter Empörung nicht besonders weit kommt. Vielen Europäern und Amerikanern liegen die Menschenrechte sehr am Herzen, aber irgend jemand muß in diesen Ländern die Regierung immer wieder daran erinnern, daß es Gesetze gibt, die Sklavenarbeit verbieten. Großbritannien hat zum Beispiel bereits seit 1897 ein Gesetz, das die Einfuhr von Gefängnisprodukten verbietet, aber meines Wissens hat man dort den Import eines Laogai-Erzeugnisses noch nie gestoppt. Doch was wären die Briten ohne ihre stündliche Tasse Tee? Uns liegt ein Dokument der chinesischen Regierung vor, nach dem ein Drittel des gesamten chinesischen Tees von Gesellschaften wie der Red Star Tea Company in der Provinz Guangdong geliefert wird. Dort schuften Gefangene neben bezahlten Arbeitern auf den Plan-

tagen. Natürlich läßt sich nicht feststellen, woher jedes einzelne Teeblätt-
chen kommt, aber die Regierungen könnten wenigstens einen Versuch
machen.

Die Vereinigten Staaten haben bereits ein Importverbot über Produkte aus Arbeitslagern verhängt – mit dem Smoot-Hawley Tariff Act
von 1930, einem der umstrittensten Gesetze des Landes. Seinerzeit, als
infolge der Weltwirtschaftskrise Millionen von Menschen arbeitslos waren, sollte mit diesem Gesetz über die Erhöhung der Einfuhrzölle in erster Linie ein weiterer Arbeitsplatzabbau in Amerika verhindert werden.
Viele Kritiker meinen, daß die hohen Importzölle den internationalen
Handel abgewürgt und die europäischen Länder gezwungen hätten,
ihre Schuldenzahlungen auszusetzen, was die Wirtschaftskrise noch ver-
tieft und schließlich zum Zweiten Weltkrieg geführt habe. Eine schwere
Anschuldigung für ein einziges Kongreßgesetz!

Andere Historiker und Wirtschaftsexperten sind der Ansicht, der
Smoot-Hawley Tariff Act habe keinen Einfluß auf die übermächtigen
Wirtschaftstrends und den Militarismus in jener Zeit gehabt. Die Zölle
selbst sind inzwischen längst angepaßt oder gestrichen worden, aber das
Gesetz ist weiterhin in Kraft, unter anderem auch die Bestimmung, welche die Einfuhr von Zwangsarbeitsprodukten verbietet. Der letzte Abschnitt des Gesetzes lautet: »Mit ›Zwangsarbeit‹ soll im weiteren jegliche
Art von Arbeit und Dienstleistung bezeichnet werden, die von einer Person nur unter Androhung von Strafen verrichtet wird und für die sich
der Arbeitende nicht freiwillig angeboten hat.«

In den frühen dreißiger Jahren hatte man anderes im Kopf als die
Menschenrechte »ausländischer« Arbeiter, aber die Zollbehörde hat mit
Hilfe dieses Gesetzes gelegentlich die Einfuhr von Gütern verhindert,
die in Zwangsarbeit hergestellt wurden. Nach dem Kongreß-Hearing
von 1991 stand die Zollbehörde erneut unter dem Druck, das wunderbare, uralte Smoot-Hawley-Gesetz energisch anzuwenden. Wie so oft
reagierte die chinesische Regierung auch diesmal auf deutliche Maßnahmen. Am 10. Oktober 1991 ließ China die Regierung der USA wissen,
daß man seinerseits die eigenen Bestimmungen zum Exportverbot von
Zwangsarbeitsprodukten befolgen werde. Ebenfalls im Oktober 1991
ordnete die amerikanische Zollbehörde die Beschlagnahme bestimm-

ter Schraubenschlüssel und Stahlrohre an, die laut meiner Aussage in Arbeitslagern gefertigt worden waren.

Im folgenden Monat entdeckte die Zollbehörde in San Diego Rechnungen für aus China importierte Werkzeuge. Exporteur und Importeur hatten »vergessen«, den Namen des Herstellers einzutragen, der auf der Rechnung erscheinen muß. Die Zollbeamten wollten wissen, woher diese Werkzeuge stammten. Sie riefen in Washington an, und von dort setzte man sich mit mir in Verbindung. Meine Freunde im Kongreß hatten angedeutet, daß ein wohlbekannter Unruhestifter namens Harry Wu vielleicht Informationen habe, die den Ermittlern weiterhelfen könnten.

Ich stellte schnell fest, daß die auf der Rechnung aufgeführten Werkzeuge in Wirklichkeit Ersatzteile für fünfzig Dieselmotoren der Marke Jinma aus China waren. Diese Motoren, die in ländlichen Gegenden als Stromgeneratoren für Wohnhäuser und Farmen eingesetzt werden, kamen über China Diesel Imports, eine Firma mit Sitz bei San Diego, ins Land. Das Unternehmen, das von einem Herrn mit dem klangvollen Namen Hardy Day geführt wird, hat einen Mitarbeiterstab von nur drei Personen und macht einen Jahresumsatz von einer Million Dollar. Es importiert seit 1977 Maschinen aus China.

Ich informierte die Zollbehörde unverzüglich darüber, daß die Motoren vom Typ X195 im Gefängnis Nr. 1 der Provinz Yunnan hergestellt werden, das auch den Namen Jinma Dieselmotorenfabrik Yunnan trägt. Es liegt in Wangda Qiao außerhalb von Kunming im Süden Chinas.

Meine Arbeit trug erste Früchte. Ich hatte dieses Lager jahrelang genau im Auge behalten. Es wurde 1957 eingerichtet, und chinesischen Unterlagen zufolge hatte es 1991 über zweitausendfünfhundert Arbeitskräfte, darunter tausend Gefangene und Hunderte von Arbeitern, die »gebessert« oder »umerzogen« wurden. Jedes Jahr wurden hier mindestens fünfzigtausend Motoren für den einheimischen Markt und für den Export gebaut. Yunnan ist eine Vorzeigeregion für die neue chinesische Wirtschaft, die ihr Schwergewicht auf »horizontale wirtschaftliche Koordinierung« legt. Mit diesem Euphemismus ist die Einbeziehung von Sträflingsarbeit in die Gesamtwirtschaft gemeint. Eine im Jahre 1989

von einer Akademie für Gefängnispersonal herausgegebene Broschüre
teilt mit, daß die Laogai-Produktion »zwei Zwecke hat: Ort und Mittel
zur Besserung von Kriminellen … und die wirtschaftliche Entwicklung
auf dem Gebiet der Güterproduktion voranzutreiben«. Man streicht
heraus, daß »das Gefängnis Nr. 1 in Yunnan sich bereits zum ›Drachen-
kopf‹ der wirtschaftlichen Koordinierung entwickelt hat … Sowohl Produktion als auch Besserung machen erhebliche Fortschritte.«

Weiter weiß man in der Broschüre zu berichten: »Das Gefängnis
Nr. 1 in Yunnan produziert Verbrennungsmotoren der Marke Jinma
(Goldenes Pferd). In achtundneunzig Fabriken werden Teile gefertigt
und schließlich zum Endprodukt zusammengesetzt. Der Jahresausstoß
ist nach der Koordinierung von sechsundzwanzigtausend auf sechzig-
tausend Motoren gestiegen. Seit drei Jahren wird die Produktqualität
mit einer Silbermedaille ausgezeichnet. Da die Arbeitskosten gesenkt
werden konnten, ist der Preis pro Motor nun um hundert Yuan niedriger als für das gleiche Produkt aus anderen Fabriken.«

Ich teilte diese Informationen dem Produzenten Bob Windrem und
dem Reporter George Lewis von NBC mit. Dieser rief bei Hardy Day
an, dem Eigentümer der China Diesel Imports. Day selbst war nicht
zu Hause, aber seine Frau verriet uns, daß er schon mindestens zwan-
zigmal in der Fabrik in China gewesen sei. Als NBC endlich Day selbst
am Apparat hatte, hängte der Mann ein. Aber die Zollbehörde war bereits im Besitz der Informationen.

Am 18. März 1992 enthielt der Bundesanzeiger den Abschnitt
T.D.92–27 mit der Überschrift: »Aus der Volksrepublik China importierte Waren werden von Sträflingen und Zwangsarbeitern hergestellt.«
Weiter hieß es: »Mit diesem Dokument möchten wir mitteilen, daß der
Leiter der Zollbehörde in Übereinstimmung mit dem Finanzminister
festgestellt hat, daß bestimmte Dieselmotoren der Dieselmotorenfabrik
Goldenes Pferd … von Häftlingen und/oder in Zwangsarbeit produziert
werden.« Der Import sei eine Verletzung des Smoot-Hawley Tariff Act
von 1930, und die Einfuhr dieser Art Dieselmotoren sei »zu verbieten«.

Hardy Days Warenlager wurde beschlagnahmt. Er strengte seinerseits eine Klage gegen die Regierung der Vereinigten Staaten an. Die
chinesische Regierung versuchte, Washington zu beschwichtigen. Am

7. August 1992 wurde das Memorandum einer Übereinkunft zwischen den Vereinigten Staaten und China unterzeichnet, in dem sich beide Staaten verpflichten, die nationalen Bestimmungen zum Import und Export von Gefängnisprodukten einzuhalten, und in dem sie weiter versprechen, Informationen auszutauschen und Besichtigungen durchzuführen, falls Klagen über einen Mißbrauch laut würden.

Am 29. Oktober 1992 versuchte ein Vertreter der US-Zollbehörde, die Jinma-Fabrik zu besichtigen, aber ihm wurde »der Zugang zu bestimmten Bereichen verweigert«, wie es im offiziellen Bericht heißt. Deshalb konnte er nicht feststellen, ob nicht doch Häftlinge die verbotenen Motoren zusammenbauten. Ein weiterer Versuch wurde am 4. November 1992 vereitelt. Die Chinesen forderten von den Amerikanern einen schriftlichen Antrag, der am 28. Januar 1993 vorgelegt und noch am selben Tag abgelehnt wurde.

1993 besuchte eine Gruppe chinesischer Funktionäre die Vereinigten Staaten und bat, sich die beschlagnahmten Jinma-Motoren ansehen zu dürfen. Am 20. März 1993 dementierte die chinesische Regierung, daß Laogai-Produkte je in die Vereinigten Staaten exportiert worden seien.

Zwei Tage später fuhr ich zu einer Handelsmesse nach Los Angeles, die von der Wirtschaftsdelegation der Provinz Yunnan gesponsert wurde. Und siehe da: Die Dieselmotoren der Marke Jinma waren noch immer im Verkaufskatalog zu finden.

Die amerikanische Regierung verfolgte den Fall aus San Diego durch alle Instanzen. Im Dezember 1994 erklärte Richterin Jane A. Restani vom Gericht für Außenhandel in New York schließlich, daß die Motoren tatsächlich in dem Werk außerhalb von Kunming produziert worden seien, das hauptsächlich Gefangene als Arbeitskräfte einsetzt. Die Richterin sah auch eine Verbindung zwischen den »Werkzeugen« und der Gefängnisfertigung als bewiesen an. Folglich wurden die betreffenden Motoren in den Vereinigten Staaten nicht freigegeben.

Diese Entscheidung sollte eine Richtlinie für alle Zollbeamten sein, auch sämtliche anderen Güter aus China zu stoppen, die in Gefängnissen produziert werden.

Natürlich kann man Dieselmotoren leichter ausfindig machen als Teeblätter. Und offen gesagt, viele amerikanische Geschäftsleute wissen nicht, was es eigentlich heißt, Waren in Zwangsarbeit herzustellen. Oder sie wollen es nicht wissen. Im Mai 1993 statteten Bob Windrem und Bob Kur von NBC der Columbus McKinnon Corporation in Amherst, New York, einen Besuch ab. Am selben Morgen sollte NBC einen Bericht über Zwangsarbeit ausstrahlen. Kur fragte Herbert Ladds jun., den Präsidenten von Columbus McKinnon, ob die Kettenzüge seines Unternehmens vielleicht aus Arbeitslagern in China stammen könnten.

»Na ja, eigentlich nicht«, antwortete er zögernd. »Man sieht dort keine Bewacher. Und es gibt keinerlei Anzeichen von Zwang.«

»Glauben Sie, daß die Chinesen Sie da vielleicht hinters Licht führen?« fragte Kur.

»Das könnte sein, ja«, lautete die Antwort.

Dann griff Ladds in die Schreibtischschublade und zog sechs Fotografien von chinesischen Arbeitern hervor, um Kur und Windrem zu beweisen, daß er nichts mit Zwangsarbeit zu schaffen habe. Aber Windrem erkannte die blauen Uniformen, die kahlrasierten Schädel und Gefängnismützen und wußte genau, womit er es hier zu tun hatte.

Windrem versuchte seine Erregung zu zügeln und meinte: »Könnte ich die vielleicht einmal mitnehmen und ein paar Leuten zeigen?« Man überließ ihm die Fotos. Die beiden flogen sofort nach Washington, und Windrem kam unverzüglich mit den Bildern in Jeff Fiedlers Büro, um sie mir zu zeigen. »Harry, sind das Sträflinge?«

Ich bekam ganz weiche Knie. Die Männer trugen die gleichen blauen Uniformen wie ich in meinen neunzehn Jahren in chinesischen Arbeitslagern. Als ich mich wieder gefaßt hatte, erwiderte ich: »Ja, das sind Häftlinge.« Meine Aussage erschien dann in den Achtzehn-Uhr-Nachrichten, zusammen mit den Anschuldigungen, die ich am Nachmittag in einer Pressekonferenz erhoben hatte.

»Der heutige Bericht beweist, daß China nicht nur Kettenzüge verkauft, sondern auch eine ganze Reihe von anderen Dingen, die von Gefangenen in Arbeitslagern hergestellt werden: Schuhe mit Gummisohlen, Stiefel, Küchenutensilien, Spielzeug, Werkzeuge und Sportartikel – Dinge, die jeder Amerikaner tagtäglich benutzt«, sagte Kur in den Abendnachrichten.

Ein Vorzug des amerikanischen Regierungssystems – so steht es wenigstens in den Geschichtsbüchern – ist angeblich, daß es hier die Gewaltenteilung gibt. Ich hatte 1994 allen Grund, mit der Legislative und der Jurisdiktion zufrieden zu sein, aber die Exekutive war doch eher enttäuschend. Als ich von meiner lebensgefährlichen Reise nach China zurückkehrte, mußte ich mit ansehen, wie die Vereinigten Staaten auf den Einsatz ihrer besten Waffen im Kampf um die Durchsetzung der Menschenrechte verzichteten. Präsident Clinton erneuerte die Meistbegünstigungsklausel für China und erklärte, daß er keinerlei Zollsanktionen verhängen werde, um China wegen der Menschenrechtssituation unter Druck zu setzen. Er verkündete, daß er mit China Handel treiben wolle, als wäre es ein demokratischer Staat der Ersten Welt, und daß er keine Verbesserung der Menschenrechtslage erwarte. Ich hatte Amerika immer für ein Land gehalten, das sich in Wort und Tat gegen Diktatoren stellt. Diesmal hatte ich mich geirrt.

Die Meistbegünstigungsklausel ist eine äußerst wirksame Waffe im diplomatischen Arsenal. Beinahe alle Nationen werden jährlich als »begünstigt« bestätigt. Das bedeutet, daß man ihnen niedrige Zölle für den Import in die Vereinigten Staaten zugesteht. Aber es kam und kommt auch vor, daß dieser Status bestimmten Nationen vorenthalten wird. Zum Beispiel wurde er Südafrika verweigert, solange dort Apartheid herrschte. Die bloße Drohung, den Status zu widerrufen, hat einige osteuropäische und südamerikanische Staaten ein wenig zur Räson gebracht. Und ohne jedes Zögern errichten die Vereinigten Staaten Handelsblockaden gegen »Paria«-Staaten wie Kuba und Nordkorea. Wieso konnten sie dann nicht den gleichen Mut auch gegen China aufbringen, das seine Dissidenten und das gesamte tibetische Volk so schikaniert?

Am meisten ärgerte mich, daß Bill Clinton 1992 als Präsidentschaftskandidat Amtsinhaber Bush so scharf kritisiert hatte, weil dieser China in der Menschenrechtsfrage nicht hart genug angefaßt habe. Und doch verlängerte Clinton als Präsident dann am 28. Mai 1993 die Handelsprivilegen für China um ein weiteres Jahr. Gewiß, er bestand darauf, daß China bis zur nächsten anstehenden Verlängerung dieser Handelsprivilegien zwei »unerläßliche Bedingungen« zu erfüllen habe: Es sollte

die Auswanderungsbeschränkungen aufheben und sich an die Abmachung von 1992 halten, die den Export von Arbeitslagerprodukten in
die Vereinigten Staaten verbietet. Außerdem sollte China »allgemeine
und bedeutende Fortschritte« auf mehreren anderen Gebieten vorwei-
sen können: von einer Lockerung der harten Politik in Tibet bis hin zum
Nachweis des Verbleibs politischer Häftlinge.

Die Chinesen ahnten jedoch gleich, daß Präsident Clinton ein Auge
zudrücken würde. Dafür haben sie ein Gespür. Ich bin selbst Chinese,
uns muß man hart kommen. Man muß drohen und harsche Maßnahmen verhängen, dann wird man respektiert. Aber wenn man den Chinesen nur mit gutem Beispiel vorangeht und hofft, daß sie einem folgen,
dann geraten sie außer Rand und Band.

Als im Mai 1994 die alljährliche Erneuerung der Meistbegünstigungsklausel näher rückte, drängte man Präsident Clinton, härtere Maßnahmen zu ergreifen. Andererseits wuchs aber auch der Druck von seiten
der Wirtschaft, die Klausel für China zu erneuern. Clinton wußte, daß
China die letzte »unerläßliche Bedingung« nicht erfüllt hatte, und
stimmte dennoch einer Verlängerung zu. Veröffentlichten Berichten zufolge beliefen sich die chinesischen Exporte 1985 auf 3,8 Milliarden Dollar – was in etwa den Importen aus den Vereinigten Staaten entsprach.
Aber 1994 exportierte China mittlerweile Waren im Wert von einunddreißig Milliarden Dollar in die Vereinigten Staaten, während die amerikanischen Exporte nach China lediglich neun Milliarden Dollar betru-
gen. Die Chinesen verkauften uns also dreieinhalbmal so viel wie wir
ihnen. Wenn die USA nun die Zölle erhöhten, würde das die amerikanische Geschäftswelt empfindlich treffen.

Manche schrieben, daß die Zölle auf Pullover und Schuhe aus China
von sechs auf sechzig Prozent angestiegen wären, die Steuer auf Christ-
baumlichter von acht auf fünfzig Prozent.

Einige Clinton-Berater argumentierten, daß die Vereinigten Staaten
nichts zu gewinnen hätten, wenn sie sich als einziger Staat in der Menschenrechtsfrage gegen China stellten: Zum einen werde diese Politik
nicht greifen, zum anderen werde die Erschließung eines riesigen Mark-
tes dadurch behindert. Amerikanische Konzerne teilten dem Präsidenten mit, daß sie die Geschäftsbeziehungen zu China dringend benötig-

ten. Das sah Clinton ein, und so fällte er seine Entscheidung nach wirtschaftlichen und nicht nach moralischen Gesichtspunkten. Er verbot die Einfuhr von chinesischen Gewehren und Munition – die nur zweihundert Millionen Dollar im Jahr ausmacht. Und er sicherte auch zu, einige Ausfuhrverbote von amerikanischen Waffen und Militärgütern nach China aufrechtzuerhalten. Er hat nie behauptet, daß das viel sei: »Denjenigen, die anführen, daß wir angesichts der Menschenrechtsverletzungen in China die Meistbegünstigungsklausel widerrufen sollten, möchte ich die Frage stellen, die ich mir selbst gestellt habe: ›Können wir mehr für die Durchsetzung der Menschenrechte in China tun, wenn das Land isoliert dasteht oder wenn unsere Nationen durch ein ständig wachsendes Netz politischer und wirtschaftlicher Zusammenarbeit verknüpft sind?‹«

Ich habe Präsident Clinton oft im Fernsehen gesehen, wenn er mit Amerikanern und Ausländern zusammentrifft, die Schlimmes durchgemacht haben. Er bringt echtes Mitgefühl zum Ausdruck, wenn er sie umarmt und ihnen in die Augen schaut. Ich wünschte nur, er könnte einen Bruchteil dieses Gefühls für die Millionen von Menschen in den chinesischen Straflagern aufbringen. Für mich klangen die Bemerkungen des Präsidenten so, als wolle er Deng Xiaoping und seine Gefolgsleute nicht verärgern. Statt dessen waren nun einige Amerikaner wütend auf ihn. In der *New York Times* vom 31. Mai 1994 schloß A. M. Rosenthal: »Die chinesischen Kommunisten haben einen neuen politischen Gefangenen gemacht – den Präsidenten.«

Ich war ganz besonders enttäuscht, weil ich leicht voraussagen konnte, was nun geschehen würde. Die chinesische Regierung hatte die Gerichtsverhandlung gegen vierzehn Dissidenten auf die Zeit nach den Zollverhandlungen verschoben. Jetzt war der Druck geschwunden, und Ende Juli wurde in China das Verfahren gegen die vierzehn eröffnet, denen ihr Engagement in der Demokratiebewegung und in Gewerkschaftsgruppen zur Last gelegt wurde. Es war das erste größere politische Verfahren seit drei Jahren, und der Zeitpunkt hätte nicht besser gewählt sein können.

Bis Ende 1995 wuchs der Außenhandelsüberschuß zwischen China und den Vereinigten Staaten auf 36,8 Milliarden Dollar an.

Diese große Differenz war insbesondere darauf zurückzuführen, daß
China keine Tantiemen für Raubkopien (zum Beispiel von CDs) zahlt.

Langsam begriffen die chinesischen Machthaber die komplizierten
Regeln des amerikanischen PR-Geschäfts. Sie versuchten, sich ein neues
Image zu geben. Ab Dezember 1994 benutzte die Regierung offiziell das
Wort »Laogai«, das Besserung durch Zwangsarbeit im Straflager bezeichnet, nicht mehr. Jetzt nannte sie das System *giayu*, was man mit »gewöhnlicher Strafvollzug« übersetzen könnte. Sie wollte den Eindruck
erwecken, daß man es hier nur mit hartgesottenen Kriminellen zu tun
habe. Aber das waren bloß Wortklaubereien. Intern erläutern die Machthaber, daß der neue Name im Rahmen der internationalen Sorge um
die Einhaltung der Menschenrechte besser klingen werde. Aber in Wirklichkeit schnappen die Behörden sich immer noch alle, die irgendwie
auffallen – die Unruhestifter –, und schicken sie in Straflager, wo sie un-
bezahlte Arbeit leisten müssen.

Diese Mentalität mußte ich anprangern und zerstören – selbst wenn
es mich das Leben kostete.

## 20    Kalifornien, Januar 1995

Wieso führe ich ein so gutes Leben? Von den Straflagern hat es mich in die behagliche Umgebung des Silicon Valley außerhalb von San Jose verschlagen, aber ich lebe immer noch in einer Welt mit ausschließlich chinesischen Einkaufszentren, in denen nicht nur die Restaurants, sondern alle erdenklichen Geschäfte mit chinesischen Schrifttafeln gekennzeichnet sind. Das ist das neue Kalifornien. Die Ausläufer der Berge liegen ein wenig weiter östlich; sie sind beinahe das ganze Jahr über braun, im Frühjahr jedoch üppig grün. Manchmal schaue ich eine halbe Minute lang auf diese Hügelketten, die so weit von den Bergen meiner Heimat entfernt sind.

Mein Haus steht am Ende einer ruhigen Sackgasse in einer Siedlung, die wie tausend andere aussieht. In der Einfahrt liegt die Tageszeitung. Meine drei Wagen sind vor der Tür geparkt. Die Häuser, obwohl dicht nebeneinander, bieten eine Privatsphäre. Die Nachbarschaft besteht aus der typischen Vielvölkermischung des Silicon Valley: Amerikaner, Koreaner, Chinesen, Japaner, Spanier, Inder. Vom Fenster meines Arbeitszimmers im ersten Stock kann ich die spielenden Kinder sehen. Ich habe wahrscheinlich die Chance verpaßt, je selbst Kinder zu haben, aber manchmal sprechen Ching Lee und ich über Adoption. Ich wünsche mir oft, daß ich mehr Zeit hätte, mit den Kindern aus der Nachbarschaft Fangen zu spielen. Ching Lee meint, daß ich dann selbst wieder wie ein kleiner Junge aussehe.

Heute sitze ich hier in einer Trainingshose mit der Aufschrift COUGARS, in einem grauen Sweatshirt und in Socken am Schreibtisch. An der Haustür sind nach asiatischer Sitte ein Dutzend Paar Schuhe aufgereiht. Ching Lees Eltern – die an mir jetzt Vater- und Mutterstelle vertreten – sitzen unten im Wohnzimmer und sehen sich

im Kabelfernsehen chinesische Sendungen an. Sie sind im Sommer
1994 aus Taiwan nach Kalifornien gekommen, zwei Monate nachdem wir dieses Haus bezogen hatten. Es ist eine ungeheure Freude
für mich, endlich wieder mit einer richtigen Familie zusammenzu-
leben.

Seit sie in die Vereinigten Staaten übergesiedelt ist, hat meine Mutter
keine Bücher mehr geschrieben, aber zu meiner großen Genugtuung
lebt sie ihre Kreativität in unserer Küche aus. Sie hat kürzlich auf An-
ordnung ihres Arztes das Rauchen aufgegeben und macht sich große
Sorgen, weil sie ein paar Pfund zugenommen hat, aber ich finde, das ist
besser als Rauchen.

Mein Vater ist ein kräftiger Mann in den Achtzigern. Er wurde um
sein sechzigstes Lebensjahr herum von der taiwanischen Luftwaffe
pensioniert und fing danach an, die Berge mitten in der Stadt Taipeh
zu durchstreifen – eine oder anderthalb Stunden am Tag. Er trägt
Jeans und Flanellhemden und hat die Statur eines Fünfzigjährigen.
Jeden Tag tobt er sich auf der Veranda hinter dem Haus auf dem
Hometrainer aus.

Meine Schwiegereltern reisen immer noch oft nach Taipeh. Trotz der
augenblicklichen Spannungen zwischen Taiwan und Festlandchina würden sie der Volksrepublik doch gern einmal einen Besuch abstatten.
Schließlich sind wir alle Chinesen. Als unsere Eltern haben sie das Recht
auf das größte Schlafzimmer im ersten Stock. Sie sind unabhängig und
respektieren uns. Mein Vater verbringt jeden Tag viele Stunden mit Kalligraphie.

Da ich oft unterwegs bin, versorgt er unseren kleinen Swimming-
pool hinter dem Haus. Er sammelt all das welke Laub ein, das die Filter-
anlage nicht erwischt hat. Über die Mauer vom Nachbargarten her hängen die Zweige von Orangen- und Grapefruitbäumen. »Nehmt euch,
was ihr braucht«, hat unser Nachbar einmal gesagt, und manchmal – leider viel zu selten – erlaube ich mir eine Viertelstunde Pause bei der Arbeit, stehe im Garten und beiße in eine frische Orange. Neunzehn Jahre
lang habe ich kein Obst zu essen bekommen.

Im Januar kann es in San Jose ziemlich frisch sein, aber die meiste
Zeit im Jahr reizt mich ein kurzes Bad im Pool sehr. Leute, die mich in

der Badehose bewundern können, meinen hin und wieder: »Sie sehen
aber viel jünger aus – und eigentlich auch ganz gesund, wenn man be-
denkt, was Sie alles durchgemacht haben.« Was soll ich dazu sagen? Soll
ich mir mehr Narben zulegen, soll ich hungern? Ich sehe besser aus, als
ich mich fühle. Ich darf nie vergessen, mich in der Garage kopfüber an
das Gerät zu hängen, das meine Wirbelsäule streckt und die beschädigte
Bandscheibe wieder an die richtige Stelle zwingt – eine kleine Erinnerung an den Unfall im Bergwerk.

Ich gehe in den großen Raum hinauf, der im ersten Stock zur
Straße hin liegt. Dort sitzt Ching Lee schon an ihrem Schreibtisch und
arbeitet. Ich kann mich glücklich schätzen, daß sie bereit war, ihr Leben völlig umzukrempeln, um mit einem Besessenen wie mir zusam-
menzuleben. Manchmal, wenn ich auf Vortragsreise bin, höre ich ihre
Stimme am Telefon und weiß, daß sie sich ohne mich einsam fühlt. Ich
vermisse sie auch, aber ich kann einfach nicht anders. Ching Lee ist
meine Englischlehrerin, sie hört mir oft zu, wenn ich am Telefon etwas
erkläre. Im Mandarin gibt es keine Unterscheidung zwischen »er« und
»sie«. Man geht davon aus, daß der Zuhörer das aus dem Zusammenhang erkennt. Also verwechseln Chinesen oft die Geschlechter, wenn
sie Englisch reden. Da rede ich zum Beispiel über eine Frau und sage
»er«. Von der anderen Seite des Zimmers flüstert mir dann Ching Lee
unüberhörbar »sie« zu. Sie ist Auge und Ohr für mich. In all den verlorenen Jahren hätte ich nicht gedacht, daß ich so etwas je erleben
würde. Manchmal flirten wir wie Teenager miteinander, weil wir so
neu füreinander sind, und manchmal streiten wir uns, nur weil wir so
gern miteinander disputieren. Wir lernen uns immer noch besser kennen. Aber meist arbeiten wir zusammen: Ching Lee an dem einen
Schreibtisch, ich an dem anderen und manchmal noch ein Assistent am
dritten.

Die Regale an den beiden langen Wänden sind mit Büchern und
Kassetten überladen – ein paar gebundene Exemplare von *Die Elenden*
und eine Kassette des Musicals *Les Misérables*, das wir in San Francisco
im Theater gesehen haben. Manchmal schiebe ich die Kassette in den
Recorder und singe laut mit.

Dutzende von Aktenschränken und Geräten sind in unser Büro gepfercht: ein Mobiltelefon, ein Faxgerät, zwei große PCs, zwei Video-recorder, ein Fotokopierer, ein Reißwolf und – wahrscheinlich das wich-tigste – eine Kaffeemaschine.

An den Wänden hängen die Plakette der Ungarischen Freiheits-kämpfer, Ehrenplaketten von vielen Bürgerrechtsorganisationen, ein Foto mit dem Dalai Lama. Viele Reihen von Videokassetten. Scheren, Lineale, Heftmaschinen, Klebstreifen, Berge von Papier. Exemplare meines Buches *Nur der Wind ist frei* in deutscher, niederländischer, chine-sischer, japanischer und französischer Übersetzung. Ein Papierkorb für Altpapier. Ein Eimer für den Restmüll.

Das Telefon klingelt, und ich spreche Chinesisch. Dann klingelt es wieder, und ich unterhalte mich auf englisch. Es ruft jemand aus Washington an, dann aus Kalifornien; aus Deutschland meldet sich jemand und will über Wei Jingsheng sprechen.

Jetzt, da die Bewerbung der Chinesen um die Olympischen Spiele von 2004 keinen Erfolg hatte, werden sie ihn wohl bald wieder ins Ge-fängnis stecken. Ich weiß, daß Wei nicht nach Deutschland ins Exil will, wo seine Schwester lebt, aber er kann einfach den Mund nicht halten. Wir tun, was wir können, um Druck auf Beijing auszuüben: Laßt Wei Jingsheng in Ruhe!

Mit Telefonaten von der Ostküste und aus Europa geht der Morgen schnell vorbei. Um die Mittagszeit verschwindet Ching Lee nach unten. Sie gibt selbst zu, daß sie nie besonders gut kochen gelernt hat, aber mei-stens kochen sowieso ihre Eltern für uns. Beim Telefonieren kitzeln mich die von unten heraufziehenden Düfte der starken Gewürze in der Nase. Hin und wieder saßen wir nachts in den Lagern und redeten über unsere Phantasien von einem normalen Leben. Manche erzählten, wie sie heimkehren und ihre Frauen lieben würden, und andere warfen dann ein: »Nein, nein, redet bloß nicht von solchen Dingen. Das ist zu persönlich, das tut zu weh!« Aber wir alle hatten Halluzinationen von der besten Schüssel Reis, die wir je gegessen hatten, von Nudeln, Ge-müse, Rindfleisch, Suppe, Maisbrötchen und Fisch. Und jetzt wehen diese herrlichen Düfte in mein Arbeitszimmer, in meiner ruhigen Straße im Staat Kalifornien.

»Harry«, ruft Ching Lee. »Das Essen ist fertig.«

Ich tappe auf Socken und in meiner Trainingskluft nach unten.
Die Küche ist ein heller, sonniger Raum. Ich gehe zum Kühl-
schrank und gieße mir ein kleines Glas Rotwein ein. Dann hebe ich
eine Schale mit Fischsuppe zum Mund und esse mit einem feinen Por-
zellanlöffel.

Ich lasse mir Zeit, denn ich brauche mein Essen nicht mehr so
schnell wie möglich hinunterzuschlingen, damit es mir niemand weg-
nimmt. Ich bediene mich – Rindfleisch mit Gemüse, Reis, gekochte
Krabben – und greife nach meinen Eßstäbchen.

»Tu dir noch ein bißchen rote Sauce auf das Rindfleisch«, empfiehlt
Ching Lee.

Das ist ein Familienwitz. Ching Lees Eltern stammen aus Sichuan
und Hunan. Sie haben stets ein halbes Dutzend Gläser mit allen möglichen scharfen Saucen, Paprika, Peperoni und Zwiebeln auf dem Tisch
stehen. Sie wissen, daß ich stark gewürztes Essen nicht mag, und sie ziehen mich immer wieder gern damit auf.

Ich bin ein braver Amerikaner geworden und esse beinahe alles außer mexikanischen Speisen mit vielen Bohnen. Auf Reisen nehme ich
leichte Kost zu mir, eine große Mahlzeit am Tag, und ab und zu geneh-
mige ich mir einen kleinen Imbiß. Aber zu Hause, wenn ich mittags
diese wunderbaren Mahlzeiten aufgetischt bekomme, da weiß ich, wie
glücklich ich mich preisen kann.

Zum Nachtisch gibt es klebrige kleine Knödel mit Pflaumenmus und
eine Schale mit Trauben. Wir reden über die taiwanische Politik. Ching
Lees Familie war bereits in den Anfangsjahren dort, als man abwei-
chende Meinungen noch unterdrückte. Aber inzwischen gibt es in Taiwan drei politische Parteien, und 1996 fanden tatsächlich freie Wahlen
statt.

Nach dem Mittagessen gehe ich wieder hinauf und höre mir die
Nachrichten auf dem Anrufbeantworter an. Ich erledige einige Telefonate. Dann ziehe ich mich eine Viertelstunde für ein Nickerchen in unser
Schlafzimmer zurück. Wie sehr habe ich mich in den Tagen des Laogai
nach Schlaf gesehnt! Manchmal stand ich auf einem Feld, schaufelte
riesige Schlammbrocken und schlief im Stehen. Wenn einer der Bewacher bemerkt hätte, daß ich mich ausruhte, hätte er mir in die Rippen

getreten oder mich mit der Schaufel geschlagen, um ein Exempel zu sta-
tuieren. Damals schlief ich auch nachts nur unruhig auf meinem erhöhten steinernen Bett, dem *kang*, unter dem ein Kohlenfeuer glomm. Jetzt
ziehe ich mir im kalifornischen Winter eine Wolldecke über die Ohren
und schließe die Augen. Ich gestatte mir ein kleines Nickerchen. Nur ein
Viertelstündchen …

# 21   Der Wortbruch

Als ich 1994 von meiner dritten China-Reise zurückkehrte, hatte ich Jeff Fiedler versprochen, daß es meine letzte sein solle. Damals hatte ich dies ganz ehrlich gemeint. Inzwischen hat sich die Sachlage aber ein wenig verändert. Ich hatte mich so an das Risiko gewöhnt, daß mir ein normales Leben schwerfiel. Ich saß fröhlich und zufrieden in Kalifornien an der Arbeit, aber dann flüsterte plötzlich eine Stimme in mir: »Harry, du wirst gebraucht. Du mußt gehen.«

Genug andere Stimmen rieten mir, bloß nicht wieder zurückzukehren. Ching Lee, Jeff und sogar ein paar Vertreter des Außenministeriums hatten mich gewarnt. Im Mai 1994 stellte die chinesische Regierung eine schwarze Liste der schlimmsten Unruhestifter zusammen. Amerika hat eine Liste mit den zehn meistgesuchten Verbrechern, aber China ist bekanntlich größer und älter und führt deshalb neunundvierzig Leute auf. Es gab drei Kategorien:

Kategorie 1: Hauptsächlich Menschen, die nach der Rebellion auf dem Tiananmen-Platz 1989 das Land ohne gültigen Paß verlassen hatten. Die Polizei war angewiesen, sie bei ihrer Rückkehr nach China sofort zu verhaften.

Kategorie 2: Personen, die legal aus China ausgereist waren, aber dann im Ausland in Dissidentengruppen aktiv wurden. Ihnen sollte auf Geheiß der Partei die Wiedereinreise verweigert werden.

Kategorie 3: Bürger, die legal ausgereist waren und festgehalten oder verhaftet werden konnten, sobald sie versuchten, ins Land zurückzukehren. (Laut Human Rights Watch/Asia: »Die Grenzbeamten haben sofort Instruktionen von Vorgesetzten darüber einzuholen, wie diese Fälle zu behandeln sind, und die betreffenden Personen zu isolieren oder gut zu bewachen.«)

Zu Kategorie 3 gehörten etwa der Physiker Fang Lizhi und seine Frau Li Shuxian, die ebenfalls Physikerin ist. Beide hatten sich nach dem Tiananmen-Massaker für ein Jahr in die US-Botschaft in Beijing geflüchtet. Inzwischen leben sie in Arizona.

Auch ich gehörte zu Kategorie 3. Die Formulierung war etwas unklar. Wenn man mich erwischte, würde ich unter Umständen nicht auf der Stelle erschossen oder des Landes verwiesen werden. Vielleicht würde man mich mit Vorsicht behandeln und lange festhalten. Ich betrachtete das als eine Art sportliche Herausforderung.

Nach dem Volltreffer mit dem BBC-Dokumentarfilm waren die Chinesen sehr verärgert über mich. Sie hatten bei der BBC wegen ein paar angeblich ungenauer Einzelheiten Protest eingelegt, zum Beispiel wegen der Aufnahmen von der Herzoperation in dem Bericht über die Organtransplantationen. Aber gegen die überwältigende Mehrheit der Tatsachen und die allgemeine Stoßrichtung des Films konnten sie nichts Stichhaltiges vorbringen. Sie konnten nur den BBC-Korrespondenten in China eine Weile das Leben schwer machen.

Da die chinesischen Behörden Sue Lloyd-Roberts' Bewegungen in China verfolgt hatten, konnten sie feststellen, daß ich völlig legal unter dem Namen Peter H. Wu reiste. Mein rechtmäßiger Name ließ sich nicht abändern, aber ich fragte mich, ob ich sie an der Nase herumführen und ein weiteres Visum erschleichen könnte.

Ich bat Jeff, die Lage zu sondieren. Er ließ also meinen Visumantrag von Freunden beim chinesischen Konsulat in Chicago abgeben. Aus irgendwelchen Gründen schickte man meine Papiere von dort zur weiteren Bearbeitung nach Houston. Am 1. Februar erhielt ich meinen Paß zurück; mit einem Sechsmonatsvisum für Peter H. Wu. Alles war ganz legal und ohne jeden Trick zugegangen.

»Na wunderbar, jetzt hast du ein Visum«, meinte Jeff. »Und nun vergiß das Ganze. Fahr einfach nicht hin.« Ich erwiderte, daß es nicht so einfach sei. Das Visum bot mir noch eine unerwartete Möglichkeit, das grausame chinesische Regime zu entlarven. Ich konnte ja nicht ewig soviel Glück haben. Irgendwann würde man Mittel und Wege finden, mich an der Einreise zu hindern. Diese Reise mußte sich lohnen.

Diesmal wollte ich eine mögliche Verbindung zwischen der Welt-

bank und dem Produktions- und Baucorps Xinjiang (XPCC) aufdek-
ken. Das Corps ist eine paramilitärische Organisation, die in der Region
seit dem Regierungswechsel von 1949 ihr Unwesen treibt. Als ich 1994
mit Sue Lloyd-Roberts am Nordrand der Wüste von Xinjiang entlang-
reiste, hatten wir im Tarim-Becken viele Be- und Entwässerungsprojekte
bemerkt.

Nach meiner Rückkehr erhielt ich Hinweise darauf, daß die Weltbank Bewässerungsprojekte in diesem Gebiet finanziell unterstützte
und daß einige dieser Projekte unter Umständen mit den Arbeitslagern
in Xinjiang zusammenhingen.

Meiner Meinung nach ist es nicht Aufgabe der Weltbank, Zwangsarbeitslager finanziell zu unterstützen. Die Weltbank, die auch den Titel
»Internationale Bank für Wiederaufbau und Entwicklung« trägt, wurde
1945 gegründet und hat ihren Hauptsitz in Washington, D.C. Sie soll
mit ihren Finanzmitteln Investitionen erleichtern, den Außenhandel fördern und den Entwicklungsländern Kredite mit niedrigem Zinssatz vermitteln. Sie genießt einen hervorragenden Ruf wegen ihrer Bemühungen, den Lebensstandard in aufstrebenden Nationen zu erhöhen.

Laut einer Reuters-Meldung hatte die Weltbank bis zum Jahre 1995
»China dreiundzwanzig Milliarden Dollar für hundertneunundfünfzig
Projekte angewiesen, jährlich also etwa drei Milliarden«. 1993 war China
der wichtigste Kunde der Weltbank. Aber ermöglichten manche dieser
Projekte die Existenz von Arbeitslagern? Oder boten sie den Chinesen
die Chance, ihre eigenen Gelder in die Arbeitslager abzuzweigen?

Instinktiv hatte ich den Wunsch, Xinjiang selbst in Augenschein zu
nehmen, mich auf meine eigenen fünf Sinne zu verlassen, mit einer
Videokamera dorthin zu reisen und Fragen zu stellen. Jeff Fiedler versuchte mir mein Vorhaben auszureden. »Harry, das brauchst du nicht
mehr zu machen. Du hast jetzt genug Kontaktpersonen und Informa-
tionsquellen. Es gibt genug Leute, die für dich Nachforschungen anstellen können.« Da hatte Jeff recht. Die chinesische Bürokratie produziert
Unmengen von schriftlichen Informationen, vielleicht weil man sich
zum einen für den Nabel der Welt hält und sich zum anderen sicher
wähnt, daß niemand Chinesisch lesen kann oder genügend Geduld und
Zeit aufbringt, all diese Berichte und Aufzeichnungen zu prüfen. Die

Laogai Research Foundation hatte angefangen, Informationen zu sammeln, aber ich wollte doch lieber persönlich aktiv werden. Ich wollte nach Xinjiang zurück.

Mein erstes Ziel war, die Beziehung zwischen der Weltbank und dem XPCC aufzudecken, das oft auch einfach nur »das Corps« genannt wird. 1994 hatte ich bei meiner Arbeit mit Sue Lloyd-Roberts ein Foto vom Hauptquartier des Corps in Urumqi gemacht. Auf einem Schild links am Eingangstor steht XPCC. Das Schild an der rechten Seite lautet »Vereinigte Landwirtschafts-, Industrie- und Handelsgesellschaft Xinjiang zur Rückgewinnung landwirtschaftlicher Nutzflächen«. Die Weltbank zieht das Kürzel dieses etwas friedlicheren Titels vor: XAITC. Aber XPCC und XAITC sind ein und dieselbe Organisation – das Corps.

Seit 1949 ist das Corps in Xinjiang eine einflußreiche Kraft. Ursprünglich hatte man es aus den Reihen demobilisierter Soldaten der Volksbefreiungsarmee und deren Familien gegründet, die in diesem abgelegenen nordwestlichen Teil Chinas bleiben sollten, um die Grenze zur Sowjetunion zu verteidigen und die Uiguren von Xinjiang zu befrieden. Das XPCC begann als reine Han-Chinesen-Organisation in einer überwiegend muslimischen Provinz, und daran hat sich bis auf den heutigen Tag kaum etwas geändert. Nach einem Bulletin des XPCC von 1993 sind 88,2 Prozent des Corps Han-Chinesen.

Das Corps ist in jedem wichtigen Lebensbereich in Xinjiang aktiv, insbesondere auf militärischem Gebiet. Am 10. Oktober 1994 berichtete Xinhua über den vierzigsten Jahrestag der Corpsgründung. Der Artikel richtete sich ursprünglich an eine chinesische Leserschaft, wurde dann aber von der BBC ins Englische übersetzt. Es folgen einige der wichtigsten Passagen:

»In den frühen fünfziger Jahren beschlossen die Zentralbehörden in der Absicht, die Wirtschaft Xinjiangs wiederaufzubauen und weiterzuentwickeln, die soziale Stabilität Xinjiangs zu sichern und die Grenze des Vaterlandes zu verteidigen, daß die meisten der in Xinjiang stationierten Soldaten der Volksbefreiungsarmee zu zivilen Arbeiten abgeordnet werden sollten. Damals galt es, das XPCC so zu organisieren, daß es den historischen Auftrag erfüllen konnte, das Ödland durch Truppen zu erschließen und Grenzgarnisonen einzurichten. Im Laufe seiner vierzigjährigen Bautätigkeit und Landentwicklung ist das XPCC zu einer ganz besonderen politischen, wirtschaftlichen, militärischen und gesellschaftlichen Organisation geworden. Es umfaßt 2,2 Millionen Menschen, eine Vielzahl von Corps-verwalteten Farmen und anderen Unternehmen sowie ein vollständiges Erziehungs-, Wissenschafts-, Forschungs-, Kultur- und Gesundheitswesen.«

Anfang der sechziger Jahren war das Corps maßgeblich an den Grenzscharmützeln mit Indien beteiligt, wie das vom XPCC herausgegebene Magazin *Landwirtschaft und Landgewinnung in Xinjiang* im Jahre 1986 verlautbarte. Der Autor berichtet, daß das XPCC »nicht nur über große materielle Ressourcen verfügt, sondern auch die entsprechenden militärischen Qualitäten aufweist: Es ist eine Stütze der Volksarmee, sofort kampfbereit, wenn es zu den Waffen gerufen wird; und es geht siegreich aus dem Kampf hervor. Es versorgt das Vaterland mit Getreide, wenn es Getreide braucht; und mit Männern, wenn es Männer braucht ...«

Die U.S. Defense Intelligence Agency (DIA) hat 1984 einen Report veröffentlicht *(Handbuch der Chinesischen Volksarmee)*, in dem sie das Corps als »paramilitärische Organisation unter gemeinsamer Kontrolle durch Regierung, Partei und Militär« einstuft, »deren Aufgaben Gewinnung von Ackerland, landwirtschaftliche Produktion, wirtschaftliche Entwicklung dieses abgelegenen und unfruchtbaren Grenzgebietes sowie die Verteidigung der Grenzen sind«.

Das Corps ist auch heute noch aktiv. Während der Proteste auf dem Tiananmen-Platz in Beijing am 19. Mai 1989 demonstrierten in Urumqi, der Hauptstadt von Xinjiang, viele Menschen auf den Straßen. Die Corps-eigene Zeitschrift *Militärische Rückgewinnung Xinjiang* berichtete am 9. Januar 1990: »Im letzten Frühjahr hat das Corps während der chaotischen konterrevolutionären Zustände in Beijing seine standfeste militärische Position noch ausgebaut ... und sich mit ganzer Kraft in den Kampf gegen Chaos und Aufruhr geworfen.«

Je mehr ich darüber nachdachte, desto stärker wurde mein Eindruck, daß die Weltbank die militärischen und die Strafvollzugsaufgaben des Corps vertuscht hatte. In einem Überblick über die Projekte in Xinjiang aus den Jahren 1985/86 verzeichnete die Weltbank in einer Beurteilung, daß die XAITC hunderteinundsiebzig staatliche Farmen betrieb. Im selben Zeitraum veröffentlichte Xinhua einen Bericht in englischer Sprache, den die BBC am 11. September 1985 sendete: »Die hunderteinundsiebzig staatlichen Farmen unter Leitung des Corps sind als halbmilitärische Organisationen zu betrachten.«

Meiner Ansicht nach hat die Weltbank ihre Verbindung zum XPCC verschleiert, indem sie sich immer nur auf die XAITC bezog. Am 13. März 1984 beschrieb sie ein Saatgutprojekt, das in zwölf Einzelprojekte in zwei autonomen Regionen (darunter Xinjiang) unterteilt wurde. Die Bank konstatierte, daß lokale Handelsorganisationen die Arbeit vor Ort durchführen würden. Das Jahrbuch des Corps für 1988 berichtete von einem »Saatgutprojekt, das mit einem Kredit von zwölf Millionen Dollar und einheimischen Mitteln in Höhe von achtzehn Millionen Yuan über einen Zeitraum von fünf Jahren realisiert wird ...« Das Jahrbuch des Corps für 1991: »Die hochwertige Baumwollsamenfabrik beim Regiment wurde kürzlich mit Mitteln der Weltbank neu aufgebaut.«

Die Weltbank wird oft dafür gepriesen, daß sie den Lebensstandard in entlegenen Gebieten erhöht. Aber mir war völlig klar, daß das XPCC Gefangene zur Zwangsarbeit einsetzt und daß die Weltbank in XPCC-Projekte investiert. Was hatten Sue Lloyd-Roberts und ich 1994 wirklich gesehen? Was wußte die Weltbank? Ehe ich irgendwelche Anschuldigungen erhob, wollte ich alles noch einmal mit eigenen Augen prüfen. Ich hatte ein Visum, und das wollte ich ausnutzen.

Zunächst einmal mußte ich weitere Mitarbeiter bei der Stiftung einstellen. Wir rekrutierten David Welker, einen blitzgescheiten jungen Mann, der auf der High School in Longmeadow, Massachusetts, und dann an der University of Massachusetts Mandarin gelernt hatte. David liebte die Sprache und das chinesische Volk, hatte auch schon Taiwan und Hongkong besucht und während seiner Universitätszeit sogar ein paar Tage in Shenzhen und Guangzhou verbracht. Bei seiner Einstellung fragte ich ihn: »Hätten Sie Lust, nach China zu reisen?«

Im Jahre 1995 fing auch Miranda Shieh bei uns an. Sie ist Amerikanerin chinesischer Abstammung und besitzt eine Computerfirma in Washington. Jetzt hatte ich viel mehr Unterstützung und konnte eine ausgedehnte Reiseroute aufstellen. Der erste Schritt war die Erkundung von möglicherweise mit Weltbankmitteln geförderten Arbeitslagern in der Wüste. Sue Howell hatte sich glücklicherweise bereit erklärt, in der ersten Woche mit mir zusammen zu reisen. Wir wollten uns in Xinjiang als Wissenschaftler ausgeben. Der zweite Schritt war, Näheres über die christliche Untergrundkirche in der Provinz Hubei zu erfahren, wo über die Jahre hinweg viele Gläubige unter Verfolgung leiden mußten. Mehr als vierzig Jahre nach der Machtergreifung durch die Kommunisten hatten die Religionen in ganz China großen Zulauf. Die Regierung hatte versucht, eine Million rebellierender Studenten zu unterdrücken, aber sie hatte es auch mit vier bis sechs Millionen Katholiken zu tun und mit weiteren sechs bis acht Millionen Christen anderer Konfessionen, dazu mit einem wiedererstarkten Buddhismus, von dem muslimischen Korridor im Norden ganz zu schweigen. Auf diesem Abschnitt der Reise sollte Ching Lee mich begleiten und David Welker uns »beschatten«.

Drittens stand eine nähere Prüfung der ausgedehnten Unruhen unter den ethnischen Minderheiten an. Ich wollte dokumentieren, wie man mit den Uiguren und anderen muslimischen Gruppen umsprang.

Als viertes wollte ich mich mit der brutalen Bevölkerungskontrolle beschäftigen. Das Thema hatte in China immer noch eine hohe Priorität, auch wenn die Spitzenzahlen von 1983 inzwischen nicht mehr erreicht wurden: Damals fanden einundzwanzig Millionen Sterilisierungen statt, wurden achtzehn Millionen Spiralen eingesetzt und vierzehn Millionen Abtreibungen durchgeführt, viele davon unter Zwang, wie John S. Aird, ein Demograph und Spezialist für zwangsweise Bevölkerungskontrolle, 1995 vor dem Kongreß aussagte. Frauen wurden zur Abtreibung gezwungen, wenn sie bereits ein Kind hatten, und die abgetriebenen Föten wurden dann auch noch für medizinische Zwecke verkauft. Noch heute glauben viele Chinesen (was Westlern unvorstellbar erscheint), daß zermahlene oder verflüssigte Föten ein gutes Mittel zur Steigerung der Fruchtbarkeit oder Potenz sind. Viele Menschen beschaffen sich in den Krankenhäusern durch Bestechung oder Diebstahl Föten für traditionelle Heilverfahren.

Der fünfte Punkt sollte eine Untersuchung über die großen Graphitmengen sein, die meinen Informationen zufolge von einem Arbeits-

lager an eine Firma in New Jersey verschoben wurden. Als ich mich in
Deutschland mit Sue Howell getroffen hatte, bat mich ein deutscher
Journalist, dieses Lager unter die Lupe zu nehmen. Einer solchen Herausforderung konnte ich nicht widerstehen. Wir vereinbarten, daß ich
ihn oder einen seiner Kollegen in China treffen oder mich dort bei
einem meiner verdeckt arbeitenden chinesischen oder amerikanischen
Helfer einfinden würde. Da nicht ganz klar war, wer wen treffen
würde, machte ich mit dem Deutschen als Erkennungszeichen zwei
Baseballmützen der Chicago Bulls aus, die er in Bonn gekauft hatte.

Die Planung fand in den ersten Monaten des Jahres 1995 statt – lange
vor der Ankündigung von Mrs. Clintons geplanter Teilnahme an der
Weltfrauenkonferenz in Beijing Anfang September. Ich ließ mit Absicht
nichts Genaueres über meine Pläne verlauten, auch nicht gegenüber den
mir wohlgesonnenen Politikern in den beiden Kongreßparteien. Einigen
von ihnen begegnete ich am 4. Mai 1995, als ich vor dem Senat eine Zeugenaussage bei einem Hearing über Organverpflanzungen machte, das
Senator Jesse Helms aus North Carolina und Charles S. Robb, ein
demokratischer Abgeordneter aus Virginia, leiteten. Gao Pei Qi, der
früher Mitarbeiter des Büros für Öffentliche Sicherheit war, sich dann
absetzte und heute in London lebt, gab ebenfalls eine Erklärung ab. Er
berichtete, daß man den Gefangenen entweder in den Kopf oder den
Rücken schoß, je nachdem welche Körperteile zum gegebenen Zeitpunkt den besten Marktpreis erzielten. Gao nahm kein Blatt vor den
Mund: »Im Grunde betrachtet man den Körper eines Gefangenen als
Ware. Wenn nötig, würde man ihm auch die Haut abziehen.«

Ich meinerseits bezeugte, daß die chinesische Regierung sehr wohl
empfindlich auf eine schlechte internationale Presse in Sachen Organverpflanzungen reagiere. Andererseits habe sie jedoch seit dem Tiananmen-Massaker völlig schamlos öffentliche Hinrichtungen veranstaltet,
zu denen sich manchmal bis zu fünfzehntausend Zuschauer in einem
Stadion oder auf freiem Feld versammeln. »Das ist eine einzige große
Show«, sagte ich.

Während meines Aufenthalts in Washington führte ich viele infor-
melle Gespräche mit Politikern beider Parteien, etwa mit Frank Wolf
und Chris Smith von den Republikanern sowie mit der Demokratin

Nancy Pelosi und mit Senator Jesse Helms. Sie alle redeten mir zu, nicht
wieder nach China zurückzukehren, doch ich entgegnete nur sehr vage:
»Ich kehre zurück, aber ich weiß noch nicht, wann und wie.«

Während meiner Reisevorbereitungen verschlechterten sich die diplomatischen Beziehungen zwischen den USA und China, insbesondere
als die Vereinigten Staaten dem Präsidenten von Taiwan, Lee Teng-Hui,
erlaubten, zum Treffen seines Collegejahrgangs an der Cornell University einzureisen. Die Vereinigten Staaten hatten offiziellen Vertretern aus
Taiwan früher die Einreise verweigert, aber in diesem Fall lockerten sie
die Bestimmungen mit dem Argument, daß es sich um einen Privatbe-
such Lees an seiner alten Universität handele. Die Chinesen reagierten
wütend. Sie interpretierten den Sachverhalt so, daß Lee ein Ehrengast
sei und auf diese Weise seine Chancen auf eine Wiederwahl im Jahre
1996 erhöhen könne. Beijing war also schon ziemlich aufgebracht über
Washington, bevor ich versuchte, wieder ins Land zu gelangen.

Leider war inzwischen auch die »Hintertür« mit moderner Elektronik gesichert. Ein kleines Signal von einem Mikrochip, und man hatte
mich erwischt. Danach wurde ich quer durch ganz China in eine Villa in
Wuhan verschleppt. Ich hatte die Chinesen genauer unter die Lupe nehmen wollen, doch nun hatte sich die Situation umgekehrt. So hatte ich
mir das nicht vorgestellt.

## 22 Zimmer 104

Fast hätte ich mich der Illusion hingeben können, hier auf Urlaub zu sein. Ich wohnte an einem ruhigen See in einem angenehmen zweistöckigen Gebäude, hatte mein eigenes Zimmer mit Klimaanlage und Bad – es war wie im Holiday Inn à la Wuhan. Die Wirklichkeit dämmerte mir, als ich drei Sofas bemerkte. Drei Bewacher würden sich Tag und Nacht in meinem Zimmer aufhalten – sogar während ich schlief. Dann fielen mir auch die Gitter vor dem Fenster auf, aber mit solchen Kleinigkeiten konnte ich mich jetzt nicht beschäftigen, nicht um zwei Uhr morgens nach einer langen, erschöpfenden Fahrt quer durch China. Meinetwegen hätten sie die ganze Volksbefreiungsarmee in meinem Zimmer einquartieren können, ich hätte trotzdem geschlafen.

Gegen Mittag wachte ich auf. Drei junge Bewacher hatten sich im Zimmer 101 verteilt und starrten mich schweigend und aufmerksam an. Ich vermute, man hatte ihnen den Auftrag gegeben, mich mit ihrer Diszipliniertheit einzuschüchtern. Wieder war ich in Gefangenschaft, und es schien, als wäre ich nie woanders gewesen. Ich hatte keine Zeit für Selbstvorwürfe: »Du Idiot, warum hast du dich auf so etwas eingelassen?« Den Luxus des Nachdenkens konnte ich mir nicht leisten. Ich mußte mich an alle Überlebenstaktiken erinnern, die ich in den Lagern gelernt hatte. Meine Schergen würden nach Schwachpunkten suchen. Vielleicht hatten sie gehofft, daß ich weinen oder im Schlaf reden würde. Ich mußte jetzt zäh sein, wenn ich überhaupt eine Chance haben wollte.

Einer meiner »Gastgeber« war Liu, ein gutgenährter Offizier; er rauchte die teure britische Zigarettenmarke »555«, die in Asien so beliebt ist. Liu trug elegante italienische Schuhe und modische Zivilkleidung.

Er versuchte den Anschein zu erwecken, er sei mein bester Freund, aber bereits nach wenigen Minuten seines schmierig-öligen Getues standen mir die Haare zu Berge, und ich wünschte nur, er würde mich wieder mit den dumpf starrenden jungen Männern allein lassen. Liu erklärte, das Mittagessen sei fertig. Es war ein sehr schmackhaftes Essen mit Suppe und Huhn, das man mir aufs Zimmer brachte. Danach wartete und wartete ich wieder. Ein paar Polizisten steckten die Köpfe zur Tür herein, um sich diese Kuriosität anzusehen, den Unruhestifter aus Übersee. Sie harrten offensichtlich nur ihrer Befehle, behielten mich jede Sekunde im Auge, bemerkten jede Kleinigkeit und verfolgten mich ständig mit Blicken, sogar wenn ich zur Toilette ging.

Durch diese würdelose Situation wurde ich in die Vergangenheit zurückversetzt, als die sogenannte Toilette ein Loch im Boden war und man jedem in der Baracke nur ein paar Minuten für die intimsten Verrichtungen zugestand. Die Nahrung und die medizinische Versorgung waren so unzureichend, daß einige Gefangene furchtbaren Durchfall hatten und riesige Hämorrhoiden buchstäblich wieder in ihren Körper zurückstopfen mußten; andere hatten so schlimme Verstopfung, daß sie sich die Exkremente praktisch aus dem Leib pulen mußten. Ich habe beides durchlitten, und ich habe Menschen an beidem elendiglich sterben sehen.

In den Lagern konnte man nur als Tier überleben, aber inzwischen war mein Schamgefühl zurückgekehrt. Ich hielt es für unangebracht, daß die Bewacher neben mir standen, während ich auf der Toilettenschüssel saß. »Macht Ihnen der Geruch nichts aus?« fragte ich.

Die braven Polizisten starrten mich nur an. Das Spiel hatte eben erst begonnen.


Während dieses ersten Tages in Wuhan mußte ich blitzschnell meine Situation einschätzen und hatte gar keine Zeit, an Ching Lee zu denken. Aber in der Nacht sah ich ihr Bild vor mir, ihr liebes Gesicht am Schreibtisch mir gegenüber in unserem Arbeitszimmer. Ich konnte ihre leise Stimme hören. Zum erstenmal war mir klar, daß ich knapp vor dem Zusammenbruch stand. Hatte ich meine Ehe für eine Expedition in meine eigene persönliche Hölle aufs Spiel gesetzt? Was liebte ich mehr –

das Risiko oder Ching Lee? Vergiß es, ermahnte ich mich. Denk nicht an sie. Ich konnte mir keine Sentimentalität oder Schwäche leisten, wenn ich überleben wollte.

Am nächsten Morgen, dem 30. Juni, wurde ich gleich nach dem Frühstück ins Zimmer 104 auf dem Flur gegenüber gebracht. Es war ein ganz gewöhnliches Hotelzimmer, doch anstelle der Betten standen dort ein Tisch und einige sehr starke Lampen. Ein selbstbewußter Mann, der eindeutig der Chef war, begrüßte mich. Er war etwa in meinem Alter und saß mir in seiner adretten olivgrünen Uniform am Tisch gegenüber. Neben ihm hatte seine Sekretärin Platz genommen und schrieb mit flinken Fingern. Zwei weitere uniformierte Beamte namens Dao und Duan saßen etwas weiter seitlich auf ihren Stühlen. Das Zimmer hatte eine Klimaanlage und Vorhänge an den Fenstern, wenn auch keine Gitter. Ich hatte bei Verhören schon wesentlich Schlimmeres erlebt.

Der Chef – seine Dienstmarke wies ihn als Nummer N412221 aus – stellte sich als General Wang vor. Er arbeite bereits seit vierzig Jahren für die Polizei, und es sei ihm gelungen, über neunzig Prozent der ihm anvertrauten Konterrevolutionäre zu rehabilitieren.

»Sind sie auch rehabilitiert, wenn sie sterben?« fragte ich. Er bejahte und schien nichts Komisches an meinem Einwurf zu finden.

Wang berichtete, daß er einmal einen britischen Spion verhört habe, der später ausgewiesen worden sei, und er hatte ganz offensichtlich Erfahrung im Umgang mit wichtigen Gefangenen. Er sparte sich das bösartige, polterige Gehabe, an das ich mich von früher erinnerte, und kam gleich zur Sache.

»Gemäß Artikel 38 des chinesischen Gesetzbuches«, sagte er, »haben wir Sie unter Hausarrest und unter Sonderbewachung gestellt. Würden Sie das bitte hier mit Ihrer Unterschrift bestätigen?«

»Nein.«

»Sie weigern sich, zu unterschreiben?«

»Nein, ich weigere mich nicht, aber ich habe erst ein paar Fragen.« Er nickte mir zu. »Erstens, was ist mein Status hier? Ich bin US-Bürger. Wieso haben Sie mich ins Zentrum von China verschleppt? Wozu? Bin ich Tourist? Student? Geschäftsmann? Verhaften Sie mich? Wie ist meine Rechtslage heute? Und außerdem will ich Verbindung mit meinem Konsulat aufnehmen. Zweitens ist dies hier nicht mein Haus.« In dieser Villa festgehalten zu werden paßte nicht zu meiner Vorstellung von Hausarrest: daß man in seinen eigenen vier Wänden lebt, aber überwacht wird. Durfte ich telefonieren? Eine Zeitung kaufen? Mir selbst etwas kochen? Fernsehen? Spazierengehen? Würden sie mir überallhin folgen? »Was darf ich, was darf ich nicht? Wie sind die Bedingungen? Wenn Sie mir das erklären, dann unterschreibe ich vielleicht.«

Ich versuchte ihm deutlich zu machen, daß ich flexibel war, man mich aber nicht übervorteilen konnte.

»Wenn Sie hier unterschreiben, können wir Ihre Familie benachrichtigen«, erwiderte der General.

Seine Assistenten und er begannen, mir Fragen zu stellen: Name, Alter, Wohnsitz – einfache Dinge. Aber ich bin kein Soldat und war nicht verpflichtet, Auskunft über Namen, Rang und Dienstnummer zu geben.

»Noch einmal, ich weigere mich, denn ich bin amerikanischer Bürger. Ich verlange, daß man mir meine Rechte nennt.«

Als General Wang das Zimmer verlassen hatte, erklärte mir Oberst Duan: »Wang können Sie trauen, der hat einen guten Ruf bei Verhören.« An seinem hinterhältigen Grinsen konnte ich ablesen, daß Wang diese Nummer mit seinen Assistenten genau einstudiert hatte. Ich wußte sehr wohl, daß man einem chinesischen Offizier nie trauen darf, besonders wenn er sich als vertrauenswürdig ausgibt.

Nach der Mittagspause stellte man mir noch mehr Fragen. Es war sehr wichtig für mich, daß ich schnell herausfand, was man bezweckte.

»Wir wußten, daß Sie früher oder später zurückkommen würden«, sagte einer und gab mir damit zu verstehen, daß er genau über mich informiert war.

»Hier bin ich, wie ein Stück Fleisch auf dem Hackklotz vor eurer Nase«, erwiderte ich. »Hackt nur zu.«

»Sie haben unserer Regierung großen Ärger gemacht«, meinte er. »Sie sind starrsinnig.«

Da ich auf gezielte Fragen keine Antwort gab, demonstrierten Wang und seine Assistenten, daß sie über meine Vergangenheit Bescheid wuß-

ten. Sie hatten ein Papier von 1981 bei den Akten, das ich dem Partei-
komitee nach meinem Neuanfang als Lehrer vorgelegt hatte; es war in
meiner Handschrift verfaßt und besagte, daß ich ins Ausland wolle, um
mein geologisches Wissen zu vertiefen.

»Sie haben versprochen, in Ihr sozialistisches Vaterland zurückzukehren und dort bessere Arbeit zu leisten. Sie haben gelogen.«

»Ja sicher, ich habe gesagt, daß ich wiederkommen würde. Sonst
hätte man mir keinen Paß gegeben.«

»Sie lügen ziemlich viel.«

Ich dachte bei mir: »Nein, ihr habt mich angelogen. Ich habe gelernt,
zu lügen, um zu überleben. Man hat mir kleine Lügen aufgetischt und
große. Ich erinnere mich an die Lüge von 1957 – von eurem Vorsitzenden Mao: ›Laßt hundert Blumen blühen.‹ Und immer, wenn ich blühen
wollte, hat man mich als Konterrevolutionär gebrandmarkt.«

Statt dessen sagte ich: »Und was ist mit der allergrößten Lüge? Mit
dem Kommunismus? Der hat mich neunzehn Jahre meines Lebens
gekostet.«

Man kann es Westlern nicht so leicht erklären, aber ein Chinese
akzeptiert völlig, daß man lügen muß, wenn es zum eigenen Vorteil ist.
Der General verstand mich, er war vielleicht sogar meiner Meinung,
aber er hatte seine Aufgabe zu erledigen.

Um mich aus der Fassung zu bringen, erzählte Wang mir, daß ich
während meiner Reise nach Beijing im Jahre 1991 mit Ching Lee an
einem Ort gewesen sei, der Familiengarten Wu hieß.

»Wie haben Sie das herausgefunden?« Ich war beeindruckt.

»Wir wissen alles«, erwiderte er stolz.

Das stimmte. Ein Mann in der Hoover Institution namens Wu Yuan
Li, der aus einer reichen Familie stammte, die 1949 nach Taiwan geflohen
war, hatte mich gebeten, einen Ausflug zur Villa seiner Familie zu unternehmen, die noch aus der Zeit der Qing-Dynastie stammte. Inzwischen
brachte die Regierung dort ihre »Sondergäste« unter, zum Beispiel den früheren Verteidigungsminister Peng Ta Hui, den man 1959 unter Hausarrest stellte, bis er in der Kulturrevolution zu Tode gefoltert wurde.

Wie um alles in der Welt konnten sie wissen, daß Ching Lee und ich
im Garten der Familie Wu gewesen waren? Später in meinem Zimmer

fand ich die Lösung. Auf dieser Beijing-Reise hatte ich Zhang, einen alten Freund aus den Lagern, besucht. Er hatte mir den Weg zum Wu-Garten beschrieben. Er war auch mit meiner ersten Frau befreundet und mußte ihr erzählt haben, daß ich mich in Beijing aufhielt. Von ihr hatten diese Leute es erfahren. Kein Schaden. Kein Problem. Aber ihre Gründlichkeit imponierte mir.

Viele Gespenster aus meiner Vergangenheit tauchten wieder auf. Wang und seine Leute brachten die fünfzig Yuan wieder aufs Tapet, die mein Freund vor so vielen Jahren gestohlen hatte und die der Grund für meine erste Haftstrafe gewesen waren. »Sie sind nichts als ein kleiner Dieb«, herrschte mich einer von ihnen an. Ich drängte darauf, daß sie sich ihre Unterlagen genauer ansahen. Mein rechtsabweichlerischer Kommilitone hatte den Diebstahl 1979 gestanden, und Hauptmann Li im Bergwerkslager hatte gemeint, ich solle diese alte Anschuldigung vergessen, denn man halte mich ganz offensichtlich fest, weil ich Rechtsabweichler sei.

»Ich bin kein Dieb«, versicherte ich.

Die nächste Geschichte betraf meine zweite Frau Diana. Sie wußten, daß ich sie als zweiundzwanzigjährige Studentin kennengelernt hatte, daß wir in China geheiratet hatten und in den USA geschieden wurden. Sie warfen mir nicht vor, daß meine Affäre mit einer Studentin unmoralisch sei, sondern sie wollten mir klarmachen, daß sie in die verborgensten Winkel meines Lebens blicken konnten.

Als nächstes zogen sie eine chinesische Übersetzung meines ersten Buches *Laogai. The Chinese Gulag* hervor.

»Warum bringen Sie das Laogai mit dem Gulag in Verbindung?« fragten die Beamten. Sie waren beleidigt, weil ich es wagte, das chinesische Strafvollzugssystem mit dem russischen zu vergleichen.

»Ich habe Informationen darüber, daß Stalin in den frühen fünfziger Jahren Gulag-Experten nach China entsandt hat«, antwortete ich. »Die chinesischen Gesetze wurden daraufhin denen der Sowjetunion angepaßt. Lesen Sie es nach.«

Sie wußten auch von meinen drei alten Freunden, die mich 1991 zweimal durch das Kohlenbergwerk geführt hatten, aber sie verrieten mir keine Einzelheiten, und ich rückte natürlich auch keine heraus.

Ich hatte das Gefühl, diese ersten Verhöre relativ unbeschadet zu
überstehen. Was sie mir mitteilten, war entweder aller Welt bekannt
oder völlig harmlos. Sie hatten die chinesischen Freunde nicht aufgestö-
bert, die mir anonym geholfen hatten, und mich nicht gezwungen, irgend etwas zu gestehen, das man in einem Verfahren gegen mich verwenden konnte. Aber das war ja erst der Anfang. Ich mußte Ruhe
bewahren.

Sobald ich wieder in meinem Zimmer war, nahm ich den Kugelschrei-
ber, den man mir gelassen hatte, und ein Blatt weißes Papier. Darauf
schrieb ich mit eleganten kalligraphischen Zeichen das alte buddhi-
stische Sprichwort: »Der Regen fällt ins Meer, und es nimmt weder ab
noch zu.«

Das sollte bedeuten: »Ganz gleich, wie schwer der Regenguß ist,
wenn er in den Ozean fällt, richtet er keinen Schaden an. Er fällt nicht in
einen Teich, einen Fluß, einen kleinen Bach oder einen großen See. Er
fällt in den Ozean.« Die Kalligraphie ermahnte mich: »Bleib ruhig. Du
wirst damit fertig.«

Ich klebte das Blatt mit Leim aus Reis und Wasser an die Wand.
Duan erhob keinen Einwand dagegen. Er konnte die Worte lesen, verstand den Sinn jedoch nicht und bat um eine Erklärung. Ich interpretierte ihm das Sprichwort – einem Mann, der kaum halb so alt war wie
ich und aus einer völlig anderen Kultur stammte. »Jetzt begreife ich es«,
meinte er. Ich glaube, danach hatte er mehr Respekt vor mir, weil er
wußte, daß ich mich nach Glaubensgrundsätzen und einer Lebensphi-
losophie richtete, die weit mehr umfaßt als der Kommunismus. Er erkannte, daß sie mich nicht zerbrechen konnten, was immer sie mir auch
antaten.

Am nächsten Tag ging ich zum Angriff über und drängte sie, die
amerikanische Botschaft in Beijing zu kontaktieren. Ich würde erst dann
reden, wenn sie meine gesetzmäßigen Befugnisse respektierten, und sie
wußten sehr wohl, daß das mein gutes Recht war. Also zwangen sie
mich nicht, ihnen Informationen zu geben.

Ich machte mich auf einen langen zermürbenden Kampf gefaßt. Gewöhnlich wachte ich gegen sieben Uhr auf und nahm gegen halb acht das Frühstück ein, das man mir ins Zimmer gestellt hatte. Gegen halb zehn oder zehn Uhr wurde ich dann zum Verhör in Zimmer 104 geführt. Manchmal dauerte es zwanzig Minuten, manchmal zwei Stunden, und dann machten wir Mittagspause.

Das Essen war ordentlich, das gleiche, das auch die Offiziere bekamen. Zum Frühstück gab es Reissuppe, manchmal gedünstetes Gemüse und Erdnüsse oder ein chinesisches Brötchen. Mittags und abends erhielt ich meist ein kleines Stück Huhn oder Rindfleisch oder Eier, gekochten Reis, Suppe und zuweilen Fisch. Zuerst beschwerte ich mich, weil das Essen in Wuhan ziemlich scharf gewürzt wird, aber entweder gewöhnte ich mich mit der Zeit daran, oder sie ließen tatsächlich die scharfen Sachen weg. Die Verhöre am Nachmittag fingen gegen drei Uhr an und dauerten manchmal eine Stunde, manchmal auch länger. Um sieben Uhr wurde zu Abend gegessen.

Jetzt im Sommer lief die Klimaanlage rund um die Uhr. Ich hatte zwar ein Radio im Zimmer, aber ich durfte es nicht benutzen. Morgens lag keine Zeitung auf meiner Türschwelle. Einige Wochen lang war mein einziger Lesestoff ein Buch, das Sue Howell zurückgelassen hatte, *Traditional China*, herausgegeben von James T. C. Liu von der Princeton University. Die Aufsätze befaßten sich mit den verschiedenen Aspekten chinesischen Lebens, die mir fast alle vertraut waren, aber ich las das Buch von vorn bis hinten, und weil ich sonst nichts zu lesen hatte, übersetzte ich es dann ins Chinesische.

Jeden Abend um acht Uhr gab es heißes Wasser, und ich ließ mich in die Badewanne sinken und versuchte, mich zu entspannen. Genau eine Stunde später erschien General Wang wieder zum Verhör; manchmal plauderte er nur ein wenig, manchmal ließ er die Fragen weg, die ich nicht beantworten wollte, manchmal appellierte er an meinen gesunden Menschenverstand.

Wang leugnete die chinesische Geschichte nicht. Sicher, sagte er, wir wissen, daß Sie Schlimmes durchgemacht haben. Na klar, ein paar von den Jungs sind ein bißchen übers Ziel hinausgeschossen, aber wer wird denn nachtragend sein? Wang erinnerte mich an den unerwarteten Aufstieg von Zhu Rongji, den man einen Rechtsabweichler genannt hatte, weil er während der Hundert-Blumen-Kampagne 1957 laut seine Meinung äußerte. Zhu waren zum Glück die Lager erspart geblieben, aber er war in Ungnade gefallen und hatte die nächsten zweiundzwanzig Jahre mit Schreibarbeiten verbracht, bevor Deng Xiaoping ihn 1978 rehabilitierte. Und jetzt war Zhu, Wunder über Wunder, vom Bürgermeister von Shanghai zu einem der großen Wirtschaftsgurus aufgestiegen. Man bezeichnete ihn im Westen als den »chinesischen Gorbatschow«, was überall außer in Rußland und China als Kompliment aufgefaßt wurde. Wang schien betrübt darüber, daß ich das alles im Innersten meines Herzens nicht so sportlich und unbekümmert sehen konnte wie Zhu. Als hätte ich mich schuldig fühlen sollen, weil ich Wang und China enttäuschte. Tut mir leid, Jungs, ich schaffe es einfach nicht.

Nachdem ich mich über die hautenge Bewachung auf der Toilette beschwert hatte, wurde in die Badezimmertür ein Guckloch gebohrt. So hatte ich einen kleinen privaten Bereich, aber sie konnten immer noch jederzeit hereinschauen, um sicherzugehen, daß ich mich nicht umbrachte oder sonst etwas anstellte.

Sobald die Beamten aus dem Bad verschwunden waren, konnte ich wieder einem der großen Vergnügen dieser Welt frönen – und in der Wanne singen. Chinesische Musik ist patriotisch und gefühlvoll, und ich habe auch die klassische westliche Musik lieben gelernt: Bach, Schubert, Haydn, Tschaikowski – Musik, die ich als stark und sehr anrührend empfinde. Ich erinnerte mich auch an die russischen Volkslieder, die ich in der Schule gelernt hatte, in jenen guten alten Zeiten der Solidarität, als die Chinesen völlig vernarrt waren in russische Lieder, Gedichte und Filme. Besonders gern mochte ich das Lied »Ein kleiner Pfad«, das von der einsamen Familie eines Soldaten in einem Schneefeld erzählt. Dann war da noch »Der alte Fuhrmann« über einen Mann im fernen Sibirien, der den Tod nahen fühlt und seinen Freund bittet, in seine Heimat zurückzukehren und seiner Frau etwas vorzusingen. »Sag meiner Frau, daß sie nicht traurig zu sein braucht. Sag ihr, daß sie einen guten Mann suchen und ihn heiraten soll.«

Ich sang in meiner Badewanne auch amerikanische Lieder. In Shang-

hai hatten wir, bevor die Kommunisten an die Macht kamen, viel westliche Musik gehört: Jazz, Dixieland, und ich war praktisch mit den
Liedern von Stephen Foster groß geworden. Jetzt sang ich mein
Lieblingslied »Love Me Tender« von Elvis Presley. Wie konnte das mein
liebster amerikanischer Popsong werden? Das geht auf das Jahr 1984
zurück, als Präsident Ronald Reagan und seine Frau zum erstenmal
in China waren. Damals wollten die Chinesen gute Gastgeber sein und
beim Staatsbankett im Großen Saal des Volkes in Beijing Musik spielen,
die den Gästen vertraut war. Irgend jemand hatte sich wohl in den Kopf
gesetzt, daß Nancy Reagan die Musik von Elvis Presley liebte. Ich weiß
nicht, ob das stimmt, aber jedenfalls hatte die Militärkapelle »Love
Me Tender« einstudiert. So konnten wir im Fernsehen Mrs. Reagan in
ihrem roten Kleid bewundern, und chinesische Musiker brachten ihr
dieses seltsame Ständchen.

Viele Studenten dachten damals: Wenn die Militärkapelle Elvis spielen darf, dann ist es nicht gefährlich, ein Lied aus dem verbotenen
Westen zu singen. Alle spazierten umher und trällerten: »Love me tender, love me true ...« Ausnahmsweise konnte niemand die dekadente
westliche Musik kritisieren, denn sie war ja auf allerhöchsten Befehl von
Deng gespielt worden.

Jetzt in meiner Badewanne in Wuhan schloß sich der Kreis. Ich sang
wie Elvis: »For my darling, I love you / And I always will.« Sentimen-
taler Kitsch? Mag sein, aber so konnte ich wenigstens unauffällig meine
Sehnsucht nach Ching Lee zum Ausdruck zu bringen. Ich wußte ja
nicht, wann – und ob – ich sie wiedersehen würde.

Nach dem Bad sagte ich zu meinen Bewachern: »Leute, für euch
singe ich nicht!« Sie durften nicht mit mir sprechen, aber Liu hatte mich
gehört und meinte sogar: »Sie singen gar nicht mal schlecht, es kommt
von Herzen.« Ich glaube, damit wollte er mir nur mitteilen, daß sie jeden
Laut mitbekamen.


Ich zählte all die Männer zusammen, die mich im Auge behalten mußten – es waren immer drei junge Bewacher in Drei-Stunden-Schichten,
rund um die Uhr. Ich zählte bis zu achtzehn Beamte und vier Vorgesetzte, ganz zu schweigen von den bewaffneten Soldaten vor dem Ge-

bäude. Während ich auf dem Bett lag und las, hatte ich immer die drei Bewacher im Kopf, die mich anstarrten. Ich kannte ihre Namen nicht, aber ich versuchte, ein Gefühl für die verschiedenen Personen zu bekommen. Einmal sah ich ein paar von ihnen in Offiziersuniform und sagte zu einem: »Sie sehen aber toll aus in Ihrer Uniform.« Er deutete ein kleines Lächeln an. Einem anderen untersetzten Beamten konnte ich an den Augen ablesen, daß er mit mir sympathisierte. Eines Tages versuchte ich, mir eine Nagelschere auszuleihen, und zwei schüttelten nur den Kopf, aber der Untersetzte kam später wieder und brachte mir eine. »Kriegen Sie deshalb keinen Ärger?« wollte ich wissen. Er tat es mit einem Schulterzucken ab. Ein anderer hochgewachsener, hagerer Beamter vertraute mir an, daß er nicht sein Leben lang bei der Polizei bleiben wolle. »Ich möchte Geschäftsmann werden«, meinte er. Er habe schon einen Führerschein, was Gold wert sei. Wenn man an ein Auto herankommt, kann man in China das Geld nur so scheffeln.

Die Bewacher versuchten, sich ein Bild von diesem Monster Harry Wu zu machen, und gelangten wohl zu dem Schluß, daß er doch ein menschliches Wesen war. Und ich plauderte mit ihnen, teils weil ich ein wenig Freundlichkeit brauchte, teils auch, um herauszufinden, wie ich das System ein bißchen manipulieren konnte. Jeder Gefangene braucht Spielchen, die den Verstand aktiv halten. Ich machte mir Notizen, wenn die Bewacher einmal nicht hinschauten, was in einem derart kleinen Zimmer nicht gerade einfach war. Ich saß allein am Tisch und gab vor, in meinem chinesisch-englischen Wörterbuch zu lesen, das mir meine ersten Bewacher zu Beginn der Reise gekauft hatten.

An der Wand über dem Tisch hing ein Spiegel, und ab und zu warf ich einen verstohlenen Blick auf meine drei Bewacher. Sie sollten jede meiner Bewegungen überwachen, merkten aber sehr schnell: »Verdammt, der Gefangene beobachtet ja uns«, und ließen den Spiegel entfernen. Genau das hatte ich mir erhofft. Jetzt konnte ich mich tief über mein Wörterbuch beugen und heimlich Notizen machen, wobei ich das Buch so hielt, daß sie meine Hand nicht sehen konnten.

Sie hatten mir zwanzig Blatt weißes Papier gegeben, auf das ich meine Anfragen und Briefe schreiben sollte, und sie versuchten, den Verbleib jedes einzelnen zu kontrollieren. Aber ich riß die Blätter in vier

10   Ching Lee ergreift am 16. Juli, dem »Free
Harry Wu Day«, in San Francisco das Wort; dieses
Ereignis fiel mit dem Besuch des Bürgermeisters
von Shanghai zusammen. Rechts von ihr unsere
Freundin Linda Pfeifer, die sich für die Men-
schenrechte in China und Tibet engagiert.

11    In der Maschinenfabrik Wuyi in der Provinz
Zhejiang, südlich von Shanghai, produzierte
Kettenzüge. Die der Marke CM (links) wurden in
die Vereinigten Staaten, die der Marke FELCO
(rechts) nach Großbritannien exportiert.

12    Harry Wu in Polizeiuniform zusammen mit
dem Laogai-Überlebenden Liu Jing Qin im
August 1991 im Lager Nr. 13, Provinz Qinghai.
Liu, der die Uniform besorgt hatte, mußte bei
der Verhandlung im Jahre 1995 gegen Harry Wu
aussagen – hielt aber mit der Wahrheit hinter
dem Berg. Liu, seine Frau und jüngste Tochter
verließen China im Juli 1996 mit Hilfe der
Laogai Research Foundation und kamen in die
Vereinigten Staaten.

13  Ed Bradley, Harry Wu, David Gelber und
Norman Lloyd (v.l.n.r.) im August 1991 auf der
Brücke zur Qinghe-Farm, die auch als Laogai-
Lager Nr. 1 Beijing bekannt ist.

14  *(rechte Seite)*  Die Hochzeit von Ching Lee
und Harry Wu fand am 11. Februar 1991
in Taipeh, Taiwan, statt.

15 Pater Wang verbrachte wegen seines Glaubens dreiunddreißig Jahre in verschiedenen Laogai-Lagern. Ich interviewte ihn 1992 in den Vereinigten Staaten im Rahmen des Projektes »oral history« der Laogai Research Foundation.

16 *(rechte Seite oben)* Die BBC-Korrespondentin Sue Lloyd-Roberts in der Wüste Takla Makan während unseres Besuches von Laogai-Lagern in der Provinz Xinjiang, Anfang April 1994.

17 *(rechte Seite unten)* Jeff Fiedler und ich nach einem Unterausschuß-Hearing des Repräsentantenhauses im September 1991.

18    Nach meiner Abschiebung aus China am
24. August 1995: Meine Frau Ching Lee und
Jeff Fiedler (rechts hinter mir) begrüßen mich
am Flughafen San Francisco.

Teile, schrieb meine Notizen darauf und hoffte, daß sie den Überblick verlieren würden, was auch manchmal geschah. Dann ließ ich einen Zettel hinter dem Vorsatzblatt meines Wörterbuches verschwinden, oder ich rollte einen um die Mine meines Kugelschreibers oder zerknüllte einen und versteckte ihn in einem Schuh.

Später kam ich auf die Idee, die freien Innenränder der Seiten im Wörterbuch für Notizen zu benutzen. Was aber, wenn man das Buch durchblättern würde? Ich rührte mir einen dünnflüssigen Leim aus Reis und Wasser zusammen und verklebte die Seiten so, daß sie die Einträge nicht finden würden. Dabei benutzte ich die Seiten nach einem Datumscode. Zum Beispiel schrieb ich am 4. Juli auf Seite 704: »Heute zum erstenmal frische Luft geschnappt.« Das sollte mich daran erinnern, daß man mich an diesem Tag zum erstenmal für einige Minuten nach draußen gelassen hatte.

Ich war neugierig, ob sie meine Aufzeichnungen lasen, deshalb ließ ich immer einen Stift oder ein Blatt Papier so liegen, daß sie das Buch berührten. Das Buch faßten sie nie an, aber eines Tages mußte ich beim Schuhanziehen feststellen, daß sie mir in der Nacht meine zusammengeknüllten Notizen weggenommen hatten. Vielleicht hatten sie mich im Bad beobachtet, als ich das Papier in den Schuh steckte, aber sie erwähnten nie etwas, und ich sprach sie auch nicht darauf an.

Ich notierte alles, was am betreffenden Tag geschehen war. Was für Geräusche ich hörte, wie viele Liegestütze ich gemacht, wie ich in die Sonne gestarrt hatte, wie ich mein Leben vor mir Revue passieren ließ, mir im Kopf alte Filme vorspielte oder Einträge im Wörterbuch las.

Schon seit meiner Kinderzeit faszinieren mich Insekten. Ich konnte eine Mahlzeit vergessen, wenn ich die wilden gelben Ameisen zusammen mit den weniger aggressiven schwarzen Ameisen in ein Glas gesperrt hatte und ihren Kämpfen zusah. Die gelben Ameisen waren immer die Stärkeren und die schwarzen eher langsam. Ich versuchte manchmal, ein Gleichgewicht herzustellen, indem ich mehr schwarze Ameisen ins Glas gab.

Hier in meiner Villa mußte ich mir mein eigenes Unterhaltungsprogramm schaffen. Ich stand am Fenster und blickte auf eine Mauer ge-

genüber, an der ein einziger Baum stand, der etwa sechs Meter hoch
war und große Blätter trug. Je länger ich hinausschaute, desto mehr
Spinnen konnte ich an meinem Fenster ausmachen, wie sie einen langen Faden spannen und dann warteten, bis die richtige Brise ihn an einen anderen Punkt wehte. Zwei feste Punkte, mit deren Hilfe die
Spinne ein ganzes Netz weben konnte. Ein einziger kleiner Faden
reichte aus, um eine Mücke oder Fliege einzufangen, aber erstaun-
licherweise konnte die Spinne über ihre eigenen Fäden krabbeln, ohne
festzukleben. Spinnen haben auch eine Art Radar, das wir Menschen
nicht verstehen, geschweige denn nachahmen können. Mir wurde klar,
daß die Spinne mehr Kraft hat als jeder Mensch – vielleicht auch mehr
Verstand.

Ich beobachtete auch die Ameisen, die durch einen kleinen Spalt unten am Fenster heraufkamen, und ich fütterte sie mit allem, was ich finden konnte – mit toten Fliegen oder Krümeln. Wenn das Stück klein
war, dann trugen es einige wenige Ameisen fort, aber für größere Teile
wie zum Beispiel einen Keks tauchten ganze Divisionen auf, größere
Ameisen, Kriegerameisen und Arbeiterinnen. Woher wußten sie das?
Eines Tages fand ich eine tote Libelle und beobachtete, wie eine ganze
Ameisenarmee diesen riesigen Insektenkörper in ihr Loch zurück-
schleppte.

Die Bewacher wurden allmählich milder gestimmt. Eines Tages wies
ich auf den Hof, wo gerade viele Ameisen zusammengelaufen waren.
Ich bat einen der Bewacher, mir einige zu bringen, damit wir ihren
Kampf beobachten könnten. Er holte einen Zweig mit Dutzenden von
Ameisen, die wir mit den Fensterameisen zusammenbrachten. Dann
verfolgten wir schweigend den Kampf.

Ein paar Tage später reichte mir derselbe Bewacher wortlos eine
Streichholzschachtel mit toten Fliegen und Mücken. Er zeigte zum Fenster, als wolle er sagen: »Bitte, bedienen Sie sich.«

Ich verbrachte viele Stunden damit, mein kleines Universum allmählich
zu vergrößern. Gleich am Anfang gab ich den Beamten zwanzig Dollar,
damit sie mir ein chinesisches Gesetzbuch kauften, aber solange ich es
gebraucht hätte, bekam ich es nie zu Gesicht. Da ich nur Kleidung für

drei Wochen dabei hatte, gab ich den Bewachern Geld, damit sie mir Schuhe und Hosen besorgen konnten. Ich nannte ihnen die internationalen Markenartikel, von denen ich wußte, daß sie in China verkauft werden – etwa Nike und Levi's. Ich wollte herausfinden, ob sie vielleicht von Gefangenen hergestellt wurden. Die Bewacher kamen aber mit chinesischen Kleidungsstücken zurück. Ich weigerte mich, sie zu tragen, und behauptete, sie seien von schlechter Qualität. Am Ende schenkte ich sie einer Krankenschwester.

Da ich selbst in diesem System gelebt hatte, wußte ich, daß man mir die Spezialbehandlung für besondere Gäste angedeihen ließ. In der Vergangenheit hatte man mir die Arme auf den Rücken gedreht, bis mir das Blut völlig abgequetscht war, hatte mich geblendet und aus der Dunkelheit hinter Lampen hervor angeschrien. Ich wußte, daß diese Leute elektrische Folterwerkzeuge griffbereit hatten, etwa unter Strom gesetzte Viehpeitschen, die sie einem an Gesicht, Genitalien und Füße halten konnten. Aber für mich hatten sie die sanftere Methode gewählt. »Sie haben Glück, daß Sie Amerikaner sind«, sagte Wang einmal zu mir. »Sie bekommen hier die absolute Sonderbehandlung.«

Dieses Eingeständnis machte mich traurig, denn ich wußte, daß er recht hatte. Wäre ich noch chinesischer Staatsbürger gewesen, dann hätten sie mich direkt von der Grenze in die Lager von Xinjiang verfrachtet, mich in eine Arbeitskolonne im Straßenbau gesteckt oder in einer Lederfabrik bis zur Hüfte in Gerbsäure waten lassen. Das konnte noch kommen, aber zunächst deutete alles darauf hin, daß sie mich in einem Schauprozeß als Volksfeind hinstellen wollten. »Sie sind in China geboren«, sagte einer der Beamten. »Sie wissen, daß wir die Amerikaner in Korea und Vietnam besiegt haben. Sie wissen, daß die Regierung von Singapur einen amerikanischen Kriminellen mit Stockschlägen bestraft hat und daß die amerikanische Regierung zwar Protest einlegte, aber nichts dagegen tun konnte. Wir sind viel mächtiger als Singapur. Wir können mit Ihnen machen, was wir wollen, und die amerikanische Regierung kann gar nichts unternehmen.«

Sie sagten, sie hätten die amerikanische Botschaft benachrichtigt, aber keine Antwort erhalten. Das glaubte ich ihnen nicht. Ich wußte, daß meine Frau und Jeff Fiedler und meine Freunde im Kongreß Krach schlagen würden. Aber trotzdem geht einem eine solche Behauptung durch den Kopf. Was ist, wenn sich sonst niemand um dich schert? Man kann nie wissen. Vielleicht hat dieser Druck meine Sichtweise etwas verändert. Sie erklärten mir, daß sie meine Familie benachrichtigen müßten, sobald ich das Dokument unterzeichnet hätte, in dem ich den Hausarrest akzeptierte. Also stimmte ich am 4. Juli zu, und zwei Tage später legten sie mir das Dokument vor, baten mich jedoch nie um meine Unterschrift. Sie schienen hocherfreut darüber zu sein, daß ich nach sechs Tagen endlich anfing, mich vernünftig zu benehmen, aber sie konnten der Versuchung nicht widerstehen, es mir unter die Nase zu reiben. Henry Kissinger sei mit einer Handelsdelegation in China. »Die wollen Geschäfte machen«, sagten meine Aufseher. »Denen sind Sie gleichgültig.«

Am Samstag, dem 8. Juli, neunzehn Tage nach meiner Festnahme, wurde ich förmlich verhaftet. Man brachte mich ins Zimmer 104, und dort filmten mich einige Leute mit Videokameras beim Betreten des Raumes. Soviel Aufsehen war ich nicht gewohnt, also hob ich die Hand und machte mit zwei Fingern das Friedenszeichen. Das fanden meine Aufseher gar nicht komisch.

»Los, weiter«, sagte ein Offizier. »Weiter.«

Ein Beamter verlas ein Dokument: »Als Vertreter der Abteilung für Öffentliche Sicherheit in Wuhan erkläre ich Sie für verhaftet.«

Mir wurden vorsichtig und mit viel Theater vor laufender Kamera Handschellen angelegt. Im Fernsehen wirkte das vielleicht ziemlich brutal – seht euch an, wie China mit seinem Oberverbrecher und Spion umgeht –, aber in der Realität ging es sehr sanft zu. Los, Harry, bringen wir's hinter uns. Sobald alle Fotos geschossen waren, nahm mir die Polizei die Handschellen wieder ab. Ganze drei Minuten in Handschellen, mehr nicht.

»Jetzt informieren wir offiziell Ihre Botschaft«, sagte jemand. Was sollte das heißen, offiziell? Bis zu diesem Zeitpunkt hatten sie nie in meiner Anwesenheit meine Sachen durchsucht, obwohl sie sich bei der Festnahme an der Grenze bestimmt davon überzeugt hatten, daß ich nicht bewaffnet war. Doch nun konfiszierten sie mit viel Getue beinahe meine gesamte Habe: Geld, Brieftasche, Kamera, Rasierzeug und Toilettenartikel. Nur meine Kleidung, meine Uhr und meinen Ehering durfte ich behalten und mußte für den Rest eine Quittung unterzeichnen.

Das war ein neues Stadium. Ich hatte die Hoffnung gehegt, daß sie der Auseinandersetzung eines Tages müde werden und mich einfach ausweisen würden. Aber offensichtlich plante man weitere Verhöre, vielleicht sogar monatelang. Es würde einen Prozeß geben. Und danach konnten sie mit mir machen, was sie wollten.

Mir waren die Medikamente ausgegangen, die ich gegen meine Rückenschmerzen nahm. Ich bot den Bewachern an, dafür zu zahlen, daß Ching Lee die Arznei nach China schickte, und ich erinnerte sie daran, die Briefe an meine Frau weiterzuleiten. Sie würden sich darum kümmern, versicherten sie.

Inzwischen versuchten die höheren Offiziere weiter, meinen Widerstand zu brechen. »Harry«, meinten sie. »Niemand steht auf Ihrer Seite. In China kritisiert sie jeder.«

Ich erwiderte: »Ja, aber hat die Mehrheit immer recht? Erinnern Sie sich an 1957, als man Leute wie mich als Rechtsabweichler in das Laogai verbannte, aber später hat man mich wieder freigelassen und gesagt: ›Das war ein Fehler.‹ Wann hatte die Mehrheit also recht – damals oder heute?«

Ich versuchte mich zu wehren, aber ich verfiel in die trübseligste Stimmung seit meiner Festnahme an der Grenze einundzwanzig Tage zuvor. Langsam wurde ich mürbe. Vielleicht sollte ich mein Leben in einer letzten grandiosen Aktion aufs Spiel setzen – in einem Hungerstreik.

Am 10. Juli aß ich mein Mittagessen nicht. Aber was ich für eine dramatische Geste hielt, schien niemanden zu kümmern. Man schaute nur auf das volle Tablett und trug das Essen wieder weg. Der Unruhestifter hat wohl heute keinen Appetit.

Mir wurde klar, daß ein Hungerstreik nur dann Wirkung haben konnte, wenn die Außenwelt davon erfuhr. Die Chinesen würden erwarten, daß ich es mir anders überlegte, und sie würden meine Familie und die Botschaft erst benachrichtigen, wenn ich dem Tode nahe war. Das bedeutete, daß ich bis zum bitteren Ende gehen mußte. Ich mußte zum Sterben bereit sein.

## 23 Während meiner Abwesenheit

Ich möchte dir von meinen Gefühlen erzählen«, sagte Ching Lee neulich. Sie erinnerte sich an jene furchtbaren Tage, als niemand wußte, wo ich war. Die Chinesen hatten behauptet, daß sich niemand um mich scherte, aber ich kannte meine Frau und meine Freunde, und ich wußte, daß den Amerikanern sehr wohl am Schicksal einzelner Menschen gelegen ist. Ich war mir sicher, daß meine Wahlheimat für mich kämpfen würde.

Es geht in meiner Geschichte nicht nur um Zimmer 101 in der Villa in Wuhan. Es geht auch um die Frau zu Hause in Kalifornien, die zuerst nur eine angstvolle Ehefrau war, sich dann aber zu einer tatkräftigen Kämpferin für mich und unsere gute Sache entwickelte. Ich habe all das erst nach und nach erfahren, seit ich wieder zu Hause bin. Und ich bin immer wieder beeindruckt und dankbar für alles, was sie und unsere Freunde getan haben.

»Ich habe sein letztes Fax vom 17. Juni bekommen. Darin teilt er mir mit, daß er am 19. Juni nach Xinjiang wollte«, erinnerte sich Ching Lee. »Er bat mich, ihn gleich nach Empfang des Faxes anzurufen. Das habe ich auch getan, aber niemand ging an den Apparat. Ich fand das ein wenig seltsam. Hinterher erfuhr ich, daß er früher abgefahren war.

Normalerweise ruft Harry mich jeden Tag an, aber diesmal war es anders. Am 18. und 19. Juni hörte ich nichts, und ich hatte das Gefühl, daß etwas passiert sei, dachte aber immer noch, er werde sich bald melden. Nach dem 20. und 21. war ich mir sicher. Vielleicht hatte er einen Autounfall gehabt. Vielleicht war Kasachstan doch nicht so ungefährlich, und man hatte ihn ausgeraubt, oder die Kommunisten hatten ihn ermordet. Ich wußte es nicht. Das waren die schlimmsten Tage. Der einzige Mensch, mit dem ich reden konnte, war Jeff Fiedler. Ich konnte weder essen noch schlafen, und manchmal weinte sogar Jeff. Vor seiner Abfahrt hatte mir Harry gesagt: ›Wenn du eine Woche lang nichts von mir hörst, leite die Rettungsaktion ein.‹«

Am 21. Juni ermahnte Jeff sie: »Ich glaube, wir sollten wirklich eine ganze Woche warten. Denn vielleicht ist er nach China hineingekommen und es ist nur schwierig, von dort aus anzurufen. Wenn wir jetzt jemanden alarmieren, könnte ihn das in Schwierigkeiten bringen.«

Niemand sprach in der Öffentlichkeit von meinem Verschwinden, und alle hatten das Gefühl, es sei besser so. Ching Lee jedoch belastete dieses schmerzliche Geheimnis sehr, besonders weil auch ihre Eltern mit im Haus wohnten. Sie hat ein sehr enges Verhältnis zu ihren Eltern, und diese fingen an, Fragen zu stellen, als ihre Tochter bedrückt wirkte. Aber sie wollte nicht noch mehr Leute verängstigen, zumindest noch nicht.

»Ich zwang mich, nicht zu weinen«, erinnerte sie sich. »Ich beschloß, meinen Eltern nichts zu sagen. Aber am 20. Juni weinte ich doch, und meine Mutter sagte: ›Vielleicht kann ich dir helfen.‹ Ich tat es zunächst damit ab, daß es nur eine vorübergehende Laune sei, weil ich Harry vermißte. Aber dann wurde der Druck doch zu groß.

Am 22. Juni erzählte ich es meiner Mutter, und dann merkte ich natürlich, daß ich es ihr schon viel früher hätte anvertrauen sollen. Sie war mir eine große Hilfe, eine geistige Stütze. Mütter sind seltsam. Ganz egal, wie alt eine Mutter ist, sie entwickelt ungeahnte Kräfte, wenn ihren Kindern etwas zustößt.«

Frau Chen versicherte Ching Lee, daß alles gut ausgehen werde, daß ich ein erwachsener Mann sei, der schon einiges durchgestanden habe. Sie erinnerte Ching Lee daran, daß mir auch in China viele Leute helfen würden, und für die Chinesen sei es politisch nicht ratsam, mich einfach zu beseitigen. Dadurch nahm sie Ching Lee ein wenig von der schweren Bürde ab.

»Das war die schrecklichste Zeit meines Lebens«, sagte Ching Lee. »Um fünf Uhr morgens am 23. Juni konnte ich nicht schlafen und rief Jeff an. Wir redeten und analysierten alles. Ich meinte: ›An Stelle der Kommunisten würde ich Harry außerhalb Chinas töten.‹«

Dann teilte ihr Jeff die Neuigkeit mit: »Ching Lee, man hat Harry in

China verhaftet.« Das Außenministerium habe ihn in der Nacht verständigt, daß man mich in Grenznähe festhalte.

Ching Lees erste Reaktion war ungeheure Erleichterung. Ich lebte noch, und in dieser Tatsache konnte sie großen Trost finden. Sie schlief sofort ein – und sammelte Kraft für den kommenden Kampf.

All das erfuhr ich natürlich erst viel später, aber meine Freunde und Helfer in Washington hatten sich für mich eingesetzt, und auch die Regierung meines neuen Heimatlandes war nicht untätig gewesen.

Am 23. Juni um zehn Uhr wurde dem amerikanischen Konsulat in Beijing offiziell mitgeteilt, daß man Sue Howell und mich an der Grenze festgehalten habe und daß die Ermittlung gegen Sue »abgeschlossen« sei. Diese Nachricht wurde unverzüglich nach Washington weitergeleitet, wo es 17.30 Uhr am Donnerstag, dem 22. Juni, war. Donald Keyser, der Leiter der China-Abteilung im Außenministerium, schickte Telegramme nach Beijing und Alma-Ata, in denen er sich nach uns erkundigte. Am nächsten Tag aß er mit Lu Shumin, dem stellvertretenden Missionschef der Volksrepublik, zu Mittag und brachte seine Beunruhigung zum Ausdruck.

Inzwischen hatte das Außenministerium meine und Sues Spuren bis zum 19. Juni in Alma-Ata verfolgt, als wir mit dem Bus losfuhren. Inzwischen war Sue dort wieder aufgetaucht. Jeff hatte sie per Telefon befragt, um einen Eindruck von der Stimmung bei den chinesischen Behörden zu bekommen und etwas über die gegen mich vorgebrachten Anschuldigungen zu erfahren. Washington wußte nicht, ob ich ein legales oder illegales Einreisevisum hatte, also faxte Ching Lee Kopien all meiner Papiere, so daß das Außenministerium bei der chinesischen Botschaft offiziell Protest einlegen konnte.

Ich hatte Anweisungen hinterlassen, daß alle »Krach schlagen« und die ganze Welt zu Hilfe rufen sollten, falls mir irgend etwas zustieß. Ching Lee zögerte keine Sekunde. Ich wußte natürlich, daß sie eine sehr fähige Person ist, aber ich ahnte nicht, wie stark und einfallsreich sie im Notfall sein würde. Sie hatte bei ihrer Behörde in Taiwan bereits mit Journalisten zusammengearbeitet, aber dabei immer auf Geheiß ihres Chefs gehandelt. Nun mußte sie selbst die Entscheidungen treffen und das Wort ergreifen, obwohl sie in Taiwan nur einmal in der Woche zum Englischkurs gegangen war.

Nachdem die Nachricht von meiner Verhaftung bekannt geworden war, erfuhr sie von David Welker, daß die Presse mit ihr sprechen wolle. Also begann sie, Interviews zu geben, auf englisch und in einem Land, in dem sie nicht einmal vier Jahre lebte. »Das erste war ein Telefoninterview fürs Radio«, erzählte sie mir später. »Ich habe mir einen Text aufgesetzt und ganz langsam gesprochen. Hinterher haben mich ein paar Freunde angerufen und gesagt: ›Gut gemacht‹, aber ich wußte nicht, ob das auch stimmte. Es ging mir darum, die Fragen zu verstehen und sehr deutlich zu sprechen.

Das nächste war ein Live-Interview im Fernsehen, und zu allem Übel war der Interviewer nicht im selben Raum. Ich hatte nur einen kleinen Knopf im Ohr und konnte hören, wie der Interviewer mir Fragen stellte. Dann sollte ich immer in die Kamera schauen, aber eigentlich wollte ich viel lieber die anderen Leute im Studio ansehen. Ich hatte darum gebeten, die Fragen im voraus zu bekommen, aber dann hat man sich nicht an diese Liste gehalten. Ich war gar nicht sicher, ob ich überhaupt die richtigen Fragen beantwortet hatte.« Allerdings machen das ja die meisten Leute in den Talk-Shows am Sonntagmorgen nicht anders: Man stellt ihnen eine bestimmte Frage, aber sie reden über das, was ihnen gerade einfällt.

»Eines Morgens mußte ich um vier Uhr kalifornischer Zeit aufstehen, um Interviews in *Good Morning America* und im Morgenprogramm von CBS zu geben, eines im Wohnzimmer und eines im Eßzimmer. Es war wirklich schwierig. Ich konnte die Fragen nicht verstehen, aber ich tat mein Bestes. Danach sagte ich mir: ›Das schaffst du!‹ Im allgemeinen konnten die Zeitungsjournalisten mein gebrochenes Englisch verstehen, aber fürs Fernsehen mußte ich noch lernen, weniger Fehler zu machen.«

Das ist reine Bescheidenheit. Später, als ich mir die Aufzeichnungen und Zeitungsartikel aus jenen Monaten ansah, war ich höchst beeindruckt. Meine Frau war ein Medienstar. Sie hatte mich und unsere gute Sache ins rechte Licht gerückt. »Harry ist ein Mann, aber er ist sehr gefühlvoll«, erklärte sie Seth Mydans von der *New York Times*. »Er ist schon vor fünfzehn, sechzehn Jahren aus den Lagern entlassen worden, aber er weint immer noch manchmal über seine Freunde, die dort umgekommen sind.« Sie erzählte von meinem Traum, ein Laogai-Museum nach dem Muster des Holocaust Museum einzurichten, und von meinen regelmäßigen Treffen mit früheren Lagerinsassen, bei denen wir unsere Erinnerungen austauschten. »Wenn sie zusammenkommen, dann sind sie ganz anders«, berichtete Ching Lee. »Sie reden anders als wir. Sie lachen, sie weinen, sie sind in ihrer eigenen Welt.« Die Reporter fragten auch, warum niemand mich davon abbringen konnte, nach China zurückzukehren. »Harry ist eben so«, sagte sie dann immer. »Wenn er sich etwas in den Kopf gesetzt hat, dann tut er es auch. Da kann ihn niemand umstimmen.«

Am 28. Juni flog Ching Lee nach Washington, um die Kongreßabgeordneten um Hilfe zu bitten. »Harry ist Amerikaner«, erklärte sie. »Die chinesische Regierung hat meinem Mann bereits neunzehn Jahre seines Lebens geraubt. Sie hat kein Recht, ihn auch nur einen einzigen Tag gegen seinen Willen festzuhalten.«

Diese Worte wurden in den Abendnachrichten gesendet und machten am nächsten Tag Schlagzeilen in der Presse. Die Welt ist heute gut vernetzt. Man kann überall in der Welt in einem Hotelzimmer sitzen, sich CNN ansehen und herausfinden, was vor sich geht. Saddam Husain war durch die CNN-Berichterstattung über die amerikanischen Aktionen im Golfkrieg informiert. Als Ching Lee vor dem Kongreß sprach, konnte dies den Machthabern in Beijing nicht verborgen bleiben. Niemand sollte vergessen, daß es mich gab. Das ließ Ching Lee nicht zu.

Die Regierung Clinton war offen gestanden nicht gerade glücklich über meine China-Reisen, weil sie die Beziehungen zwischen Washington und Beijing komplizierten. Aber da ich amerikanischer Bürger bin, kämpfte man um mich. Inzwischen habe ich in den Papieren des Außenministeriums nachlesen können, wieviel meine Wahlheimat für ihren naturalisierten Unruhestifter getan hat.

Am 27. Juli traf sich Kent M. Wiedemann, der stellvertretende Unterstaatssekretär im Außenministerium, mit dem chinesischen Geschäftsträger Zhou Wenzhong und bat darum, mich mit einem offiziellen amerikanischen Vertreter sprechen und unverzüglich aus China ausreisen zu lassen.

Am 28. Juni wurde der Gesandte der amerikanischen Botschaft für Konsularfragen, Arturo Macias, bei den Chinesen vorstellig, um meinen Aufenthaltsort zu erfahren. In Washington zitierte der Staatssekretär im Außenministerium, Winston Lord, der früher einmal Botschafter in China gewesen war, Zhou zu sich, um auf mehr Informationen zu drängen.

Der unbesungene Held des Dramas war allerdings Charles Parish, ein Botschaftsangehöriger in Beijing. Da er Mandarin spricht, entsandte man ihn nach Xinjiang, um mich dort aufzustöbern. Er verließ Beijing am 29. Juni und kam am 30. Juni in Urumqi an, nur um zu erfahren, daß ich vielleicht noch immer in Horgas sei. Da es keine Flüge zwischen Urumqi und Horgas gab, nahm sich Parish für die rund fünfhundertfünfzig Kilometer ein Taxi. Zwölf Stunden später traf er in Horgas ein, aber die chinesischen Behördenvertreter beharrten darauf, daß ich nie dort gewesen sei, was natürlich eine Lüge war. Parish setzte sich auch mit den chinesischen Behörden in Xining in Verbindung, die sich ebenfalls unwissend stellten, obwohl ich knapp eine Woche zuvor durch ihre Stadt gekommen war. Am 3. Juli stieß Parish auf das Hotel Karamai, aber auch dort erhielt er keine Auskunft. Am 4. Juli ging ihm das Geld aus, und er mußte nach Urumqi zurückkehren, wohin man ihm telegraphisch Geld überweisen konnte.

Inzwischen hatte Jeff Fiedler in Washington täglich Kontakt mit John J. Foarde III., einem Beamten in der China-Abteilung, der die Informationen koordinierte und stets äußerst hilfsbereit und verständnisvoll war. Jeff brauchte Geld, um die ungeheuren Kosten für meine Verteidigung zu bestreiten. Brian Freeman, ein Bankier aus New Jersey, gab uns fünfzigtausend Dollar, nachdem ihm Jeff das Problem erläutert hatte. Später traf noch ein Scheck über dreitausend Dollar von der Familienstiftung des Schauspielers Kirk Douglas ein, nachdem ihn Phyllis Jenkins, eine Freundin aus Los Angeles, kontaktiert hatte.

Zwei Gruppen reagierten überhaupt nicht, als Jeff sie um Hilfe ersuchte: zum einen die chinesisch-amerikanischen Geschäftsleute, weil sie fürchteten, mein Fall könne ihre Gewinne beschneiden, zum anderen die amerikanischen Anwälte, die sich auf chinesisches Recht spezialisiert hatten und nicht mit mir in Zusammenhang gebracht werden wollten, um ihre Verbindungen nach China nicht zu verlieren.

Aber einige meiner Freunde im Kongreß rührten die Werbetrommel für meine Sache, insbesondere die Abgeordneten Nancy Pelosi, Frank Wolf und Christopher Smith sowie Senator Jesse Helms. Jeff machte dem Außenministerium immer neue Vorschläge. Er teilte Anthony Lake, Clintons Sicherheitsberater, mit, ich hätte versucht, nach Xinjiang zu gelangen, um die dortigen Aktivitäten der Weltbank zu erforschen. Jeff gab zu bedenken, daß vielleicht auch die Presse erfahren solle, warum ich nach China zurückgekehrt war. Zudem ließ er Winston Lord wissen, daß er das perfekte Mittel gegen die fortwährenden Verletzungen des Smoot-Hawley Tariff Act habe: Man brauche nur alle chinesischen Importe auf mögliche Laogai-Produkte hin zu prüfen. »Das ließe sich in einem einzigen Hafen machen, zum Beispiel in Seattle«, sinnierte Jeff. »Man braucht bloß zwei Inspektoren rauszuschicken, und dann stehen die Schiffe bis Hawaii Schlange. So gewinnt man die Aufmerksamkeit der chinesischen Regierung und der amerikanischen Geschäftswelt!«

Als er hörte, daß der frühere Außenminister Henry Kissinger mit einer Handelsdelegation nach Beijing reisen sollte, bat Jeff den langjährigen Vorsitzenden der AFL-CIO, Lane Kirkland, sich bei Kissinger für mich zu verwenden. Dieser führte den Chinesen dann wohl tatsächlich mit starken Worten vor Augen, daß es keineswegs gut für die bilateralen Beziehungen sei, wenn China einen amerikanischen Staatsbürger festhalte. Jeff wurde auch von dem südafrikanischen Bischof Desmond M. Tutu unterstützt, der sich bei einer chinesischen Handelsdelegation in Südafrika für mich einsetzte. Viele Menschen auf der ganzen Welt ergriffen in ihren Ländern und in Beijing für mich Partei.

Inzwischen hatte Staatssekretär Peter Tarnoff bei Zhou seine »ernste Sorge« darüber zum Ausdruck gebracht, daß man mich immer noch festhielt. Zhou behauptete, man ermittele zwar gegen mich, aber ich sei nicht verhaftet. Am 5. Juli traf sich der Gesandte Scott Hallford in Beijing mit dem stellvertretenden Außenminister Yang Jiechi und bekam das gleiche zu hören. Am 7. Juli sprach Macias mit Peng Keyu vom

Außenministerium, der ihm zusicherte, daß ich bald Besucher empfangen dürfe.

Am nächsten Tag verkündete Fan Zhengshui, ein leitender Angestellter im Außenministerium, daß man mich wegen früherer »Verbrechen« angeklagt habe und in Wuhan festhalte. Außerdem werde mir vorgeworfen, mich in China unter falschem Namen »eingeschlichen« sowie Staatsgeheimnisse ins Ausland weitergegeben zu haben.

Am Morgen des 9. Juli wurde Ching Lee durch den Anruf eines Journalisten aus dem Schlaf gerissen, der ihr mitteilte, daß man mich verhaftet habe. »Das hörte sich schrecklich an«, meinte sie. »Ich wußte, daß man Harry zum Tod verurteilen konnte, wenn er der Spionage angeklagt wurde. Nun mußte ich mich noch mehr anstrengen, um die Aufmerksamkeit der Menschen zu erregen.«

## 24  Ich bekomme Gesellschaft

Am 10. Juli hatte ich in meinem Hungerstreik gerade die erste Mahlzeit ausgelassen, als meine Bewacher mir eine Überraschung ankündigten.

»Schnell, ein Freund möchte Sie besuchen«, meinte Liu. Ich wußte nicht, daß ich in diesem Teil der Welt Freunde hatte, und die Bewacher wollten einfach nicht mit näheren Auskünften herausrücken.

Man brachte mich zu einem Crown, einem japanischen Auto. Gegen die Blicke der Neugierigen waren rundherum Vorhänge zugezogen, und wir fuhren in die Innenstadt. Ich saß von zwei Offizieren flankiert auf dem Rücksitz.

Durch die Vorhänge konnte ich einen Blick auf die Stadt erhaschen – auf den Fluß und die Parks, in denen ich damals der Studentin, die ich heiraten wollte, den Hof gemacht hatte. All die schmerzlichen Erinnerungen überfielen mich: an die Zeit nach dem Lager, an meine Lehrtätigkeit an der Universität, an meinen Antrag für ein amerikanisches Visum, an die Hoffnung, ein neues Leben anzufangen, an Dianas Zurückweisung. Jetzt war ich wieder ein Häftling. Hatte ich all dies durchgestanden, nur um hier wieder im Gefängnis zu landen? Ich gab mir größte Mühe, die finsteren Gedanken aus meinem Kopf zu verbannen.

Man brachte mich ins Gefängnis Nr. 2 von Wuhan und dort in ein Zimmer, wo General Wang auf mich wartete. Er grinste mich an und bemerkte, daß ich unrasiert war, weil man zwei Tage zuvor mein Rasierzeug konfisziert hatte. So konnte man mich nicht unter die Leute lassen. Er reichte mir einen Rasierapparat und forderte mich auf, ihn unter seinen wachsamen Augen zu benutzen.

Anschließend führte man mich in einen Raum, in dem eine dicke Glasscheibe die Häftlinge von ihren Besuchern trennte. Auf beiden Seiten der Trennwand gab es Telefone und einen Aufsichtspolizisten, dessen eine Hand immer über dem Trennschalter schwebte. Man durfte über das Wetter reden, über die Familie, über die Gesundheit, aber wenn man sich auf die Einzelheiten seines Falles bezog, drückte der Aufsichtsbeamte auf den Knopf und beendete das Gespräch.

Eine Tür ging auf, und herein trat ein nicht besonders großer, gut gekleideter Mann mit Brille. »Ich heiße Arturo Macias«, teilte er mir über das Telefon mit. »Ich bin amerikanischer Gesandter für Konsularfragen in Beijing. Ich bin sofort hierher gekommen, nachdem mich die chinesische Regierung benachrichtigt hat. Wie Sie vielleicht wissen, haben wir im Augenblick keinen Botschafter in China, ich bin also der ranghöchste Botschaftsangehörige.«

Er sagte, daß man ihm nur dreißig Minuten Gesprächszeit zugestanden habe. Dann stellte er mir ein paar Fragen zu meinem Namen, meinem Paß und meinem Wohnort, um meine Identität zu bestätigen. »Ich habe einen Brief von Ihrer Frau«, sagte er und zeigte mir das Schreiben durch die Glasscheibe. »Man erlaubt mir nicht, Ihnen den Brief zu geben, aber ich kann ihn vorlesen.« Ching Lee schrieb, daß es ihr gutgehe und daß sie an mich denke. Ich versuchte, vor der Polizei so teilnahmslos wie möglich zu erscheinen. Nachdem er mir den Brief vorgelesen hatte, meinte er: »Harry, Sie müssen wissen, daß wir hier alle dem chinesischen Gesetz unterliegen. Nicht nur Sie, auch ich.«

Ich interpretierte seine Worte so, daß man sich an die gesetzlich vorgeschriebenen Verfahren halten wolle. Und ich hörte auch eine leise Warnung heraus, daß ich mich etwas kooperativer zeigen, ein paar Informationen herausrücken und meinen Kerkermeistern erlauben solle, ihr Gesicht zu wahren.

»Ich möchte Ihnen auch sagen, daß Sie viele Freunde im Kongreß haben.«

Niemand drückte auf den Trennknopf. Es war ganz klar, daß man mich angelogen hatte, als man mir bedeutete, daß sich in der Heimat niemand für mein Schicksal interessiere. Meine Freunde im Kongreß hatten von meiner Notlage gehört und würden alles in ihrer Macht Stehende tun. Macias fragte, ob ich irgend etwas benötige, und ich erwiderte, daß ich gern mit einem Anwalt sprechen würde, um mein

Testament zu machen. Ich erzählte ihm auch, daß meine Rückenschmerzen schlimmer geworden seien; Ching Lee solle mir die erforderlichen
Medikamente schicken. Zudem bat ich um Lesestoff: chinesische Gesetzestexte sowie *Moby Dick* und *Der alte Mann und das Meer.* Mit der Wahl
meiner beiden Lieblingsbücher wollte ich signalisieren, daß ich kampfbereit war – genau wie Melvilles Kapitän Ahab und Hemingways alter
Mann.

Ich teilte Macias mit, daß man mich nicht foltere, und als er sich nach
dem Essen erkundigte, erwiderte ich, darüber wolle ich nicht sprechen.
Es war eigentlich nicht schlecht, aber loben wollte ich hier niemanden.

Macias meinte: »Ich habe Ihnen Schreibpapier, Zeitschriften und Zeitungen mitgebracht.« Später fand ich ein Buch mit Artikeln von Hemingway, zwei PC-Zeitschriften, ein Exemplar von *House and Garden,* den
*Architectural Digest,* drei chinesische Zeitungen und die Märzausgabe des
*National Geographic,* die als Schwerpunktthema das Gesetz über bedrohte
Arten behandelte und auf dem Titelbild einen in einem Netz gefangenen
Fuchs mit der Schlagzeile »Tot oder lebendig« zeigte. Warum nicht die
Februar- oder die Aprilausgabe? Tagelang zermarterte ich mir das Gehirn darüber, ob Macias mir mit diesem Titel eine Botschaft zukommen
lassen wollte oder ob es sich einfach nur um die Ausgabe handelte, die
gerade in seinem Büro herumlag. Macias sagte, daß die Chinesen nur
einen Besuch pro Monat zuließen, und ich fragte die Aufseher, ob ich
ihm einen Brief an Ching Lee mitgeben könne, was sie aber nicht gestatteten.

Nachdem Macias sich verabschiedet hatte, fühlte ich mich geehrt dadurch, daß meine Wahlheimat solche Anstrengungen unternommen
und einen Profi den ganzen Weg von Beijing nach Wuhan geschickt
hatte, um festzustellen, ob es mir gutging. Amerika war wirklich ein
Land, das sich um den einzelnen kümmerte. Da saß ich, ein naturalisierter Staatsbürger, der allen nur Ärger machte, und die Vereinigten
Staaten erklärten nicht einfach: »Den können wir vergessen.« Ich fühlte
mich nach Macias' Besuch so gut, daß ich meinen Hungerstreik nach
einer einzigen ausgelassenen Mahlzeit beendete. Ich bin gar nicht sicher,
ob meine Schergen ihn überhaupt bemerkt hatten.

Am 13. Juli gab mir ein Sicherheitsbeamter Schmerztabletten und ein Fläschchen Medizin ohne Aufkleber mit einer dunkelbraunen Flüssigkeit. Es sei eine Kräutermedizin für meinen Rücken. »Das kann ich nicht einnehmen«, meinte ich, denn ich hatte keine Ahnung, was für ein Medikament es war.

»Wir haben nur unsere Arbeit getan, uns brauchen Sie keine Vorwürfe zu machen«, erwiderte einer der Beamten. Ich hatte keine andere Wahl. Eine Krankenschwester tröpfelte mir einen Löffel voll in den Mund, dann gab sie mir eine Tasse Wasser und kam später noch einmal zurück, um mir eine weitere Dosis zu verabreichen.

Nach zwei Tagen begann meine Nase schrecklich zu bluten. Ich legte mich hin und hielt mir ein kleines Handtuch vor die Nase, aber die Blutung wollte nicht aufhören. Der junge Bewacher hatte wohl Angst, daß ihm sein Stargefangener, der Meisterspion, unter den Händen wegsterben würde, und preßte mir ein großes kaltes Handtuch in den Nacken, bis die Blutung schließlich gestillt war.

Aber der Schaden war bereits angerichtet. Nach weiteren zwei Tagen platzten mir Blutgefäße in beiden Augen, und das Weiß meiner Augäpfel wurde schwarz. Als Ching Lee einige Wochen später Bilder von mir im Fernsehen sah, fürchtete sie, daß man mich folterte. In gewisser Weise hatte sie recht. Ich frage mich bis zum heutigen Tag, welchen Zweck man mit dieser Medizin verfolgte. Meine Augen sind immer gerötet, weil kleine Blutgefäße platzen – ein kleines Souvenir aus meiner Heimat.

Jetzt war ich offiziell verhaftet, und die Behörden hatten das Recht, mich zu verhören, aber der Besuch von Macias hatte meinen Kampfgeist wieder geweckt. Ich brannte darauf, mich über das geistige Klima im China des Jahres 1995 zu unterrichten. Was würde man gegen mich vorbringen, mit welcher Anklage würde entschieden, ob ich meinen nächsten Lebensabschnitt wieder in chinesischen Gefängnissen verbringen sollte? Ich war erleichtert darüber, daß meine Haft nun kein Geheimnis mehr war. Das Spiel war in eine neue Phase eingetreten. Zumindest konnte man mich jetzt nicht mehr klammheimlich beseitigen. Würde man zum Wahnsinn der Mao-Jahre zurückkehren, als jeder schon als Konterrevolutionär galt, wenn er nur einen Hausbesitzer in

der Familie hatte? Oder würde man die Anklage auf die Aktivitäten be-
schränken, zu denen man mich bereits befragt hatte?

Einen chinesischen Gesetzestext wollte man mir immer noch nicht
geben – obwohl ich schon zwanzig Dollar dafür bezahlt hatte –, aber ich
wußte ohnehin einiges über das chinesische Rechtswesen. Man würde
mir vielleicht einen Verstoß gegen Paragraph 32 – Spionage – vorwerfen, der schwere Strafen nach sich ziehen konnte, bis zur Hinrichtung.
Wenn man mich nach Artikel 166 anklagte – Diebstahl von Staatsgeheimnissen –, dann konnten mir fünf bis fünfzehn Jahre Gefängnis oder
sogar die Todesstrafe bevorstehen. Ich hatte das Gefühl, daß es größere
Unstimmigkeiten zwischen dem Amt für Öffentliche Sicherheit sowie
der Justizbehörde einerseits und dem Außenministerium andererseits
gab. Wahrscheinlich planten die Staatsanwälte, mich wegen Spionage
vor Gericht zu stellen, während das Außenministerium wohl in größeren politischen Zusammenhängen dachte und einen amerikanischen
Staatsbürger nicht für längere Zeit einsperren wollte. Mein Schicksal
schien von den Intrigen in Beijing abzuhängen.

Eine der ersten Fragen, die man mir stellte, betraf die beiden Dokumente, die Ching Lee und ich in Shanghai gestohlen hatten und die Verbindungen zwischen den Fabriken und Arbeitslagern und der Regierung aufzeigten.

»Sie haben dieses Dokument dem amerikanischen Kongreß vorgelegt«, sagte einer der Vernehmungsbeamten. Das konnte ich schlecht
leugnen, aber ich versuchte ihnen weiszumachen, daß ich es von einem
Studenten erhalten hätte. Darauf ließen sie sich nicht ein und fragten,
warum ich das Dokument dem Kongreß gezeigt hätte. Ich erwiderte
schlicht: »Ich wollte nachweisen, daß die Stahlrohre aus Shanghai in
Laogai-Arbeit hergestellt werden.«

Dann konfrontierten sie mich mit einer Zeugenaussage des Fabrikdirektors in Shanghai, der erklärte, daß der Bericht auf seinem Schreibtisch gelegen habe und daß die einzigen Personen im Raum Ching Lee
und ich gewesen seien. »Na los, wir wissen, daß Sie es waren«, sagte
Wang. »Es gibt keine andere Möglichkeit, wie das Dokument sonst aus
Shanghai in die Vereinigten Staaten gelangt sein könnte.«

Ich reagierte wie jeder andere verheiratete Mann in einer solchen

Lage. »Ich habe das Papier nicht gestohlen«, erklärte ich. »Das war meine Frau.«

»Aber Sie wußten davon«, erwiderten sie.

»Ich habe es erst erfahren, als wir wieder in den Vereinigten Staaten waren.«

Ich versuchte ihnen klarzumachen, daß sie mich nach amerikanischem Recht nicht anklagen konnten, wenn jemand anders das Dokument aus dem Büro gestohlen hatte. Ching Lee sei die Kriminelle, nicht ich. (Als ich wieder zu Hause war, erzählte ich ihr, daß ich sie beschuldigt hatte. Sie meinte nur: »Das ist in Ordnung. Ich hatte sowieso nicht vor, in nächster Zeit nach China zu reisen.« Meine Frau ist wirklich eine verständnisvolle Person.)

Ich erinnerte meine Bewacher immer wieder daran, daß ich Bewegung und frische Luft brauchte, und nun, nachdem sie mich offiziell verhaftet hatten, ließen sie mich endlich eine halbe Stunde am Tag in den Innenhof. Eines sonnigen Tages zog ich mich bis auf die Unterhose aus. Es war mir völlig gleichgültig, wer mich so sah, ich wollte nur die Sonne auf meinem Körper spüren, nachdem man mich beinahe einen Monat im Zimmer eingesperrt hatte. Zuerst schlenderte ich nur auf dem Innenhof herum. Am nächsten Tag machte ich dreißig Liegestütze, obwohl mir der Rücken weh tat.

Nach einigen Tagen legte ich mich auf den Boden und stellte mich schlafend. Ich schlug die Hände vor die Augen, aber in Wirklichkeit musterte ich meine Umgebung ganz genau. Ich hatte immer angenommen, daß das obere Stockwerk der Villa leer war, weil ich nie jemand anderen sah oder hörte. Aber während ich scheinbar schlafend auf dem Boden lag, bemerkte ich einige Leute, die über eine Balkonbrüstung zu mir herunterblickten und miteinander redeten, als wollten sie sagen: »Das ist also der Kerl.«

Ich fragte mich, was die Leute dort zu suchen hatten, und dann begriff ich plötzlich: Sie betrieben wahrscheinlich ein gut funktionierendes Verbindungsbüro mit Telefonleitungen nach Beijing, sammelten elektronische Informationen und lasen die Computerausdrucke. Aus meinen Beobachtungen schloß ich, daß etwa fünfzig bis sechzig Leute in der Villa waren, die mich alle überwachten, vielleicht sogar über versteckte

Kameras. Daraufhin suchte ich in meinem Zimmer und in Zimmer 104 noch gründlicher nach Wanzen, fand aber keine. Erst als ich in den Vereinigten Staaten von den Chinesen freigegebene Fernsehbilder sah, bestätigte sich, daß sie in beiden Zimmern Minispione untergebracht hatten.

Am 18. Juli zeigten mir die Vernehmungsbeamten das Videoband der *60-Minutes*-Sendung über meine erste und zweite Reise nach China. Da saß ich im Hotelzimmer, und Ed Bradley sagte, daß ich die Fabrik besichtigen müsse, bevor er den Vertrag unterzeichnen könne, und der Geschäftsführer wuselte herum und versuchte, den Besuch zu arrangieren. Die Bilder brachten glückliche Erinnerungen an unseren Volltreffer zurück, aber jetzt konnte ich mir keine hämische Freude darüber leisten. Ich konnte unmöglich meine Mitwirkung an diesem Programm leugnen, da der Film überall auf der Welt gezeigt worden war. Also beschrieb ich die gesamte Episode im Hotelzimmer. Sie waren sehr zufrieden und meinten: »Gut, alles, was Sie uns erzählt haben, stimmt mit unseren Ermittlungsergebnissen überein.« Diese Typen waren völlig ins Detail vernarrt. Sie waren in das Hotelzimmer gegangen, hatten die Entfernungen und Winkel vermessen und herausgefunden, wo die Kameras angebracht gewesen waren.

Wir waren keineswegs einer Meinung darüber, ob ich damit ein Verbrechen gegen die chinesische Regierung verübt hatte. Ich erkundigte mich, ob sie schon einmal etwas von Pressefreiheit gehört hätten. Auf meinen Reisen hätte ich für CBS, die BBC und Yorkshire Television gearbeitet, weshalb ich keineswegs ein Spion sei.

Sie waren von Ed Bradley fasziniert und fragten mich immer wieder, wieviel Geld er verdiene. »Millionen von Dollar«, erwiderte ich. »Schnappt ihn euch.« Es schien sie ganz besonders zu verblüffen, daß ein Schwarzer in Amerika ein solches Gehalt beziehen konnte. Als weiteren Schuldigen nannte ich den CBS-Produzenten David Gelber. »Wenn ich ein Krimineller bin, dann sind sie alle Kriminelle. Denn sie haben meine Reise bezahlt.«

Das Verhör ging weiter, als sprächen wir nicht dieselbe Sprache. »Das Huhn redet mit der Ente« lautet ein chinesisches Sprichwort, das eine solche Situation charakterisiert. Wenn ich in Zimmer 104 saß, redete ich mir ein: »Diese Dinge haben nichts mit dir zu tun. Du bist ein Außenstehender.« Hätte ich die Sache an mich herangelassen, wäre ich unfähig gewesen weiterzumachen. Die Polizei brachte auch meine Beziehung zu Mr. Feng, dem alten Fotografen, zur Sprache, der vielleicht gegen mich ausgesagt hatte. Ich erklärte, daß Feng seine Bilder zu Informations-, nicht zu Spionagezwecken aufgenommen habe, daß ich ihn nicht aufgefordert hätte, in verbotene Bereiche einzudringen oder Staatsgeheimnisse zu verraten. Eine weitere Anschuldigung war, ich hätte mich als Polizist ausgegeben, aber ich erwiderte, daß ich die Uniform auf der Straße gekauft und nie eine Dienstmarke getragen oder behauptet hätte, Polizeibeamter zu sein. Natürlich war das eine Lüge. Ich hatte die Uniform über meinen Freund Liu von einem echten Polizeibeamten ausgeliehen.

All diese Verhöre brauchten viel Zeit, weil die Sekretärin alle Fragen und Antworten aufschreiben mußte, wonach ich das Protokoll – oft fünfzehn oder zwanzig Seiten – lesen und abzeichnen mußte, ehe sie weitermachen konnten. Die meisten Fragen waren so offensichtlich und bezogen sich auf so allgemein bekannte Sachverhalte, daß ich das Gefühl hatte, man wolle nur die Zeit totschlagen und warte auf eine Entscheidung aus Beijing. Die Vernehmungsbeamten gaben sich keine Mühe, das Netz meiner Mitarbeiter und Helfer zu entwirren. Mir dämmerte langsam, daß sie mich unbegrenzt festhalten konnten, nicht nur wochen-, sondern monate- oder jahrelang.

Ich verbrachte viel Zeit in meinem Zimmer. Oft stand ich am Fenster und ließ im Geist mein Leben vorüberziehen. Hatte ich all die Leiden auf mich genommen, nur um wieder hier zu landen? Was war der Sinn des Ganzen? Am 22. Juli schien mir mein Leben auf einmal völlig klar zu sein. Ich stand mit dem Rücken zu meinen drei Bewachern, die Hände hinter mir verschränkt, und ich sah alles völlig klar vor mir. Es war ein Augenblick der Wahrheit, halb Meditation wie bei den Buddhisten, halb Offenbarung wie bei den Christen, eine Vereinigung der beiden starken Kräfte in meinem Leben.

Ich sah mich als Teenager, neugierig, energiegeladen, voller Hoffnung. Ich sah meine Stiefmutter, die alle acht Kinder liebevoll umarmte, und meinen Vater, der voll Stolz auf seine Familie blickte. Gute Zeiten, schlechte Zeiten. Ich schloß die Augen und erblickte meine Klassen-kameraden und Lehrer; ich erinnerte mich an die Baseballmannschaft und das erste Mal, als ich in der Position des Shortstop spielte, an das tolle Gefühl, als der Ball mitten in den Handschuh klatschte, an den Energieschub, als ich den Läufer am ersten Mal auswarf. Ich sah das Lächeln auf Meihuas Gesicht, als wir unsere Fahrräder abstellten und uns hinter einem Baum unschuldige Küsse gaben.

Ich konnte die Wut und den Schrecken spüren, als man mich in der Universität verhaftete, als man mich zum erstenmal folterte, ich sah die Gesichter von Chen Ming und den anderen, die gestorben sind. Ich dachte an die Jahre nach meiner Entlassung zurück, als ich entdeckte, daß ganz China ein einziges riesiges Straflager war. Ich beschwor die er-sten Jahre in Kalifornien wieder herauf; sie wurden so lebendig, daß ich sogar das Fett im Doughnut-Laden riechen konnte. Gute Zeiten, schlechte Zeiten. Autos, Strafzettel für zu schnelles Fahren, kleine Un-fälle, Begegnungen mit Leuten aus Berkeley und Stanford, die Möglich-keiten, die mir Amerika bot.

Ich dachte an meine drei Reisen nach China. War das Zufall ge-wesen? Oder hatte das alles zu einer wichtigen Sache beigetragen, hatte es dem chinesischen Volk geholfen? War ich ein Vergessener, ein un-bekannter Gefangener, oder konnte ich ein weltweites Symbol für Trotz und Widerspruchsgeist werden? Ich wußte es nicht. Mein per-sönlicher Rückblick hörte abrupt im Jahre 1990 auf, als ich Ching Lee kennenlernte. Mein Verstand ließ Gedanken an mein neues Leben nicht zu.

»He«, sagte einer der jungen Beamten leise. »Warum legen Sie sich nicht hin? Schlafen Sie ein bißchen. Gehen Sie ins Bett.« Er hatte Angst, daß ich wie hypnotisiert im Stehen schlief, aber ich zuckte nur mit den Schultern und blieb in meiner Vergangenheit versunken. Mein Leben war wichtig. Ich sollte hier sein. Ich konnte alles überstehen.

General Wang war fast immer ruhig, ein hohes Tier, das an wichtige Fälle gewohnt war, aber eines Tages brachte ich ihn doch in Rage.

Yorkshire Television hatte einen schönen fünfzigminütigen Bericht gesendet und dazu einige meiner sehr amateurhaften Aufnahmen von der ersten Reise benutzt. Die Leute aus Yorkshire waren nach Kalifornien gekommen und hatten Ching Lee und mich in unserem Büro gefilmt, dann auf unseren Rädern, wie bei unseren Besuchen in den Lagern.

Später hatte die taiwanische Fernsehgesellschaft CTV den englischen Film zu einem kitschigen zwanzigminütigen Dokumentarfilm über einen »Meisterspion« bei der Arbeit zusammengeschnitten und ihm einen neuen Titel, »Im Herzen der Volksrepublik China«, gegeben und ihn mit meinem Namen versehen – ohne Tantiemen, versteht sich. Es war wie eines der Dokumentardramen, die man der neuen Generation, die keine Zeitungen mehr lesen kann, im amerikanischen Fernsehen als Nachrichten verkauft. Die Chinesen zeigten mir nun diese taiwanische Raubkopie, als handele es sich dabei um Beweismaterial.

»Ich bin von Ihrer Regierung ausgebildet worden«, hielt ich Wang vor. »Man hat mir beigebracht: ›Traut der Guomindang nicht. Glaubt ihr kein Wort. Das ist alles nur reaktionäre Propaganda.‹ Und jetzt kommen Sie und verwenden einen Guomindang-Film dazu, mich anzuklagen. Trauen Sie denen jetzt?«

Wang sprang auf und hieb mit der Faust auf den Tisch. »Wenn es wahr ist, benutzen wir es«, brüllte er.

»Sehen Sie sich den Film doch einmal genau an. Warum stehen chinesische Schriftzeichen auf dem Skript? Warum geben Außenstehende Kommentare ab? Hören Sie denn nicht zu? Das Original ist in englischer Sprache gedreht worden. Dieser Film hat keinen Ton, keinen Dialog. Wie kann er dann als Beweismaterial verwendet werden? Die taiwanische Übersetzung hat nichts mit dem englischen Original zu tun. Sie besorgen sich besser den Originalfilm von Yorkshire Television. Wollen Sie sich auf Gerüchte aus Taiwan stützen?«

Wang tobte und knurrte, aber die taiwanische Legende wurde nie wieder aufgetischt.

Die Beamten näherten sich langsam der vorgeblichen Reise an der Seidenstraße entlang, die Sue Lloyd-Roberts und ich unternommen hatten. Zuerst dachte ich, daß sie mir mit allen möglichen schäbigen Spekulationen darüber kommen wollten, was in unserem gemeinsamen

Hotelzimmer abgelaufen war – es war gar nichts abgelaufen –, aber daran zeigten sie nicht das geringste Interesse. Sie beschäftigten sich mit unseren »Spionagetechniken«, fragten nach unseren Kontaktpersonen und danach, was wir in den verschiedenen Lagern angestellt hätten.

Wenn ich überhaupt eine Regel in meinem Leben habe, dann diese: Sag ihnen nie etwas, das sie nicht ohnehin schon wissen. Welcher Fahrer? Welches Auto? Ich sei schon an so vielen Orten gewesen, mit so vielen verschiedenen Fahrern, meinte ich, daß ich mich nicht erinnern könne.

»Ich will ihnen ein wenig auf die Sprünge helfen«, sagte dann jemand. »Es war ein sehr elegantes Auto.«

»O ja, jetzt erinnere ich mich. Es war ein koreanisches Auto. Ein gutes, mit Klimaanlage. Der Fahrer hatte ein Schnurrbärtchen.« Dieser Fahrer hatte uns an viele verschiedene Orte gebracht – widerstrebend, aber wir hatten ihm versichert, daß es kein Risiko gebe. Ich wollte nicht, daß er und seine Familie meinetwegen leiden mußten, aber die Beamten kannten seine Identität bereits. »Wenn mich der Fahrer zu einem Gefangenenlager gebracht hat, dann wußte er nicht, was er tat.«

Sie versicherten mir, daß niemandem Schwierigkeiten entstehen würden. Ich fragte, ob man den beiden Beamten aus der Schaflederfabrik in Qinghai wegen der Publicity in *60 Minutes* gekündigt habe, aber Wang beteuerte, daß sie noch auf ihren Posten seien. Die Ermittler machten viel Aufhebens um einen sehr anrührenden Abschnitt in der BBC-Dokumentation, der auf einem einsamen Friedhof außerhalb der Laogai-Farm Tainjin gedreht wurde. Sue Lloyd-Roberts sprach über die vielen tausend Gefangenen, die man nur zum Sterben nach Qinghai gebracht habe. Ich hatte vermutet, daß die steinernen Grabsteine früheren Häftlingen gehörten, die zu Zwangsarbeit »entlassen« worden waren, oder vielleicht ihren Familien, während man die regulären Gefangenen auf einem anderen Feld mit hölzernen Grabmälern beerdigt hatte. Man hielt den Film bei der Aufnahme eines steinernen Grabmals an und fragte: »Ist dies das Grab eines Gefangenen?« Ich gestand gern zu, daß der BBC-Film auf die Unterscheidung nicht eingegangen war.

»Das stimmt nicht«, sagte ich. Ich konnte nicht ahnen, daß man diese auf Band aufgenommenen Worte später zu dem Versuch benutzen würde, den gesamten Film zu diskreditieren.

Einmal überlistete ich mich selbst. General Wang meinte, im Dokumentarfilm der BBC werde behauptet, daß in Xinjiang fünfzehn Millionen Menschen lebten, von denen vielleicht zehn Millionen politische Häftlinge seien. Xinhua hatte diese Anschuldigung bereits im Oktober 1994 geäußert, und ich war auf Wangs Aussage vorbereitet.

»Das ist eine schreckliche Lüge«, klagten die Beamten.

»Sie sollten das englische Originalvideo überprüfen«, riet ich.

Ein Übersetzer wurde hereingerufen. Er sah sich den Originalfilm der BBC an und sagte, daß der Sprecher sich auf »zehn Millionen im ganzen Land« bezogen habe.

Ich bereute, den Mund aufgemacht zu haben. Es wäre besser gewesen, wenn man sie mit einem solchen Fehler vor Gericht erwischt hätte. Einen solchen Fehler begingen sie nie wieder.

Manchmal überraschte es mich, wieviel sie wußten. Als ich ihnen wieder einmal das Leben schwermachte, sagte einer von ihnen: »Unterschätzen Sie unsere Möglichkeiten nicht. Ich kann einfach zum Telefonhörer greifen und in den USA anrufen und beweisen, daß Sie lügen. Wir haben viele Freunde in den Vereinigten Staaten, die Sie nicht mögen.« Dann hielt er mir ein gefaltetes Stück Papier hin, von dem man nur den Briefkopf sehen konnte. »Erkennen Sie das?« knurrte er.

Es war das Briefpapier der Laogai Research Foundation. Dann zeigte er mir das rote Siegel am unteren Rand, das ich als das meinige identifizierte.

»Ich möchte es etwas genauer betrachten«, bat ich und warf einen Blick auf das Datum, den 24. Mai 1995. Ich erinnerte mich schwach daran, daß ich einen kurzen Brief an eine Stiftung in Taiwan geschrieben hatte. Verdammt, wie waren sie daran gekommen? Hatten sie einen Maulwurf in Taiwan? Durchsuchten sie meinen Müll? Konnten sie meine Post lesen? Mir war nie aufgefallen, daß jemand an meinem Haus herumgeschnüffelt oder meine Sicherheitsvorkehrungen durchbrochen hatte. Jedenfalls hatte ich die Botschaft verstanden.

»Kann sein, daß das mein Siegel ist«, sagte ich mit einem Schulterzucken, aber ich wollte die Sache nicht auf sich beruhen lassen. »Sie beschuldigen mich, Ihre Dokumente gestohlen zu haben. Und wieso dürfen Sie meine stehlen?«

Das fanden sie nicht besonders komisch.

Wang überraschte mich eines Tages mit der Frage, wer Shannon Ramsby sei. Ich ließ mir nichts anmerken und erwiderte, daß mir der Name nicht geläufig sei, doch Wang half meinem Gedächtnis auf die Sprünge: »Shannon Ramsby hat in Shashi mit Ihnen und Ihrer Frau im selben Hotel gewohnt.« Ach so. Ich erzählte Wang, daß wir bei einer Dampferfahrt auf dem Yangtze einen Amerikaner kennengelernt und ihn in Shashi eingeladen hätten, bei uns zu übernachten, weil es nicht genug Hotelzimmer gab. Sie kannten ganz eindeutig Shannons Namen, und ich überlegte, ob sie auch wußten, daß er Ching Lee auf dem Hin- und Rückflug begleitet hatte. Aber sie fragten nie wieder nach ihm.

Manchmal war ich auch überrascht über das, was sie nicht wußten. Sie fragten mich immer wieder nach meiner Stiftung, meinen Büchern und meinen Freunden im Kongreß, als gebe es da einen Zusammenhang. Da die chinesische Regierung alle Lebensbereiche der Bevölkerung kontrolliert, gehen die Funktionäre davon aus, daß das gleiche auch für die Vereinigten Staaten gelte. Ich erzählte ihnen, daß meine Freunde Demokraten und Republikaner wären, zur liberalen AFL-CIO oder zur eher konservativen Hoover Institution gehörten. Sie wollten wissen, wieviel Geld ich von der Hoover Institution bekäme. Ich erwiderte, es seien achtzigtausend Dollar pro Jahr, was sie aufhorchen ließ. Das würde allerdings auch meine Freunde bei der Hoover Institution aufhorchen lassen, denn sie zahlen mir keinen Cent.

»Wer sind Ihre Kollegen? Wie arbeiten Sie zusammen? Brauchen Sie eine Genehmigung für das, was Sie tun? Was ist der Zweck der Organisation?«

Es schienen vorformulierte Fragen zu sein, die man vielleicht aus Beijing übermittelt hatte. Der Diensthabende las sie nur vor, und dann wurden meine Antworten aufgezeichnet.

»Wieso unternehmen Sie für ein Projekt wie dieses ein Reise, von der Hoover nichts weiß?«

»Wir leben schließlich in Amerika«, antwortete ich. »Da geht's anders zu als hier.«

Der Vernehmungsbeamte schaute selbstgefällig drein, als wisse er, daß ich etwas verbarg, aber ich hatte einfach genug von den Fragen zum Thema Hoover.

»Ich will ganz aufrichtig mit Ihnen sein«, meinte er. »Wir wissen, daß der Vorsitzende der Hoover Institution auch Direktor des FBI ist.«

Du lieber Himmel! Er verwechselte J. Edgar Hoover, den früheren Direktor des Federal Bureau of Investigation, der immerhin seit 1972 tot ist, mit Herbert Hoover, dem Präsidenten der Vereinigten Staaten von 1929 bis 1933, der schon 1964 verstorben war. Ich berichtigte diesen Fehler nicht, denn ich wollte ihm seine heißgeliebte Verschwörungstheorie nicht zerstören.

Als es um den Abschnitt in der BBC-Dokumentation ging, der sich mit den profitablen Organverpflanzungen beschäftigte, zeigten sie sich äußerst gereizt. Die Idee einer unabhängigen Berichterstattung schien ihnen wirklich fremd zu sein.

»Haben Sie tatsächlich ausländische Patienten dort gesehen?«

»Wir haben nur wenige Stunden in diesem Krankenhaus verbracht, wie hätten wir das bewerkstelligen sollen? Aber Ihre eigenen Ärzte haben uns erzählt, daß Patienten aus Amerika, Hongkong und Macao – von überallher – kommen.«

»Im BBC-Film sprechen Sie von einer Nierenverpflanzung, zeigen aber Ärzte bei einer Herzoperation. Warum reden Sie von Nieren?«

»Sehen Sie sich den Film aufmerksam an«, entgegnete ich. »Dort heißt es: ›Organe‹. An keiner Stelle werden ›Nieren‹ erwähnt.«

Das war der Haupteinwand gegen die BBC-Dokumentation. Ich hielt dagegen, die BBC habe lediglich versucht, eine Operation in einem modernen chinesischen Krankenhaus zu zeigen, habe niemanden irreführen wollen und auch nie behauptet, daß es sich um eine Nierenverpflanzung handele.

Die Ermittler bemühten sich, aus einigen anderen Details im BBC-Film Kapital zu schlagen. Dr. Yang in Chengdu habe bestritten, daß er innerhalb von zwei, drei Stunden bereit gewesen sei, für dreißigtausend Dollar eine Nierenverpflanzung vorzunehmen. Aber wir waren dabei und kennen die Wahrheit. Sie behaupteten, wir hätten uns in Chengdu als ausländische Patienten ausgegeben, aber wir hatten lediglich berichtet, von zwei verschiedenen Ärzten gehört zu haben, daß sie Patienten aus der ganzen Welt behandelten. Sie meinten, wir hätten fälschlich behauptet, ein Drittel der in Xinjiang hergestellten Produkte werde in den Straflagern gefertigt und mache die Hälfte des Exportvolumens dieser Provinz aus. Ich erklärte, daß es sich dabei nur um eine Schätzung gehandelt habe und daß sie uns natürlich gern aktuelle Zahlen zur Verfügung stellen könnten (was sie nie taten).

Sie beschwerten sich auch darüber, daß die BBC Sue vor einem Grabstein gezeigt und behauptet habe, sie befinde sich auf einem Häftlingsfriedhof, während an der Stelle in Wirklichkeit eine Einheimische begraben sei. Ich hatte das bemerkt und bei Sue angerufen, um sie auf den Fehler aufmerksam zu machen, aber man hatte den Film bereits in den Nachmittagsnachrichten gezeigt. Sie wollte den Bericht für die Abendnachrichten unverzüglich korrigieren, doch die BBC hatte den Film schon an die internationalen Nachrichtenagenturen geschickt und ihn damit auch den chinesischen Behörden zugänglich gemacht. Es stimmt, daß viele Gefangene anonym oder nur mit einer Gedenktafel aus Holz beerdigt sind. Meiner Meinung nach war dies die einzige Ungenauigkeit in dem ganzen Bericht. Aber sie zogen natürlich jede Kleinigkeit heran, um die Wahrheit zu verschleiern, die Sue und ich aufgedeckt hatten.

Gegen Ende Juli gaben die chinesischen Behörden einen fünfzehnminütigen Dokumentarfilm mit dem Titel »So hat Harry Wu gelogen« heraus. Sie versuchten, diesen Bericht bei den Fernsehstationen in Hongkong für fünfzigtausend Dollar loszuschlagen, aber niemand wollte ihn, bis man den Preis auf dreitausend Dollar gesenkt hatte. Dann erst bekam die Öffentlichkeit ihn zu sehen. Die erste Einstellung zeigte mich in Zimmer 104. Ich war offenkundig müde und trug dieselbe Kleidung wie bei meiner Verhaftung.

Ich schien die Fragen sarkastisch und mit höhnischem Grinsen zu beantworten; die Arme hatte ich vor der Brust gefaltet, den Kopf zur Seite geneigt.

»Wer hat den Kommentar redigiert?« fragt mich der Vernehmungsbeamte im Film.

»Die BBC«, antworte ich ziemlich lahm.

Hatte dieser Bericht eine »Grundlage«?

»Ich habe doch gesagt, daß er unzutreffend ist«, antworte ich sarkastisch.

Mehrmals stimme ich zu, daß es in dem BBC-Film Fehler gebe, aber
ich betone auch immer wieder, daß es weder meine Absicht noch die
von Sue Lloyd-Roberts gewesen sei, falsche Informationen zu verbreiten. Kein Wunder, daß der Verkaufspreis für so offensichtliche Propaganda von fünfzigtausend auf dreitausend Dollar gesunken war. Sie
konnten mir nicht viel am Zeug flicken.

Eine Konsequenz hatte der Film jedoch: Irgendein hohes Tier in
China bemerkte, daß ich noch meinen Ehering und meine Armbanduhr
trug, was anscheinend gegen die Regeln verstieß. Ein oder zwei Tage
nach der Sendung teilte mir Wang mit, er müsse nun auch meinen Ehering und die Uhr konfiszieren.

Ohne es zu beabsichtigen, schlugen meine Folterknechte am 30. Juli eine
tiefe Bresche in meine Verteidigungslinien, als sie mir das Video von
Yorkshire Television zeigten, das eine Nahaufnahme von Ching Lee enthielt. Ich hatte mir größte Mühe gegeben, sie aus meinen Gedanken zu
verbannen, doch nun hörte ich ihre leise Stimme und ihre gescheiten
Worte und sah ihr liebes Gesicht auf dem Bildschirm, und es war, als
drehe man mir ein Messer im Leib um. Sie hatten mir kein Härchen ge-
krümmt, aber das war die schlimmste Folter.

»Halt!« schrie ich. »Halten Sie das Band an!«

Mein Gefühlsausbruch überraschte sie so sehr, daß sie einen ganz
anderen Ton anschlugen. Sie wollten nur, daß ich den Film identifizierte. Ich hatte keinerlei Gewissensbisse, den Streifen als allgemein zu-
gängliche Information abzutun. Dann verstummte ich, und sie ließen
mir meine Würde. Die Sitzung war beendet.

Ich ging in mein Zimmer zurück, legte mich aufs Bett und zog mir
das T-Shirt über die Augen. Jetzt, da ich Ching Lee gesehen hatte, wollte
ich sie im Kopf behalten, in meinen Gedanken, die ganze Nacht über.

»Alles in Ordnung?« fragte mich einer der jungen Aufseher.

Ich weinte. Doch ich wollte nicht, daß er meine Tränen bemerkte. Deshalb zwang ich mich mit äußerster Willensanstrengung, mit dem Bild meiner lieben Frau vor Augen einzuschlafen.

In der Nacht zum 3. August, fünfundvierzig Tage nach meiner Festnahme, erschien General Wang in Zivil, begleitet von seiner Sekretärin. Normalerweise saßen die beiden hinter dem Tisch, aber diesmal nahmen sie neben mir Platz und plauderten nur. »Unsere Arbeit ist beinahe abgeschlossen«, meinte der General. »Sehr bald werden wir Sie dem Staatsanwalt übergeben, aber ich möchte noch ein paar Dinge in Ihrer Akte klären. Da sind noch einige Einzelheiten über Ihre Beziehungen zu einer Frau.«

»Wovon reden Sie?« fragte ich. Ehrlich gesagt, ich war neugierig geworden.

»Als Sie das Lager verließen, sind Sie Dozent geworden und hatten persönliche Probleme. Möchten Sie darüber reden?«

Aha, das war es also. Er hatte sich nicht genauer geäußert, aber ich wußte, daß er auf die Scheidung von meiner ersten Frau und auf die junge Studentin anspielte, die ich dann 1984 geheiratet hatte. Wenn man ein Feind der Regierung ist, dann werden sogar die privaten alten Wunden gegen einen verwendet.

»Lassen Sie Ihre Finger von dieser Akte«, sagte ich. »Die Sache ist unwichtig.«

Wang merkte, daß ich darüber nicht sprechen wollte, und ließ das Thema fallen. Er war so alt wie ich und konnte vielleicht den Schmerz über diese Ablehnung nachempfinden.

Drei Tage später gab mir einer der Vernehmungsbeamten, Oberst Duan, ein Stück Papier, das ich dreimal unterschreiben sollte, damit sie hinsichtlich der Anklagepunkte, die meine Zahlungen an den alten Feng, den Fotografen in Hongkong, betrafen, meine Unterschrift überprüfen konnten. Ich überlegte kurz, ob sie vielleicht über meinen Unterschriften eine Art Geständnis einfügen wollten, dann schrieb ich mitten auf die Seite und wußte, daß sie weder darunter noch darüber irgend etwas hinzufügen konnten. Duan teilte mir mit, daß die Anklageschrift nun bald eintreffen werde, und meinte noch: »Viel Glück. Vielleicht sehen wir uns einmal in den Vereinigten Staaten.« Worauf wollte er hinaus? Ich fragte ihn, wieso er erwarte, eines Tages die Staaten zu besuchen, und er antwortete, er sei bereits zweimal in Hongkong gewesen, was auf seine hohe Position innerhalb der chinesischen Bürokratie hindeutete.

»Ich habe einen Neffen in den USA«, sagte Duan. »Würden Sie mich nicht willkommen heißen, wenn ich dorthin käme?«

»Ich werde nicht dort sein, denn ich werde hier im Gefängnis sitzen. Ihr klagt mich schließlich aller möglichen Vergehen an.« Er lächelte nur, als wisse er mehr als ich.

Am nächsten Morgen besuchten mich zwei Staatsanwälte, die mir zur Feststellung meiner Identität einige Fragen stellten und dann wieder gingen. Am Nachmittag kehrten sie zurück und übergaben mir die Anklageschrift, deren Empfang ich quittieren mußte. Sie bedankten sich für meine kooperative Einstellung. Mir war gar nicht bewußt geworden, daß ich mich kooperativ verhielt.

In meinem Zimmer las ich die Anklageschrift gründlich durch. Wollte man mich wegen Landesverrats oder nur wegen Diebstahls von Staatsgeheimnissen anklagen? Das erstere würde den Tod bedeuten, das letztere barg das Risiko von fünfzehn Jahren Gefängnis. Im ersten Abschnitt stand, daß ich »in Beijing drei Jahre Umerziehung durch Arbeit wegen Diebstahls« abgeleistet hätte – die alte Geschichte mit den fünfzig Yuan. Wie oft mußte ich wiederholen, daß man diese Anklage fallen gelassen hatte, nachdem ich aus dem Lager entlassen worden war? Sie erwähnten meine Jahre als konterrevolutionärer Rechtsabweichler mit keinem Wort, sondern versuchten, mich als gewöhnlichen Kriminellen hinzustellen.

Ich warf einen Blick auf die anderen Anklagepunkte:
- Benutzung falscher Namen, um nach China zu gelangen.
- Unbefugter Besuch im ehemaligen Gefängnisbergwerk in Shanxi, um Aufnahmen zu machen.
- Zweimalige unbefugte Aufnahme von Videofilmen in dem anderen Gefängnisbergwerk in Shanxi im Jahre 1991. Geldgeschenke an ehemalige Sträflinge.

- Diebstahl von Dokumenten in den Laogai-Lagern in Shanghai.
- Zahlung von viertausend Dollar an Feng für »Spionage« in Gefängniseinrichtungen.
- Unbefugte Videoaufnahmen in Gefängnissen in Xinjiang im Jahre 1994.
- Unerlaubter Besuch der Laogai-Farm in Shanghai zusammen mit Zhang im Jahre 1994.
- Übermittlung falscher Informationen an zwei ausländische Sendeanstalten.
- Tragen einer Polizeiuniform und Auftreten als Polizeibeamter in Qinghai im Jahre 1991.

Weiter hieß es in der Anklageschrift, ich hätte »schwere Delikte« begangen, indem ich »durch Spionage und Diebstahl chinesische Staatsgeheimnisse der Justizbehörden an Institutionen und Organisationen außerhalb des Landes weitergegeben und andere bestochen« hätte, »das gleiche in meinem Auftrag zu tun, wodurch den nationalen chinesischen Interessen ernsthaft geschadet« worden sei. Ich befürchtete, daß »schwere Delikte« und »ernsthaft geschadet« verschlüsselte Hinweise auf eine lange Strafe waren.

Auf der vorletzten Seite fand ich endlich, was ich suchte: »Durch seine Handlungsweise hat er die Bestimmungen von Artikel 166 des Strafgesetzes der Volksrepublik China verletzt.« Es handelte sich also um das kleinere Vergehen. Sie zerrten die alte Geschichte mit den fünfzig Yuan wieder ans Licht. Die meisten anderen Punkte waren bereits allgemein bekannt. Das bedeutete, daß sie keinerlei Beweise hatten, die mich mit einer anderen Regierung in Verbindung brachten. Auch die *60-Minutes*-Sendung wurde nicht erwähnt. Ich wußte genau, warum. Wenn man diesen CBS-Film in die Anklage aufnahm, würde man nur an die Öffentlichkeit bringen, was wirklich in den Lagern geschah. Und sie wollten sich nicht selbst auf die Anklagebank setzen. Deshalb hatten sie versucht, mein Hilfsnetz in China zu entwirren, und im großen und ganzen waren sie damit gescheitert.

Je länger ich die Anklageschrift studierte, desto klarer wurde mir, daß es sich um ein klassisches Dokument der kommunistischen Denkweise handelte. Da man mich beschuldigte, fünfzig Yuan gestohlen zu haben, brauchte man nicht zu erwähnen, daß ich einst auch als konterrevolutionärer Rechtsabweichler verurteilt worden war. Diese unsaubere Episode der jüngeren chinesischen Geschichte sollte ausgespart werden. Im Grunde waren die Anschuldigungen wirklich Kleinkram. Einerseits war ich erleichtert, daß die Kommunisten mich nicht vor ein Erschießungskommando stellen würden, doch andererseits war ich wütend. Diese Leute hatten mich nun beinahe zwei Monate festgehalten. Und das war alles, was sie zustande gebracht hatten?

## 25  Ganz bestimmt nicht

Zwei sehr starke und intelligente Frauen waren in meinen Fall verwickelt. Die eine war Ching Lee Wu aus Milpitas, Kalifornien, die andere Hillary Rodham Clinton aus Little Rock, Arkansas. Sie hatten eines gemeinsam: Beide wollten, daß ich so schnell wie möglich wieder aus China herauskam – wenn auch aus völlig unterschiedlichen Gründen.

Ich hatte die Gerüchte im Frühjahr 1995 nicht mitbekommen, daß Mrs. Clinton hoffte, vor der Vierten Weltfrauenkonferenz der UN zu sprechen, die am 4. September in Beijing eröffnet werden sollte. Jetzt hielt man mich gefangen, und am 8. Juli erschienen Presseartikel, die andeuteten, daß Mrs. Clintons Teilnahme durch »politische Meinungsverschiedenheiten« in Frage gestellt sei. Die politischen Meinungsverschiedenheiten bezogen sich auf meine Person.

Wir hatten wahrhaftig nicht geplant, Vorteil aus Mrs. Clintons Reise zu schlagen, aber nun konnten meine Leute die Tatsache natürlich nicht unberücksichtigt lassen. Obwohl ich manchmal Präsident Clintons schwache Haltung gegenüber China in Fragen des Handels und der Menschenrechte kritisiert hatte, war es doch keineswegs meine Absicht gewesen, ihn in dieser Weise unter Druck zu setzen. Ching Lee und ich haben großen Respekt vor Mr. und Mrs. Clinton. Als er 1992 Präsidentschaftskandidat wurde, waren wir von der Intelligenz und der Jugend der beiden beeindruckt und auch von ihren Ansichten zur Gesundheitsreform und zu den Frauenrechten.

Leider stand ich nun Mrs. Clinton bei einer Reise im Weg, die sie für sehr wichtig hielt. Sie erklärte zwar nie, daß sie bestimmt nach China reisen werde, aber gleichzeitig vermied sie die Aussage, daß sie zu Hause bleiben werde, falls man mich nicht freiließ. Sie schaute Tag für Tag ein-

fach nur tatenlos zu, während sich Ching Lee öffentlich für mich einsetzte. »Ich glaube, die chinesische Regierung tut Harry das alles an,
weil sie die Amerikaner für schwach hält; die amerikanische Regierung
zeigt keine starke Haltung, also demonstrieren die Chinesen Stärke«,
teilte Ching Lee der *New York Times* am 9. Juli mit. »Sie denken vielleicht,
daß es den Amerikanern nur ums Geld geht«, fuhr meine Frau fort.
»Wir müssen also der chinesischen Regierung klarmachen, daß wir uns
sehr wohl für den einzelnen einsetzen, daß die ganze Nation eine einzige
große Familie ist.«

Viele Gruppen und Menschen behandelten mich wirklich so, als gehörte ich zur Familie. Human Rights Watch drängte die amerikanische
Regierung, sich bei der Weltbank für die Verzögerung von zwei großen
Krediten über insgesamt sechshundertsechzig Millionen Dollar zu verwenden, die für Straßen und Wasserkraftwerke in China bestimmt waren. Die Organisation schlug auch vor, das Weiße Haus solle Druck auf
amerikanische Konzerne ausüben, damit diese über ihre chinesischen
Kontaktleute meine Freilassung erwirkten.

Nach meinem Treffen mit Arturo Macias rief dieser bei Ching Lee
an, um ihr zu versichern, daß es mir gutgehe. Gleichzeitig verkündete
Außenminister Warren Christopher: »Am besten für die guten Beziehungen zwischen den USA und China … wäre die baldige Freilassung
von Mr. Harry Wu.«

Viele Personen in Washington wollten sich mit Ching Lee treffen,
aber Jeff Fiedler war der Meinung, man sollte ganz oben anfangen. Er
hielt alle anderen hin, bis er Termine bei Senator Bob Dole und dem Abgeordneten Newt Gingrich, den beiden führenden Republikanern im
Kongreß, bekommen hatte. Gingrich zehrte immer noch von dem überwältigenden Sieg der Republikaner bei den Kongreßwahlen von 1994,
und er feuerte am 9. Juli eine Breitseite ab. In einem Gespräch mit Bob
Schieffer von CBS meinte er, die Regierung Clinton solle sofort wieder diplomatische Beziehungen zu Taiwan aufnehmen, und zwar ohne
Rücksicht auf meine Situation. Als die Regierung erwiderte, dies sei
nicht der günstigste Augenblick, um China zu verärgern, milderte er
seine Aussage ein wenig ab. Aber er hatte alle aufhorchen lassen.

Als David Welker und Ching Lee zu ihrem Treffen mit dem Sprecher

des Hauses gingen, erwarteten sie ein Privatgespräch, stießen aber zu
ihrer Überraschung auf einen großen Pulk von Reportern vor seinem
Büro. Gingrich meinte, er sei sehr besorgt über meine Lage, insbesondere nachdem er erfahren habe, daß mir meine Medikamente ausgegangen waren. Seine Frau leide ebenfalls an einem Bandscheibenvorfall,
deshalb habe er großes Verständnis für meine mißliche Situation. Ching
Lee hatte nie zuvor mit Politikern zu tun gehabt und lernte jetzt im
Schnellverfahren, wie diese Menschen handeln. Sie bot Gingrich eines
der kleinen gelben Schleifchen an – das Symbol der Unterstützung für
Geiseln, das alle unsere Freunde trugen – und war ziemlich verblüfft,
als er erwiderte: »Könnten wir das vielleicht ein bißchen verschieben?«

Sie hatte nicht geahnt, daß dieses Treffen im Büro des Sprechers eine
einmalige Gelegenheit für einen Fototermin war. Dann führte der Pres-
sesekretär die Fotografen ins Zimmer, und Gingrich erklärte Ching Lee:
»Jetzt können Sie es mir anstecken.« Zu den Reportern gewandt, meinte
er: »Wir machen uns große Sorgen um Mr. Wu.« Sobald die Fotografen
das Zimmer verlassen hatten, bat Gingrich: »Könnten Sie mir das bitte
wieder abnehmen?« Ching Lee war erstaunt über diese Worte aus dem
Mund eines Mannes, der noch kurz zuvor seine leidenschaftliche Unterstützung für unsere Sache bekundet hatte. Gingrich mußte ihren Gesichtsausdruck bemerkt haben, denn er fügte rasch hinzu: »Ich weiß, es
wirkt ein bißchen gestellt, aber das habe ich von Ronald Reagan gelernt.«

Und schon kam die nächste Pressehorde herein. Diesmal waren es
Kamerateams vom Fernsehen. Und wieder forderte der Abgeordnete
Gingrich Ching Lee auf, ihm das Schleifchen anzuheften. Spontane Au-
genblicke, die zweite Klappe. In seinen Interviews mit der Presse gab
Gingrich zu verstehen, er hoffe, daß Ching Lee entweder mit dem Prä-
sidenten oder mit Mrs. Clinton sprechen könne. David saß neben
Ching Lee und konnte beobachten, daß Gingrichs Assistent ihm einen
Zettel gereicht hatte, auf dem stand: »Präs. wird sie nicht empfangen.«

(Auf den ersten Blick sah es so aus, als wolle das Weiße Haus uns
nicht öffentlich unterstützen, aber sehr viel später versicherte man mir,
daß die offizielle Strategie darauf hinausgelaufen sei, ein Treffen mit Präsident Clinton als letzte Rettung einzusetzen, falls sich die Dinge in der
Gefangenschaft für mich schlecht entwickelten.)

Der alte Reagan-Trick trug Früchte. Die beiden Szenen, in denen meine Frau Newt Gingrich das gelbe Schleifchen ansteckte, gingen im Fernsehen und in der Presse um die ganze Welt.

Einen Tag nach dem Treffen mit Gingrich wurde Ching Lee ins Weiße Haus eingeladen, wo sie auch Anthony Lake, den Sicherheitsberater, kennenlernte.

»Mr. Lake sagte, daß er den Präsidenten jeden Tag über dich informiert«, erzählte mir Ching Lee später. »Er meinte, daß Präsident Clinton deine Situation mit großer Besorgnis verfolgt.«

Das Gespräch mit Lake dauerte fünfunddreißig Minuten, und am Ende bat man Jeff und Ching Lee, in der Presse möglichst keine geharnischten Erklärungen abzugeben.

Trotzdem wurden Jeff und Ching Lee beim Verlassen des Weißen Hauses von einer Reportergruppe eingeholt. »Sie riefen: ›Mrs. Wu! Mrs. Wu!‹« berichtete mir Ching Lee später. »Ich hatte Jeff gefragt, wie ich mit Journalisten reden solle, und er meinte: ›Sei ehrlich. Sag ihnen einfach, daß es nichts zu bereden gibt.‹« Ching Lee blieb auf dem Rasen vor dem Weißen Haus stehen, und der Schwarm von Reportern bedrängte sie mit Fragen. Sie wollten wissen, ob sie mit den Maßnahmen der Regierung zufrieden sei, und Ching Lee antwortete: »Bis jetzt schon.« Außerdem wollten sie Ching Lees Meinung zur bevorstehenden Reise von Mrs. Clinton hören.

»Sollte die Frau des Präsidenten nach China fliegen?« fragte eine Reporterin.

»Ganz bestimmt nicht«, erwiderte Ching spontan.

»Warum?«

»Zuerst muß mein Mann zurückkommen.«

Perfektes Fernsehen! »Diese Worte gingen in zehn Minuten um die Welt«, erinnerte sich Jeff.

Die Schlagzeilen lauteten: »Mrs. Wu bittet Mrs. Clinton, nicht nach Beijing zu reisen.«

Ching Lee hatte eine ehrliche Antwort gegeben, und Jeff war keineswegs traurig über die Reaktionen. So wie die Dinge lagen, konnte Mrs. Clinton nicht nach Beijing fliegen, ohne gegenüber Harry Wu und seiner treuen Frau gefühllos zu erscheinen. »Ob ich diese beiden Dinge je miteinander in Verbindung gebracht hätte, wenn mich die Reporterin nicht gefragt hätte?« meinte Ching Lee im nachhinein. »Sie erinnerte mich daran, daß ich meinem Mann helfen mußte.«

Am 13. Juli forderten Newt Gingrich und Ben Gilman sowie die Senatoren Bob Dole, Jesse Helms und Alfonse D'Amato den Präsidenten auf, »bekanntzugeben, daß die USA sich auf keiner Ebene und in keiner Weise an der kommenden UN-Weltfrauenkonferenz beteiligen werden, solange Harry Wu in China festgehalten wird. Jede weniger starke Geste würde eine tragische Mißachtung der Menschenrechte eines amerikanischen Bürgers signalisieren.« Jetzt standen die Clintons unter massivem Druck. Später erfuhr ich, das Außenministerium habe Mrs. Clinton zu verstehen gegeben, der Präsident werde ins Kreuzfeuer heftiger Kritik geraten, falls sie eine Reise nach Beijing ankündige. Danach setzte sich Mrs. Clinton offenbar maßgeblich im Weißen Haus dafür ein, mich so schnell wie möglich aus China herauszuholen.

Meine Frau wurde zu allen großen Fernseh-Talk-Shows eingeladen. Einmal meinte eine Gesprächsteilnehmerin, daß Frauenfragen nicht vom Schicksal eines Harry Wu abhängig gemacht werden sollten, aber Ching Lee konterte, daß Menschenrechte genauso wichtig seien wie Frauenrechte. Ihrer Meinung nach vertrat Mrs. Clinton nicht nur die Frauen, sondern als First Lady zugleich alle Amerikaner, also auch mich. Ein Besuch Mrs. Clintons in China, während man mich dort festhielt, werde der Welt eine völlig falsche Botschaft vermitteln.

Ching Lee, die in Taiwan ein Amt mit geleitet hatte, gab nun öffentliche Statements zur Außenpolitik der Vereinigten Staaten ab. Sie erklärte den Amerikanern immer wieder, daß Stärke das chinesische Regime weit mehr beeindrucke als Schwäche oder auch gute Manieren oder beste Absichten. Aber dies scheint eine Lektion zu sein, für die jede amerikanische Regierung vier oder sogar acht Jahre braucht.

Die meisten Länder verfolgen die Politik, sich mit Terroristen auf keinerlei Abmachungen einzulassen, und das unterstütze ich. Wurde ich als Geisel festgehalten? In gewisser Weise schon. Hat Washington den Chinesen in vertraulichen Gesprächen zugesichert, daß Mrs. Clinton nach Beijing kommen werde, wenn man mich freiließ? Ich weiß es nicht. Aber wenn ich eine solche Abmachung getroffen hätte, dann hätte ich

sichergestellt, daß auch Wei Jingshengs Freiheit in diesen Handel ein-
bezogen wurde. Denn der Tauschhandel Mrs. Clinton gegen mich war
für China sehr vorteilhaft.

Nach ihrer öffentlichen Erklärung auf dem Rasen vor dem Weißen
Haus, setzte Ching Lee ihre Kampagne in London fort. Sie hatte gehofft, einige Parlamentsabgeordnete und Regierungsmitglieder zu treffen, aber es sollte noch besser kommen. Zufällig hatte Cathy Saypol, die
für *Nur der Wind ist frei* die Werbung gemacht hatte, auch die Publicity
für Margaret Thatchers Memoiren übernommen und ihr ein Exemplar
meines Buches geschenkt. Die frühere Premierministerin des Vereinigten Königreiches hatte das Buch gerade zu Ende gelesen, als meine Geschichte an die Öffentlichkeit drang, und sie lud Ching Lee und David
Welker in ihr Büro ein.

»Das war unser erster Termin in London«, erinnerte sich Ching Lee.
»Wir kamen vor ihrem Büro an, Lady Thatcher trat heraus, schüttelte
mir die Hand und fragte mich nach meinem Befinden. Dann hielt sie
meine Hand und führte mich ins Büro. Offensichtlich hatte sie Harrys
Buch gelesen, und sie interessierte sich für sehr spezifische Einzelheiten
des gegenwärtigen Geschehens. Sie wollte wissen, was es bedeute, daß
man Harry ausgerechnet in Wuhan festhielt, und ging immer wieder
auf Begebenheiten aus *Nur der Wind ist frei* ein. Wir waren wohl an die
fünfundvierzig Minuten dort.«

David Welker erzählte: »Sie wollte alle Details der Reise erfahren,
also schauten wir uns eine große China-Karte an. Dann fragte sie nach
den unterschiedlichen Namen in den Pässen, und wir beteuerten, daß es
eine völlig legale Namensänderung sei. Außerdem erkundigte sie sich
nach Harrys Gesundheitszustand, da ihr Mann auch an einem Bandscheibenvorfall leide und sie wisse, wie schmerzhaft das sein kann.«
David merkte an, daß Lady Thatcher »den Kopf immer merkwürdig
schief hielt, wenn sie eine Frage stellte, bis wir schließlich alle mit schie-
fen Köpfen dasaßen«.

Lady Thatcher beschwor Ching Lee, dafür zu sorgen, daß ich nie
wieder nach China zurückkehren würde, weil ich mit meiner Arbeit in
der freien Welt einen so wertvollen Beitrag leistete. Mit der für sie üb-
lichen Bestimmtheit versicherte sie Ching Lee, für China sei es oppor-

tun, mich freizulassen und nicht ins Gefängnis zu sperren. Als sie erfuhr, daß David und meine Frau einen Termin bei einem der unteren Beamten des britischen Außenministeriums hatten, meinte sie: »Nicht hoch genug! Nicht hoch genug!« Dann griff sie zum Telefon, um für die beiden ein Gespräch mit Jeremy Hanley, dem Vorsitzenden der Konservativen Partei, zu arrangieren, der gerade zum Minister für Asienfragen ernannt worden war.

David und Ching Lee besuchten auch das Parlament, wo sie siebzig, achtzig Leute trafen, darunter mehrere Angehörige beider Häuser. Später organisierten sie eine Protestkundgebung vor der chinesischen Botschaft. Man erlaubte David, Ching Lee und einem Studenten, an die Eingangstür heranzutreten und dort ein Statement zu verlesen, wobei sie von Kamerateams gefilmt wurden. Als niemand öffnete, schoben sie ihren Protestbrief unter der Tür durch. Dann machten sie einen Rundgang durch das Funkhaus der BBC und gaben in einigen der wichtigsten Rundfunk- und Fernsehprogramme des Vereinigten Königreiches Interviews. Tony Blair, der Vorsitzende der Labour Party, war zufällig anwesend, schüttelte Ching Lee die Hand und wünschte ihr viel Glück.

Nach vier Tagen fuhren die beiden durch den neuen Kanaltunnel nach Paris. Dort gaben sie eine Pressekonferenz im Büro von France Liberté, der Menschenrechtsorganisation von Madame Danielle Mitterrand. Sie sprachen auch mit Abgeordneten der französischen Nationalversammlung, aber die Reaktion war hier nicht so stark wie in England.

Viele andere Regierungen übten Druck auf China aus, insbesondere Australien, dessen Außenminister Gareth Evans Beijing öffentlich beschwor, meine Aktionen »mit Milde zu betrachten«. Ich hatte viel Zeit in den Metropolen der Welt verbracht und mich für Millionen von Gefangenen eingesetzt, und viele meiner Freunde zögerten in meiner Stunde der Not nicht, nun für mich das Wort zu ergreifen.

Manche waren jedoch weniger hilfreich. Zum Beispiel tat James Lilley, ein ehemaliger amerikanischer Botschafter in Beijing, meine Anstrengungen, die Grausamkeiten der dortigen Regierung zu enthüllen, als Taten eines Mannes mit einem »chinesischen Märtyrerkomplex« ab. War Lilley wirklich der Ansicht, daß jeder Chinese, der die Regierung kritisierte, nur seine wohlverdiente Strafe bekam? Das war, gelinde gesagt, ein herzloser Standpunkt.

Bei aller Unterstützung, die ich vom Außenministerium erhielt, versuchte man auch dort, mich als einen unberechenbaren Hitzkopf hinzustellen. Am 13. Juli meldete die *New York Times*, daß das Außenministerium mich beschworen habe, 1994 nicht nach China zu reisen. J. Stapleton Roy, der in jüngerer Zeit Botschafter in Beijing gewesen war, meinte, daß die Änderung meines Namens in Peter H. Wu von den Chinesen als Betrugsversuch gewertet werden könne. Auch wollten die Vereinigten Staaten nicht den Anschein erwecken, als förderten sie meine Missionen in China. »Wir haben unsere Einwände ausführlich dargelegt und keinen Zweifel daran gelassen, daß wir kaum eine Möglichkeit hätten, ihm im Notfall zu helfen«, erklärte ein Diplomat gegenüber der *New York Times*.

Eine Woche später fand im Repräsentantenhaus eine Debatte über China statt: nicht nur über meine Verhaftung, sondern auch über die Arbeitslager, über Chinas Weitergabe von Raketengeheimnissen an andere Länder und über die erzwungene Geburtenkontrolle. Nach langer Diskussion und heftigem Lobbying seitens der Regierung stimmte das Haus mit 321 zu 107 Stimmen dafür, die Meistbegünstigungsklausel für China nicht aufzuheben. Das war das falsche Signal in Richtung Beijing.

Aber meine Regierung trat auf vielerlei Weise für mich ein. Am 28. Juli verlangte Außenminister Christopher noch einmal meine Freilassung, und er wiederholte diese Forderung am 31. Juli auf einem Militärstützpunkt in Guam, der Andersen Air Force Base, wo er auf dem Flug nach Brunei zu einem Treffen der asiatischen Außenminister Zwischenstation machte.

»Ich könnte mir nur sehr schwer Umstände vorstellen, unter denen Präsident Jiang Zemin zu einem Gespräch mit Präsident Clinton nach Washington kommen könnte, wenn Harry Wu nicht freigelassen wird«, sagte Christopher.

Am 1. August traf er für neunzig Minuten mit seinem chinesischen Amtskollegen Qian Qichen zusammen, und danach forderte er meine Freilassung nicht mehr öffentlich. Beijing versicherte immer wieder, ich hätte mich mit falschen Papieren nach China eingeschlichen, was als

Spionageversuch betrachtet werden könne. Qian erklärte, mein Schicksal hänge von den chinesischen Gerichten ab, und das Außenministerium könne sich in diese Angelegenheit nicht einschalten. Das traf vielleicht teilweise zu, falls es interne Machtkämpfe zwischen dem Außenministerium und dem Sicherheitsbüro gab. Aber alle Berichte aus Brunei machten deutlich, daß Mrs. Clintons Reise nach wie vor mit meiner Freilassung verknüpft war.

Der geplante Abflugtermin der First Lady rückte immer näher. Am 9. August schickte ihr Ching Lee den folgenden Brief, den sie mit Jeff Fiedlers Hilfe geschrieben hatte:

Sehr geehrte Mrs. Clinton,

da Ihre Entscheidung über die UN-Weltfrauenkonferenz ansteht, möchte ich diese Gelegenheit ergreifen, Ihnen meinen persönlichen Standpunkt zu erläutern.

Die Themen, die bei der Konferenz angesprochen werden sollen, sind für Frauen in aller Welt wichtig. Die Wahl von Beijing als Konferenzort war stets umstritten, aber sie ist nun Realität.

Ihre Entscheidung scheint mir jedoch weniger von der Wahl des Konferenzortes als von der Verhaftung und Gefangenschaft meines Mannes Harry Wu abzuhängen. Unabhängig von dem Argument, daß diese Konferenz keine rein chinesische Versammlung darstellt, meine ich, daß Sie mit Ihrer Anwesenheit nicht die Wichtigkeit der Frauenfragen unterstreichen, sondern signalisieren würden, daß Ihnen das Schicksal meines Mannes gleichgültig ist. Ich beziehe mich auf die öffentliche Meinung, nicht auf Ihre privaten Gefühle, denn ich habe guten Grund zu glauben, daß dem Präsidenten und Ihnen das Geschick meines Mannes am Herzen liegt.

Ihr öffentliches Auftreten hat große symbolische Bedeutung, und eine Reise nach Beijing würde der chinesischen Regierung erhebliches Prestige verleihen. Dies wäre aber für die dortigen politischen Führer ein sehr verwirrendes Signal, was die Entschlossenheit der Vereinigten Staaten betrifft, sich für die Freilassung meines Mannes einzusetzen.

Manche mögen meine Ansichten für engstirnig halten und behaupten, ich dächte nur an meinen Mann und nicht in größeren politischen

Zusammenhängen. Das mag stimmen. Aber als eine Frau, die selbst in der Öffentlichkeit steht und ihren Mann in bewundernswerter Weise gegen Angriffe verteidigt, können Sie vielleicht meine Position und meine Gefühle besser verstehen als die meisten anderen. Kürzlich haben die Chinesen einen Propagandafilm produziert, der kurze Ausschnitte aus Harrys Verhören enthielt. Unter anderem wurden auch boshafte und völlig absurde Anschuldigungen gegen ihn vorgebracht, sowie die völlig unhaltbare Behauptung, er habe »zugegeben«, Informationen »fingiert« zu haben. Die gesamte Propagandamaschine der chinesischen Regierung arbeitet daran, ein verzerrtes Bild von meinem Mann, einem Bürger der Vereinigten Staaten, zu schaffen.

Mrs. Clinton, mein Mann setzt sich unermüdlich für die Menschenrechte ein. Letztes Jahr ist er zum Beispiel allein durch Nordostchina gereist und hat dort ein Zwangsarbeitslager für Frauen besucht und fotografiert. Bei einem Kongreß-Hearing zum Thema Laogai überzeugte er unlängst eine außergewöhnliche Frau, die selbst fast zwanzig Jahre in den Lagern verbracht hat, von den besonderen Problemen der weiblichen Häftlinge zu berichten. Jetzt hält man ihn gefangen, weil er diese und andere Tatsachen über China enthüllt hat.

Ich beschwöre Sie, nicht nach Beijing zu reisen, falls man meinen Mann nicht freiläßt. Ich bin sicher, daß Sie Ihre Unterstützung für Frauenfragen auf vielerlei andere Weise zum Ausdruck bringen können.

Ich danke Ihnen sehr für Ihre Rücksichtnahme und würde mich freuen, wenn ich Sie einmal persönlich kennenlernen dürfte.

Mit freundlichen Grüßen
Ching Lee Wu

In derselben Woche lancierte das Weiße Haus Gerüchte, daß Mrs. Clinton auf jeden Fall nach Beijing reisen werde. Jeff Fiedler faxte eine Kopie von Ching Lees Brief an Tony Lake. Danach schienen die Gerüchte zu verstummen. »Wir hätten diesen Brief an die Presse weitergegeben, darüber war man sich wohl im klaren«, sagte Jeff später. Aber so weit sollte es nicht kommen.

# 26   Ich entscheide mich zur Kooperation

Am selben Tag im August, als Ching Lee ihren Brief an Mrs. Clinton abschickte, brachte man mich zurück ins Gefängnis in der Stadtmitte. Dort besuchte mich Daniel W. Piccuta, der Erste Sekretär und Konsul der amerikanischen Botschaft in Beijing, ein gutaussehender Mann im eleganten Anzug, der fließend Mandarin sprach. Ich war hoch erfreut, einem Amerikaner zu begegnen, der eine Aura der Freiheit und der Selbstachtung ausstrahlte.

Ich berichtete Piccuta, daß man Anklage gegen mich erhoben habe, und er wollte wissen, wie die Behörden meine Einstellung beurteilten. »Sie scheinen mich für kooperativ zu halten«, erwiderte ich.

»Entschuldigung, Harry, was haben Sie gesagt?« fragte Piccuta.

»Ich sagte, daß man mich für kooperativ hält.«

Piccuta lächelte. »Harry, ich glaube, das ist sehr wichtig. Ich freue mich, das Wort ›kooperativ‹ zu hören.« Offenbar wollte er betonen, daß es vorteilhaft für mich sein werde, auch in Zukunft Anpassungsbereitschaft zu zeigen. Er fuhr fort: »Harry, Sie sehen gesund aus. Geht es Ihnen gut?« Ich erwiderte, daß es mir ganz passabel gehe, daß ich nicht mißhandelt würde und daß das Essen in Ordnung sei. Der Bewacher schien dies für ein heikles Thema zu halten und warf ein: »He, danach sollten Sie keine Fragen stellen.«

Ich versuchte, durch meinen Tonfall anzudeuten, daß mir mein Rükken weiterhin weh tat und der Schmerz bis in die Beine ausstrahlte.

Piccuta übermittelte mir auf sehr geschickte Weise einige Nachrichten: »Harry, ich habe Sie in CNN gesehen. Sie schienen sich nicht wohlzufühlen, aber meiner Meinung nach geht es Ihnen heute viel besser.« Diese Botschaft hatte nichts mit meinem Gesundheitszustand zu tun, sondern betraf CNN. »Harry, Sie sind sehr berühmt«, setzte Piccuta hinzu, dem völlig klar war, daß die Aufseher kaum ahnen konnten, welch ungeheure Wirkung die internationale Berichterstattung von CNN hatte. Durch den Gebrauch des Wortes »berühmt« wollte er mir mitteilen, daß die ganze Welt meinen Fall verfolgte. (Später fand ich heraus, daß Ching Lee das Wort »berühmt« vorgeschlagen hatte.)

Piccuta erzählte, daß er am 27. Juli mit Ching Lee und Jeff Fiedler gut gegessen habe. Er las mir einen Brief von Ching Lee vor und betonte zwei Sätze ganz besonders. Der erste war: »Ich bin in das große Haus neben Jeffs Büro gegangen.« Mein Büro in Washington ist nur durch den Lafayette Park vom Weißen Haus getrennt. Das bedeutete, daß die Regierung sich meines Falles angenommen hatte. Der zweite Satz lautete: »Ich habe Philips Tante Margaret in London besucht.« Er bezog sich auf unseren Freund Philip Baker, einen Menschenrechtsaktivisten. Ich wußte nicht, ob Philip eine Tante namens Margaret in London hatte, aber dann lachte ich beinahe lauthals, denn ich begriff, daß Ching Lee mit Margaret Thatcher gesprochen hatte. Ich freute mich sehr darüber, das beflügelte meine Lebensgeister. Viele Menschen wußten von meiner Sache. Sie war ihnen nicht gleichgültig. Sie war den führenden Politikern nicht gleichgültig. Ich konnte Piccuta nicht danken, aber er hatte mir neue Hoffnung geschenkt.

Die verborgene Botschaft lautete: »Wir üben Druck auf die Chinesen aus. Wir bieten ihnen einen Ausweg, ihr Gesicht zu wahren. Kooperieren Sie. Dann können Sie freikommen.« Piccuta hatte mir einige Bücher und Zeitschriften mitgebracht, sogar ein Exemplar des *International Herald Tribune*, das die Chinesen aber erst zensieren mußten. Er versicherte mir, daß Ching Lee wohlauf sei.

Ich war sehr erleichtert, als ich in mein Zimmer zurückkehrte. Sie wollten, daß ich kooperierte? Das konnten sie haben. Ich sagte meinen Bewachern, daß ich ihre Vorgesetzten sehen wolle und bereit sei, ihr Spiel mitzuspielen.

Um Mitternacht erschien General Wang wiederum in Zivil, begleitet von einer Sekretärin. Er zeigte sich überrascht darüber, daß ich mit ihm sprechen wollte, nachdem er sich vier Tage zuvor von mir verabschiedet hatte. »Das ist ziemlich ungewöhnlich, denn meine Aufgabe ist eigentlich erledigt«, meinte er. »Ich komme zu Ihnen, weil *Sie* mit mir reden wollen.«

Ich fragte ihn, was es mit der Anklageschrift auf sich habe. Wieso würden viele Dinge, die wir erörtert hatten, nicht darin erwähnt? Was hatte es für einen Sinn für mich gehabt, all diese Dinge einzugestehen, wenn sie jetzt nicht in der Anklage auftauchten?

Meine neue Einstellung gefiel ihm, und er setzte ein »Geständnis« auf, das so begann: »Nach reiflicher Überlegung und gründlicher Selbstprüfung bin ich zu dem aufrichtigen Schluß gelangt, daß ich – wie die folgenden Ausführungen zeigen – den Interessen der chinesischen Regierung direkt oder indirekt geschadet und die chinesischen Gesetze übertreten habe.« Ich gab zu, widerrechtlich in Straflager eingedrungen zu sein, andere Lager auf Videofilm festgehalten und mich als Forscher ausgegeben zu haben. Es tue mir leid, den Interessen der chinesischen Regierung geschadet zu haben, und ich bedankte mich für die mir erwiesene Gastfreundschaft. Ich gestand nur die offensichtlichen Vergehen ein, machte vage Anspielungen auf ein paar geheime Informationen und versprach, mich von meiner Stiftung zurückzuziehen und mich nicht mehr politisch zu betätigen. Es war nicht das erste Mal, daß ich ein nur teilweise wahrheitsgetreues »Geständnis« abgelegt hatte. Das war in den Lagern oft genug vorgekommen. Ich würde alles tun, was zum Überleben notwendig war. Aus Piccutas verschleierten Andeutungen wußte ich, daß dies der richtige Zeitpunkt für ein derartiges Geständnis war.

»Ich bedaure alles zutiefst und fühle tiefe Reue über die Konsequenzen meiner Handlungen«, fuhr ich fort. Und ich versicherte, daß »ich mich in Zukunft nicht von den internationalen antichinesischen und antikommunistischen Kräften ausnutzen lassen will«. Zum Abschluß erklärte ich: »Es liegt auf der Hand, daß ich die Gesetze Chinas übertreten habe. Ich bin für meine Fehler und Verbrechen verantwortlich.«

Ich log. Sie wußten, daß ich log. Und ich wußte, daß sie es wußten. Aber es machte ihnen nichts aus, mit einem Lügner ein Abkommen zu treffen. So funktioniert das System, und das ist jedem klar. Ich unterschrieb die Aussage und wünschte General Wang eine gute Nacht. Und alle – auch ich – legten sich beruhigt schlafen.

Am 13. August händigte man mir den Lesestoff aus, den Piccuta mitgebracht hatte. Als ich den *International Herald Tribune* aufschlug, sah ich,

daß die Zensoren einige Artikel herausgeschnitten, aber zwei Berichte
über China verschont hatten. Einer kam aus Beijing: Henry Kissinger
habe den Chinesen mitgeteilt, daß eine Lösung des Problems Harry Wu
die Beziehungen zu den Vereinigten Staaten verbessern werde. Ich bin
sicher, daß Kissingers Worte mir geholfen haben. Denn die Chinesen
respektieren ihn wegen der vielen Gefälligkeiten, die er ihnen erwiesen
hat, vor allem im Zusammenhang mit Präsident Nixons bahnbrechen-
dem China-Besuch im Jahre 1972.

Der andere Beitrag munterte mich noch mehr auf. Es war eine Kolumne in der *New York Times*, die ihr früherer Herausgeber A. M. Rosenthal, einer der bedeutendsten Fürsprecher für die Menschenrechte auf
der ganzen Welt, verfaßt hatte. Ich konnte mein Glück, daß Rosenthals
Kolumne nicht zensiert worden war, kaum fassen, aber der Titel – »Sieg
über die Dummen« – erwähnte die Chinesen mit keinem Wort. Rosenthal schrieb: »Die Kommandanten der Gulags dieser Welt und ihre Vorgesetzten in den Sicherheitsbehörden haben zwei Dinge gemeinsam,
ganz gleich, in welchem Land sie tätig sind: Sie lieben die Folter, und sie
sind sehr dumm.« So ging es eine ganze Weile weiter, und dann gab Rosenthal Beispiele: »Großer Gott, wie blöd diese Leute sind! Aber kaum
je bin ich auf ein Dokument von so grenzenloser Dummheit gestoßen
wie den Film, den die Chinesen gedreht und an westliche Nachrichtenagenturen verkauft haben. Dieser Film soll zeigen, daß Harry Wu selbst
seine Berichte als falsch denunziert ... Selbstverständlich hört man
nichts dergleichen: Er gibt lediglich zu, daß vielleicht ein BBC-Redak-
teur beim Schneiden seines ursprünglichen Dokumentarfilms einen Fehler gemacht hat. Der Gulag-Film beweist eigentlich nur, wie tapfer sich
Mr. Wu gewehrt hat, nicht etwa, daß sein Widerstand gebrochen
wurde.«

Dann machte Rosenthal etwas, das chinesische Journalisten nie tun:
Er kritisierte seine eigene Regierung. »Amerikanische Diplomaten unternehmen alle denkbaren persönlichen Anstrengungen, um Mr. Wu zu
helfen. Aber wenn er freigelassen wird, dann liegt es gewiß nicht am un-
widerstehlichen Druck der US-Regierung ... Es ist kein Druck ausgeübt
worden, der in Beijing als solcher erkannt würde ... Die einzige realisti-
sche Hoffnung ist, daß einige Beamte im chinesischen Außenministe-

rium, die noch nicht völlig hirntot sind, die Oberhand über ihre Sicher-
heitspolizei gewinnen. Denn diese hat Mr. Wu und seinen gut dokumen-
tierten Berichten weltweite Anerkennung verschafft, indem sie ihn verhaftete, statt ihn an der Grenze aufzuhalten und zurückzuschicken.«
Rosenthal fügte hinzu: »Harry Wu hat seinen Sieg errungen. Die einzige
Möglichkeit für China, den Schaden einzudämmen und das Gesicht zu
wahren, besteht in seiner Freilassung. Gott segne Harry Wu.«

Während ich diese Worte las, war mir so, als sei ein Freund bei mir
im Zimmer. Rosenthals Artikel war den »Dummen« durch Unachtsam-
keit entgangen, oder steckte dahinter eine Absicht? Wieder wurde ich in
meiner Überzeugung bestärkt: Ich kann diese Leute bezwingen.

Nach meinem »Geständnis« schlug die Stimmung augenblicklich um.
Zunächst hatten mich meine Bewacher wie einen gefährlichen Feind behandelt, der plötzlich hundert Arme bekommen und sie mit Schwertern
niederstrecken konnte. Aber je länger ich in ihrem Gewahrsam war, desto weniger glich ich einem Teufel. Es war interessant, den Wandel im
Verhalten der jungen Beamten zu beobachten, denn sie gehörten der
neuen Generation an; sie waren noch Kinder gewesen, als ich China
verließ. Ich wollte herausfinden, ob sie mehr Mut, mehr Unabhängig-
keit, mehr Ehrlichkeit an den Tag legten als die ältere Generation. Sie
hatten mit angehört, wie ich ihren Vorgesetzten widersprach, und sie
merkten, daß ihre Vorgesetzten mich respektierten. Einige der achtzehn
Polizisten, die mich rund um die Uhr bewachten, blieben distanziert
und linientreu, aber die meisten erschienen mir als von Natur aus gute
Menschen.

Ein Beispiel: Ich hatte mir im feuchtheißen Klima von Wuhan einen
scheußlich juckenden Fußpilz zugezogen, und einer der Aufseher meinte:
»Morgen bringe ich Ihnen eine Arznei mit.«

»Lassen Sie das«, erwiderte ich. »Das ist gegen die Vorschrift. Sie bekommen bestimmt Ärger.« Er bestand nicht darauf, aber ich war überzeugt, daß er mir im Notfall die Medizin besorgt hätte.

In den letzten drei oder vier Wochen sagte ich ihnen manchmal: »Ich
weiß, daß Sie nicht mit mir reden dürfen. Das ist in Ordnung. Hören Sie
einfach zu. Wenn Sie mich verstehen, nicken Sie nur, wenn nicht, schüt-

teln Sie den Kopf. Ich bin ein Mensch und muß mit jemandem reden.«
Ich sang Lieder und erzählte ihnen von Amerika. Sie brachen ihr
Schweigen und gaben Kommentare zu der Baseballmütze der Chicago
Bulls ab, die ich als Erkennungszeichen für eine Kontaktperson in
China mitgenommen hatte. Einer von ihnen besaß sogar ein T-Shirt der
Chicago Bulls.

Die Welt wurde kleiner. Obwohl beinahe ganz China von *60 Minutes*
oder CNN abgeschnitten war, wollten die Bewacher alles über Magic
Johnson und seinen positiven HIV-Test hören oder über die Gründe,
aus denen Michael Jordan nach einem Jahr Baseball zum Basketball zurückgekehrt war. Sie kannten diese Sportler vom Dream Team der
Olympischen Spiele 1992 in Barcelona. Und sie interessierten sich für
die berühmte Verfolgungsjagd O. J. Simpsons in seinem Dodge Che-
rokee und für seinen Mordprozeß. Dann erklärte ich, daß amerikanische Anwälte den Angeklagten in Schutz zu nehmen hätten – eine
Idee, die für chinesische Köpfe schwer nachzuvollziehen ist. Ich berichtete ihnen von Susan Smith, der jungen Frau, die verurteilt worden war,
weil sie ihre beiden Kinder in einem Auto in einem See in South Carolina ertränkt hatte. Und von Rodney King, der Anzeige gegen Polizisten
in Los Angeles erstattet hatte, weil er erbarmungslos zusammengeschlagen worden war, und davon, daß nach dem Freispruch der Polizisten
massive Unruhen ausgebrochen waren. Ich versuchte ihnen klarzumachen, daß Rodney King genau wie jeder andere Rechte hatte.

Sie schauten sich die Zeitschriften an, die mir Piccuta mitgebracht
hatte, etwa *House and Garden* mit den Fotos von Häusern und Autos und
Grünanlagen, die ihnen sehr luxuriös vorgekommen sein müssen. Ich
erzählte ihnen, daß meine Frau und ich jeweils ein Auto hätten, und erklärte ihnen die Automatik, weil in China beinahe alle Autos Knüppel-
schaltung haben. Sie erfuhren, welche Automarke ich fahre, wie viele
Strafzettel für Geschwindigkeitsüberschreitungen ich schon bekommen
und wie ich meinen Führerschein beantragt habe.

Einige der jungen Beamten schienen zu verstehen, was ich mit meinem Kreuzzug gegen die Straflager bewirken wollte. Viele Chinesen haben im Laogai gelitten oder haben Freunde und Familienangehörige, die
während der Kulturrevolution aufs Land verschleppt wurden. Jetzt sa-

hen die Bewacher diesen dickschädeligen Mann vor sich, der sich weigerte aufzugeben, der bereit war, für seine gute Sache aus Amerika zurückzukommen. Wußten sie, daß meine gute Sache auch die ihre war?
Keiner von ihnen sagte je ein Wort, das ihn hätte kompromittieren können, aber ich konnte es ihnen von den Augen ablesen. Sie alle wußten,
was ihr Land getan hatte.

In der Nacht zum 12. August hatte ich zwei Besucher. Einer von ihnen,
einer kleiner, älterer Mann, stellte sich als Richter Zhang Tianshe vor
und teilte mir mit, daß er den Vorsitz bei meinem Prozeß führen und
von seinem Kollegen Cao Yongping unterstützt werden würde. Richter
Zhang war höflich, freundlich und sachlich. Die Zeiten der Einschüch-
terungsversuche waren vorbei. »Sie haben Ihre Anklageschrift bekommen, und in acht oder zehn Tagen werden Sie vor Gericht stehen«, sagte
er.

»Das reicht nicht«, erwiderte ich. »Ich habe nicht genug Zeit zur Vor-
bereitung. Ich brauche einen Anwalt.« Der Richter meinte, das sei
kein Problem, und er reichte mir eine Liste von Rechtsanwälten, welche
die Qualifikation für einen Fall von solcher Größenordnung besaßen.
China hat nicht so ungeheuer viele Rechtsanwälte wie Amerika. In den
ersten vierzig Jahren von Maos Regime waren kaum Rechtsanwälte zu-
gelassen, und ihre Hauptaufgabe bestand – und besteht – darin, den Gerichten bei der Aburteilung von Fällen zu assistieren. In Shanghai und
Beijing wächst heute die Zahl der auf internationales Recht spezialisier-
ten Anwälte, aber die Liste des Richters enthielt in ganz Wuhan nur
einen derartigen Experten. Ich bat den Richter, mir einen beliebigen
Anwalt zu besorgen.

Ein oder zwei Tage später erschienen zwei vom Gericht bestellte
»Verteidiger«, Cu Deyuan und Zheng Zhifa, und informierten mich,
daß sie das übliche Honorar von siebenhundertfünfzig Dollar verlangen
würden. »Uns liegt die Gerechtigkeit am Herzen. Wir werden Ihre
Interessen vertreten«, meinte einer von ihnen.

Nur um zu sehen, ob ihnen meine Interessen wirklich am Herzen lagen, schrieb ich einen Brief des Wortlauts: »Ich habe meine Anklageschrift erhalten und soll in acht bis zehn Tagen vor Gericht gestellt wer-

den. Hier ist der Name meines Rechtsanwalts. Ich brauche Geld, um ihn zu bezahlen.« Ich gab ihnen Daniel Piccutas Visitenkarte und sagte: »Faxen Sie das meiner Botschaft.«

Zwei Tage später kehrten sie zurück und behaupteten, bei Gericht Einsicht in meine Akte genommen zu haben. Ich sagte: »Sie müssen wissen, daß dies ein politischer Fall ist. Ich glaube nicht, daß Sie in der Lage sind, mich zu verteidigen.« Aber sie erklärten sich für kompetent. Ich teilte ihnen mit, daß sie mir helfen könnten, indem sie die Anklage nach Artikel 166 – Weitergabe von Staatsgeheimnissen – in Frage stellten. Sie schienen ein wenig unschlüssig zu sein, aber ich setzte nach. »Na, hören Sie mal, ich bin kein Regierungsvertreter. Ich gebe gern zu, was ich wirklich getan habe, aber Geheimnisse habe ich nicht verraten.«

Ich schrieb vier Seiten an die amerikanische Botschaft und bat, ein Fax an meine Frau zu senden, damit sie eidesstattliche Erklärungen von CBS und der BBC besorgen könne. Diese Anstalten sollten bestätigen, daß ich bei ihnen unter Vertrag gestanden hatte, also Journalist und kein Spion war. »Schicken Sie das an meine Botschaft?« fragte ich die Anwälte. »Das ist mein Recht nach Ihrem Gesetz.« Natürlich kannte ich keine juristischen Einzelheiten, denn man hatte mir ja noch immer kein Gesetzbuch ausgehändigt. Meine Anwälte ließen mich auch über das Beweismaterial und die Zeugen im dunkeln, die man bei der Verhandlung heranziehen würde, obwohl sie bestimmt Zugang zu diesen Informationen hatten.

Einige Tage später gaben sie zu, daß sie meine Bitte nicht gefaxt hatten. »Das kann ich nicht machen«, meinte einer der beiden. »Sonst würde sich das Amt für Öffentliche Sicherheit für mich interessieren.«

Und da hatte er recht.

# 27 Prozeß und Urteil

Am Morgen des 23. August verabschiedete ich mich feierlich von meinen jungen Aufsehern. »Eines steht fest«, sagte ich. »Die wollen meine müden alten Knochen wieder in die Lager verfrachten.«

Glaubte ich das wirklich? Eine Möglichkeit war es immerhin. Ein paar Bewacher fingen an zu kichern, aber Liu, der Oberaufseher, verzog keine Miene.

»Na hören Sie mal, wovon reden Sie denn da?« widersprach er laut. »Heute abend sind Sie wieder hier, und alles ist in Ordnung.«

Einer der Polizisten erklärte beinahe entschuldigend: »Die Vorschriften verlangen, daß wir Ihnen Handschellen anlegen.«

»Darf ich auch ablehnen?« fragte ich mit einem Lächeln.

Alle lachten. Ich stieg in das wartende Auto ein, wobei mich Gerichtsbeamte filmten. Der Gerichtssaal war ein schmuckloser Raum, etwa fünfundzwanzig mal zwanzig Meter groß. Die meisten der sechzig Plätze im Zuschauerraum waren leer; nur ein paar Kamerateams und Nachrichtenleute saßen dort. Von den Beamten erfuhr ich, daß die Öffentlichkeit keinen Zutritt habe, weil es in der Verhandlung um »Staatsgeheimnisse« gehe. Ich blickte mich im Saal um und freute mich, Daniel Piccuta zu entdecken, der aus Beijing gekommen war. Er wurde von einem chinesischen Beamten aus dem Außenministerium begleitet.

Mir tat der Rücken weh, und die Vorstellung, stunden- oder tagelang stehen zu müssen, behagte mir gar nicht. Also bat ich um Krücken, doch der Bewacher weigerte sich. »Die könnten Sie als Waffen einsetzen«, meinte er. Aber ich dürfe mich jederzeit hinsetzen und auch Schmerztabletten bekommen. Zunächst blieb ich stehen und klammerte mich mit beiden Händen am Geländer der Anklagebank fest. Es muß ein klägliches Bild gewesen sein. Ich fühlte mich schwach und war ziemlich ungepflegt, mein weißes Hemd war zerknittert, die Ärmel hatte ich hochgerollt. Allmählich ging mir die saubere Kleidung aus – und die Energie.

Ich schaute mir die Richterbank an: Zhang Tianshe, den Vorsitzenden, der mich in der Villa besucht hatte, Cao Yongping und Li Liqing, die erste Richterin, die ich je gesehen hatte. Sie wirkte sehr modisch mit Dauerwelle, Make-up, Lippenstift und hohen Absätzen. Zumindest auf einigen Gebieten schien China Fortschritte gemacht zu haben. Für einen Mann, der zwei Monate in Gefangenschaft gewesen war und nur ab und zu einen kurzen Blick auf eine Sekretärin oder eine Krankenschwester geworfen hatte, war diese Richterin in den besten Jahren ein höchst angenehmer Anblick.

Die Staatsanwälte eröffneten die Verhandlung, indem sie den BBC-Dokumentarfilm über die Organverpflanzungen vorführten und erklärten, daß ich behauptet hätte, der Film zeige eine Nierenverpflanzung statt einer Herzoperation. Beim Verhör gab ich zu, daß der Filmausschnitt keine Nierenverpflanzung zeigte, aber in der Sendung sei nur die Rede von einer »Operation« in China gewesen. Dann führte man noch andere Videos von CBS und der BBC vor, in denen angeblich Staatsgeheimnisse verraten wurden. Man präsentierte mein Foto von dem Wachtturm in Shanghai, den ich aus einem öffentlichen Gebäude aufgenommen hatte. Ein Polizist aus Shanghai bezeugte, daß das Dokument, welches ich dem amerikanischen Kongreß vorgelegt hatte, als »geheim« eingestuft gewesen sei und daß Ching Lee und ich uns im Raum aufgehalten hätten, als er es auf den Schreibtisch des Fabrikdirektors legte. Ich berichtigte die Ankläger, als sie einen Film von einem Kohlenbergwerk zeigten und den Namen verwechselten. Staatsanwälte und Richter konnten sicher ein Bergwerk nicht vom anderen unterscheiden, und sie ließen das falsch benannte Filmdokument nicht aus meiner Akte entfernen.

Dann riefen sie drei Zeugen auf, die mich auf meinen Reisen in China gesehen hatten.

Der erste war mein Freund Hang, der mich während meines zweiten Besuches in die Laogai-Abteilung Nr. 13 im Bergwerk von Wangzhuang begleitet hatte. Er wirkte tief unglücklich und schuldbewußt, aber wir wußten beide, daß er keine andere Wahl hatte, als gegen mich auszusagen. Unsere Augen trafen sich, ein ehemaliger Häftling blickte den anderen an. Ich begriff, daß er nur seine Rolle spielen und nichts verraten würde, was mir schaden konnte. Man fragte ihn, ob er mich erkenne, und er antwortete: »Ja, das ist Wu Hongda.« Er gab zu, daß ich ihn im Bergwerk besucht und ihm dreihundert Dollar gegeben hätte. Ich war sehr stolz auf ihn: Er schien dem Gericht handfestes Material zu liefern, verriet jedoch nicht, was ich im Bergwerk getan hatte.

Der zweite Zeuge war mein alter Lagergenosse Zhang, der Ching Lee und mich 1994 von einem Arbeitslager zum anderen geführt und bei dem ich gewohnt hatte. Der Staatsanwalt forderte ihn auf, mich zu identifizieren, und Zhang erwiderte: »Ja, ich erkenne ihn. Ich habe ihm geholfen, die Lager aufzusuchen, und er hat einige Bilder gemacht.« Man zeigte ihm Fotos von der Brigade Nr. 2 Shanghai in der Provinz Anhui, und Zhang bestätigte, daß wir dort gewesen seien. Und ob! Das hatte man ja weltweit im Fernsehen gezeigt. Zhang erzählte ihnen also nichts, was sie nicht ohnehin schon wußten.

Der dritte Zeuge war der kommunistische Funktionär aus der Stahlrohrfabrik in Shanghai. Er sollte meine Identität bestätigen, doch statt dessen hielt er eine lange, erbitterte Rede über meinen schlechten Charakter.

»Das ist ein ganz schlechter Kerl, ein Lügner«, kreischte er. Der Richter schaltete sich ein: »Bitte, keine Gefühlsausbrüche. Beantworten Sie nur meine Fragen.«

Der Mann beruhigte sich und sagte aus, daß er das Dokument an dem Tag im Büro gesehen habe, als Ching Lee und ich die einzigen Besucher waren.

»Ich war da«, erklärte ich. »Aber das bedeutet nicht, daß ich die Papiere gestohlen habe. Sie haben keine Augenzeugen.« Ich machte ihnen das Leben schwer. In früheren Verhören hatte ich Ching Lee beschuldigt. Die Behörden wußten auch, daß ich das Dokument im Kongreß der Vereinigten Staaten gezeigt hatte. Der Funktionär besaß außerdem noch meine Meftech-Visitenkarte. Das konnte ich kaum leugnen.

Dann legte man weiteres Belastungsmaterial vor, darunter auch die Zeugenaussagen von drei Taxifahrern, die mich durch die Provinzen Sichuan, Xinjiang und Anhui gefahren hatten.

Als nächstes wurde ich beschuldigt, mich als Polizeibeamter ausgegeben zu haben. Ich entgegnete, daß ich weder eine Dienstmarke noch Uniformschuhe oder -gürtel getragen hätte. Vielmehr hätte ich die Polizeiuniform nur gekauft, weil solche Kleidungsstücke billig und überall zu haben seien. Wäre ich von der Polizei angehalten worden, hätte ich gewiß nicht behauptet, ein Kollege zu sein. Man zeigte ein unscharfes Foto, das von einem Videoband kopiert war. Der Staatsanwalt meinte: »Das ist Harry Wu in Polizeiuniform.«

»Sehen Sie noch einmal genau hin«, erwiderte ich. »Da ist noch ein anderer Polizist, und ich bin keiner von beiden.« Nun holte man ein Foto hervor, auf dem ich tatsächlich in Polizeiuniform abgebildet war. »Das stammt von dem Yorkshire-Video«, protestierte ich. »Es wurde in Kalifornien aufgenommen und beweist also gar nichts.«

Man zog auch eine Aussage meines Freundes Liu heran, der »gestanden« hatte, diese Uniform für mich gekauft zu haben. Wir hatten 1991 verabredet, daß er diese Aussage machen solle, falls man ihm seine Beteiligung nachwies. Er wurde 1992 verhört, und man versuchte, mich mit seiner Hilfe nach China zurückzulocken, aber das durchschaute ich damals sofort. Jetzt »gestand« er, was man ohnehin schon wußte: daß er mir eine Uniform besorgt hatte. Er war sehr loyal und mutig und gab keine Informationen über mein chinaweites Netz von Helfern preis.

Schließlich erklärte der Staatsanwalt, Feng, der alte Fotograf, habe gestanden, daß ich ihn zur Beschaffung »illegaler Informationen« angeheuert hätte. Die Anklage legte sogar einen Vertrag über viertausend Dollar zwischen mir und Feng und einige Unterschriftsproben vor.

Dann ging die Staatsanwaltschaft meine angeblichen Delikte durch. Ich hätte behauptet, es sei keine Bestechung, wenn man Menschen Geld gebe, und »ein Mann namens Chen« sei für »Diebstahl und Spionage« verantwortlich gewesen. Damit hätte ich verschleiern wollen, daß meine Frau mich begleitete. Ich übernähme nur »einen Teil der Verantwortung« für das Tragen der Polizeiuniform und hätte geleugnet, Feng aus Hongkong bestochen zu haben.

»Der Angeklagte Peter Wu hat vor Gericht seine Vergehen ehrlich zugegeben. Diese Einstellung ist löblich, und wir empfehlen daher dem Gerichtshof, bei der Festsetzung des Strafmaßes Milde walten zu lassen.«

Was mochte mit dem Wort »Milde« gemeint sein? Mir konnte noch eine lange Strafe bevorstehen, aber wenigstens würde man mich nicht hinrichten.

Mein Heimatland hatte mich enttäuscht. Trotz aller Drohgebärden vermochte die Regierung in dem von ihr selbst organisierten Schauprozeß nicht zu überzeugen. Das einzige, was noch zu ihren Gunsten sprach, war das Bedürfnis der Chinesen nach Konformität, die Furcht des einzelnen. Ich hatte sie aus dem Gleichgewicht gebracht, denn ich war kein Spion. Ihr Unrechtssystem war so offensichtlich, daß es sich vor einem herumstreunenden Außenseiter und seiner Videokamera nicht verbergen ließ. Man mochte mich für den Rest meines Lebens ins Gefängnis werfen, aber man konnte mir nichts anderes nachweisen, als daß ich lästig war, ein Störenfried, ein Unruhestifter. Ich hatte gesiegt.

Nach der »Beweisaufnahme« war mein Anwalt mit seinem Schlußplädoyer an der Reihe. Er hatte es nicht mit mir abgesprochen und mir auch keinerlei Gerichtsdokumente vorgelegt. Ich erwartete also nichts von ihm. Immerhin brachte er einige schlagkräftige Argumente vor.

Hinsichtlich der Polizeiuniform betonte er, daß ein Polizeibeamter im Dienst gemäß Vorschrift immer die volle Montur zu tragen habe: Schuhe, Uniformmütze, Dienstmarke und Koppel.

»Wu Hongda trug nur Uniformhose und -hemd«, führte der Anwalt aus. »Das bedeutet, daß er sich juristisch gesehen nicht als Polizeibeamter ausgab.«

Der Richter wies dieses Argument zurück, aber ich wußte die Logik meines Anwaltes zu schätzen.

Zum Anklagepunkt der Bestechung erklärte der Anwalt, ich hätte meinen Freunden kleine Geldbeträge geschenkt, weil ich es mir leisten könne und Mitleid mit ihnen empfunden hätte.

Ich war ziemlich beeindruckt von meinem Rechtsvertreter. Dann fragte der Richter mich, ob ich noch etwas hinzufügen hätte.

»Zunächst einmal«, begann ich, »habe ich alles gesagt, was ich gesagt, und alles geschrieben, was ich geschrieben habe.

Nun zu Ihren sogenannten Staatsgeheimnissen. Das gesamte heute angeführte Beweismaterial stammt aus Filmen, die CBS, BBC oder

Yorkshire TV gesendet haben. Die Fotos aus der Innenstadt wurden auf belebten Straßen aufgenommen. Der Wachtturm wurde mitten in einer geschäftigen Stadt fotografiert. Ich habe diese Bilder gemacht, und Sie werfen mir vor, daß ich mir Staatsgeheimnisse verschafft hätte? Soll das heißen, daß jedermann mit geschlossenen Augen herumlaufen muß? Wenn sich jemand diesen Turm ansieht, hat er ein Staatsgeheimnis vor sich? Wie ist der Begriff Staatsgeheimnis definiert? Wenn ich in einem Viersternehotel ein Zimmer in einer der oberen Etagen habe, kann ich ohne Schwierigkeiten Fotos machen. Aber wenn ich mir das Sicherheits- oder das Banksystem einer Stadt ansehe, habe ich es offenbar mit Staatsgeheimnissen zu tun.

Die chinesische Regierung hat versucht, mich vor der ganzen Welt als Dieb hinzustellen. Tatsache ist, daß ich im Jahre 1960 für den Diebstahl von fünfzig Yuan zu drei Jahren Haft verurteilt wurde. Nach meiner Entlassung im Jahre 1979 erklärte man, ich sei kein Dieb, sondern behauptete: ›Du hast versucht, zu fliehen und dein Land zu verraten.‹ Die Diebstahlsanklage wurde verworfen. Während meiner Verhöre in der Villa lagen den Beamten Beweise dafür vor, daß ich kein Dieb bin, aber jetzt ist in der Anklageschrift immer noch von den fünfzig Yuan die Rede. Ich verstehe nicht, was Sie damit bezwecken.

Aber ich bin zufrieden damit, ein Dieb genannt zu werden. Wenn in Ihren Unterlagen heute steht, daß ich wegen Diebstahls zu drei Jahren verurteilt wurde, warum habe ich dann noch weitere sechs Jahre ›Umerziehung durch Arbeit‹ erdulden müssen? Ich werde wegen dieser zusätzlichen sechs Jahre eine Schadenersatzklage gegen Beijing anstrengen.«

Nach vier Stunden war meine Verhandlung beendet, und die Richter kündigten das Urteil für den nächsten Tag an. Auf meinem Weg aus dem Gerichtssaal trat Daniel Piccuta auf mich zu, lächelte und zwinkerte mir zu, als wolle er sagen: »Ich bin auf Ihrer Seite, halten Sie durch.«

»Na sehen Sie, Sie haben die Wette verloren«, meinte Liu in der Villa und erinnerte mich an meine Voraussage, daß man mich direkt ins Laogai schicken werde.

»Morgen kriegen sie mich, das ist sicher«, erwiderte ich.

Am Nachmittag holte man mich wieder ins Zimmer 104. Zu meiner Überraschung fand ich dort Richter Zhang und den Beisitzer vor.

»Alles in Ordnung?« fragte einer.

Sie machten sich Sorgen um meine Gesundheit und um meine Einstellung. Aha, das war es also. Wenn ich mich weigerte, am nächsten Tag vor Gericht zu erscheinen, wäre die ganze Show ruiniert.

»Wie fällt Ihrer Meinung nach unser Urteil aus?« fragte Zhang.

»Ich will nur hier raus. Sie haben keinen Grund, mich festzuhalten. Wenn ein Hubschrauber käme, würde ich die Leiter schnappen und mich hochziehen lassen. Mir ist das Urteil völlig egal. Die ganze Sache ist völlig unannehmbar.«

»Ich kenne natürlich das Urteil noch nicht«, sagte Richter Zhang ruhig, »aber ich bin ziemlich sicher, daß die Angelegenheit einen günstigen Verlauf für Sie nehmen wird, denn die Leute vom Amt für Öffentliche Sicherheit berichten mir, daß Ihre Einstellung in Ordnung ist.«

Wieder wahrten wir das Gesicht. Wir Chinesen legen Wert auf eine glatte Fassade, niemand soll sich in der Öffentlichkeit blamieren.

»Was geschieht, wenn ich morgen nicht vor Gericht erscheine?«

»Nach chinesischem Gesetz werden wir das Urteil verkünden, ob Sie im Saal sind oder nicht. Werden Sie kommen?«

»Lassen Sie mich darüber nachdenken. Ich habe mich noch nicht entschieden.«

»Ich weiß, daß es mit Ihrer Gesundheit nicht zum besten steht, aber ich verspreche Ihnen, daß die Urteilsverkündung innerhalb von zwanzig Minuten abgeschlossen ist. Seien Sie also bitte geduldig. Ich weiß, Sie haben Schmerzen, aber wir haben Medikamente für Sie. Die werden Ihnen gut tun.«

»Ich weiß nicht recht«, erwiderte ich. »Es ist eine schwere Anklage. Ich könnte zu mindestens fünfzehn Jahren Haft, wenn nicht zum Tode verurteilt werden.« Bewußt zeichnete ich ein düsteres Bild, um sie an die Straflager zu erinnern.

Zhang lachte nur. »Ich glaube, so schlimm wird es nicht werden. Der chinesischen Regierung liegt die Humanität am Herzen.« Dann betonte er, daß ich am nächsten Tag vor Gericht erscheinen müsse. Wir ließen es darauf beruhen und verabschiedeten uns voneinander. Ich hielt es für das beste, sie über mein Erscheinen am nächsten Morgen im ungewissen zu lassen. Sie wollten mit mir Spielchen treiben? Nun gut, das konnte ich auch.

Am nächsten Morgen packte ich meine Sachen zusammen – meine Bücher, Zeitschriften und Kleidungsstücke. Die Aufseher erkundigten sich nach dem Grund. »Ich kehre nie wieder in dieses Zimmer zurück«, erwiderte ich. »Die schicken mich wieder ins Laogai.«

»Ach, machen Sie doch keine Witze«, sagte einer.

»Ich meine es ernst. Ich habe mir eure Bestimmungen angesehen. Todesstrafe. Vielleicht bringen sie mich um.«

Liu schaute mich an. »Ich garantiere Ihnen, daß Sie zurückkommen. Wollen wir wetten?«

»Ihnen vertraue ich, aber Ihrer Regierung noch mehr. Ich glaube felsenfest, daß das Rechtssystem seine Regeln einhält.«

Ich betrachtete die jüngeren Bewacher, Burschen aus der Tiananmen-Generation, die nun nicht mehr ganz unbedarft waren. Es galt, meine tapfere Fassade aufrechtzuerhalten und den starken Mann zu markieren, obwohl wirklich alles möglich war.

Sie konnten mich für nur ein paar Tage zur Einschüchterung ins Gefängnis werfen oder mich ein paar Monate festhalten, wie es die Iraker oder Iraner ab und zu mit amerikanischen Geschäftsleuten tun, die ihnen in die Hände fallen. Oder vielleicht würden sie mich auch jahrelang in die Verbannung schicken, mit harten Bandagen kämpfen, um irgendeinen Vertrag oder einen Staatsbesuch oder ein Zugeständnis von den Amerikanern, vielleicht hinsichtlich der Meistbegünstigungsklausel, oder einen neuen Boeing-Vertrag zu erpressen. Ich war nur eine Figur auf dem Schachbrett.

Es war Zeit zum Aufbruch. Um Viertel nach acht stiegen wir ins Auto und machten uns auf den Weg zum Gerichtsgebäude. Am Vortag hatten sie mich bis zum Saal Handschellen tragen lassen, doch diesmal warteten bei der Ankunft des Wagens Fernsehteams auf uns, und die Beamten nahmen mir die Handschellen ab.

Man führte mich in einen kleinen Warteraum, in dem vier oder fünf Stühle an der Wand standen. Etwa eine halbe Stunde später, um neun

Uhr, wurde ich in den Saal gerufen, der immer noch halb leer war, abgesehen von einigen sogenannten Journalisten, Leuten mit Kameras
und dem getreuen Daniel Piccuta.

Richter Zhang wies die Argumente zurück, die ich am Vortag zu
meiner Verteidigung angeführt hatte, ging noch einmal die Anklagepunkte in allen Einzelheiten durch und verkündete dann das Urteil:
»Der Angeklagte Peter Wu wird wegen Diebstahls, Spionage und Kaufs
von chinesischen Staatsgeheimnissen und wegen Weitergabe dieser Geheimnisse an Institutionen und Behörden außerhalb Chinas für schuldig befunden und zu dreizehn Jahren Gefängnis sowie zur Ausweisung
aus China verurteilt.

Der Angeklagte Peter Wu wird auch des Betrugs für schuldig befunden, weil er sich als Staatsbediensteter ausgegeben hat, und hierfür zu
zwei Jahren Gefängnis und zur Ausweisung aus China verurteilt. Insgesamt wird für seine beiden Verbrechen ein Strafmaß von fünfzehn
Jahren Gefängnis sowie die Ausweisung aus China verhängt.

Wenn der Angeklagte Einwände gegen dieses Urteil erhebt, so hat
er innerhalb eines Zeitraums von zehn Tagen nach Erhalt der Entscheidung das Recht, direkt oder über dieses Gericht Berufung beim
Hohen Volksgericht der Volksrepublik China für die Provinz Hubei einzulegen.«

Die Wörter »fünfzehn Jahre« und »Ausweisung« sprangen mich geradezu an, aber ich konnte die beiden Satzfetzen nicht logisch miteinander verknüpfen. Daneben hörte ich »das Recht, Berufung einzulegen«. Meine Stimmung sank auf den Nullpunkt. In dem Urteil wurde
ich als ganz gewöhnlicher Verbrecher hingestellt. Ich erinnerte mich an
das, was mein Vater mir vor vielen Jahren in Shanghai gesagt hatte:
»Gib nie auf. Höre nie auf zu kämpfen.« Ich dachte an Ahab, der den
weißen Wal jagte, und an Jean Valjean, den man wegen eines Laibes
Brot verfolgte. Zum Teufel mit dem Urteil! Ich beschloß, Berufung einzulegen.

Normalerweise werden dem Angeklagten nach Verkündung eines
Schuldspruchs und des Strafmaßes sofort Handschellen angelegt, und
er wird schnurstracks ins Gefängnis gebracht. Aber der Polizist, der neben mir stand, legte mir nur leicht die Hand auf die Schulter und sagte:

»Herr Wu, bitte kommen Sie mit.« Dann führte er mich aus dem Saal. Dabei ging ich an Daniel Piccuta vorbei, dessen Lächeln mich wohl aufmuntern sollte, als meine er: »Es hätte schlimmer kommen können.« Ich fragte mich, ob er die Strafe von fünfzehn Jahren Gefängnis genauso aufgenommen hatte wie ich.

Man brachte mich wieder in den Warteraum, der inzwischen umgeräumt war: In der Mitte stand jetzt ein Tisch mit weißem Tuch und Lederstühlen ringsum. Polizisten lungerten ganz entspannt herum, rauchten und plauderten. Nach etwa zwanzig Minuten traten die drei Richter ins Zimmer.

»Was macht die Gesundheit?« erkundigte sich Richter Zhang.

»Alles klar«, erwiderte ich.

»Haben Sie sich Ihr Urteil genau angehört? Wir respektieren Ihre Meinung. Haben Sie gemerkt, daß der Kleindiebstahl mit keinem Wort erwähnt wurde?« Ich schwieg. »Sie haben das Recht, innerhalb von zehn Tagen Berufung einzulegen«, fuhr er fort. »Wenn Sie das tun, findet der nächste Prozeß in anderthalb Monaten statt, und dann ist das Urteil endgültig. Was meinen Sie?«

»Ich möchte Berufung einlegen. Man hat mir nicht erlaubt, mein Beweismaterial zu präsentieren. Es gab keine Zeugen der Verteidigung. Meine Rechtsanwälte hatten nichts vorbereitet. Nichts. Ich möchte Berufung einlegen.«

»Sind Sie ganz sicher? Haben Sie sich Ihr Urteil nicht genau angehört? Wir haben Ihre Gesundheit in Betracht gezogen und Ihre Familie, die auf Sie wartet.«

»Gerade haben Sie gesagt, daß ich das Recht auf Berufung habe. Sie wollen mich fünfzehn Jahre absitzen lassen und dann ausweisen.«

»Sie verstehen mich nicht richtig. Unser Gesetz gibt uns die Möglichkeit, die zusätzliche Strafe zuerst anzuwenden.«

Ich dachte an die Worte, die ich als kleiner Junge von meinem Vater gehört hatte: Weine niemals. Gib niemals auf.

»Ich will einen fairen Prozeß.«

»Wu Hongda, Sie sind sehr störrisch. Jetzt fange ich langsam an, Sie zu durchschauen. Meine Aufgabe als Richter ist abgeschlossen. Sie sind töricht. Ehrlich gesagt, man hat bereits beschlossen, Sie sofort auszuweisen, aber wenn Sie Berufung einlegen, werden wir die ursprüngliche Strafe anwenden.«

Zuerst die Ausweisung? Warum hatte man mir das nicht gleich gesagt?

»Also gut, ich lege keine Berufung ein.«

Ein kollektiver Seufzer der Erleichterung schien durch den Raum zu gehen. Zumindest war ich nicht völlig verrückt.

»Unterschreiben Sie hier, dann können Sie gehen. In zwei, drei Tagen sind Sie auf dem Weg nach Hause.«

Man reichte mir ein Dokument, in dem bestimmte Bedingungen formuliert waren, etwa »Ich akzeptiere die Entscheidung des Gerichts« und »Ich verzichte auf mein Berufungsrecht«. Aber der Richter hatte gesagt: »Man hat beschlossen, Sie sofort auszuweisen.« Und nur darauf kam es an. Ich unterschrieb.

Am Mittag war ich wieder in der Villa. »Sie haben die Wette verloren«, meinte Liu. Man hatte mir meine Sachen ins Zimmer gebracht: meine Kamera, mein Geld, meine Kreditkarten, alles. Erst jetzt war ich sicher, nicht zu träumen. Sie hätten mir meine Habseligkeiten nicht zurückgegeben, wenn ich nicht wirklich freigelassen werden sollte.

Etwa eine Stunde später erhielt ich die Gerichtspapiere, die meine Ausweisung bestätigten.

Wochen später sah ich mir zufällig meine Flugtickets genauer an und bemerkte, daß man sie am Tag der Urteilsverkündung um acht Uhr morgens gekauft hatte. Das Urteil war jedoch erst um neun Uhr ausgesprochen worden. Soviel zur Gewaltenteilung zwischen Jurisdiktion und Exekutive.

Aber ich sehe die Sache so: Beim letztenmal, als mich die chinesischen Machthaber in der Hand hatten, gab es nicht einmal ansatzweise ein Verfahren, und ich kam erst nach neunzehn Jahren frei. Diesmal hatte ich es mit Anwälten und Richtern zu tun gehabt und war nach sechsundsechzig Tagen freigelassen worden. In meinen Augen war das ein Fortschritt.

## 28   Raus hier!

Bei meiner letzten Fahrt durch China verhüllten keine Vorhänge die Fenster des schwarzen Toyota, der mich zum Flughafen von Wuhan brachte. Draußen lag das zeitlose, endlose China – Arbeiter auf den Feldern, Menschen am Straßenrand, die Körbe trugen, Fahrräder, Autos, die Flüsse und Seen, der Himmel, das Land. Aber die modernen Gebäude und die fortgeschrittene Industrialisierung machten deutlich, daß dies nicht das alte kaiserliche China war, sondern die Dynastie der Deng-Ökonomie. Ich wünschte, ich könnte berichten, daß mir sentimental zumute war, daß mir die Tränen über die Wangen rollten, weil ich mein Heimatland nie wiedersehen würde. Aber ich hielt diese Gefühle mit Sarkasmus in Schach. Sechzehn Personen begleiteten mich: Aufseher und Funktionäre – eine richtige kleine Wagenkolonne. Ich sagte: »Na hört mal, das wäre doch nicht nötig. Jetzt bin ich ein freier Mann. Ich finde den Weg zum Flughafen auch allein.« Niemand lächelte. Sie hatten die Nase voll von meinen Witzchen.

Am Flughafen wurde gerade bekanntgegeben, der Flug nach Shanghai habe zwei Stunden Verspätung. Man brachte mich in ein Sicherheitsbüro, damit ich die anderen Fluggäste nicht verseuchte, und bot mir Tee und einen Imbiß an. Die Bewacher hatten ihre Aufgabe beendet und durften nun mit mir reden. Dies war – zumindest bis auf weiteres – meine letzte Chance, mir ein Bild vom Denken der Menschen im totalitären China zu machen.

»Was, glauben Sie, wird geschehen, wenn Sie wieder zu Hause sind?« fragte einer meiner ranghöheren Begleiter.

»Keine Ahnung. Ich weiß nicht, was inzwischen draußen in der Welt geschehen ist.«

»Na, versuchen Sie doch mal, sich vorzustellen, wie Ihr Leben aussehen wird«, drängte er. »Wir plaudern doch nur.«

»Vielleicht verkauft sich mein Buch nun besser als vorher«, sagte ich. »Wie meinen Sie das?«

»Wenn gestern nur zehn Leute über das Laogai Bescheid wußten, dann wissen heute Tausende, Millionen von Menschen davon.«

Er konnte dem westlichen Gedanken, daß jegliche Publicity gute Publicity ist, nicht folgen. Statt dessen fragte er: »Was wollen Sie als erstes tun, wenn Sie nach Hause kommen?«

»Ich möchte ein paar junge Leute anstellen, die eine Weile bei mir wohnen.«

»Wieso?«

»Ich bin es inzwischen gewohnt, immer Gesellschaft zu haben, rund um die Uhr, Leute, die durch ein Loch in der Tür schauen, wenn ich bade. Am Anfang war es mir unangenehm, aber inzwischen mag ich die Burschen richtig gern.«

Er schaute mich an und murmelte etwas vor sich hin. Die angemessene Übersetzung wäre wohl »Klugscheißer«.

Aber er fuhr in freundlicherem Tonfall fort: »Ich möchte Ihnen nur raten, nicht zurückzukommen. Die stecken Sie ins Gefängnis und lassen Sie Ihre fünfzehn Jahre absitzen.«

Ich fand seine Verwendung des Wortes »die« sehr interessant. Mir wurde wieder bewußt, daß mein Fall sehr hochrangig war, daß dieser leitende Funktionär auch nur seine Pflicht tat und mit dem Wort »die« den Abstand zwischen sich und seinen Dienstherren zum Ausdruck bringen wollte.

»Was ich Sie fragen wollte«, sagte er, »glauben Sie, daß wir in diesem Fall korrekt vorgegangen sind?«

»Nein, man ist völlig falsch vorgegangen.«

»Wieso?«

»Wenn ich der chinesische Regierungschef wäre und Harry Wu an der Grenze anhielte, dann würde ich ihn nicht verhaften, sondern nach Beijing eskortieren. Dort würde ich mit ihm speisen und kommunistische Gelehrte einladen, die mit ihm über das Laogai reden, vielleicht sogar debattieren könnten. Ich würde Harry Wu fragen: ›Welches Lager möchten Sie sehen? Wählen Sie eines aus, Sie können dort hinfahren. Ich lasse Sie Fotos machen – alles, was Sie wollen. Und dann dürfen Sie frei durch China reisen. Nur zu. Ich mache Ihnen das Leben so bequem wie möglich.‹«

Er wirkte verdattert. Vielleicht hatte ich es wirklich nicht ganz ernst gemeint, aber eines stimmte: In China versteht man es nicht, der Welt sein bestes Gesicht zu präsentieren. Man könnte ja sagen: »Gut, Sie haben schlimme Dinge zu sehen bekommen. Zeigen Sie den Film ruhig im westlichen Fernsehen, aber China wandelt sich, die Menschen respektieren die moderne Regierung.« Ein altes chinesisches Sprichwort lautet: »Mach die Glocke los.« Es bedeutet: Wer einem Menschen oder einem Tier eine Glocke umbindet, hat dann die gefährliche Aufgabe, sie wieder abzunehmen. Die Chinesen können die Glocke in ihrem eigenen Hirn nicht loswerden. Sie sind in alten Denkweisen befangen, in einer viele tausend Jahre alten Kultur der Intoleranz. Ich wollte am liebsten aufstehen und sie anschreien: »Ihr habt euch Millionen eurer eigenen Bürger zu Feinden gemacht. Ihr habt sie unterdrückt, mißhandelt und verfolgt, und ihr hört nicht auf damit.« Aber wozu? Ich wollte nur nach Hause, nach Kalifornien.

Eine weitere Verzögerung von zwei Stunden wurde angekündigt. Mein Freund Liu kam auf mich zu und sagte: »Wu Hongda, wir brauchen Geld.«

»Wofür?«

»Sie haben Ihren Flug von Shanghai nach San Francisco verpaßt, und wir müssen für Sie bei einer ausländischen Fluggesellschaft buchen und bar bezahlen.«

»Ich soll die Kosten für meine Ausweisung übernehmen?« fragte ich.

Liu wirkte niedergeschlagen, wie alle Bürokraten, deren Pläne man durchkreuzt hat. »Na also, Wu Hongda, Sie wollen doch nach Hause, wir machen uns Sorgen um Ihre Familie. Sie werden nicht hier bleiben wollen. Es sind doch nur tausend Dollar. Eine Kleinigkeit für Sie.«

Inzwischen tat es mir leid, daß ich ihnen vorgelogen hatte, ein Gehalt von achtzigtausend Dollar zu beziehen.

»Nein, dafür sind Sie zuständig«, entgegnete ich. »Sie haben mich festgehalten. Ich wollte nicht hier bleiben. Sie möchten mich ausweisen, also weisen Sie mich bitte aus.«

Er wirkte noch ratloser. »Seien Sie doch nicht so störrisch. Lösen Sie das Problem.« Ich sollte ihnen also helfen, ihr Gesicht zu wahren. Da ich kein Bargeld besaß, erklärte ich mich bereit, mit meiner Kreditkarte zu zahlen. Liu meinte entsetzt: »Nein, Sie können doch nicht zum Schalter gehen. Hören Sie mal, Sie wollen nach Hause. Wir haben ein gutes Ergebnis erzielt. Sie brauchen ärztliche Betreuung. Warum lösen Sie das Problem nicht? Ich war der Chef und bin noch immer verantwortlich. Machen Sie mir das Leben nicht unnötig schwer.«

Ich bot an, mit Reiseschecks zu bezahlen. Ich hatte bereits unterschriebene Schecks über dreitausend Dollar und noch einmal unsignierte über zweitausend Dollar bei mir, falls ich jemandem Geld geben mußte, das sich nicht zur Quelle zurückverfolgen ließ. Ich zählte zehn Schecks zu hundert Dollar ab.

»Allerdings müssen Sie einmal hier und einmal am Schalter unterschreiben,« erklärte ich. Liu starrte mich verständnislos an. Es war klar, daß er noch nie einen Reisescheck gesehen hatte. »Schauen Sie, das ist ganz einfach«, fuhr ich fort und zeigte auf die leere Zeile. »Sie setzen einfach Ihren Namen hier hin. Liu Ah Go.«

Im Mandarin gibt es einen Ausdruck für »Jedermann« – Ah Go –, der wörtlich übersetzt »Welpe« oder »junger Hund« bedeutet. Jeder weiß, daß es so etwas wie »Otto Normalverbraucher« heißt und keine Beleidigung ist. Liu jedoch nahm es persönlich.

»Sie nennen mich einen Hund?« schrie er. »Sie sind der Hund! Der Hund, der an der Leine der Imperialisten läuft, und Sie wollen mich beleidigen?«

Jetzt wurde ich wütend. Zwischen mir und meiner Heimreise lagen nur noch diese tausend Dollar, es reichte jetzt. »Sie wollen die Schecks nicht? Geben Sie sie zurück! Kommen Sie mir bloß nicht blöd! Ich habe Ihnen nur erklärt, wie man sie benutzt!«

Schließlich kapierte er, worauf ich hinauswollte, wechselte die Schecks ein und kaufte das Ticket.

Als der Flug nach Shanghai aufgerufen wurde, schaltete die Polizei eine Videokamera ein; ihr grelles Blitzlicht leuchtete mir direkt in die schon von der wunderbaren Kräutermedizin blutunterlaufenen Augen. Ich hob die Hände schützend vors Gesicht.

»Was machen Sie da?« brüllte Liu.

»Ich kann nichts sehen.«

Die Lichter wurden ausgeschaltet, und ich konnte weitergehen. Und so verließ ich Wuhan – immer noch im Streit mit meinen Bewachern.

Alle sechzehn Offiziere begleiteten mich auf meinem Flug von Wuhan nach Shanghai. Wir kamen gegen 23.30 Uhr dort an, und man führte mich über den Asphalt geradewegs zu einer großen 747 der Air China. Meine Begleiter redeten laut und wedelten mit Papieren, und plötzlich fiel mir ein: »Moment mal, das ist doch ein Air-China-Flug? Was ist mit dieser ausländischen Fluglinie?«

Ich stand im Eingang, und die Amerikaner und Chinesen in der ersten Klasse starrten mich an. Sie fragten sich wohl, wer dieser leicht verlotterte Mann war, der die Verspätung ihres Fluges verursacht hatte. »Sie sind unser ganz spezieller Gast«, erklärte die Stewardeß. »Wir hatten besondere Anweisung, auf Sie zu warten. Direkt aus Beijing.«

Man reichte mir meinen Paß, mein Ticket und die Arznei, die Ching Lee geschickt hatte und die ich in den beiden vorangegangenen Monaten gut hätte gebrauchen können. Und schließlich gab man mir auch das chinesische Gesetzbuch, das ich zwei Monate zuvor bezahlt hatte, das Daniel Piccuta mitgebracht und das man mir nie ausgehändigt hatte.

Die Stewardessen machten sich daran, die Tür zu schließen.

»He, Herr Liu, wo sind meine tausend Dollar?« schrie ich.

Er schlug sich in der weltweiten Geste des Bedauerns mit der flachen Hand an die Stirn, als wolle er sagen: »Ach du liebe Güte, das habe ich völlig vergessen.« Die Tür schloß sich krachend, und das war mein letzter Blick auf mein Heimatland – auf jemanden, der mir tausend Dollar abgeschwindelt hatte.

## 29 Heimkehr

Ching Lee und meine Freunde hatten kaum Zeit, sich auf meine Heimkehr vorzubereiten. Nach seinem Treffen mit mir am 9. August hatte Daniel Piccuta sie wissen lassen, daß er auf einen baldigen Prozeß hoffe. Da aber noch kein Datum festgelegt war, reisten Ching Lee und David Welker am 17. August zum Jahrestreffen der Menschenrechtskommission der Vereinten Nationen in die Schweiz.

Die chinesische Delegation übte vergeblich Druck auf die Kommission aus, um eine von Ching Lee anberaumte Pressekonferenz absagen zu lassen. Meine Frau verteilte daraufhin Kopien der Kongreßprotokolle mit den Zeugenaussagen zum Laogai, die ich und andere beim Hearing im Frühjahr gemacht hatten.

Während einer Arbeitssitzung reichte Ching Lee wortlos auch einem jungen Mann aus der chinesischen Delegation ein Exemplar. Er sagte höflich: »Wissen Sie, früher sah es in meinem Land sehr schlimm aus, aber heute ist alles besser.«

Sie antwortete: »Ich glaube nicht, daß Sie alle Einzelheiten kennen. Es sieht immer noch sehr schlimm aus.«

Plötzlich bemerkte ein alter Fuchs aus der Delegation, daß Ching Lee mit dem jungen Mann sprach, und eilte herbei, als wolle er seinen Kollegen retten.

»Die Guomindang war ganz schrecklich«, meinte der Funktionär.

»Ich rede nicht von 1949«, entgegnete sie, »sondern von heute.« Die Stimmen wurden lauter, bis schließlich der Diskussionsleiter mit seinem Hammer auf den Tisch klopfte und sich Ruhe ausbat.

Während ihres Aufenthaltes in Genf erfuhr Ching Lee am 18. August, daß mein Prozeß am 23. August beginnen solle; Beijing habe jedoch angedroht, das Verfahren auf unbestimmte Zeit zu verschieben, falls diese Nachricht an die Öffentlichkeit dringe. Sie kam mit Jeff überein, kein Wort über den Prozeß zu verlieren. Am 21. August reisten die beiden nach Hause, damit sie für den Fall meiner Freilassung bereit waren.

Unsere Nachbarn hatten uns nicht vergessen. Sie unterstützten Ching Lee in ihrer schweren Zeit, und jetzt hatte jemand eine gelbe Schleife an unser Haus gehängt. Andere schickten selbstgekochte Speisen, und ein Kind aus dem Viertel hatte ein Bild gemalt, auf dem »I Love You, Harry« stand.

Da Kalifornien mehr als einen halben Tag hinter China her hinkt, trafen alle Nachrichten zu seltsamen Zeiten ein. Am frühen Morgen des 23. August hörte Ching Lee, daß man mich verurteilt habe, und dann mußte sie vierundzwanzig Stunden warten, ehe sie das Strafmaß erfuhr. Unser Haus wurde eine Art Generalstabsquartier, vor dessen Tür sich Reporter drängten, David Welker oben im Büro rund um die Uhr am Telefon saß. Er war es müde geworden, immer wieder Telefonate von Journalisten aus aller Welt entgegenzunehmen, und hatte eine Bandaufzeichnung gemacht, in der er sie bat, auf Neuigkeiten zu warten. Unten saß Ching Lee mit ihren Eltern, ihrem Bruder, ihrer Schwägerin und ihrer Nichte, die aus Taiwan gekommen waren.

Am späten Vormittag blickte David aus dem Fenster und bemerkte, daß die Journalisten noch unruhiger geworden waren. Dann sprach jemand eine sehr aufmunternde Nachricht auf das Band: »Mrs. Wu, Sie können sehr froh sein. Man hat Ihren Mann in ein Flugzeug gesetzt.« Sobald dieser Reporter eingehängt hatte, hinterließ ein anderer die gleiche Botschaft. »Ching Lee, komm rauf!« schrie David. »Ich bin nicht ganz sicher, aber irgendwas ist passiert. Reuters berichtet, daß Harry im Flugzeug sitzt.«

David rief bei John Foarde an, einem gewissenhaften Beamten im Außenministerium in Washington, und dieser bestätigte: »Wir haben das auch gehört. Ich warte nur noch auf den Anruf aus Beijing.« Plötzlich sagte er: »Moment, Beijing ist am anderen Apparat.« Einige Minuten später meldete er sich wieder: Man habe aus Beijing mitgeteilt, daß ich mit dem Air-China-Flug käme.

Ching Lee verkündete die gute Nachricht, und alle im Haus jubelten

und umarmten sich. Dann ging David hinaus, um die Presse zu organisieren. Ching Lee bat ihn, ein kurzes Statement aufzusetzen, das sie vor
der Presse verlesen könne, und er schrieb ein paar Worte auf eine Kartei-
karte. Danach trat sie mit ihrer Mutter und ihrer Nichte hinaus auf den
Rasen. Ching Lee dankte allen für ihre Hilfe; sie sei sehr glücklich und
freue sich sehr darüber, daß die Familie nun endlich wieder vereint sein
werde. Die Journalisten fragten, ob meine Freilassung Teil eines Handels
mit dem Weißen Haus sei und ob Mrs. Clinton nun nach Beijing fahren
werde. Aber Ching Lee dankte ihnen nur noch einmal und kehrte ins
Haus zurück, ohne irgendwelche heiklen politischen Themen anzu-
sprechen.

Jeff Fiedler war auf dem Weg von Chicago nach Washington gewesen, wurde jedoch nun nach San Francisco umgeleitet, während sich
David um die Einzelheiten kümmerte. Das Büro des Kongreßabgeordneten Pete Stark in Fremont organisierte meinen Empfang am Flughafen,
unter anderem auch ärztliche Hilfe für den Notfall. Bürgermeister Peter
McHugh von Milpitas stellte einen Minibus des Seniorenamtes der
Stadt zur Verfügung, mit dem die gesamte Wu-Gesellschaft zum Flughafen verfrachtet werden sollte. Ein zweites Auto würde folgen, für den
Fall, daß ich lieber allein sein wollte. Ching Lee und die anderen kletter-
ten mit einem Riesenstrauß gelber Rosen in den Minibus und fuhren die
vierzig Minuten zum Flugplatz und geradewegs auf die Landebahn.

Inzwischen war auch Jeff gelandet. Zusammen mit David sorgte er
dafür, daß Ching Lee vor den beinahe hundert wartenden Journalisten
eine kurze Erklärung abgeben konnte. Sie sagte, sie sei sehr froh über
meine Rückkehr, und fügte hinzu: »Harry ist nichts wichtiger, als seine
Aufgabe zu erfüllen. Aufgrund seiner persönlichen Erfahrungen will er
die Schrecken des Laogai-Systems anprangern.«

Von alledem hatte ich keine Ahnung. Ich versuchte, in der Touristen-
klasse dieses Nonstopfluges ein wenig Schlaf zu finden, aber ich kochte
noch immer vor Wut über Liu, der mir die tausend Dollar abgegaunert
hatte, und über die verspätete Aushändigung der Arznei und des Gesetzbuches. Aber vor allem fragte ich mich, wie ich wohl nach Milpitas
kommen würde. Wußte irgend jemand in den Vereinigten Staaten über-

haupt, daß ich unterwegs war? Die Besatzung der Maschine war mir auch keine Hilfe. Normalerweise rufe ich vom Flugzeug aus an, um mich abholen zu lassen, aber die Boeing 747 der Air China hatte kein Telefon. Vielleicht würde ich einfach einen Mietwagen nehmen, nach Milpitas fahren und am Abend alle überraschen: »Na, was gibt's zu essen?« Ich konnte mir nicht ausmalen, was mich erwartete.

Wir flogen in Richtung Osten, aus der Sonne in die Dunkelheit, und nach beinahe dreizehn Stunden sah ich die Lichter der Bucht, die Brücken und Autobahnen, die Büros und Wohnhäuser, in denen die Menschen in diesem verrückten Land ein freies Leben führen. In dem Musical *Flower Drum Song* wurde das Leben in Amerika einmal mit einem Chop Suey verglichen, in dem die verschiedenen Zutaten ebenfalls bunt zusammengewürfelt sind. Die Bucht, meine neue Heimat. Ich sah sie unter mir glitzern, und ich erlaubte mir eine Prise Emotion, einen Hauch von Sentimentalität. Ich konnte aus diesem Flugzeug aussteigen, eine Plastikkarte vorlegen, mir ein Auto mieten, telefonieren und einfach tun, was ich wollte. Ein freier Mann in einem freien Land – in meinem Land.

In der Abenddämmerung senkte sich die Maschine der Air China auf den Flughafen neben der San Francisco Bay. Die Boing 747 kam zum Stillstand, und ich rechnete mir aus, daß es mindestens eine Viertelstunde dauern würde, bis die vor mir sitzenden Fluggäste ausgestiegen waren. Aber die Stewardessen kamen durch den Mittelgang auf mich zu und sagten, ich dürfe als erster von Bord gehen. Ich holte Bücher, Arznei und Reisetasche aus dem Gepäckfach herunter und schritt auf die offene Tür zu. Kurz bevor ich das Flugzeug verließ, setzte ich mir noch die Mütze der Chicago Bulls auf – mein Erkennungszeichen, wenn die Reise glatt gelaufen wäre.

Gleich vor der Tür erblickte ich Jeff und Ching Lee, die gelbe Rosen im Arm trug. Sie war eine Augenweide. Ich schaute in das Gesicht, das ich mir nicht vorzustellen gewagt hatte, stellte einfach mein Gepäck ab und schloß sie noch in der Tür in die Arme.

»Es ist gut«, flüsterte sie mir ins Ohr. »Alles ist in Ordnung.« (Monate später gab sie zu: »Er sah nicht besonders gut aus. Sein Haar war sechsundsechzig Tage lang nicht geschnitten worden. Er hatte immer dieselbe Kleidung getragen und wirkte sehr müde.«) Dann musterte ich Jeffs bärtiges Gesicht. Auch er war ein wohltuender Anblick, und ich schloß ihn in die Arme. Ching Lee und er nahmen mein Gepäck, und wir gingen den Korridor entlang. Alles schien so fremd zu sein. Ich war wie benommen.

Ching Lee bemerkte, daß ich hinkte, und wollte wissen, ob man mich gefoltert hätte. Nein, antwortete ich, meine Beine täten weh, weil ich keine Arznei für meinen Rücken gehabt hätte. »Aber ich habe sie dir doch nach Wuhan geschickt«, meinte sie.

»Die haben sie mir erst heute gegeben, als ich in Shanghai ins Flugzeug stieg.« Sie murmelte einige nicht sehr feine Worte auf chinesisch.

Man führte mich in ein separates Zimmer, wo ein Arzt meinen Blutdruck und Puls maß und mich schließlich für gesund genug befand, mich meinen Heimweg alleine antreten zu lassen. Ein Rollstuhl stand bereit, aber ich war fest entschlossen, diesen Flughafen auf meinen eigenen Beinen zu verlassen.

»Harry, es sind Reporter da«, sagte mir Jeff. »Möchtest du mit ihnen reden?« Aber ich war zu müde. Also teilte man den Journalisten mit, daß ich keine Interviews geben würde, was sie ziemlich verärgert haben muß. Später, als mir klar wurde, wieviel »Geschrei« die Presse um meine Festnahme gemacht hatte, tat mir meine erste Reaktion leid. Außerdem waren Hunderte von Menschen zum Flughafen gekommen, um mich zu begrüßen. Aber ich wollte nur meine Familie sehen und nach Hause fahren, weshalb ich keine Gelegenheit hatte, ihnen zuzuwinken. Erst Tage später begriff ich, wie viele Menschen sich um mich gesorgt hatten.

Auf dem Weg durch die Korridore berichtete mir Ching Lee, was sich ereignet hatte, und ich nickte immerzu. Später merkte sie dann, »daß Harry sich an gar nichts von dem erinnerte, was ich ihm erzählt hatte«. Wir bogen um eine Ecke, und ich sah Chings Eltern und fiel auf die Knie – so dankbar war ich, Eltern zu haben, die mich am Flughafen abholten. Ching Lees Bruder und seine Frau und Tochter waren ebenfalls gekommen, und dann umarmte mich David Welker und meinte: »Ich bin so froh, dich zu sehen, mein Freund.«

»Und ich freue mich, daß ich hier bin«, gab ich zurück.

Alle sagten, daß ich hager aussähe, aber unter den gegebenen Umständen geistig überraschend fit zu sein schiene. Ob man mich Tag und Nacht verhört habe? Ich erklärte, so schlimm sei es nicht gewesen.

Als wir das Flughafengebäude verließen, wartete der Bus aus Milpitas mit einer großen gelben Schleife daran. Ich brauchte also doch kein Auto zu mieten, um nach Hause zu kommen. Zusammen mit David, Jeff, Ching Lee und dem Fahrer stieg ich in den zweiten Wagen, und die anderen folgten uns im Minibus.

Während unsere kleine Wagenkolonne in Richtung Süden fuhr, erzählte ich ihnen zuerst von den sechzehn Aufsehern, die mich bis nach Shanghai begleitet hatten. Dann beschrieb ich den überraschten Gesichtsausdruck der Richter, als ich Berufung einlegen wollte.

»Das sieht dir ähnlich«, meinte Jeff.

In der Nähe unseres Hauses bemerkte ich völlig verblüfft die Scheinwerfer der vielen Fernsehteams. Unsere Nachbarn standen auf dem Bürgersteig und klatschten und winkten. An allen Häusern, nicht nur an unserem, waren gelbe Schleifen angebracht. Vor unserem Haus stand ein Polizist der Stadt Milpitas Wache. Dutzende von Reportern und Fernsehleuten drängelten sich um mich. Monatelang hatte ich mir nichts sehnlicher gewünscht, als der Welt meine Geschichte zu erzählen, aber nun besaß ich kaum noch Energie. »Ich bin sehr stolz darauf, daß ich Amerikaner bin«, sagte ich. »Wenn ich kein Amerikaner wäre, hätten sie mich wahrscheinlich nicht freigelassen.«

Ich dankte allen für ihr Kommen und trat ins Haus – in mein wunderschönes kalifornisches Haus. Ich machte einen Rundgang, inspizierte das Gebäude, stellte mein Gepäck beiseite und setzte mich dann im Kreis meiner Familie auf das weiße Ledersofa im Wohnzimmer. Ching Lees beide kleine Nichten rannten im Zimmer herum. Ein paar chinesische Freunde kamen zu Besuch, und ich erzählte von der Spinne, welche die Heuschrecke gefressen hatte, von den Richtern, von den jungen Beamten, die alles über Magic Johnson und O. J. Simpson wissen wollten, von meiner Zugfahrt quer durch China, von dem furchtbaren Nasenbluten, von Wang und den albernen Fragen direkt aus Beijing. Manchmal schlug ich zur Betonung meine Fäuste zusammen: Wang und ich, die mit den Köpfen aneinanderprallten, logen, die Wahrheit sagten, Katz und Maus spielten.

Nach und nach verabschiedeten sich die Freunde, Ching Lees Nichten und ihre Eltern. Jeff war in unserem winzigen Gästezimmer untergebracht. Dann ging auch Ching Lee nach oben. Ich schaute David an und begriff, daß alle Betten und Sofas besetzt waren. »Ich schlafe in eurem Büro auf dem Boden«, meinte er.

Endlich war das ganze Haus still. Ich kroch neben meiner Frau ins Bett, nahm sie in die Arme und sagte ihr, wie sehr ich sie liebte.

»Ich habe immer an dich gedacht«, antwortete sie. »Hast du an mich gedacht?«

»Um ehrlich zu sein, ich durfte nicht an dich denken. Es hätte zu weh getan. Ich hätte nicht durchgehalten.«

Es war dunkel, und ich konnte Ching Lees Gesicht nicht sehen, aber sie flüsterte leise: »Das verstehe ich.« Bald hörte ich, wie ihre Atemzüge regelmäßiger wurden und sie einschlief. Ich schloß die Augen und dankte Gott, daß ich wieder zu Hause war, doch schlafen konnte ich nicht. Noch immer war ich wütend darüber, daß Liu mir tausend Dollar abgeknöpft hatte. Ich setzte mich im Bett auf und stellte die Füße auf den Boden.

»Harry, wo gehst du hin?« murmelte Ching Lee.

Ich erwiderte, daß ich einen Beschwerdebrief über Liu schreiben wolle.

(»Das hat mich nicht besonders überrascht«, meinte Ching Lee Wochen später. »So ist Harry nun einmal. Er muß für seine Sache kämpfen.«)

Ich schlich mich aus dem Schlafzimmer und tappte auf Zehenspitzen ins Büro. Dort machte ich einen großen Schritt über den schlafenden David Welker hinweg und setzte mich an meinen Computer.

»An die Regierung der Volksrepublik China, Beijing.

Am Flughafen von Wuhan warteten mit mir fünf uniformierte Polizisten und etwa elf Funktionäre in Zivil auf den Abflug meiner Maschine. Unter ihnen war ein Beamter, Herr Liu, zweiundvierzig Jahre alt ...«

Ich blieb mitten im Satz stecken. Mein Englisch ließ mich im Stich. David wird wohl nie vergessen, was dann geschah. Der arme Kerl war nun zwei Monate ununterbrochen im Einsatz gewesen, hatte sich um mich gesorgt, Ching Lee geholfen und mehrere Jetlags hinter sich. Jetzt war er endlich zur Ruhe gekommen und in tiefen Schlaf gesunken.

Und ich rüttelte ihn um vier Uhr morgens und sagte: »David, wach auf.«

Er schlug die Augen auf und starrte mich ungläubig an. »Harry, was in aller Welt machst du jetzt schon wieder?«

Ich erklärte ihm, ich schriebe einen Brief an die Kommunisten. Wir saßen beide in unserer Unterwäsche in der lauen kalifornischen Nachtluft, und er brachte den Satz in Ordnung.

»Gut, du bist fertig, schlaf weiter«, meinte ich.

»Jetzt weiß ich, daß du wirklich zu Hause bist«, sagte David.

## 30 Ich lebe mich wieder ein

Ching Lee war nicht mehr die Frau, die ich fünf Jahre zuvor kennengelernt hatte. Sie hatte ungeheures Selbstbewußtsein gewonnen und eine wunderbare Eigeninitiative entwickelt. Der Gedanke, sie vielleicht völlig unterschätzt zu haben, war mir sehr peinlich. Sie prahlte nicht mit den Abenteuern, die sie während meiner Abwesenheit durchgestanden hatte, aber ich hätte ein Narr sein müssen, wenn ich nichts davon erfahren hätte. Sie hatte mit Margaret Thatcher, Tony Lake und Newt Gingrich geplaudert; sie beherrschte die feine Kunst des 15-Sekunden-Statements fürs Fernsehen und hatte gelernt, den Chinesen Paroli zu bieten.

Ich hörte die Geschichte von dem achttägigen Fest in San Francisco, mit dem man die Partnerstadt Shanghai ehren wollte. Ching Lee und ihre Freundin Ann Lau hatten versucht, das Fest absagen zu lassen, aber die Planungen waren schon zu weit fortgeschritten. Also beschlossen sie, persönlich Protest anzumelden. Man kann sich vorstellen, wie schockiert die Organisatoren waren, als am 16. Juli Ching Lee, die Abgeordnete Nancy Pelosi und Bürgermeister Peter McHugh aus Milpitas bei der Shanghai-Party auftauchten und in Anwesenheit des Bürgermeisters von Shanghai ihren Sprechgesang »Laßt Harry Wu frei!« anstimmten. Auch das Flugzeug, das ein großes Spruchband mit der gleichen Aufschrift am Himmel hinter sich her zog, dürfte ihm kaum entgangen sein. Bis heute wissen wir nicht, wer es bezahlt hat.

Immer wieder wurde mir von Ching Lees Mut berichtet. Je öfter ich mir die Videos ansah, die während meiner Abwesenheit entstanden waren, desto klarer wurde mir, daß Ching Lee die schreckliche Situation zu unseren Gunsten gewendet hatte. Sie hatte die Menschen dazu gebracht, sich Sorgen um mich und Gedanken über das Laogai-System zu machen.

Es war mir peinlich, den Interviewern gegenüber eingestehen zu müssen, daß ich nicht gewagt hatte, an Ching Lee zu denken, weil ich fürchtete, sonst völlig zusammenzubrechen. Wie konnte ich nicht an diese wunderbare, tapfere Frau denken, die sich zu Hause so sehr für mich einsetzte? Am zweiten Abend, als es etwas ruhiger um uns geworden war, sagte ich zu ihr: »Du erzählst mir gar nicht alles, was während meiner Abwesenheit hier vorgefallen ist. Aber von anderen höre ich, wieviel du getan hast. Ich lese die Zeitungsartikel und sehe mir die Videos an. Das alles wußte ich nicht.«

Sie erwiderte nur: »Das habe ich für dich getan, weil ich dich liebe. Ich bin doch deine Frau.«

Ich hatte schon immer gewußt, daß sie eine kluge, aktive Frau ist, dazu gütig und freundlich, jenseits der Klischeevorstellung von der Asiatin, die gehorsam alles tut, was ihr Mann verlangt. Doch ich hatte mir nie vorstellen können, daß sie einmal eine Persönlichkeit des öffentlichen Lebens werden würde. Nun mußte ich zugeben: »Das ist eine ganz neue Ching Lee!«

Meine Gefühle übermannten mich, und ich flüsterte ihr zu: »Ich schau’ dir in die Augen und möchte dich fragen, ob du mich noch einmal heiraten willst.«

»Mach dich nicht lächerlich«, antwortete sie. »Wir sind schon verheiratet. Das ist nun wirklich nicht nötig.«

Seit den ersten Tagen nach meiner Heimkehr spricht Ching Lee von den Veränderungen, die in ihr vorgegangen sind. »Natürlich bin ich jetzt anders«, erzählt sie. »Schon bevor Harry verhaftet wurde, wußte ich, daß ich mich verändert hatte, aber ich wagte nicht, es zu erwähnen, weil ich das Gefühl hatte, das Laogai-System nicht richtig zu durchschauen.

Ich konnte immer schon gut mit Menschen umgehen. Das gehörte zu meinem Job in Taiwan. Wenn Harry einen Termin hatte oder müde war, war ich ein bißchen traurig, wollte ihm helfen und die Last mit ihm teilen. Nicht nur die Schreibarbeit.

Als man ihn dann verhaftete, wollten viele Leute mit mir sprechen. Zuerst war ich zurückhaltend, aber nach und nach habe ich dazugelernt. Ich war immer noch sehr bemüht, nur ja keine Fehler zu machen, aber ich merkte, daß ich über diese Dinge reden konnte.

Als Harry zurückkam, sagte er: ›Ich habe sie unterschätzt.‹ Mir ist
klar, was er damit meinte. Zuerst wollten die Leute immer nur mit ihm
reden, aber jetzt ist das anders. Ich bin anders. Nun will man auch mit
mir sprechen. Und ich fühle mich den Fernsehleuten gewachsen. Kürzlich habe ich in einer High School einen Vortrag gehalten. Das kann ich
jetzt.«

Ching Lee ist immer noch meine loyale Ehefrau, und manchmal
drängt sie mich, kürzerzutreten, zu Hause zu bleiben und nicht dauernd
durch die Weltgeschichte zu fahren, damit wir ein normales Leben miteinander führen können. Wir haben in letzter Zeit auch über Kinder gesprochen. Wir denken darüber nach. Es fällt mir trotzdem immer noch
schwer, eine Einladung zu einem Vortrag am anderen Ende des Landes
auszuschlagen und nicht jeden Tag in ein Flugzeug zu steigen. Ich weiß,
daß ich mein Tempo verringern und mehr Zeit mit Ching Lee verbringen sollte. Ich denke an die schrecklichen Tage, als ich fürchtete, sie nie
wiederzusehen.


Es war nicht leicht, sich an jenem ersten Tag wieder einzuleben. Schließlich konnte ich doch einschlafen, aber am nächsten Morgen um zehn
Uhr lud ich alle Reporter ins Haus ein, in unser kleines Arbeitszimmer.
Natürlich bezog sich die erste Frage auf die gerade erfolgte Ankündigung, daß Mrs. Clinton nach China reisen werde. Zwar wurde diese
Tatsache nicht ausdrücklich mit meiner Freilassung in Verbindung gebracht, aber ich hatte keinerlei Zweifel an Ursache und Wirkung.

»Sie mußte selbst entscheiden, ob sie reisen will oder nicht«, erklärte
ich den Reportern. »Aber wenn meine Freilassung Teil einer Absprache
ist, eine Bedingung für Mrs. Clintons Reise nach China, dann bin ich
wirklich wütend darüber.

Die Freilassung von Harry Wu bedeutet nicht, daß sich die Menschenrechtssituation in China gebessert hätte. Die Polizei hat mir gesagt:
›Sie haben Glück, daß Sie Amerikaner sind.‹ Das hat mich sehr traurig
gestimmt.«

Die Journalisten wollten wissen, wie ich meine Haft überstanden
hatte. War ich gefoltert worden? Hatte man mich rund um die Uhr verhört? Ich mußte ehrlich zugeben, daß es nicht so schlimm gewesen sei,

daß ich beinahe das Gefühl gehabt hätte, die Situation im Griff zu haben. »Ich habe die Vernehmungsbeamten angelogen«, erklärte ich den Reportern. »Und warum auch nicht?«

Sie rutschten unruhig auf ihren Stühlen hin und her. Amerikaner denken gern, daß sich alle an die gleichen Regeln halten, daß die Wahrheit immer im Vordergrund zu stehen hat; man soll meinen, was man sagt, und sagen, was man meint. Aber ich hatte mit Menschen zu tun, denen man nicht trauen kann, und mußte ihrem Beispiel folgen. »Ich habe denen versichert, daß ich mich aus der Politik heraushalten würde, wenn man mich freiließe, daß ich nur mit meiner Frau ein gutes Leben führen wolle. Warum sollte ich ihnen gegenüber ehrlich sein? Ich behandele die Menschen so, wie sie mich behandeln. Und diese Leute haben mich von Anfang an belogen.« Es sei eine Schlacht gewesen, der ich mich nicht entziehen konnte.

Ich wurde gefragt, ob ich je wieder versuchen würde, nach China zu reisen.

»Das weiß ich nicht«, erwiderte ich. »Ich bin ja gerade erst zurückgekommen. Darüber muß ich nachdenken.«

Einer der ersten Anrufe kam von Daniel Piccuta in Beijing, der sich sehr freute, als er hörte, daß es mir gutging. Gleich nach der Urteilsverkündung hatte er sich an einen chinesischen Beamten gewandt und angeboten, mich zum Flughafen zu begleiten, falls ich ausgewiesen wurde. Der Chinese hatte entgegnet, ich müsse zuerst meine Strafe absitzen. Piccuta kehrte in sein Hotelzimmer zurück, wo man ihn jederzeit erreichen konnte, wenn es Neuigkeiten gab. Er wurde jedoch erst kurz nach halb eins in der Nacht verständigt, und auch dann teilte man ihm nur mit: »Harry Wus Flugzeug ist gerade von Shanghai aus gestartet.«

Ein weiterer Anrufer war Don Hewitt von *60 Minutes*, der mich fragte, ob ich an einem kurzen Film über meine Reise mitwirken wolle, was ich natürlich bejahte. Man schickte meinen alten Freund, jenen berüchtigten amerikanischen Importeur von Stahlrohren, Ed Bradley. Es bereitete mir diebische Freude, ihm zu berichten, was die chinesischen Ermittler am stärksten interessiert hatte: »Wieviel Geld verdient Ed Bradley?«

Er interviewte Ching Lee und mich zusammen. Auf die Frage, ob Mrs. Clinton sich in der China-Frage hinreichend eingesetzt habe, erwiderte Ching Lee: »Ich glaube, daß sie wirklich etwas für diejenigen tun sollte, die in China noch in den Gefängnissen sitzen, für die fälschlich Angeklagten, für all diese gesichtslosen, namenlosen Menschen.«

Ich fügte hinzu: »Sie sollte sich offen gegen das chinesische Gulag-System aussprechen, sie sollte die Verletzungen der Menschenrechte in China anprangern, mit klaren und offenen Worten.«

Bradley erkundigte sich, ob denn die Frau eines amerikanischen Präsidenten die Chinesen anläßlich einer Konferenz in deren eigenem Land kritisieren dürfe.

»Und Sie wollen wohl den chinesischen Kommunisten helfen, das Gesicht zu wahren?« sprudelte es vor laufender Kamera aus mir heraus. »Und Ihnen sind die Dissidenten des Gulag-Systems völlig gleichgültig? Das läßt Sie wohl kalt?«

An Ed Bradleys Gesichtsausdruck konnte man ablesen, daß es ihn ganz und gar nicht kalt ließ.

Die Chinesen zögerten keine Sekunde, mich in Mißkredit zu bringen. Sobald ich im Flugzeug saß, starteten sie ihre Diffamierungskampagne. »Ein Mann, der moralisch verderbt ist und viele üble Taten begangen hat«, schrieb die *Volkszeitung* über mich. Schon an der Universität hätte ich meine Karriere als Dieb begonnen. In diesem Zusammenhang wurde die Geschichte mit den fünfzig Yuan wieder aufgewärmt. Meine neunzehn Jahre im Laogai überging das Blatt praktischerweise und behauptete dann, ich hätte während meiner Lehrtätigkeit in Wuhan öffentliches Eigentum gestohlen, Papiere gefälscht, um mir Radios und Ventilatoren zu beschaffen, und die Unterschrift meines Vorgesetzten auf einer Spesenabrechnung nachgeahmt. Außerdem hätte ich versucht, eine Studentin zu verführen. Das traf zu, aber sehr zu bemühen brauchte ich mich dabei nicht. Wir beide waren in der kurzen glücklichen Zeit, die wir miteinander verbrachten, gleichberechtigte Partner gewesen. Man beschrieb mich als »moralisch degeneriert« und warf mir Mangel an Patriotismus vor. »Sein Herz war voller Haß. Er hatte das

Gefühl, China schulde ihm etwas, und er wollte eine alte Rechnung begleichen.«

Das stimmt. China schuldet mir neunzehn Jahre. Und ich bin nur einer von vielen Millionen.

Am folgenden Tag rief Clintons Sicherheitsberater Anthony Lake an und hieß mich in der Heimat willkommen. Ich dankte ihm für die Bemühungen der Regierung. Vor meiner Festsetzung war mir die amerikanische Staatsbürgerschaft als eine pure Notwendigkeit erschienen, als die einzige Möglichkeit, weiter in diesem Land zu leben; aber nun fühlte ich mich zutiefst geehrt, Amerikaner zu sein, und ich hoffe, daß ich Mr. Lake dieses Gefühl erklären konnte. Eine Schlagzeile in der *Washington Post* lautete: »Treffen zwischen Mr. Clinton und Harry Wu geplant«. Man fragte Lake: »Haben Sie vor, persönlich mit Harry Wu zu sprechen?« Er antwortete: »Ja, und zwar sehr bald.« Bisher ist es nicht dazu gekommen.

Wir saßen zu Hause und schauten uns im Fernsehen an, wie Hillary Clinton termingerecht nach Beijing abreiste. Ich wäre hocherfreut gewesen, wenn sie aus Protest gegen die chinesische Menschenrechtspolitik zu Hause geblieben wäre oder wenn sie in ihrer großen Rede auf der Konferenz die Behandlung von Gefangenen in China angeprangert hätte. Immerhin hielt sie eine leidenschaftliche Rede, die von vielen Menschen überall begrüßt wurde.

»Es wird Zeit, hier in Beijing vor der ganzen Welt zu sagen, daß man Frauenrechte nicht mehr von Menschenrechten trennen kann«, verkündete Mrs. Clinton.

Ich hätte es liebend gern gesehen, wenn sie auf die chinesische Politik der Zwangssterilisierung oder der erzwungenen Abtreibungen eingegangen wäre oder auf die häufigen Kindesmorde an weiblichen Säuglingen, wenn die Eltern einen Sohn haben wollen. Darauf verzichtete sie, aber die Stärke ihrer Worte muß für die Behörden in Beijing, die keine Exiltibeterinnen und keine Delegierten aus Taiwan ins Land gelassen hatten, unüberhörbar gewesen sein.

»Freiheit ist das Recht, sich zu versammeln, sich in Gruppen zu organisieren und offen zu diskutieren«, sagte Mrs. Clinton. »Das bedeutet,

daß man die Ansichten der Menschen respektiert, auch wenn sie unter
Umständen mit der Regierungsmeinung nicht übereinstimmen. Es bedeutet, daß man Bürger nicht von ihren Familien trennen und in Gefängnisse stecken, daß man sie nicht mißhandeln oder ihnen die Freiheit
und Würde rauben darf, nur weil sie friedlich ihre Meinung geäußert
haben.«

Sie fuhr fort: »Wenn es eine Botschaft gibt, die von dieser Konferenz
ausgeht, dann soll es die Botschaft sein, daß Menschenrechte Frauenrechte und Frauenrechte Menschenrechte sind, ein für allemal.«

Am nächsten Tag konnten wir in Filmausschnitten verfolgen, wie
der Kommunismus all diesen Frauen, all diesen Unruhestifterinnen aus
der ganzen Welt sein häßliches Gesicht zeigte. Am 6. September arran-
gierte die chinesische Regierung für Mrs. Clintons Rede einen möglichst unzugänglichen Veranstaltungsort, die Stadt Huairou, fünfund-
sechzig Kilometer von Beijing entfernt. Tausende von Delegierten
mußten im strömenden Regen draußen vor der Tür ausharren, weil der
Zuschauerraum zu klein war, und es gab einige höchst ungute Augen-
blicke, als Sicherheitsbeamte die murrenden Teilnehmerinnen sehr un-
sanft herumschubsten.

Fast niemand in China konnte Mrs. Clintons Rede hören, aber die
chinesische Führung war zweifellos sehr stolz darauf, die amerikanische
First Lady zu Gast zu haben. Die hohen Herren im Lande hörten sie,
und beinahe die ganze freie Welt auch. Sie stand unter großem Druck
von seiten der Republikaner und der Menschenrechtskämpfer in den
Vereinigten Staaten, die forderten, daß sie Beijing öffentlich anprangere.
Ich hatte gefürchtet, daß sie auf der Konferenz nur ein höflicher Gast
sein und den Chinesen helfen werde, das Gesicht zu wahren. Statt dessen verkündete sie mit klaren Worten die Botschaft, daß Menschenrechte universelle Gültigkeit besitzen.

Nachdem ich meinem Schwiegervater von meiner Kalligraphie in der
Villa in Wuhan erzählt hatte – von dem Spruch, daß der Regen ins Meer
fällt –, merkte ich, daß er immer mehr Zeit in seinem Zimmer verbrachte und an seiner eigenen Kunst arbeitete. Eines Tages brachte er
mir sein neuestes Werk, eine wunderschöne, sehr individuelle Kalligra-

phie dieses buddhistischen Spruches mit seinem eigenen Siegel, und machte es mir zum Geschenk. Ich war so gerührt, daß ich das Blatt rahmen ließ und es an die Wand gegenüber meinem Schreibtisch hängte. Selbst in den hektischsten Zeiten schaue ich es hin und wieder an und erinnere mich: »Der Regen fällt ins Meer, und es nimmt weder ab noch zu.« Diese Worte mahnen mich, Ruhe zu bewahren.

Im Laufe der Zeit trug ich Berichte über die Ereignisse während meiner Gefangenschaft zusammen. Ich fand heraus, daß die kalifornische Senatorin Diane Feinstein zufällig gerade in China war, als man mich gefangenhielt. Als frühere Bürgermeisterin von San Francisco besuchte sie Präsident Jiang Zemin, der einmal Bürgermeister unserer Partnerstadt Shanghai gewesen war. Sie bat Jiang, mich freizulassen, aber er behauptete, wegen der wunderbaren Gewaltenteilung zwischen Exekutive und Jurisdiktion keinen Einfluß auf meinen Fall ausüben zu können.

Am 24. August wartete Senatorin Feinstein am Flughafen von Shanghai auf ihren Rückflug. Jiang schickte einen Sonderboten, der ihr mitteilte: »Harry Wu wird heute aus China ausreisen.« Alles war schon im voraus geplant. Etwa zur selben Zeit wartete ich noch voller Spannung auf mein Urteil. Es freut mich, daß man die Flugtickets bereits gekauft und meiner Senatorin versichert hatte, es bestehe kein Grund zur Sorge. Ich wünschte mir nur, Jiang hätte auch mich unterrichtet.

Nicht lange nach meiner Heimkehr telefonierte ich mit Meihua, die nach den Berichten im Fernsehen in Shanghai nun endlich wußte, was es mit meinen geheimnisvollen Reisen nach China auf sich hatte.

»Geht es dir gut?« erkundigte sie sich, und ich erwiderte, alles sei in Ordnung.

»Versuch es bloß nicht noch einmal«, mahnte sie. »Paß gut auf dich auf. Du bist jetzt beinahe sechzig. Viel Zeit haben wir nicht mehr. Du solltest jetzt das Leben mit deiner Familie genießen. Ich denke immer an dich. Wenn dir etwas an mir liegt, dann geh keine unnötigen Risiken ein.« Ich dankte ihr für ihre Ratschläge, machte aber keinerlei Versprechungen. Heute schreiben wir uns ab und zu und telefonieren miteinander. Sie schickt stets Grüße an Ching Lee. Kürzlich hat ihre Familie einige alte Bilder von uns gefunden, und Meihua ist zum zweitenmal Großmutter geworden.

Das muß ich den chinesischen hohen Herren zugute halten: Sie haben Meihua nie darunter leiden lassen, daß sie mit mir in Verbindung steht, denn sie wissen, daß ich meine Pläne nicht mit ihr besprochen habe. Zumindest in dieser Hinsicht hat sich die Lage gebessert. Jetzt kann ein bekannter Unruhestifter in Kalifornien zum Telefon greifen und seine Jugendliebe in Shanghai anrufen, ohne – vorläufig – fürchten zu müssen, daß sich der »Große Bruder« einmischt.

Eine eher unerwartete Reaktion auf meine Reise kam von der BBC. Dort war man verärgert darüber, daß ich bei meinen Verhören in einigen kleinen Punkten Fehler eingestanden hatte, damit die Chinesen nicht völlig das Gesicht verloren. Ich hatte allerdings nur die Aspekte des Dokumentarfilms kritisiert, die offensichtlich irreführend waren: Die gezeigte Operation war wirklich eine Herzoperation, obwohl die BBC nie behauptet hatte, es sei eine Nierenverpflanzung. Und ich hatte dem Sender mitgeteilt, daß die Gedenktafeln nicht notwendigerweise zu Gefangenengräbern gehörten. Diese Kleinigkeiten brachten meiner Meinung nach weder den ganzen Film noch die BBC in Mißkredit.

Trotzdem hatte man in China einigen ständigen BBC-Korrespondenten mit dem Entzug ihres Visums gedroht, und meine Freundin Sue Lloyd-Roberts war deswegen ins Kreuzfeuer der Kritik geraten. Einige Reporter in Beijing hatten das Gerücht aufgeschnappt, man habe mich derart unter Drogen gesetzt, daß ich bei meinen Verhören und im Gerichtsverfahren die absurdesten Dinge ausgesagt hätte. Nun war ich wieder in Freiheit in Amerika, und die BBC wollte über Satellit ein Interview mit mir machen, um die Sache aufzuklären. Dem stimmte ich gern zu, denn ich respektiere die BBC sehr. Also fuhr ich in ein Studio in New York, wo ich über Satellit von Peter Snow interviewt wurde, der mich immerfort mit aggressiver britischer Höflichkeit »Mr. Wu« nannte. Ich versuchte ihm meine Isolation in der Villa zu beschreiben, aber er kam ständig darauf zurück, wie deprimiert ich in dem chinesischen Propagandafilm aussähe. Ich erinnere mich an eine seiner Fragen: »Mr. Wu, wir haben gehört, daß man Sie gezwungen hat, Medikamente einzunehmen. Hat sich das auf Ihr Denken ausgewirkt und Sie dazu gebracht, diese Aussage zu machen? Warum haben Sie erklärt, daß der BBC-Film nicht der Wahrheit entspreche?«

Plötzlich wurde mir klar, daß ich mit seiner Frage nichts zu tun haben wollte. Sein Tonfall und seine gemeine Unterstellung waren mir unerträglich. Ich nahm den Kopfhörer ab und sagte unvermittelt: »Das Interview ist beendet.« Auf dem Weg aus dem Studio bemerkte ich: »Nicht einmal die Typen in China haben mich so hart verhört wie dieser Kerl von der BBC.«

Ich erinnerte mich an den Brief, den mir meine Aufseher in China zeigten – einen Brief, den ich in meinem eigenen Haus geschrieben hatte. Deshalb verstärkte ich gleich nach meiner Rückkehr sämtliche Sicherheitsvorkehrungen: Jetzt habe ich einen Revolver im Haus, mein Grundstück wird mit einer Kamera überwacht, und ich habe mir einen Reißwolf gekauft.

Eine Randbemerkung für die Kommunisten: Tut euch keinen Zwang an, ihr könnt ruhig meinen Müll durchwühlen. Außer drei Tage altem Rindfleisch mit Brokkoli werdet ihr nichts finden.

Wir alle genossen unsere Viertelstunde im Rampenlicht des Ruhms. Auf der Titelseite der *Washington Post* prangte ein Foto von David Welker und mir, als wir uns am Flughafen umarmten. Das würden sich die Chinesen natürlich merken. Bestimmt glaubt David, daß er deswegen nie wieder ein Visum für China bekommen wird, aber eines Tages dürfte er sicher eine großartige Karriere im diplomatischen Dienst oder in der Privatwirtschaft machen. Er liebt die chinesische Sprache, er liebt die Chinesen, er liebt China. Irgendwann wird er sicher wieder dorthin reisen.

Am 8. September war ich beim Unterausschuß für Internationale Aktivitäten und Menschenrechte in Washington zu Gast, wo mich ein Dutzend Abgeordnete mit Natan Scharanski, Lech Wałęsa, Raoul Wallenberg, Aung San Suu Kyi und anderen verglichen, die sich aktiv für die Menschenrechte eingesetzt hatten. Es schmeichelte mir ungeheuer, mich in so illustrer Gesellschaft wiederzufinden. Aber als einem alten Shortstop-Baseballspieler aus Shanghai bereitete es mir ganz besonderes Vergnügen, daß mich Nancy Pelosi (die nun Kongreßabgeordnete für Kalifornien ist, aber ursprünglich aus Baltimore stammt) mit Carl Ripken verglich, dem berühmten Shortstop der Baltimore Orioles, der gerade einen neuen Rekord für die meisten Spiele in Folge aufgestellt hatte. »Ich glaube, wir haben hier unseren eigenen ›Iron Man‹ unter uns«, sagte die Abgeordnete Pelosi und lobte dann auch Ching Lee: »Manchmal war man versucht, die ganze Angelegenheit für völlig hoffnungslos zu halten, aber Ching Lee hat uns mit ihrer Führungsstärke und ihrer Kraft immer wieder inspiriert. Sie zeigte keine Schwäche, also konnten wir anderen uns auch keine leisten.«

Ching Lee dankte dem Unterausschuß für die gewährte Unterstützung: »Menschen, die dauernd die Regierung angreifen, sollten einmal so etwas mitmachen. Es hat mir die Augen geöffnet. Ich habe nicht die geringste Beschwerde. Man hat mich Tag und Nacht über den Gang der Ereignisse genau informiert. Ich weiß, daß alle Beamten, die in Washington, in Horgas oder Beijing für Harrys Freilassung kämpften, sehr hart gearbeitet haben.«

Ich für mein Teil begann meine Rede folgendermaßen: »Ehe ich zur Sache komme, möchte ich Ihnen zuerst aus ganzem Herzen ›Danke‹ sagen.«

Wir waren auch anderen zu Dank verpflichtet. Den Niederländischen Freiheitskämpfern, die mich für ihre Auszeichnung des Jahres, einen der renommiertesten Friedenspreise der Welt, nominiert hatten. Einige Kongreßabgeordnete sprachen davon, mich für den Friedensnobelpreis vorzuschlagen, aber ich forderte sie auf, sich statt dessen für Wei Jingsheng einzusetzen, der in China lebt, tapfer und offen seine Meinung kundtut und dafür immer wieder leiden muß. Er verdient einen solchen Preis weitaus mehr.

Wir hatten während meiner Zeit in Wuhan einen weiteren Sieg errungen. Mein alter Freund Bob Windrem von NBC hatte eine Firma untersucht, die verdächtigt wurde, Produkte aus Arbeitslagern einzuführen. Man sendete den Bericht am 26. Juni in den Hauptabendnachrichten der NBC, nachdem der Korrespondent Fred Francis der Asbury Graphite Company in Asbury, New Jersey, einen Besuch abgestattet hatte.

Marvin Riddle, der Vorsitzende des Unternehmens, erklärte NBC, er wisse nicht, woher der Graphit für seine Fabrik komme, doch sein Sohn Steven, der Firmenpräsident, teilte Francis mit, der Graphit stamme aus den Qingdao-Minen in der Provinz Shandong.

»Weiß Ihre Firma, daß die meisten Arbeitskräfte, die bei der Gewinnung von walzbarem Graphit eingesetzt werden, Zwangsarbeiter sind?« fragte Francis.

»Das wissen wir, ja«, antwortete Steven Riddle.

»Wie haben Sie das erfahren?«

»Von, von, von … wissen Sie, von Besuchen dort und aus Gesprächen mit Leuten in der Graphitbranche oder anderen Industriezweigen, die in dieser Gegend waren. Ich meine, es schauen eben alle weg.«

»Sie auch?«

»Ja, wir auch.«

»Haben Sie sich je Gedanken darüber gemacht, daß Ihre Firma Asbury Graphite damit US-Gesetze verletzt?«

»Ja.«

NBC interviewte auch den Abgeordneten für Virginia, Frank Wolf, der die Zollbehörde aufforderte, Firmen genau unter die Lupe zu nehmen, die Waren aus Straflagern in China importieren. Ich freute mich darüber, daß Politiker wie Wolf und Journalisten wie Windrem den Druck aufrechterhielten. Nach meiner Haft in China mußte ich beweisen, daß ich trotzdem das Laogai-System noch wirkungsvoll überwachen konnte.

Das letzte Ergebnis meiner Arbeit im Jahre 1995 war eine Untersuchung der Weltbankprojekte in Xinjiang. Da man mich an der Grenze erwischt hatte, konnte ich mir diese Projekte nie genau ansehen, aber wir förderten trotzdem mehr Informationen zutage, als wir uns je hätten träumen lassen. Zusammen mit Jeff, David und Ching Lee gab ich am 23. Oktober 1995 einen Bericht mit dem Titel »Die Weltbank und Zwangsarbeit in China: ein Fehler oder eine moralische Bankrotterklärung?« heraus.

Wir merkten an, daß man in der Beurteilung der Weltbank vom
31. Juli 1991 versäumt hatte, die Existenz von sieben großen Laogai-
Lagern und vierzehn Arbeitslagern im Tarim-Becken zu erwähnen; sie
alle werden vom XPCC geleitet, das in diesem Gebiet auch mindestens
dreißig Farmen betreibt.

Wir betonten den militärischen Aspekt des Corps und druckten
dann einen Artikel der chinesischen Nachrichtenagentur Xinhua vom
April 1995 nach. Darin hieß es: »Seit den frühen neunziger Jahren wird
in Xinjiang ein großes, von der Weltbank finanziertes Bewässerungspro-
jekt durchgeführt, das 540000 Menschen im westlichen Teil der Wüste
Takla Makan zugute kommen soll ... Bisher wurden etwa 53000 Hektar
Wüste als Anbaufläche gewonnen und zu siebzig Prozent bestellt.«

Beijing zollte der Weltbank Anerkennung für die Wasserprojekte im
Tarim-Becken, während sich die Bank selbst immer noch über ihre Beziehung zum Corps ausschwieg. Wir hatten auf den XPCC-Farmen entlang des Flusses 263732 Menschen gezählt, von denen die große Mehrheit Han-Chinesen sind. Doch in den Berichten der Weltbank wird
behauptet, daß man in erster Linie der einheimischen uigurischen Bevölkerung helfen wolle.

Die Laogai Research Foundation rief James Wolfensohn, den neuen
Präsidenten der Weltbank, dazu auf, das Ausmaß der Arbeitslager im
Tarim-Becken untersuchen zu lassen. Wir forderten auch eine unabhän-
gige Studie zu den Projekten der Weltbank in Xinjiang und anderswo in
China. Außerdem drängten wir die Bank, offizielle Richtlinien zu for-
mulieren, in denen der Einsatz von Zwangsarbeit untersagt würde;
Länder, die gegen die Richtlinien verstießen, sollten mit angemessenen
Sanktionen belegt werden.

Daraufhin schickte die Weltbank eine Arbeitsgruppe nach Xinjiang
und veröffentlichte am 20. Dezember 1995 den fünfzehnseitigen Report
»Ergebnisse einer Untersuchungsreise nach Xinjiang vom 5. bis 18. November 1995«. Das Tarim-Projekt konzentriere sich auf die Flußtäler des
Weigan und des Yerqiang, in denen hauptsächlich Uiguren lebten. Die
meisten Lager, die ich 1994 besucht hatte, lägen nicht im Einzugsgebiet
der Weltbankprojekte. Nur eine einzige Strafvollzugsanstalt befinde
sich in der Nähe eines Projektes, nämlich das »Gefängnis Pailou mit der

angeschlossenen Farm«. Die Mitglieder der Untersuchungskommission hätten jedoch die Pailou-Farm besucht und festgestellt, daß sie »nicht einmal indirekt durch eine bessere Wasserversorgung aus dem Projekt Nutzen gezogen hat«. Aus den Unterlagen und den Befragungen der Verantwortlichen gehe hervor, daß die Farm in den letzten zwanzig Jahren weder gewachsen sei noch sich sonstwie verändert habe.

Die Weltbank äußerte sich auch zu ihren anderen Projekten in Xinjiang. Über das Landwirtschaftliche Entwicklungsprojekt Xinjiang, das am 31. Dezember 1994 abgeschlossen wurde, schrieb sie: »Keiner unserer Mitarbeiter hat irgendwelche Anzeichen von Strafvollzug oder Haftanstalten finden können.« Beim Projekt Wasserversorgung und Gesundheitswesen im Gebiet Aksu von Xinjiang entdeckte das Weltbankteam eine Strafanstalt, vermutete jedoch: »Sogar auf der Staatsfarm Nr. 7 der Abteilung Aksu kam das Bankprojekt dem beabsichtigten Personenkreis zugute, der weder Häftlinge noch Soldaten, sondern verarmte, umgesiedelte Bauern aus den östlichen Provinzen umfaßt.«

Schließlich behandelte man in dem Report auch die »Verbindungen zwischen den durchführenden Organen und dem Strafvollzug«. Man räumte ein, daß die Organisation der Staatsfarmen von Xinjiang »sich historisch am häufigsten« mit dem Titel XPCC bezeichne, und listete sämtliche Aufgaben des XPCC auf – abgesehen von den militärischen. Am Rande hieß es, daß das Corps »auch ein Gefängnisamt betreibt«, das »direkt der Behörde für Gefängnisverwaltung« in Beijing unterstehe.

Zusammenfassend erklärte die Weltbank, daß »das Projekt im Tarim-Becken und die anderen Projekte, die von den Regionalbehörden von Xinjiang realisiert werden, mit keiner militärischen Organisation verknüpft sind. Hinsichtlich der beiden Projekte, mit deren Durchführung die Staatsfarmen in Xinjiang betraut waren, wurde der Kommission versichert, daß dieses Unternehmen keinerlei Beziehung zur Volksbefreiungsarmee habe. Der Gebrauch militärischer Bezeichnungen für die Organisationsstruktur (Kommandeur, Regiment usw.) gehe auf die Ursprünge und das historische Erbe des Corps und seiner Mitglieder zurück. Viele stammten in zweiter oder dritter Generation von den ersten Militärs ab, die in den frühen fünfziger Jahren in Xinjiang aus der

Armee entlassen wurden. Das Team fand nichts, das dieser glaubwürdigen Zusicherung widersprochen hätte.«

Und weiter: »Die Untersuchungskommission konnte keine Hinweise darauf entdecken, daß Zwangsarbeit (von Gefangenen) bei der Durchführung (beim Bau) irgendeines Weltbankprojektes in Xinjiang zum Einsatz kam.«

In einer begleitenden Pressemitteilung behauptete die Weltbank, alle hundertneunundfünfzig aktuellen Projekte in China untersucht zu haben; die Nachforschungen seien »unabhängig von der chinesischen Regierung angestellt« worden, »die vollauf mit der Weltbank kooperierte«. Man erwähnte jedoch, daß das »XPCC im Auftrag des zentralen Justizministeriums für die Verwaltung einiger Gefängnisse und ihnen angeschlossener Farmen verantwortlich ist« und »manche Farmen, die vom Projekt Wasserversorgung und Gesundheitswesen profitieren – darunter auch eine Farm, die von einem Mitglied der Kommission besucht wurde –, in nächster Nähe von Gefängnissen und Gefängnisfarmen liegen«.

Es bereitete uns keinerlei Schwierigkeiten, die Behauptung zu widerlegen, daß das XPCC heute keine militärische Funktion mehr habe. Woche für Woche fanden wir neue – von der chinesischen Regierung selbst gelieferte – Beweise dafür, daß das XPCC immer noch eine militärische Organisation ist.

Das krasseste Beispiel war vielleicht ein Aufstand, der sich zwischen dem 4. und 6. April sozusagen im Hinterhof des Corps abspielte, etwa zwanzig Kilometer von Kashgar – im Südwesten nahe der Grenze zu Kirgisistan – entfernt. In dem Landstädtchen Baren protestierten einige tausend Uiguren gegen die Schließung von Moscheen, und Soldaten eröffneten das Feuer auf die Demonstranten. Die chinesische Regierung sprach von zweiundzwanzig Opfern, während anderen Angaben zufolge sogar fünfzig Todesfälle zu verzeichnen waren. Amnesty International erwähnte in seinem am 10. Oktober 1992 veröffentlichten Bericht »Geheimgehaltene Gewalt in Xinjiang«, daß »sich bewaffnete Gruppen aus den vorgeblich zivilen XPCC-Brigaden an der Niederschlagung der Demonstrationen beteiligten«.

Meine Stiftung fand in dem Corps-eigenen Magazin *Militärische Rück-*

*gewinnung* ebenfalls Hinweise auf diesen Aufstand: »In dem zwei Tage und Nächte während Kampf nahm die Miliz des XPCC vierzehn Aufständische fest«, die Parolen wie »Wir trauen dem Sozialismus nicht« gerufen hätten.

Zur selben Zeit, als die Weltbank ihren Untersuchungsausschuß nach Xinjiang schickte, strahlte der BBC Monitoring Service am 10. Oktober 1995 einen Beitrag aus, in dem ein Besuch des chinesischen Vizepremiers Jian Chunyun in Xinjiang vom 1. Oktober geschildert wurde. Xinhua zitierte Jian folgendermaßen: »Die Erfahrung zeigt, daß die Offiziere und Mannschaften der Volksbefreiungsarmee und der bewaffneten Polizeikräfte, die Kader und Polizisten der Öffentlichen Sicherheit und die Angestellten und Arbeiter des Corps Helden sind, denen die Partei und das Volk volles Vertrauen entgegenbringen können.«

Die Weltbank hätte auch Notiz von den Worten des chinesischen Wirtschaftsexperten Zhu Rongji nehmen können, der vom 8. bis zum 13. September 1995 in der Region weilte. Xinhua schrieb, daß Zhu »erneut die unersetzliche Rolle bestätigte, die dem Corps beim Ausbau der Grenzbefestigungen, bei der Stabilisierung der Grenzen, der Förderung der ethnischen Einheit sowie der Entwicklung der regionalen Wirtschaft zukommt«.

Am 4. April 1996 veröffentlichten wir unsere Antwort an die Weltbank, einen vierundzwanzigseitigen Bericht mit einem ebenso langen Anhang. Der Titel lautete »Die Weltbank und das chinesische Militär: Ignoranz, Inkompetenz oder Vertuschung?«

Dreizehn Seiten widmeten wir einer Dokumentation der militärischen Aufgaben des XPCC. Dann betonten wir, daß »die Weltbank die Nennung des wahren Namens des XPCC vermeidet«. Im Anhang fügten wir ein Foto der Zentrale mit den beiden Namensschildern XPCC und XAITC bei.

»Unserer Überzeugung nach hat sich die Weltbank mit chinesischen Lügen abspeisen lassen und sie der Welt als ›Untersuchungsergebnisse‹ präsentiert. Vielleicht wußte sie sogar, daß die Organisation, der man die Durchführung des Landwirtschaftsprojektes in Xinjiang übertragen hatte, die paramilitärische Vereinigte Landwirtschafts-, Industrie- und Handelsgesellschaft war.«

Wir beanstandeten auch folgendes »Untersuchungsergebnis« der
Weltbank: »Laut Erklärung des regionalen Justizamtes gehören die Gefängnisse und Laogai-Farmen, die dem Corps unterstehen, zu der be-
grenzten Zahl von Einrichtungen im Land, die das Justizministerium
speziell für ein Programm der Besserung durch Arbeit ausersehen hat.«
Wir können jedoch über tausend Laogai-Lager in China identifizieren,
und die Regierung selbst spricht von 685 Gefängnissen und Anstalten
zur »Besserung durch Arbeit«, wobei sie die vom Corps geführten Einrichtungen unterschlägt. Also erhoben wir Einwände gegen den Gebrauch des Wortes »begrenzt« im Report der Weltbank.

Auch mit der Beschreibung der Staatsfarm Nr. 7 in Aksu, auf der angeblich »verarmte, umgesiedelte Bauern aus den östlichen Provinzen«
versorgt wurden, hatten wir unsere Probleme. Wahrscheinlich handelte
es sich hier um Menschen, die noch nicht ganz »umerzogen« waren und
die man für den Rest ihres Lebens in Xinjiang zur Zwangsarbeit einsetzte.

Der Weltbank hätte klar sein müssen, daß das Corps mit Gefangenen arbeitet. Wir verschafften uns ein Exemplar der *Nordwestlichen
Miliz* aus Xinjiang, in dem zu lesen war: »Im Herbst 1983 beschloß
der Staatsrat, daß hunderttausend Gefangene aus Beijing, Tianjin,
Shanghai und Guangzhou dem XPCC zur Haft und Arbeit zu überstel-
len seien. Das Corps hatte nicht genug Gefängnisse, und es fehlte ihm
an Präventivmaßnahmen [gegen die Flucht von Häftlingen] … Die Verantwortlichen des Corps und die Vertreter der 2,2 Millionen Landge-
winnungskämpfer erboten sich freiwillig, diese Aufgabe für die zentrale
Parteiführung zu übernehmen. Sie organisierten sechsundachtzig Miliz-
schwadronen mit über viertausend Angehörigen, und im Laufe eines
Jahres konnte kein einziger Sträfling flüchten.«

Dies geschah nicht etwa während einer Massenhysterie auslösenden
Säuberungsaktion unter dem Vorsitzenden Mao, sondern auf dem Hö-
hepunkt von Dengs Wirtschaftsreformen. Die chinesische Regierung
veranlaßte völlig bewußt einen der größten Gefängnistransfers der Geschichte, und das XPCC setzte den Plan in die Praxis um.

Schließlich tadelten wir die Weltbank dafür, daß sie vier Projekte
in Xinjiang angeführt hatte, nicht aber das Vierzig-Millionen-Dollar-

Saatgutprojekt, das in der Beurteilung vom 13. März 1984 noch erwähnt wurde. Dieses Projekt war vom XPCC selbst in einigen früheren
Jahresberichten mit Lob überschüttet worden. Nachdem ich 1994 einige
Laogai-Baumwollfarmen besucht hatte, hielt ich es für unwahrschein-
lich, daß das XPCC keine Baumwollsamen aus dem Weltbankprojekt
verwendete. Wir schrieben: »Die Weltbank hat in ihren ›Untersu-
chungsergebnissen‹ aus einem bestimmten Grund auf die Erwähnung
des Saatgutprojekts verzichtet. Denn sonst hätte sie nicht mehr behaupten können, daß ›keinerlei Hinweise auf einen direkten oder indirekten
Nutzen‹ gefunden wurden, den Arbeitslager oder militärische ›Spezial-
farmen‹ [aus Weltbankprojekten] zogen«.

In unserer Zusammenfassung forderten wir die Bildung einer unabhängigen internationalen Kommission, die untersuchen sollte, wie die
Geldmittel der Weltbank in Xinjiang eingesetzt werden. Die Tatsache,
daß das Saatgutprojekt im Report nicht erwähnt wurde, ließ mich arg-
wöhnen, daß die Weltbank noch andere Verbindungen zu verbergen
suchte. Gewiß, die Weltbank hilft den unterentwickelten Regionen der
Welt, aber mich schaudert es bei dem Gedanken, daß das Laogai-System vielleicht mit amerikanischem Geld finanziert wird.

Unser Bericht über die Weltbank war für mich ein Meilenstein. Die
Laogai Research Foundation hatte überwältigendes Beweismaterial dafür zusammengetragen, daß das XPCC militärische Abteilungen und
Straflager unterhält – eine Tatsache, welche die Weltbank herunterzu-
spielen sucht. Jetzt konnte mich niemand mehr als einen Amateur ab-
tun, der sich einfach nur gern in China in Gefahr begab.

# 31 Die Zukunft

Wohin ich auch komme, überall fragen die Leute: »Harry, Sie kehren doch nie wieder nach China zurück, oder?« Diese Worte werden begleitet von einem gewissen Blick, halb Schreck, halb Verwunderung, der mir mitteilt: »Werde endlich erwachsen, Harry. Sei ein braver Junge. Gib Ruhe.« Aber hier geht es nicht um ein Kinderspiel, eine Art Versteckspiel hinter der chinesischen Mauer. Für mich ist es wirklich eine Sache von Leben und Tod. Ich reise nach China, weil ich die Chinesen dazu bringen will, endlich die Lager zu schließen. Die Frage ist nicht: »Wann hört Harry Wu endlich auf, ein böser Bube zu sein?« Vielmehr muß man fragen: »Wann hört China endlich auf, seine Dissidenten einzusperren?« und »Warum unternimmt der Rest der Welt nichts dagegen?«

Ich habe nichts gegen die chinesische Nation und ganz gewiß nichts gegen das chinesische Volk. Und ich möchte den wirtschaftlichen Aufschwung nicht behindern. Es freut mich, wenn das chinesische Volk besser ernährt wird, wenn es keine Hungersnöte mehr gibt, nur weil der Vorsitzende Mao wieder einmal eine geniale Idee hatte. Ich wette, wenn Marx einmal von seinem gegenwärtigen Aufenthaltsort einen Tag Sonderurlaub bekäme und China besuchte, dann würde er sagen: »So habe ich mir das nicht vorgestellt.«

Jeden Tag tanzen Deng und seine Leute auf dem Grab des Kommunismus, aber sie regieren weiterhin totalitär. Ich möchte nicht hier in Kalifornien sitzen und die Leute in China anstacheln, sich gegen die Waffen der Armee aufzulehnen. Beijing weiß, wie man Aufstände mit Gewehren und Panzern niederschlägt. Aber wenn Revolution Veränderung bedeutet, dann hat in China die Revolution bereits begonnen. Die Yuppies werden jeden Tag reicher, und die Ganoven verdienen sich ihr

Geld mit Drogen und Prostitution, aber den Bauern hat man das Land weggenommen, das sie seit Urzeiten bestellen. Was wird China mit seinem Wohlstand anfangen? Welche Schritte wird das Land unternehmen, um zu den anderen Wirtschaftsmächten aufzuschließen?

Meine dringendste Botschaft richtet sich an meine Wahlheimat, die Vereinigten Staaten. Ich glaube nicht, daß das amerikanische Volk das Verhalten der chinesischen Regierung unterstützt. In Amerika schwenken die Menschen fortwährend die Fahne und reden von Freiheit. Aber was ist mit Häftlingen, die nachts Kunstblumen herstellen, nachdem sie schon den ganzen Tag über in einem Steinbruch geschuftet haben? Ich glaube, das amerikanische Volk würde Waren aus China boykottieren, wenn es wüßte, daß diese Produkte von politischen und anderen Gefangenen in Zwangsarbeit hergestellt werden.

Viele Europäer vertreten einen anderen Standpunkt. Sie wissen, daß es unrecht ist, die Arbeit von Gefangenen auszunutzen. Deshalb findet man in Frankreich und Deutschland sowie in vielen anderen Ländern gute Menschen, die das Laogai-System nicht unterstützen. Die Australier sind eher wie die Amerikaner. Aber die Japaner halten es ebenfalls für unrecht, einen Teil der Gesellschaft zugunsten eines anderen auszubeuten.

Die Vereinigten Staaten müssen die Führungsrolle übernehmen und der Welt verständlich machen, was in China vor sich geht. Aber zu Beginn des Präsidentschaftswahlkampfes von 1996 war nur eines an Präsident Clintons China-Politik völlig klar: daß sie nicht funktioniert. Wir brauchen eine amerikanische China-Politik mit Zähnen und Klauen. Wenn wir unsere Produkte und unser Know-how mit der chinesischen Regierung austauschen, dann müssen wir sicher sein, daß sie diese nicht gegen ihre eigene Bevölkerung einsetzt. Wir sollten aufhören, High-Tech-Produkte dorthin zu schicken. Ich bin immer noch wütend darüber, daß ich an der Grenze von Bewachern festgehalten wurde, die amerikanische Mobiltelefone benutzten.

Ich bin so wütend darüber, daß ich durch die Welt ziehe und jedem, der es hören will, von meinem Heimatland erzähle. Ich habe keine parteipolitischen Interessen. Meine liberalen amerikanischen Freunde fragen mich mit säuerlicher Miene: »Warum redest du mit Leuten wie Jesse

Helms?« Ich will eines klarstellen: Ganz unabhängig von seiner politischen Einstellung war Jesse Helms diejenige Persönlichkeit des öffentlichen Lebens, die Ching Lee während meiner Gefangenschaft die größte Herzlichkeit und Wärme entgegenbrachte. Ihm liegt das Wohl der Gefangenen am Herzen. Es glaubt ja wohl niemand, daß es Jesse Helms gefällt, wenn ich mich in Seattle für die Boeing-Gewerkschaft engagiere oder wenn ich gegen fünfzehntausend buhende Aktionäre von Wal-Mart aktiv werde? Rechte, Linke, mir ist das völlig egal.

Ich habe in Deutschland Freunde bei den Grünen, die offen über die Geschichte der Konzentrationslager sprechen und jedes Sklavensystem auf der Welt verdammen. Und in Frankreich fragen mich Freunde aus der rechten Szene: »Harry, soll ich nach China reisen?« Ihnen antworte ich: »Fahr nicht hin, denn gerade haben sie Wei Jingsheng wieder verhaftet.« Es geht also nicht einfach nur um Rechts oder Links.

In der letzten Zeit habe ich herausgefunden, daß ich in den Augen vieler im Ausland lebender Chinesen nichts als ein Unruhestifter bin, der Deng und sein Regime kritisiert. Der neue Tenor ist: »Ich war am Tiananmen-Platz dabei, wir haben unsere Regierung kritisiert, aber was Sie tun, schadet unserem Land nur.« Doch die Ereignisse auf dem Tiananmen-Platz fanden 1989 statt. Das ist lange her. Viele der damals Tapfersten haben später ihren Frieden mit dem System geschlossen. Was werden sie unternehmen, um die Lage zu ändern? Eine etwa vierzigjährige Frau namens Mo Li Hua aus Hunan war zwar auf dem Tiananmen-Platz nicht dabei, wurde aber im Zuge dieser Ereignisse verhaftet und floh später nach Schweden. Sie hat mir gesagt: »Ich bewundere Sie, aber Sie versuchen, die Wirtschaftsbeziehungen zu China zu unterbinden.« Mo argumentiert: »Schließlich fließt Geld in unser Vaterland.« Sie unterscheidet immer noch zwischen Ausländern und Chinesen. Viele chinesische Dissidenten – ehrliche, tapfere Menschen – fühlen sich weiterhin zur Treue dem System gegenüber verpflichtet. Als wenn nur das zählte, was gut für den Staat ist. Diese Haltung kann ich nicht akzeptieren.

Es macht mir Spaß, in amerikanischen Colleges zu sprechen und vor der jungen Generation meine Botschaft zu verkünden. Meine Vorträge führen mich in die interessantesten Gegenden, an Orte, die mich mit neuer Hoffnung erfüllen, die mich daran erinnern, was für ein großartiges Land Amerika ist. Zum Beispiel war ich im Herbst 1995 im Haverford College zu Gast, in einer wunderbaren kleinen Quäker-Hochschule bei Philadelphia. Draußen war die Luft klar und klirrend kalt, der vollbesetzte Hörsaal schwirrte nur so von Ideen und Gefühlen. Trotz der Dunkelheit im Zuschauerraum konnte ich erkennen, daß viele Gesichter chinesische, japanische, koreanische und vietnamesische Züge trugen – eine neue Generation von Amerikanern. Ich versuche immer, aus dem Akzent, aus der Haltung, aus Benehmen und Aussehen abzuleiten, woher die Leute stammen. Sind sie aus Taiwan oder Hongkong, vom chinesischen Festland oder aus den Vereinigten Staaten? Welche Ansichten werden sie wohl vertreten?

In Haverford fragte jemand von der Galerie: »Sind Sie ein Verräter?«

Ich konnte die Absicht hinter dieser Frage nicht einschätzen. War er ein Freund oder ein Kritiker? Ich wußte es nicht. Aber es war eine berechtigte Frage, und ich erwiderte: »Ja, den Kommunismus habe ich verraten, aber das chinesische Volk nicht.« Ich liebe mein altes Land. Es stimmt, ich habe seine Gesetze gebrochen und mich ins Land geschlichen, um die Tyrannen zu beschämen, die China regieren. Es war mir eine Ehre, ihre kommunistischen Gesetze zu brechen.

In Haverford applaudierten die meisten Zuhörer, aber in letzter Zeit tauchen immer mehr Zwischenrufer auf. Ich hege den Verdacht, daß die chinesische Regierung all ihre Studenten in den Vereinigten Staaten mobilisiert. Das macht mir nichts aus. Wir wollen eine offene Debatte führen und kein Thema aussparen. An der University of Toledo in Ohio sagte eine Studentin: »Ich habe siebenundzwanzig Jahre in China gelebt und nie vom Laogai gehört. Sie haben Ihre Seele ans Ausland verkauft. Der BBC-Film war von vorn bis hinten erfunden.«

»Haben Sie ihn gesehen?« fragte ich.

»Nein«, antwortete sie. »Aber ich habe davon gehört.«

»Sie müssen ihn sich ansehen«, erwiderte ich.

Ich möchte nur den Dialog in Gang bringen. Dazu ist das College da.

Manchmal wird die Situation etwas brenzlig. Im März 1996 sprach ich an der University of Oklahoma, als mich eine Gruppe von Chinesen beschuldigte, antichinesisch eingestellt zu sein. Einer drehte sogar das

Licht im Zuschauerraum aus, aber ich wies die Ordner auf ihn hin, und er wurde aus dem Saal entfernt.

»Sie sind ein Unruhestifter!« schrie er mir zu.

»Vielen Dank«, erwiderte ich. »Immer wenn man mich so nennt, bin ich ganz glücklich. Denn damit machen Sie Werbung für mein neues Buch.«

Vielleicht bin ich wirklich ein Unruhestifter. In meinem tiefsten Innern halte ich mich nicht für einen hartherzigen Gesellen. Ich liebe das chinesische Volk und die Menschen. In den Lagern habe ich so viele Männer sterben sehen – ausgelöscht wie Zigarettenstummel. Ich habe früh gelernt, daß man nur einmal lebt. Wir alle werden mit dem gleichen Ziel geboren, ob wir es nun nach dreißig oder achtzig Jahren erreichen, und dieses Ziel ist der Tod. Aber die Frage ist, wie sehr wir uns unseres Lebens freuen und ob man uns erlaubt, dieses Leben zu genießen.

Wenn man mir vorwirft, China zu hassen und einen Umsturz anzustreben, dann antworte ich: »Kommen Sie mir nicht mit Politik. Genießen Sie Ihr Leben. Wenn jemand singen will, dann erlauben Sie es ihm. Wenn ich ein Buch lesen möchte, dann lese ich es. Wenn ich etwas sagen möchte, dann sage ich es. In China hat alles ein politisches Etikett. Da würde man behaupten: ›Das ist ein kapitalistisches Lied.‹«

Politik ist etwas ganz und gar Unnatürliches. Der Platz jedes Menschen ist bei seiner Familie. Liebe. Sex. Essen. Musik. Literatur. Dem Nächsten Gutes tun. Das ist unser aller Recht. Na gut, wir müssen Politiker wählen, die bestimmte Dinge für uns regeln, aber wir sollten nie vergessen, daß wir es sind, die diese Politiker bezahlen. Sie sind nicht unsere Herren. Wenn überhaupt, dann sind sie unsere Diener, unsere Arbeiter. In China herrscht das andere Extrem. Wer widerspricht, wird ruhiggestellt. Wer sich weigert, den Mund zu halten, wird ohne Zögern umgebracht.

Ich versuche, meinen Freunden beim Verlassen des Landes zu helfen. 1996 erhielt Liu Jing Qin, der mich 1991 in Qinghai begleitet hatte, die Erlaubnis, zusammen mit seiner Frau und seiner zweitältesten Tochter zu seinen beiden anderen Töchtern nach New York City zu ziehen. Ich flog nach New York, um sie an dem wohl angemessensten Tag des

Jahres zu begrüßen: dem 4. Juli, dem Unabhängigkeitstag. Wir umarmten einander am John F. Kennedy Airport, und sie reihten sich in die
Millionen Einwanderer ein, die sich ein neues Leben in der freien Welt
aufbauen wollen.

Wenn China wirklich so wunderbar ist, warum fliehen dann so viele
Bürger aus Hongkong, bevor die Stadt 1997 von China geschluckt
wird? Warum strömen sie nach Vancouver, Seattle, Los Angeles und in
viele europäische und asiatische Länder? Hongkong ist tot, das steht
fest. All jene multinationalen Unternehmen, die Hongkong als Finanz-
zentrum beibehalten wollen, wie während seiner Zeit als britische Kron-
kolonie, machen sich nur etwas vor. Kolonien brauchen politische und
wirtschaftliche Unterstützung und einen Sonderstatus. Beijing wird
Hongkong nicht gestatten, eine Sonderrolle zu spielen, denn dann würden 1,2 Milliarden Menschen nach Hongkong ziehen, in dieses winzige
Pünktchen am Rande Chinas.

China wird auch versuchen, sich Taiwan einzuverleiben. Das ist un-
vermeidlich. Beide reiben sich knirschend aneinander und warten auf
das Erdbeben. Die Volksrepublik kann nicht tolerieren, daß vor ihrer
Haustür eine florierende, von Chinesen getragene Demokratie existiert,
nur durch eine schmale Wasserstraße von ihr getrennt. Sonst könnten ja
die Menschen auf dem chinesischen Festland fragen: »Wieso dürfen die
wählen? Wieso dürfen sie frei ihre Meinung sagen? Wieso leben sie in
solchem Wohlstand?«

Sollte sich die Welt vor China fürchten? Aber natürlich. Ich will
nicht behaupten, daß China den nächsten großen Krieg anzetteln wird
oder die Weltherrschaft anstrebt. Die Chinesen haben riesige Ressourcen – an Menschen und Land –, und man darf annehmen, daß China
in etwa hundert Jahren eine glänzende Zukunft winkt. Aber um die
nächsten fünf oder zehn Jahre mache ich mir Sorgen.

Ich glaube nicht, daß China weiß, was es will. Was ist überhaupt
China? Der Yuppie mit dem Handy? Der Bauer, der sein Feld noch mit
den Händen umgräbt? Der Bürokrat mit seiner Liste von Verdächtigen?
China muß herausfinden, wo es in der Welt steht.

Es ist nicht besonders schwer zu begreifen, daß der Kommunismus
als Ideologie seit einigen Jahren tot ist. Die chinesischen Bürger gehör-

ten zu den ersten, die das erkannten, aber inzwischen hat es sich auch in der Parteiführung herumgesprochen. Deng Xiaoping meint, es sei ihm gleichgültig, ob die Katze schwarz oder weiß ist, solange sie Mäuse fängt. Das ist ja wirklich sehr nett. Nur scheinen Amerika und der Rest der Welt erpicht darauf zu sein, den Käse zu liefern.

Amerikanische Politiker und Experten erinnern uns immer wieder daran, daß China bald die größte Wirtschaftsmacht der Welt sein wird. In dieser Diskussion wird jedoch nicht angesprochen, welche Konsequenzen es haben könnte, wenn sich der Wirtschaftsgigant auch zu einer militärischen und politischen Großmacht entwickelt.

Diese Entwicklung hat in China bereits begonnen. Dort redet niemand mehr ernsthaft davon, »ein sozialistisches Paradies aufzubauen«. Der chinesische Nationalismus wird Tag für Tag leidenschaftlicher. Während meiner sechsundsechzig Tage in Gefangenschaft war ich kein »konterrevolutionärer Rechtsabweichler« mehr, sondern ein »Krimineller«, der »Staatsgeheimnisse stiehlt« und »sie an feindliche ausländische Organisationen weitergibt«. Jeder führende Politiker, der den tiefverwurzelten chinesischen Nationalismus außer acht läßt, stürzt sich und seine eigene Nation in Gefahr.

Die Chinesen gehen von mehreren Grundannahmen aus: daß sich die Menschen mehr für ihre eigene wirtschaftliche Entwicklung interessieren als für Freiheit und Demokratie; daß die Partei weiter an der Macht bleiben kann, obwohl der Kommunismus gescheitert ist; daß die Vereinigten Staaten und der Rest der industrialisierten Welt ihren eigenen wirtschaftlichen Vorteil auf Kosten der Menschenrechte in China verfolgen; und daß China seine Militärmacht ausbauen kann, ohne auf nennenswerten Widerstand seitens der Vereinigten Staaten zu stoßen.

Meiner Meinung nach hoffen die Vereinigten Staaten immer noch, daß die chinesische Variante des Kapitalismus schließlich zur Demokratie führen wird. Weitaus wahrscheinlicher ist, daß sie einen neuen Totalitarismus und einen überaus nationalistischen Militärstaat hervorbringt.

Welche Politik sollten die Vereinigten Staaten verfolgen? Manche argumentieren für eine »Abschottung« im Stil des Kalten Krieges, aber das halte ich für veraltet und undenkbar. In jüngster Zeit scheinen die amerikanischen Regierungen eine Ad-hoc-Politik des »Engagements« zu bevorzugen, die ich für kaum verhüllten Merkantilismus halte.

Ich glaube, daß die Vereinigten Staaten und andere hochentwickelte Nationen eine Politik der »Einschränkung und Zurückhaltung« formulieren sollten – das heißt, sie sollten ihre eigene Unterstützung Chinas einschränken und es durch ihren Druck zur Zurückhaltung im Innern zwingen. Diese Politik könnte man folgendermaßen einleiten:

1. Man muß die fortdauernde Existenz des Laogai-Systems in China verdammen. Den Chinesen darf nicht gestattet werden, durch die Verwendung des neuen Ausdrucks *giayu* falsche Tatsachen vorzuspiegeln und das Ganze als normales Strafvollzugssystem hinzustellen. Hier werden politische und andere Häftlinge durch Zwangsarbeit ausgebeutet. Das Laogai-System lebt weiter.

2. Man muß den Chinesen klarmachen, daß die Unterdrückung von Dissidenten einen sehr realen Preis hat. Andere Nationen sollten ihre bereits existierenden Gesetze gegen den Import von Sklavenarbeitsprodukten strikt anwenden sowie neue Gesetze erlassen und einhalten. Für jedes aus China nach Amerika versandte Produkt sollte eine entsprechende Bescheinigung verlangt werden. Wenn Washington die Einfuhr von Dieselmotoren stoppen konnte, dann kann es auch den Import von Trauben, Wein, Werkzeugen, Stiefeln und Blumen unterbinden. Sollte man einen Boykott aller chinesischen Waren organisieren? Nein, aber ich befürworte spezifische, kurzfristige Boykottmaßnahmen gegen Firmen, die eindeutig Handel mit Zwangsarbeitsprodukten treiben. Wäre ich ein skrupelloser Unternehmer, so würde ich mit China Geschäfte machen wollen, denn es ist ein Land mit einem gewaltigen Reservoir an Arbeitskräften und ohne Gewerkschaften. Die Vereinigten Staaten müssen darauf bestehen, daß die Chinesen ihre Profite nicht auf Kosten der Gefangenen erzielen.

3. Die Vereinigten Staaten sollten die Meistbegünstigungsklausel aussetzen – nur für ein Jahr. Erzbischof Desmond M. Tutu hat bestätigt, daß durch den westlichen Boykott gegen Südafrika zunächst zwar mehr Schwarze in Mitleidenschaft gezogen worden seien, doch daß die weißen Politiker die Apartheid auf lange Sicht nicht aus moralischen, sondern aus praktischen Gründen aufgegeben hätten. Wenn ein amerika-

nischer Präsident die Meistbegünstigungsklausel für China aufhöbe, dann würde sich die Lage der chinesischen Arbeiter kurzfristig verschlechtern, aber dieser Schritt wäre weitaus schmerzhafter für die führenden Geschäftsleute in Hongkong, Taiwan, Amerika und China. Eine solche Maßnahme würde sie aufhorchen lassen.

4. Es besteht kein Grund dafür, daß China der beste Klient der Weltbank ist, obwohl es andere bedürftige und weitaus demokratischere Entwicklungsländer gibt. Zumindest sollte man auf die Weltbank Druck ausüben, damit sie die Projekte im Einflußbereich des XPCC etwas genauer unter die Lupe nimmt.

5. Das chinesische Argument, daß die Menschenrechte nicht weltweit Gültigkeit hätten, sollte ein für allemal verurteilt werden. Zum Beispiel könnte man die Menschenrechtskommission der Vereinten Nationen veranlassen, mehr Hearings über die Lager abzuhalten. Wenn Interesse besteht, hätte ich eine ganze Liste von Zeugen.

6. China darf nicht in die Welthandelsorganisation aufgenommen werden. Alle Regierungen erklären, daß China die Aufnahmebedingungen infolge seiner ungenügend entwickelten Wirtschaft nicht erfülle, aber die westlichen Länder sollten auch die Zwangsarbeit als spezifischen Hinderungsgrund anführen. Die Vereinigten Staaten faßten Sanktionen erst ins Auge, als man in China Raubkopien von amerikanischer Popmusik herstellte. Das ist gewiß nicht rechtens, aber Sklavenarbeit ist weitaus schlimmer. Man sollte beides verurteilen.

7. Alle Verstöße der chinesischen Regierung gegen internationale Richtlinien, etwa der Verkauf von Raketen und Kerntechnik an Unruhestifter wie Syrien, den Iran und Pakistan, sollten sofort mit Sanktionen bestraft und nicht unter den Teppich gekehrt werden. Hier sind konsequente Reaktionen wichtig, wenn die Vereinigten Staaten in China glaubwürdig bleiben und diese Gefährdung des Weltfriedens ausschalten wollen.

8. Die legitimen Ansprüche der Menschen in Taiwan, Tibet und Hongkong auf Selbstbestimmung sollten respektiert, unterstützt und an andere Aspekte der amerikanischen Politik gekoppelt werden. Besonders im Falle Taiwans müssen die Vereinigten Staaten sehr deutlich machen, welch extrem hohen Preis China im Falle einer Gewaltanwendung

zu zahlen hätte. Ich weiß, daß die USA während der Spannungen vor den taiwanischen Wahlen im März 1996 Kriegsschiffe an die taiwanische Küste entsandten, aber derartige Manöver müssen entschieden und konsequent durchgeführt werden.

9. Andere Nationen sollten China keine Technologie und keine Geräte mehr verkaufen, die von Militär und Polizei gegen Dissidenten eingesetzt werden können.

10. Über die Computernetze fließen heute zusätzliche Informationen nach China, aber die Menschen brauchen noch mehr ehrliche und exakte Aufklärung, damit sie ihr System einschätzen und Entscheidungen treffen können. Die Ausstrahlung internationaler Rundfunk- und Fernsehsendungen nach China sollte verstärkt werden.

Ich bin fest davon überzeugt, daß das chinesische Volk eine eigene Form der Demokratie entwickeln kann – allerdings nicht, solange das Hoffen und Streben der Menschen unterdrückt wird. Es ist eine Ironie des Schicksals, daß die amerikanische Politik, die auf Stabilität in China abzielt, nur eine verkrampfte und schwankende Strategie zustande gebracht hat. Es gibt genügend Beispiele aus der Geschichte dafür, daß die Vereinigten Staaten Diktatoren unterstützten, die ihre Legitimation beim eigenen Volk längst verloren hatten. Die USA und andere Mächte dürfen sich nicht durch den möglichen wirtschaftlichen Gewinn ködern lassen. Sie müssen sich zurückhalten und China drängen, sich seinerseits in der Innenpolitik zu zügeln.

* * *

Ich nähere mich meinem sechzigsten Lebensjahr, einem Alter, das traditionell mit Weisheit in Verbindung gebracht wird, aber ich weiß, daß ich nicht besonders weise bin. Mir ist nur eines klar: Erst wenn die chinesische Führung beschließt, sich anständig zu benehmen, werde ich das gleiche tun.

Ich möchte diesen Kampf nicht ewig weiterführen. Die chinesische Regierung hat mir meine Jugend gestohlen, und das kann ich ihr nicht vergessen. Für Wei Jingsheng sind viele Jahre unwiederbringlich verloren, ebenso für Sun. Für mich ist es zu spät, Kinder und Enkel zu haben, es ist zu spät für die Familie Wu in Shanghai, die von den Kommunisten zerbrochen und in alle Winde zerstreut wurde. Kein erstgeborener Sohn. Keine erstgeborene Tochter. Meine Geschichte hört mit mir auf. Aber für andere ist es vielleicht noch nicht zu spät.

Ob ich jemals nach China zurückkehre? Ich bin Chinese. Meine Seele ist chinesisch. Mein Heimatland ist wunderschön. Das nächste Mal möchte ich auf eine Pilgerreise gehen.

Das nächste Mal möchte ich zusammen mit Ching Lee reisen, mit Geschenken für die Menschen, die von meiner Familie noch übrig sind. Wir werden unsere Pässe an einem internationalen Flughafen vorlegen, der Zollbeamte wird hochschauen und sagen: »Wu Ching Lee, Ihr Visum ist in Ordnung.« Er wird mich ansehen: »Wu Hongda, Peter H. Wu, Harry Wu, wie immer Sie heißen, Ihr Visum ist auch in Ordnung. Einen schönen Tag noch.«

Wir werden in die Berge fahren und uns die Tempel, Flüsse und Friedhöfe anschauen. Ich werde Ching Lee zu den Gräbern meines Vaters und meiner beiden Mütter führen. Wir werden dort Blumen niederlegen.

Ich werde zu Großmaul Xings letzter Ruhestätte Maisbrötchen mitnehmen. »Hier, für dich, du lästerlicher Mistkerl, hier sind deine Maisbrötchen!«

Ich werde Wei Jingsheng kennenlernen. Er wird zu Hause in Beijing sein und an einem Buch schreiben, bei einer Wahl kandidieren oder wieder als Elektriker arbeiten. Wie es ihm gefällt.

Man rät mir immer wieder, ich solle nicht einmal daran denken, nach China zurückzukehren. Niemand hat Harry Wu zu sagen, was er zu tun und zu lassen hat. Ich werde zurückkehren.

Das nächste Mal aber durch die Vordertür.

# Danksagung

Ich möchte allen danken, die mir beim Schreiben dieses Buches geholfen haben:

meiner Frau Ching Lee, die so hart arbeitete und sich mit meinen langen Reisen abfand. Ich verspreche ihr, in Zukunft öfter zu Hause zu sein;

ihren Eltern Chen Hsien Cheh und Yen Yu Mei, die auch meine Eltern geworden sind;

Jeff Fiedler für seine Freundschaft und den Einsatz für unsere Sache;

David Welker für die jugendlichen und fachlichen Impulse, die er der Stiftung gegeben hat;

Robert L. Bernstein von Wiley Publishers, der mich ermutigte, dieses Buch zu schreiben;

Peter Osnos und Steve Wasserman von Times Books, durch deren sorgfältige Redaktion das Buch ständig verbessert wurde;

Esther Newberg von International Creative Management;

meinen Freunden, die mich auf meinen China-Reisen begleiteten: Sue Lloyd-Roberts, Shannon Ramsby und Sue Howell sowie einigen, die nicht genannt werden können, da sie noch in China sind;

den vielen Journalisten und Schriftstellern aus den USA und Großbritannien, die ihren Beitrag zur Geschichte Chinas geleistet haben: Ed Bradley, David Gelber, Norman Lloyd, Ned Hall, Bob Windrem, George Lewis und Orville Schell sowie Roger Finnegan und Tim Tate.

Geholfen haben mir auch: Jean Pasqualini, Lodi Gyari, Linda Pfeifer, John Creger, Charles Lau, Yuan-Li Wu, Andrew Nathan, Peter Huvos, Maranda Shieh, Philip und Bing Baker, Ignatius Ding, Barry Chang, Grace Chiu Chen, Ann Lau, George Mo, Nancy Li, Yu-Sheng Chang, Bob Sensor, Phyllis A. Jenkins, A. M. Rosenthal, Madeline

Joyce, Alexandra Leroux, Joseph Brodecki, Isabelle Woog, Jill Lin und Douglas J. Krajnovich, Michelle Cheng, Beth Thomas von Times Books, Andrea Miles vom Statistischen Bundesamt der USA, Kevin Todesco von *60 Minutes,* Jack Horner von International Creative Management, Nancy Alderman von Wiley Publishers, Katherine und Joseph Ho, Amnesty International, Human Rights Watch, AFL-CIO, Support Democracy in China, Silicon Valley Democracy for China sowie zahlreiche Chinesen und Tibeter in den Vereinigten Staaten und überall auf der Welt.

Mein Dank gilt den Autoren, Lehrern und Anwälten der Familie Vecsey: George für seine Hilfe bei der Niederschrift des Buches; Marianne für ihre Anteilnahme an dem Projekt; Laura für ihre Fähigkeit zuzuhören; Corinna für ihr juristisches Fachwissen; David für seine Hilfe bei Transkription, Formulierung und Redaktion.

Und schließlich danke ich all den Menschen, die mich im vergangenen Jahr in ihr Heim, ihre Schule, ihre Stadt oder ihr Land eingeladen haben. Ihr Händedruck, ihr aufmunterndes Lächeln, ihre schmackhaften Speisen und bequemen Zimmer, ihre gütigen Worte, Gebete und hilfreichen Taten haben mir die Weiterarbeit ermöglicht. Tausende von Freunden haben mich erkennen lassen, wie vielen Menschen die chinesischen Laogai-Häftlinge am Herzen liegen.

# Register